역락 국어교육학 총서 5

고전산문 교육론

역락 국어교육학 총서 5

개정 국어과 교육과정에 따라 새롭게 집필한

고전산문 교육론

김풍기 · 류수열 · 오윤선 · 정충권 · 한창훈

역락

머리말

우리가 현재 살고 있는 이 시대가 디지털 사회라는 점은 현대 사회의 성격을 규정하고자 하는 모든 시도의 전제이다. 그만큼 디지털은 좀 더 발전된 기술이라는 공학적 규정을 넘어 삶의 양식을 근본적으로 뒤바꿀 만큼 강력한 위력으로 우리에게 다가와 있다. 교육 부문 또한 예외가 아니다. 디지털 문화는 해체주의로 대표되는 포스트모더니즘의 물결과 만나면서 전통적인 교육의 패러다임을 통째로 흔들면서, 교육목표와 내용, 방법에 이르기까지 교육의 각 국면에서 새로운 패러다임을 요구하고 있다.

문학교육을 포함한 국어교육에서도 패러다임의 변화는 가시적으로 일어나고 있다. '쿼터리즘(quarterism, 15분주의)'이라는 신조어가 표상하는 바대로 디지털 매체가 지닌 가소성(可塑性)과 속도감을 몸으로 체현하고 있는 학습자들의 성향 변화, 대중매체를 비롯한 사회 리터러시(literacy) 환경에 의한 학교 리터러시 환경의 압도, 해체주의의 교육적 변주라 할 만한 구성주의적 지식관과 학습관의 대두 등등은 이론과 실천의 양면에 걸쳐 국어교육 혹은 문학교육에 여러 과제를 던져주는 사회적 조건들이다.

이런 상황이니만큼 문학교육에 딜레마가 없을 수 없다. 잠시 "知之者不如好之者 好之者不如樂之者"라는 공자의 말에 기대어 문학교육의 현재를 진단해 보기로 하자. 아는 것과 좋아하는 것과 즐기는 것의 가치론적 위계는 자명하게 드러난다. 무엇인가를 아는 단계를 넘어 좋아할 수 있어야 하고, 좋아하는 수준을 넘어 즐길 수 있어야 한다. 물론 교육을 통해 획득된 모든 앎이 언제나 좋아함으로, 그리고 좋아함이 다시 즐김으로 이행되는 것은 아니다. 학습자가 지닌 취향의 다양성을 존중한다면, 문학을 배운 모든 학습자들이 문학을 좋아하고 즐겨야 한다는 주장은 교육적으로도 온당하지 못하다. 그러니 오늘날 문학 학습자들이 문학을 좋아하지 않고 즐길 줄 모른다고 한탄할 일은 아니다. 더욱이 과거 문학이 주는 즐거움을 대체할 만한 오락거리, 위안거리가 우리 주변에 다양하게 포진해 있는 사태를 감안하면, 이러한 한탄은 부당한 일일 수도 있다.

그러나 무릇 교육이란, 특히 공교육이란 의도성과 계획성을 바탕으로 실행되는 사회적 제도이다. 교육은 특정 단위의 공동체 구성원들이 공유해야 한다고 믿는 윤리적·지적·심미적 양식(樣式)을 내용으로 한다. 그러므로 그것은 학습자 개인의 취향에 따라 선택되기 이전에 사회적으로 부여된 일종의 통과 제의이기도 하다. 이 점에서 고전문학은 현대문학과는 또 다른 위치에 놓인다. 삶의 양식을 기준으로 할 때, 오늘날이 아무리 디지털 시대라고 하더라도 산업사회와 후기산업사회 사이의 지층에 비해 근대와 전근대 사이의 지층이 더 두텁다. 따라서 근대 이전의 문학을 통칭하는 고전문학은 우선은 적극적인 향유의 대상 이전에 지적 섭렵의 대상이 될 수밖에 없다. 역으로 적극적인 향유를 위해서라도 지적인 섭렵이 선행되어야 한다는 논리도 성립된다.

사정이 이러하다면, 고전문학 교육의 국면에서 특히 두드러지게 나타나는 딜레마는 '가르쳐야 할 것'과 '배우기 어려운 것' 사이의 긴장이기도 하다. 동서고금을 막론하고 고전문학은 교육의 자료로서나 내용으로서나 배제되지 않는다. 고전(古典)이 '옛 것(antique)'의 의미이든 '전범(canon)'의 의미이든, 교육이 문화 전수라는 본래적 기능을 포기하지 않는 한 고전문학은 공교육의 필수적인 교과내용으로 자리하고 있다. 그러나 현란한 디지털 문화의 자장 속에서 성장하고 있는 오늘날의 학습자들 입장에서 고전문학의 표기 문자는 생소하고, 문학적으로 형상화된 세계는 외국문학만큼이나 아니 외국문학보다 더 낯설다. 수차례에 걸쳐 이루어진 교육과정과 교과서 개정에도 불구하고 고등학교 국어교과서에 고정된 레퍼토리로 자리를 잡고 있는 서포의 <구운몽>과 송강의 <관동별곡>은 셰익스피어 작품 이상의 '타자(他者)'가 되었다. 이처럼 가르쳐야 한다는 당위와 배우기 어렵다는 현실 사이의 긴장, 이것이 고전문학 교육이 처한 딜레마의 한 국면이다.

그런데 긴장이란 모든 생명체가 자신의 생명을 유지하고 존속시키는 데 활력을 주기도 한다. 고전문학교육 또한 사회적 제도의 이름으로 생존하는 생명체라면, 이러한 긴장은 고전문학교육의 자체적인 성장에 중차대한 비계(飛階)로 작용할 수도 있다. 이를 위해서는 바로 현재적 관점에서 고전문학교육의 구도를 정립하고 지평을 개척하는 일이 주요한 과제로 나선다. 이것이 이 책을 출간하기로 한 배경이다.

그러나 이 책은 이러한 과제에 전면적으로 응답하지는 못한다. 우선 이 책은 고전문학 중에서도 고전산문 문학만을 다룬다. 책 한 권의 분량이 무한정 보장될 수도 없고 고전시가는 그 나름대로의 체제와 구도를 갖추어야 할 것이다. 그리고 고전산문 문학에 국한하더라도 이 책은 교육의 내용에 초점을 맞추었다. 왜 가르쳐야 하는가 하는 고전산문 교육의 목적과 어떻게 가르쳐야 하는가 하는 교수—학습 방법을 배제하기로 했다. 목적에 대한 상술을 제외한 것은 고전산문 문학의 교육 목적이 독자적으로 수립되기보다는 넓게는 국어교육, 좁게는 문학교육의 목적에 수렴되면서 국어교육이나 문학교육의 다른 영역, 다른 갈래와 어깨를 나란히 견주면서 자리를 잡고 있는 것이 더 합리적이라고 판단했기 때문이다. 그리고 교수—학습 방법에 대한 설명을 제외한 것은, 그것이 결국은 교육의 내용에 의해 자연스럽게 규정될 뿐만 아니라 목적과 마찬가지로 문학 전체의 교수—학습 방법으로 수렴될 수 있을 것으로 보았기 때문이다. 요컨대 이 책은 고전문학 중에서도 고전산문 문학을 대상으로 하여 그 주요 교수—학습의 내용이 무엇인지를 중심으로 구성한 것이다.

이 책은 무엇보다도 고전산문 교육을 책임지고 있는 교사들에게 유용한 지침서가 될 수 있으리라고 기대한다. 교육과정이 바뀌고 교과서가 변해도, 그리고 작품이 어떤 단원에 배치되어도, 두루 통용될 수 있는 기본적인 내용을 다루었기 때문이다. 때로는 교수—학습의 내용으로, 때로는 교수—학습의 방법으로 활용될 수 있을 것이며, 평가의 자료로도 유효할 것이다. 더불어 국어 교사를 자신의 미래로 꿈꾸고 있는 예비 교사들에게도 친절한 안내서가 될 것으로 기대한다.

사실 우리 필자들은 이러한 문제의식을 바탕으로 2년 전에 『고전소설교육론』을 편찬한 바 있다. 그러나 협업과 분업이 원활하지 않아서 생겨난 여러 가지 문제가 있었다. 그중에서도 가장 큰 문제는 필자별로 다른 개성으로 인해 각 작품별 설명 방식이 통일되지 않았다는 점이다. 이에 작품별 설명 방식의 통일성을 살려 전면적으로 새로 쓰기로 합의를 보았다. 게다가 추가된 작품의 실상을 고려하여 책의 제목을 『고전산문 교육론』으로 바꾸기도 하였다. 그러다 보니 기존 원고의 내용 중 일부는 살아 있으나 아예 새로 작성된 내용이 월등하게 많아졌다. 기존의 『고전소설 교육론』과는 전혀 다른 책으로 환골탈태한 셈이다.

이 작업은 한양대학교 국어교육학과 대학원에서 공부하는 젊은 연구자들의 공로가 없었다면 감히 시도하지 못했을 것이다. 함께 작성하고 토론하고 수정하는 작업이 반복되었지만 편찬 의도를 존중하면서 꿋꿋이 작업에 동참해 주었다. 선학으로서 감사의 말을 전하는 마음이 뿌듯하면서도 미안하다. 부디 이 작업이 문학교육에 대한 그들의 안목을 넓히고 고전문학에 대한 통찰에 깊이를 더해 주었기를 바랄 따름이다. 종이로 만드는 도서로 이윤을 남기기 어려운 이 시기에 감히 이 원고를 받아준 역락의 이대현 사장님과 편집부 직원들에게도 감사의 마음을 전한다.

2015 여름 필자 일동

| 차 례 |

머리말 __ 5
이 책의 작품별 내용 구성 방식 __ 14

제1부 고전산문문학사의 개요

제1장 고전산문의 범위 ___ 23

1. 옛 시대의 '문학' 개념 / 23
2. 서사성과 소설 / 27

제2장 고전서사의 문학사적 이해 ___ 31

1. 서사 문학의 여명기, 설화의 시대 / 31
    1) 설화의 시대 / 31　　　　　　　　2) 설화의 갈래 / 32
2. 한문 서사 산문의 발흥과 성숙 / 37
    1) 통일 신라 시기의 한문 서사 산문 / 37　　2) 고려 시기의 한문 서사 산문 / 38
3. 소설 시대의 개화—조선시대 / 41
    1) 조선 전기 / 41　　　　　　　　2) 조선 후기 / 44

제 2 부 서사무가 · 설화

제1장 바리공주 ___61

제2장 주몽 신화 ___71

제3장 서동설화 ___81

제4장 아기장수 ___89

제 3 부 전기소설

제1장 최치원 ___101

제2장 이생규장전 ___111

제3장 주생전 ___121

제4장 운영전 ___131

제 4 부 몽유 · 환유소설

제1장 원생몽유록 ___145

제2장 구운몽 ___155

제 5 부   애정 · 세태소설

제1장 숙향전 ___169

제2장 옥단춘전 ___181

제3장 이춘풍전 ___189

제 6 부   가정소설

제1장 사씨남정기 ___201

제2장 창선감의록 ___213

제3장 장화홍련전 ___223

제 7 부   우화소설

제1장 장끼전 ___235

제2장 황새결송 ___245

제 8 부 판소리계 소설

제1장 심청전 ___ 257

제2장 춘향전 ___ 269

제3장 토끼전 ___ 279

제4장 흥부전 ___ 289

제 9 부 영웅 · 군담소설

제1장 홍길동전 ___ 301

제2장 유충렬전 ___ 311

제3장 조웅전 ___ 321

제4장 박씨전 ___ 329

제 10 부 연암 소설

제1장 광문자전 ___ 343

제2장 열녀함양박씨전 병서 ___ 353

제3장 호질 ___ 363

제11부 전·가전·실기류

제1장 온달전___375

제2장 공방전___387

제3장 국선생전___397

제4장 한중록___407

제5장 계축일기___417

이 책의 작품별 내용 구성 방식

이 책은 고전소설을 중심으로 하여 고전산문 문학에 포함되는 여러 갈래를 두루 다루고 있다. 각각의 작품을 서사무가·설화, 전기소설, 환몽소설, 애정소설, 가정소설, 우화소설, 판소리계 소설, 영웅·군담소설, 연암 소설, 가전·실기류로 분류하여 체제를 구성하였다. 한 작품이 한 유형에만 전적으로 귀속되는 것은 아니어서 분류의 폭력을 피해갈 수는 없겠지만, 편의상 통상적인 분류 체계를 따랐다.

각 작품별 설명 항목에 대해 이해하기 위해서는 문학교육의 일반적인 내용 범주에 대한 이해가 선행되어야 하겠다. 따라서 다소 장황하더라도 이 책의 구성 요소를 산출한 근거가 되는 문학교육의 네 가지 내용 범주를 먼저 소개하기로 한다.

[지식 범주] 문학 지식은 크게 텍스트적 지식, 콘텍스트적 지식, 메타텍스트적 지식으로 분류해 볼 수 있다. 텍스트적 지식은 본문 자체에 대한 앎을 뜻한다. 작품의 일부나 전체를 원문대로 혹은 약간 변형된 수준으로 외고 있는 경우와, 어려운 단어의 뜻이나 어석을 알고 있는 경우를 포함한다. 콘텍스트적 지식은 작품 창작, 연행, 전승 등 작품의 존재 방식이나 문학적 관습, 작가와 독자 등 작품의 향유에 참여한 주체, 창작 동기와 효용 등에 대한 지식을 비롯한 문학사적 사실에 관련된 지식을 뜻한다. 메타텍스트적 지식은 작품의 내재적 요소를 설명하거나 감상할 때 동원되는 전문적인 용어의 개념 등에 대한 지식을 가리킨다. 이 중에서 메타텍스트적 지식은 여러 문학 작품에 두루 적용된다는 점에서 전이성이 높으므로, 개별 작품의 범위에 국한해서 다룰 수 있는 것은 아니다. 텍스트적 지식은 모든 경우에 교수— 학습 상황의 출발점이자 도착점이므로 이 글에서는 별도로 다루지 않는다. 콘텍스트적 지식은 텍스트의 배경을 이룬다. 고전시가 작품은 창작 배경이 문헌에 실려 전하는 경우가 많은데, 콘텍스트적 지식 중에서는 이러한 내용이 중요도가 높을 수밖에 없다. 또한 창작 배경을 둘러싼 연구사적 쟁점도 이에 포함될 수 있는 주요 내용이다.

고전문학 교육에서는 현대문학에 비해 이와 같은 지식들이 특별히 강조될 수밖에 없다. 현대문학에 비해 과거성이 뚜렷하고 이에 따라 정태적 성격이 강하기 때문이다. 교육에 대한 흔한 비난 중의 하나는 단편적인 지식을 암기 위주로 가르친다는 것이지만, 사실적 지식이든 개념적 지식이든 어떤 대상에 대한 '앎' 자체는 교양인의 표상일 수 있다. 지식이 본질적으로 단편적인 것이 아니라면, 전체 체계를 고려하여 배치함으로써 이런 문제는 해결될 것이며, 그 배치는 그러한 지식을 작품에 대한 이해로 연결시키는 고리를 확보한다면 어렵지 않게 성공을 거둘 수 있을 것이다.

이러한 구도에서 고전문학 교육은 결국 공동체의 언어적 자산인 문학 작품들을 두루두루 섭렵하도록 하는 방법을 택하게 될 것이다. 이는 꼼꼼한 분석이나 즐거운 향유에 앞선다. 교육을 입사(initiation)의 한 형식으로 보는 관점도 있거니와, 지식에 초점을 맞춘 고전문학 교육은 결과적으로 구성원 상호간의 문화적 정체성을 바탕으로 한 동질감과 유대감 강화로 귀결될 것이다.

[경험 범주] 경험 범주는 문학적으로 형상화된 세계나 사상을 말한다. 모든 언어는 본질적으로 지시 대상을 가지는바, 언어 텍스트로 구조화된 문학 작품 역시 세계나 사상을 보여준다. '가치 있는 경험을 언어로 표현한 예술'이라는 문학에 대한 가장 일반적인 정의에서, '가치 있는 경험'이 문학의 내용 요소임을 고려하면 이 점을 충분히 확인할 수 있다. 이를 가리켜 주제(의식)라 할 수도 있고, 주지라 할 수도 있으며, 작품의 의미라 할 수도 있다. 그것은 사랑, 권력, 죽음, 입사(入社) 등과 관련된 여러 가지 모티프로도 나타나며, 여기에는 그밖에도 변신, 꿈, 낙원(상실), 금기(위반), 속죄양, 희생양, 방황, 길 떠남, 귀환(귀향), 거울, 심부(尋父), 형제 갈등, 기아(棄兒) 등등이 목록에 오를 수 있다.

통상적으로 문학 작품은 세 가지 측면의 의미를 지닌다. 작가가 원래 작품 속에 표현(혹은 전달)하고자 한 의도적 의미(intentional meaning), 작품 속에 실제로 표현된 실제적 의미(actual meaning), 그리고 독자가 해석한 의의(significance)가 그것이다. 이 세 가지 측면은 반드시 일치하는 것도 아니지만, 반드시 구별되는 것도 아니다. 배경 기사를 통해 작가의 의도가 명시적으로 밝혀져 있는 상당수의 고전문학 작품의 경우 의도적 의미는 별도의 추론 과정이 생략될 수 있다. 또 거기에 맞추어 실제적 의미를 발견해 내는 일도, 어석의 문제가 해결되었다면 커다란 지적 에너지를 요구하지 않는다. 그러나 작품에 대한 별도의 정보가 없는 경우에는 현대문학 작품과 마찬가지로 시대적 배경이나 작가의 전기적 생애 등에 대한 사실적 정보를 동원하여 추리해야 하는 과제가 부여된다.

국어를 도구 교과로 한정해서 바라보는 시각에서는 이러한 요소가 배제될 수 있다. 그러나 형식만을 가진 언어란 있을 수 없으므로, 언어적 구조물로서의 문학 작품이 담고 있는 세계상이나 정서를 배제하게 되면 결국 건조하고 빈곤한 기능 중심 교육으로 전락할 수밖에 없다. 따라서 문학교육은 경험 범주를 매개로 여타 교과와 직접적·간접적으로 만나는 것이 자연스러울 뿐만 아니라 바람직하기도 하다.

물론 고전문학의 작품 세계는 역사적 현실에 밀착시켜 이해할 수도 있고, 하나의 상징이나 우의로 보아 현대적인 의의를 발견해 낼 수도 있다. 이에 따라 경험 범주는 문학이 범교과 학습의 제재나 자료로 활용될 수 있는 근거이기도 하다.

경험 범주에 초점을 맞추면 작품이 어떤 사상(事象)을 담고 있는가, 작품의 역사적 국면과 맞물려 어떤 주제 의식을 발현시키고 있는가, 인간에 대해 무엇을 말해주고 있는가 하는 점 등이 주된 관심사로 부각된다. 학습자들은 비록 작품과 시간적 상거(相距)를 유지하면서도 한편으로는 바로 그 이유로 그것을 자기 성장에 '의미 있는 타자'로 받아들이게 되는 것이다. 흔히 '문학 감상'이라는 이름으로 실천되는 교수—학습은 바로 이러한 국면에서 일어나는 활동이라 하겠다.

특기할 만한 것은 문학교육에서 경험 범주가 모든 교수—학습에서 배제될 수 없다는 점이다. 가령 교수—학습의 목표로 문학사적 흐름에 대한 이해를 앞세우든, 운율에 대한 이해를 앞세우든 작품이 담고 있는 주제를 배제한 채 교수—학습이 이루어지는 것은 불가능하다. 경험 범주야말로 독자가 작품을 만나서 얻게 되는 재미와 의미의 요람이라 할 수 있다.

[태도 범주] 태도 범주는 작품 속에 형상화된 경험이 어떤 가치를 전이시키고 있으며, 그 가치는 과연 오늘날의 우리에게 그리고 나에게 어떤 의미인가에 초점이

있다. 흔히 말하는 비판적 사고가 가장 활성화되는 지점이 여기이다. '감상'이라는 문학 독서 활동의 한 국면은 그러므로 경험 범주와 나란히 태도 범주에도 걸쳐 있는 것으로 볼 수 있다.

태도는 자신의 경험에 대한 자기만의 적극적인 반응 혹은 대응의 결과이다. 작품에 형상화된 세계나 정서에 대해 선악, 시비, 호오, 미추, 성속 등의 가치를 평가하는 것이다. 그러한 평가는 당연히 학습자 자신의 정체성을 바탕으로 이루어지며, 그 과정은 다시 정체성을 확고히 다지는 결과를 낳게 된다. 이는 고전이 단순히 과거에 만들어져 과거에 향유되었던 화석화된 문화재로서가 아니라, 오늘날에도 끊임없이 인간의 삶을 조회할 수 있는 '의미 있는 타자'로 존속될 수 있는 충분조건이다. 서사물에서는 그 속에 형상화된 인간의 삶과 사회, 역사, 세계 등의 사상(事象)이 평가의 주된 대상이다. 그리고 그것은 적극적인 동감에서부터 극단적인 부정에 이르기까지 넓은 스펙트럼을 이루게 될 것이다.

[수행 범주] 문학을 언어교육의 중핵적인 자료라 할 수 있는 것은, 문학이 여타의 텍스트에 비해 창의적이고 세련된 표현을 담고 있는 모범적인 언어 구조물이기 때문이다. 따라서 그것은 학습자들의 언어 능력, 더욱 구체적으로는 언어 이해 능력과 언어 표현 능력 향상에 모범적인 자료로 활용되어 마땅하다. 이 경우 문학은 역사적 실체로서 지니는 아우라를 벗어버리게 되고, 고상한 예술품으로서의 지위도 잠시 유보해 둔다. 문학적 발상과 표현의 실용적 쓰임새를 자신의 깃발로 앞세우게 되는 것이다. 이를 두고 문학의 외연 확장이나 문학의 일상화라 할지언정, 문학의 도구화라 못 박을 필요는 없다.

비록 제도 교육의 힘을 업고 있긴 하지만, 고전문학이 오랜 역사를 거쳐 오늘에 이른 그 생명력의 근저에는 문학적 발상과 표현의 파급력이 놓여 있다. 그것은 끊임없이 일상적인 언어생활에서 인용되어야 하고 이용되어야 하며, 다시 변용되어 마땅하다. 학습자의 입장에서 그것은 문화를 계승하는 작은 실천이며, 자신을 언어 공동체의 한 구성원으로 자리하게 하는 문화 행위인 것이다. 이를 일러 수행(遂行)이라 하거니와, 고전문학 작품에 구현된 독특한 발상과 표현법에 대해 이해를 도모하고 이를 전략적으로 활용하여 자신의 표현을 만들어 가는 것이다.

수행은 지식이나 경험의 누적이 곧바로 언어를 수행하는 능력으로 전이된다는 보장이 없기에 특별히 그 실천적 국면을 강조한 결과로서 설정되는 범주이다. 특히 '언어 사용 기능'의 신장을 국어교육의 목적으로 보는 관점에서 '수행'은 국어교육의 본질적이고도 고유한 교육 내용으로 규정된다. 문학이 별도의 교과로 독립되지 않고 국어과의 하위 영역으로 존속되어야 한다면, 언어 모델은 문학이 왜 그러해야 하는가를 단적으로 보여주는 교육적 패러다임이다. 이 모델은 문학 작품이야말로 가장 모범적이고 정련된 언어 자료라는 상식을 근거로 한다. 단 이것이 언어활동과 관련된 명제적 지식과 절차적 지식, 언어적 경험과 연관되지 않는 한, 기능의 신장이란 일종의 반복적 훈련에 의한 숙달에 불과하게 될 것이다. 이는 거꾸로 언어 수행 능력에 기여하지 못하는 지식은 그만큼 전이도가 낮다는 점을 말해 준다.

이 점을 고려하면서 각 작품별 항목은 다음과 같이 구성하였다.

- **작품 본문** : 대상 작품을 원문 수록 원칙에 따라 제시하였다. 갈등이 고조되거나 해결되는 대목, 인물의 성격이 뚜렷이 나타나는 대목, 주제의식이 부각되는 대목 등을 골랐으며, 필요한 경우 <중략>을 한 채 제시하였다. 국어나 문학 교과서에서 주로 제시되는 대목과 상당 부분 흡사할 것이다. 한문이 원전인 경우에는 신뢰할 만한 역자가 번역한 글로 대체하였다. 텍스트에 대한 지식을 습득할 수 있는 항목이다.

- **서사 단락** : 작품 전체의 흐름을 파악할 수 있도록 전체 줄거리를 단락별로 제시하였다. 이 중에서 '작품 본문'에 제시된 대목은 굵은 글씨체로 표시하였다. 이 역시 텍스트에 대한 지식을 습득할 수 있는 항목이다.

- **맥락** : 작품의 역사적 실체성을 드러내었다. 창작과 향유, 전승 등에 초점을 맞추어 내용을 서술하였다. 실체 중심의 문학관에 근거하여 구성한 내용이다. 작

품에 대한 콘텍스트적 지식에 해당되는 항목이다.

- **쟁점** : 작품에 대한 연구에서 주요 쟁점을 골라 제시하였다. 내용에 대한 해석, 문학사적 의미, 작품의 역사적 실체 등등 다양한 국면 중에서 작품별로 한 가지에 초점을 맞추었다. 주로 작품에 대한 콘텍스트적 지식에 해당되는 항목이다.

- **꼼꼼히 읽기** : 작품의 단어나 구절을 인용하는 방식으로 '작품 본문'에 대한 꼼꼼한 독해 결과를 제시하였다. 이는 작품에 담긴 인간과 세계에 대한 경험의 내용을 이해한다는 점에서 경험 범주에 해당되지만, 한편으로는 작품 본문에 대한 이해를 도모하므로 읽기 수행 능력을 함양할 수 있는 수행 범주에 해당되는 항목이다.

- **감상의 예** : 작품 전체에 대한 감상 결과를 제시하였다. 감상은 독자의 발산적 반응의 결과이므로 객관적일 수 없다. 하나의 예로서 제시한 것은 이런 이유에서이다. 경험 범주에서 출발하지만 궁극적으로 태도 범주로 귀결되는 항목이다.

- **연습** : 연습 1은 앞 부분에서 서술된 내용을 수렴적으로 확인하는 차원에서 제시된 일종의 형성 평가 문항이다. 연습 2는 심화된 이해를 요구하는 내용에 초점을 맞추어 확산적으로 접근할 수 있도록 구성하였다. 모든 범주에 걸쳐 두루 해당될 수 있다.

제1부 고전산문문학사의 개요

제 1 장 _ 고전산문의 범위

제 2 장 _ 고전서사의 문학사적 이해

고전산문의 범위

1. 옛 시대의 '문학' 개념

이 책에서 다루는 '고전 산문'의 범위를 한정하기 위해, 여기에서는 먼저 '문학(文學)' 개념이 통시적으로 변화한 과정에 대해 살피고자 한다. 우리가 '문학'이라고 칭하거나 인식하는 텍스트의 성격은 불변하는 고정된 것이 아니고 시간의 흐름에 따라 변해온 것이다. 그러나 통시적으로 하나의 개념에 대한 인식이 변화했음에도 불구하고 다른 대상에 대해서 같은 용어로 지칭하기 때문에, 현대의 독자들은 고전 문학의 갈래를 분류할 때 혼란을 겪을 수 있다. 예컨대 옛 시대에는 허균의 <호민론>과 같은 논(論)이나 정약용의 <지구도설>과 같은 설(說) 등 이치를 해설하거나 주장을 펼치는 갈래를 높은 수준의 문학 갈래로 여겼다.[1] 그러나 현재의 '문학'에 대한 인식에서는 각 텍스트는 비문학 텍스트로 보인다.

이는 현재의 관습으로 고전 문학을 재단하며 생기는 현상으로서, 고전 문학의 문학성에 대한 오해에서 기인한다. 현재에는 시·소설과 같은 허구·상상적인 글이 문학의 주류로 여겨져, 문학(文學)의 성격에 대해 설명할 때는 미적인 구조물, 상상력의 산물, 허구 등의 개념을 근거로 삼는 것이 일반적이다. 이러한 관점에서 실용문에 속하는 문(文)은 문학이라 하기 힘들 것이다.[2]

그러나 문학에 대한 이러한 관점은 근대 이후에 이루어진 것이다. 현대와 같은 문학 관습이 형성되기 이전 시기에 '문학(文學)'이라는 용어는 현재와 다른 성격을

[1] 허균의 「호민론」은 백성들을 다스리는 군왕이 경계해야 할 것에 대해 논하는 텍스트고, 정약용의 「지구도설」은 지구가 둥글다는 것을 설명하기 위한 텍스트다. 이 텍스트들은 오히려 현대의 대표적인 비문학 갈래인 '논설문'에 가까워 보인다.

[2] 김광순 외(2003), 『국문학개론』, 새문사, p.16.

지닌 텍스트를 일컬었다. 애초에 동양에서 '문학(文學)'이라는 용어는 『논어(論語)』의 '선진편(先進篇)'에서 '문학을 잘하는 자는 자유와 자하로다[文學 子遊子夏].'란 표현에 처음 등장하는데, 주자(朱子)에 따르면 여기에서 지칭하는 '문학'을 잘하는 사람이란 시·서·예·악에 모두 능한 사람이다. 따라서 초기의 문학 개념은 글과 관련된 개념인 시서(詩書), 윤리(倫理)와 관련된 개념인 예(禮), 음률과 관련된 개념인 악(樂)을 아우르는 개념이었다.

이후 문(文)이 주로 '글'을 지칭하게 되면서, 문학(文學) 개념은 문(文)에 대한 문식성이 높은 계층들이 창작한 시문(詩文)을 가리키는 개념으로 사용되기 시작했다. 문학의 '학(學)'은 아카데미즘을 뜻하는 용어이기도 하다. 문학(文學)이란 탐구를 통해 가능하며, 일정 수준의 가치(價値)를 내포한 용어로 활용된 것이다. 따라서 옛 시대 당시에 '문학(文學)'이라고 일컬어진 텍스트들은 주로 한문학 텍스트였다. 이러한 맥락으로 미루어볼 때 한문 문식성이 높은 사대부들이 우리글로 된 문학(文學)의 가치를 인식하는 것은 문학의 가치에 대한 지배적인 인식을 획기적으로 전환한 것이라 할 수 있다. 퇴계 이황이 '도산십이곡발'에서 우리말로 된 시(詩)인 시조(時調)의 가치에 대해 논하고 있는 것이나, 서포 김만중이 우리글로 된 소설을 옹호하는 비평문 등은 이러한 의미에서 그 의의가 높은 것이다.

이와 달리 현대에는 예술성(藝術性)이 높은 '언어로 된 미적 구조물'을 모두 문학으로 포괄하여, 구비 문학, 국문 문학, 한문 문학 모두를 문학의 범주에 넣고 있다. 즉 문학의 재료로서 국문, 한문, 구술 언어 등 그간 우리나라에서 쓰였던 말과 글을 모두 인정하게 된 것이다. 이는 근대 이후 문학에 대한 인식의 전환에서 기인한다. 근대 이후 '국문학(國文學)'이란 우리글로 된 문학이어야 한다는 등 문학 개념에 대한 재인식이 이루어지기 시작했고, 우리글의 문학적 가치는 재평가되었다. 오히려 한문학이 아닌 우리 글로 창작된 고전 소설이나 시 등에 대한 분석과 재평가가 이루어지기 시작한 것이다. 이에 따라 '문학(文學)'이란 한문을 매체로 한 텍스트만을 지칭하는 것이 아니게 되었다. 심지어 한문학을 국문학에서 배제시켜야 한다는 논의마저 있었을 정도로 오히려 한문학이 아닌 국문 문학이 국문학의 주류로 부각되었다.

한편으로 '입말', 즉 '구비(口碑)'를 매체로 한 텍스트도 그 미적 성취에 대해서 조명되며 '문학'으로 포괄되었다. 시조도 원래는 가창을 위한 텍스트였고, 가사도 음영을 통해 향유되는 텍스트였다. 설화, 서사 무가, 판소리 등은 애초에 구비 텍스트로 발생하였으며, 문자로 기록된 것은 이후의 일이다. 따라서 언어의 성격에 따라 산문 문학 갈래를 다음과 같이 나눌 수 있다.

재료		갈래		
말 (구비(口碑))		ㄱ. 설화		
글 (문(文))	국문		ㄷ. 국문 소설	
	한문	ㄴ. 한문 문헌 설화	ㄹ. 한문 소설	ㅁ-1. 가전(假傳) 등 산문 ㅁ-2. 논(論), 설(說) 등 산문

협의의 문학

광의의   문학

한문 문헌 설화(ㄴ)는 구비 설화(ㄱ)를 문인(文人)들이 글로 번역한 것이다. 이 과정에서 입말의 특징은 거의 사라지고, 새로운 한문으로 창작된다. 애초에 우리말을 한문으로 그대로 옮긴다는 것은 불가능한 일이다. 또한 문인(文人)들은 글을 쓸 때 자신들의 관점이나 주제의식에 따라서 설화를 변용시켜 응결성 있는 텍스트를 생산한다. 따라서 문헌에 기술되어 있는 한문 문헌 설화와 구비 설화는 서로 다른 갈래라 할 수 있다.

예를 들어 『삼국사기』에 기록된 설화인 <온달전> 등은 김부식이 창작하던 고려 시대에 구비로 전해지던 고구려의 설화였을 것이다. 문인이었던 김부식은 이를 단순히 그대로 '기록'한 것이 아니다. 온달 설화는 소재로 활용되었을 뿐 사대부적 주제 의식인 '신(信)'을 토대로 <온달전>으로 저작된 것이다. 따라서 원재료가 된 구비 설화와 재창작된 문헌 설화는 전혀 다른 텍스트성을 띠는 별개의 갈래로 보아야 한다.

마지막으로 흔히 광의(廣義)와 협의(狹義)의 개념으로 일컬어지는 문학(文學) 개념에 대해서 살피고자 한다. 위 표에 드러나듯, 광의와 협의의 문학 분류에서 문제가 되는 것은 현대에는 더는 창작되지 않는 한문학과 관련된다. ㄱ~ㄹ과 모두 현재 문학이라 여겨지는 갈래들이지만 ㅁ에는 주장하거나 기술하는 목적의 실용문들이 포함되어 있다.

광의의 문학에는 위 표에서의 ㄱ~ㅁ이 모두 포함되며, 협의의 문학은 ㅁ-2을 제외한 문학을 일컫는다. ㅁ-1은 '서사성'이나 '허구성'이라는 측면에서 ㄹ과의 연속성이 인식되나, ㅁ-2는 오히려 현대의 논설문과 비슷해 보일 정도다. 한문학을 현재 문학이라 여기는 텍스트 관습과의 연속선상에서 파악했을 때, ㄱ은 ㄴ과, ㄷ은 ㄹ과 유사한 텍스트적 성격을 공유하고, ㅁ-1에서도 그러한 성격을 찾을 수 있으나, ㅁ-2는 아닌 것이다. 따라서 현재의 문학 개념으로는 ㅁ-2에 대해서는 마치 문학이 아닌 것처럼 여기기 쉽다.

그러나 문학/비문학의 분류는 쉽게 재단할 수 없는 문제다. 옛 시기에 본격 문학으로 여겨졌던 것은 오히려 ㅁ이었고, 이 갈래의 텍스트는 고전문학의 절대 다수를 차지하고 있거니와, 높은 수준의 문예적 성취를 보여주기도 하기 때문이다. 조동일 (1992)에서 문학 갈래를 '서정, 서사, 극'으로 나누는 서구의 문학 갈래 분류 방식이 동양 전통 문학을 분류하기에 적합하지 않다고 보고, '교술' 갈래를 설정하여 ㅁ을 포괄한 것도 이와 같은 문제의식에서 비롯된 것이다.[3]

3 조동일(1992), 『한국문학의 갈래이론』, 집문당.

이 책에서는 ㅁ도 문학으로 보는 관점을 취하지만, 기술하고자 하는 문학사에서는 ㅁ-2는 제외하려 한다. 이는 ㅁ-2가 명백히 ㄱ~ㄹ과 구별되는 텍스트적 성격을 지니고 있기 때문에 따로 논의해야 한다고 보아서이다. 그럼에도 '산문'이라는 포괄적인 용어를 사용하는 것은 '소설'이라는 용어만으로는 ㄱ, ㄴ, ㅁ-2 등을 함께 논의할 수 없기 때문이다.

사실상 '소설' 갈래는 산문 갈래 중에서도 가장 늦은 시기에 출현한 갈래이다. 논자에 따라서는 '소설' 갈래를 상상적·허구적 산문 갈래의 완성된 형태로 보고 ㄱ~ㄹ, ㅁ-1 모두를 '소설 발달사(發達史)' 속에서 파악하기도 한다. 이러한 관점은 하나의 갈래를 중심으로 갈래 교섭 양상과 발달 양상을 밝힌다는 측면에서 의의가 있는 관점이다. 다만 이 관점에서 기술할 경우, 이미 완성된 형태의 텍스트성을 보이는 문헌 설화, 가전체 등을 미완된 갈래로서 파악하는 맹점이 생길 수 있다 있다. 문헌 설화 등은 조선 후기까지도 활발하게 창작된 갈래며, 설화는 현재까지도 생명력을 지닌 갈래다. 따라서 이 책에서는 각 갈래를 각각 별개의 갈래로서 기술하되, 상보적 관계와 교섭 양상 등도 함께 다루려 한다.

2. 서사성과 소설

'문학적 관습'은 지속적으로 변화해 왔다. '소설(小說)'이라는 용어 역시 옛 시대에 쓰이던 의미와 다르게 쓰이고 있는 용어다. 앞 절에서 언급했듯 옛 시대에는 주로 고전(古典)을 탐독하며 문식성 수준이 높은 문장을 하는 계층들이 창작한 시(詩)와 문(文)을 '문학'이라 칭했다. 현대에는 문학의 본령 중 하나로 인식되는 '소설(小說)'이란 명칭은 이 시기에는 '작은 이야기[小說]'이라고 불리는 잡문을 지칭하는 것이었다. 『한서(漢書)』의 '예문지(藝文志)'에는 '소설가라는 사람들은 대개가 패관으로부터 나왔다. 거리의 이야기와 골목에 떠도는 이야기를 듣고 꾸며낸 것들이다[小說家者流 蓋出於稗官. 街談巷語道聽塗說者之所造也].'라고 이른 바 있다. 즉 길에서 듣고 말해지는 '도청도설[道聽塗說]'이자 꾸며낸 이야기라는 뜻을 지니고 있었던 것이다.

따라서 옛 시대에 쓰이던 '소설(小說)' 개념은 현재의 '인물 형상화를 중시하고 서사성을 기반으로 전개되는 텍스트'로 인식되는 '소설(小說)' 개념과는 달랐다. 이는 우리나라에서 처음으로 소설(小說)이란 용어가 활용된 맥락을 살펴도 그렇다. 소설이란 용어는 이규보의 『백운소설(白雲小說)』에서 처음 등장했는데, 이 『백운소설』은 시화(詩話) 모음집이기 때문에 실려 있는 글들은 현대의 소설 개념에 부합하는 텍스트라고 할 수는 없다.

이러한 인식은 여러 예를 통해 찾을 수 있다. 조선 명종 때 어숙권(魚叔權)은 소설(小說)에 속하는 텍스트로 이인로의 『파한집』, 최자의 『보한집』, 이제현의 『역옹패설』,

구양순의 『양화소록』, 서거정의 『태평한화골계전』·『필원잡기』·『동인시화』, 강희맹의 『촌담해이』, 김시습의 『금오신화』를 꼽은 바 있다. 이 중에서 현재 우리가 소설(小說)이라 칭하는 갈래의 성격을 지닌 텍스트는 『금오신화』뿐이다.

즉 소설(小說)은 가볍게 논할 수 있는 시화(詩話)나, 주제 의식이 심각하지 않은 글, 짧막한 이야기인 '소화(小話)', 떠돌아다니는 기이한 이야기인 '패설(稗說)' 등을 통칭하는 용어였다. 이러한 텍스트들은 기본적으로 도(道)를 염두에 두고 지은 글이 아니라는 공통점이 있다. '소(小)'란 단어에는 '도(道)'만을 위한 글이 아니라는 뜻이 내포되어 있다. 따라서 '소(小)'는 본격 문학이 아니라는 가치 평가의 문제도 함의되어 있었던 것이다.[4] 즉 옛 시대 소설(小說)이란 용어는 서정, 서사, 교술 등을 두루 포괄하며, '군자가 도를 닦기 위한 글[君子修道之文]'이 아닌 글을 통칭하는 용어였다.[5] 따라서 서사성이 있으며 독자의 재미를 위해 창작된, 비실용적인 성격의 글 역시 소설(小說)이라 불렸다. 즉 비실용적인 성격의 글로 허구성이 있는 글을 칭하는 용어로도 쓰였다.

현대의 소설(小說)은 대체로 개연성이 있으며 등장인물이 핍진하게 형상화되어 있는 등 문학적 형상화 수준이 높은 허구 서사물을 지칭하는 용어로 쓰인다. 따라서 근대 이후에 소설(小說)이라 불리는 텍스트들은 실험적인 텍스트를 제외하고는 보통 '허구성'과 '서사성'을 기반으로 하고 있다.

여기에서는 고전 산문 중 허구 서사물을 중심으로 논의하고자 한다. 따라서 대체로 '설화'와 '소설'을 비롯한 허구 서사체에 집중되어 논의될 것이다. '서사(narrative)'란 원래 인간이 겪는 사건들에 대해 언어적으로 재현하는 것으로서, 시간적 구조에 따라 구성된다. 따라서 역사 기록물이나 사건일지, 일기 등 사건에 대해 기록하는 글에서도 흔히 쓰이는 서술 기법이다. 설화와 소설은 이러한 서사 기법을 활용하여 상상력을 통해 형상화된 허구적 서사다.

다만 이 책에서는 다음과 같은 것을 전제로 하고자 한다. 예컨대 연암은 본격 문학을 했던 문인으로서, 스스로는 소설(小說)을 창작한다고 생각하지 않았을 것이며, 당대에도 연암의 글에 대해서 소설(小說)이라 일컫지는 않았다. 그러나 현재에 '소설

[4] 사대부들은 문(文)이란 도(道)를 담아야 한다는 문학관을 지니고 있었기에, 소설(小說)에 대해서는 박하게 평가했다. 옛 문인들이 '소설(小說)'을 자신의 책 제목으로 삼았던 것은 '소설(小說)' 나름의 가치를 인식한 것이라고 할 수 있다.

[5] 김광순 외(2003), 『국문학개론』, 새문사, pp.298-299 참고.

(小說)' 개념으로 보면 연암의 글들은 소설적이다. 예를 들어 <열녀함양박씨전>은 기본적으로는 열녀전이라는 실기류(實記類)의 산문이지만, 연암이 허구적 서사화 기법을 활용한 사건을 삽입하였는데, 이 부분은 현대에 말하는 소설적 기법에 가깝다. <계축일기> 또한 일기로서 실기(實記)이나, 인물 구현에 있어 서사화의 기법이 핍진하게 드러나 개연성을 확보하고 소설적 흥미를 불러일으킨다.

따라서 이 책에서 다루고자 하는 고전 산문은 허구 서사를 기반으로 하되, 허구가 아니라 하더라도 <계축일기>처럼 마치 소설로 느껴질 만큼 핍진하게 형상화된 산문도 포함시켜 논의할 것이다.

제2장

고전서사의 문학사적 이해

1. 서사 문학의 여명기, 설화의 시대

1) 설화의 시대

문자가 발명되기 이전에도 문학은 존재했다. 초기의 문학 형태는 구비 문학이었다. 고대인들은 생사화복을 자연물에 의지하고 기원하는 제사를 지냈다. 이러한 제사 의식에서 출발하게 된 서사적인 내용은 차차 신화·전설·민담으로 발전하게 되었다. 고조선 시기 이후부터는 각국의 건국 신화가 현전하는데, 이는 우리나라에서 고대문학이 시작되었다는 명백한 근거라 할 수 있다.[1]

설화는 현재까지도 활발하게 창작되고 향유되는 형태의 텍스트이다. 그러나 이 시기를 '설화의 시대'라고 명명한 것은 기록 매체가 없던 시기에는 구비 서사인 설화가 가장 지배적인 형태의 서사 문학이었기 때문이다. 기록 매체인 문자가 수용되거나 발명된 이후에는 다양한 문자 문학 갈래들이 등장하였고, 설화가 지배적인 서사였던 시대는 종언을 고했던 것이다.

설화(신화·전설·민담)의 공통 특징은 집단적 토대 위에서 구비 전승되는 산문 서사 문학이라는 점이다. 그러므로 설화 속에는 그 민족이나 생활 공동체의 오랜 경험과 의식이 담겨 있다. 이에 따라 설화의 특징으로는 다음과 같은 것들을 들 수

[1] 조동일(2005), 『한국문학통사』 1, 지식산업사, p.65.

있다.

① 집단성 : 설화는 한 개인의 창작이 아니라, 일정한 생활 집단의 구성원(특정한 고장, 지방의 사람들 또는 민족)들에 의해 공동으로 창작된 것이다.
② 구비성·적층성 : 설화는 문자로 기록·정착되기 이전이나 그 이후에도 전승 집단에 의해 입에서 입으로 전해지는 이야기이다. 따라서 구전에 적합하게 구조와 표현이 단순하며, 적층 문학적 성격을 띤다.

위 특징은 옛 시기에 향유되었던 설화 원형의 특징이라 할 수 있다. 옛 시기의 설화를 그 시대에 향유되었던 원형대로 접하는 것은 불가능하다. 설화는 처음엔 신관의 입을 통해 읊어지던 것이 대중 속에 침투되어 구전되어 오다가 마침내 한자가 들어옴에 따라 문자로 정착하게 되었다. 따라서 현재 우리가 접하는 설화는 문자 발명 이후에 기록된 문헌의 형태이거나, 서사 무가처럼 서사시 형태로 오랜 세월 켜켜이 누적되어 구비 전승되어 온 것을 채록한 것이다. 이에 현재 접하는 텍스트에는 위 특징이 누락된 형태일 경우가 많다. 문헌 형태의 설화는 구비성이 실전되었기에 당시의 텍스트 모습과는 완전히 다른 형태다. 한편 최근에 구비성을 살려 채록된 것이라도, 오랜 세월 동안 구비된 것이므로 원형을 완벽하게 복구하기란 불가능한 일이다.

그럼에도 문헌의 형태로든 채록의 형태로든 현전하는 설화 문학을 통해 우리는 옛 시대의 한 집단의 생활 감정과 풍습을 추측할 수 있고, 그 시기의 상상력을 짐작할 수 있다. 향유 당대에 설화는 국조(國祖)의 신화와 고대 전설들을 통하여 민족의 뿌리와 유구한 역사에 대한 민족적 긍지를 심어주었을 것이다. 한편 고대의 설화가 고려 시대에 들어와 한문으로 기록·정착된 것은 패관 문학이라 하여 따로 구분하기도 한다.

2) 설화의 갈래

설화란 한 공동체 사이에서 구비로 전승되는 이야기로, 구비에 적합한 일정한 구조를 지니며 전승된다. 한 공동체에서 이야기가 구비로 전승된다는 것은 인간은 적어도 집단을 이루던 시기에 어느 정도 이야기를 생산하는 서사 능력이 발달해 있었다는 것을 의미한다.

설화는 보통 신화, 전설, 민담으로 분류된다.

- 신화 : 정확한 근거가 없이 씨족이나 부족의 집단, 또는 민족에 있어서의 신을 주인공으로 하여 엮어져 전하여 오는 설화 형식이다.
- 전설 : 실재하는 장소·시대·인물을 구체적 내용으로 하고 있는 점이 특징이다. 전설은 지방의 구체물에 연관되어 토착성·고정성이 뚜렷하다.
- 민담 : 흥미를 위주로 엮어지는 이야기로서, 뚜렷한 시간과 장소가 없으면서도 체계적인 구조를 지니고 있으며, 인간 생활과 깊은 관련을 맺고 있어서 쉽게 기억·구연되며 재창조된다. 사건에 대한 아무런 증거물이 없는 창조적인 이야기, 즉 허구의 세계다.

	신 화	전 설	민 담
지배적인 미	숭고미	비장미	골계미
전승자의 태도	'신성하다'고 믿음 -신성미	'진실하다'고 믿음 -진실미 (역사성의 가미)	'흥미롭다'고 믿음 -흥미 위주 (흥미성)
시간과 장소	아득한 옛날(태초), 신성한 장소	구체적인 시간과 장소	뚜렷한 시간과 장소가 없음
증거물	포괄적(우주, 국가 등)	개별적(바위, 개울 등)	보편적
주인공과 그 행위	신(神), 초능력 발휘	비범한 인간, 비극적 결말	평범한 인간, 운명 개척
전승범위	민족적 범위	지역적 범위(제한적)	세계적 범위

다만 이 절에서 다루는 텍스트들은 대부분 『삼국사기』나 『삼국유사』 등 후대의 문헌 기록을 근거로 재구한 것이다. 각 이야기의 배경은 고려 이전 시기이나, 『삼국사기』와 『삼국유사』 등이 기록된 것은 고려 시대이다. 즉 고려 시대의 기록을 토대로 고려 이전 시기의 설화에 대해서 추증한 것이라는 점을 염두에 두어야 한다.

(1) 신화

신화는 신(神) 혹은 신적인 인물의 신성한 행위에 대한 이야기로서 전승 범위가 민족적이다. 또한 전승(傳承)하는 사람들이 선험적으로 신성(神聖)하며 진실이라고 믿는다는 특징이 있다. 따라서 신화의 성격은 집단성, 신성성, 구비성 등이라고 할 수 있다.

신화는 대체로 창세신화, 건국신화 등으로 나뉜다. 이 중 창세신화가 더욱 앞선 시기의 신화일 것으로 추정된다.[2] '창세'라고 여겨지는 시기가 '건국' 시기보다는 더욱 이르며, 건국 이전의 시기에도 신화는 당연히 존재했을 것이기 때문이다. 그러나 우리나라의 창세신화는 문헌에 기록되어 전하는 것이 많지 않으며 단편적이기 때문에 그 서사 구조의 원형을 재구하는 것이 쉬운 일은 아니다. 다만 제주도의 경우에는 창세신화에 근접한 지모신(地母神) 계열의 신화 등이 전해지는 편이다.

건국신화로는 나라별로 고조선의 <단군신화>, 고구려의 <주몽신화>, 신라의 <박혁거세신화>, 가야의 <수로왕신화> 등이 전해지고 있다. 이 신화는 북방계 신화와 남방계 신화로 나누기도 한다. '단군신화', '주몽신화' 등은 북방계로, '수로왕신화', '박혁거세신화' 등은 남방계에 속한다. 북방계 신화는 공통적으로 천신과 지신이 결합하여 국조가 탄생했다는 모티프를 보이는 반면, 남방계 신화는 국조의 건국이 선행된다. 또한 시조가 왕이 되는 과정에서도 북방계는 기존 국가 체제가 있던 상태에서 새로이 건국하는 것이라면, 남방계는 국가가 없던 상태에서 국가가 만들어지는 내용으로 전개된다.[3] 또한 주몽, 수로왕, 박혁거세 신화 등에서 확인할 수 있다시피 난생(卵生)이 두드러지게 나타나는 편이다.

<단군신화>는 환인-환웅-단군의 삼대에 걸쳐 고조선을 건국하기까지의 이야기로, 『삼국유사』에 수록되어 전한다. 환인의 서자인 환웅은 천부인(天符印) 세 개와 풍백, 우사, 운사를 거느리고 태백산 신단수 아래에 내려와 신시(神市)를 열었으며, 3·7일의 금기를 지킨 웅녀 사이에서 단군을 낳았다. <단군신화>는 고조선이 건국 당시의 사회가 제정일치 군장 사회였다는 것을 암시한다.

<주몽신화>는 <광개토대왕비> 등 비문과, 『삼국사기』, 『삼국유사』, 『세종실록지리지』 등 한국 문헌 자료, 『후한서』 등의 중국문헌에서 광범하게 확인할 수 있다. <단군신화>와 마찬가지로 해모수·주몽·유리에 이르는 삼대기 구조로 되어 있으

2 창세신화와 건국신화 등에 대한 내용은 이명구(2007), 『이야기 한국고전문학사』, 박이정의 pp.47~75와 조동일(2005), 『한국문학통사』 1, 지식산업사, pp.65~69를 참고할 것.

3 이하의 북방계·남방계 신화의 분류 기준은 조동일 외(1994), 『한국문학강의』, 길벗, pp.36~37에 기술되어 있다. 이 책에서는 북방계·남방계 신화의 구조에 대해서 다음과 같이 정리하고 있다.
• 북방계 신화의 구조 : 천신과 지신(또는 수신)의 혼례→시조의 탄생→건국
• 남방계 신화의 구조 : 시조의 탄강→건국→시조의 혼례

며, 이는 한국 서사 문학의 원형이라고 일컬어지기도 한다. 해모수와 하백의 결투(변신술에 의한 결투), 유화의 고난(혼사장애), 주몽이 뚜렷이 보여주는 영웅의 일대기(영웅소설의 기본구조), 유리가 보여주는 통과 제의 등은 서사 문학의 원형적 모티프로서 작용한다. <주몽신화>는 후대로 올수록 많은 요소가 첨가되어 이규보의 <동명왕편(東明王篇)>에서는 더욱 발달된 형태의 서사구조가 형성된다. <동명왕편>은 지금은 전하지 않는 <구삼국사(舊三國史)>의 동명왕 본기(本紀)를 참고한 것이어서 매우 중요한 자료이다.[4]

<박혁거세신화>는 신라의 건국신화이며, 『삼국사기』, 『삼국유사』 등에서 확인할 수 있다. 우물인 나정에 상서로운 기운이 있어 육촌의 촌장들이 가 보니 흰 말이 소리치고 올라간 자리에 커다란 알이 남겨져 있었고, 이 알에서 나온 혁거세가 신라의 첫 임금이 되었다는 신화이다. 같은 날 알영정에서 계룡이 왼쪽 옆구리로 여아(女兒)인 알영을 낳았는데, 이 알영이 훗날 혁거세의 왕비가 된다.

가락국의 건국신화는 수로(首露)를 맞이하는 행사와 관련된 것인데, 하늘에서 내려온 금합 속에 여섯 개의 알이 들어 있고 그 여섯 알에서 아이들이 태어나 육가야를 건국했다는 내용이다. 수로가 왕이 된 이후 인도 아유타국에서 공주 허황옥이 배를 타고 와서 왕비로 맞이하였다. 이 신화는 다른 건국신화와 달리 그것에 부수된 노래인 <구지가>가 남아 있어 이 건국신화 해석에 중요한 자료가 되고 있다.

(2) 전설

전설도 신화와 마찬가지로 공유하는 집단 내에서 '선험적인 진실'로 믿어진다. 배경이 구체적 시공간으로 제시되는 경우가 많으며, 증거물이 제시되기도 한다. 고구려에 전해지는 전설로는 <자명고(自鳴鼓)>가 있다. 이 설화는 대무신왕(大武神王)의 아들 호동과 낙랑공주 간의 비극적 사랑을 다룬 것이다. 낙랑공주는 연인을 위해서 자기 나라를 지키는 북과 나팔을 스스로 파괴한 대가로 자기 부친에게 죽임을 당했다. 고구려는 낙랑에 승리했지만, 호동왕자는 낙랑공주를 잃었다.

백제에는 <도미> 전설이 전해진다. 백제의 개루왕이 도미의 아내가 미색임을 듣고는 도미에게 그 아내의 정절을 시험한다고 하여 신하를 왕으로 변장시켜 도미의

4 이규보의 <동명왕편>과 이승휴의 <제왕운기>에서 주몽 신화를 다루고 있다. 이 둘은 서사시로서 고대의 건국신화를 읊은 것이다. 이규보는 동명왕의 설화를 모르는 사람이 없고, 자기는 처음에는 공자처럼 '괴력난신을 이야기하지 않는다(不語怪力亂神)'는 입장이었으나 <구삼국사>를 얻어서 동명신화를 읽어보니 '환상도 귀신도 아닌 성스럽고 신이한 이야기 였음(非幻也乃聖也 非鬼也乃神也)'을 인식했으며, 또 김부식의 <삼국사기>가 동명왕의 사적을 기록하기는 했으나 너무 소략해서 볼만스러웠기 때문에 <동명왕편>을 지었다고 했다.

아내를 겁박하려 하자 도미의 처는 종을 변장시켜 대신 방에 들여보내어 속였고, 이에 화가 난 왕은 도미의 눈을 빼어 배에 실어서는 물에 띄워 보내고 도미의 처를 잡아 겁탈하려 하자, 도미의 아내는 월경을 핑계로 댄 뒤 도망하여 물가에서 통곡하다, 홀연 나타난 배를 타고 가 지아비를 만나게 되었다는 내용이다. 이 둘은 고구려 땅에 가서 살게 되었다고 한다. 통치자가 되어 백성의 처를 빼앗으려는 행위에 대한 고발과 함께 그것에 결사적으로 저항하는 평민의 의지가 드러나 있는 이 설화는 '관탈민녀형(官奪民女型) 설화' 중의 하나로서, 열(烈)을 주제로 한 것이든 지배층에 대한 하층민의 저항이든 조선 후기 <춘향전>의 근원설화 중 하나가 되었을 가능성을 지니고 있는 것으로 보인다.

고구려, 백제에 비해 신라의 설화는 그 양에 있어서 월등히 많이 채록되어 있다. 이것은 신라가 삼국을 통일했고 『삼국사기』, 『삼국유사』가 신라 중심으로 서술되었기 때문일 것이다. 이 중에서 <연오랑세오녀> 이야기는 일월신화라고 분류되기도 한다. 신라 8대 아달라왕 때 동해가에 연오랑 세오녀 부부가 살고 있었는데, 어느 날 연오랑이 바위를 타고 일본에 건너가 왕이 되었고 세오녀 또한 남편을 찾아 일본으로 건너가 왕비가 되었다. 이때 신라의 해와 달이 빛을 잃게 되었다. 일관(日官)이 아뢰기를 일월(日月)의 정(情)이 우리나라에서 일본으로 건너갔기 때문이라고 하자 왕은 사자를 보내어 두 사람은 돌아오도록 했으나 연오랑은 돌아오지 않고 세오녀가 짠 비단을 주어 하늘에 제사를 지내도록 하여 그렇게 했더니 해와 달이 다시 빛을 회복했다. 그래서 비단을 왕의 창고에 국보로 보관하고 하늘에 제사지내던 곳을 영일현(迎日縣)이라 했다는 것이다.

(3) 민담

민담은 신화·전설과 달리 전승자가 이야기의 내용을 신성하다거나 진실하다고 믿지 않고, 허구 서사로 본다. 따라서 민담을 전승하게 만드는 힘은 '흥미'가 주가 된다. 민담에서는 작중 시간이나 공간이 현실적으로 구체화되지 않고 '옛날 옛적 어느 곳에'라는 식으로 모호하게 제시된다. 따라서 민담은 '보편성'을 지닌 서사로 이야기된다.

민담의 주인공은 신분이 다양하게 나타난다. 왕이 주인공이기도 하고 거지가 주인공이기도 하며, 초인이 등장하기도 하고 바보가 등장하기도 한다. 신화가 주인공의 신이한 능력을 부각시키기 위해 출생 과정이나 성장 과정을 다루는 것과 달리, 민담의 주인공은 신분이 고귀하더라도 바로 성년의 모습으로 등장한다.[5] 또한 민담의 주인공이 추구하는 가치는 신화나 전설에서 추구하는 가치와 다르다. 신화의 주인공이 건국 등의 위업 달성을 지향하고, 전설은 비장한 좌절을 다룬다면, 민담의 주인공은 '결혼'이나 '치부' 등 일상에서의 행복을 지향한다. 신화가 숭고미를, 전설이 비장미를, 민담이 골계미를 기반으로 한다는 것은 이러한 서사적 특성에서 파생되는 미(美)라 할 수 있다.

5 조동일 외(1994), 『한국 문학강의』, 길벗, p.47.

민담은 구비 문학의 시대뿐만 아니라 조선 후기까지도 지속적으로 생산·유통되었다. 그러나 이러한 모호한 배경으로 인해 어느 시기에 있었던 설화인지를 확인하기는 힘들다. 문헌에서 고구려 시기에 있었던 민담으로 확인되는 것은 <구토지설>이다. 김춘추는 고구려에 사신으로 갔다가 옥에 갇혔을 때 고구려의 신하 선도해에게 뇌물을 주고 구명운동을 하다가 <구토지설>을 들었다. 위기에 처한 토끼가 기지로써 그것을 벗어난다는 것인데 이것은 조선 후기에 판소리 <수궁가>의 근원설화가 된다. 이 <구토지설>은 불교의 고구려 전래와 함께 들어왔을 가능성도 있다.

2. 한문 서사 산문의 발흥과 성숙

1) 통일 신라 시기의 한문 서사 산문

한문은 삼국 시대 초기인 건국기가 지나자 국가적인 통치 제도의 확립을 위해 중요하게 활용되었다. 각국에서 국립 고등기관을 세우고 율령을 반포하는 과정에서 한문학은 점점 발달했다. 그러나 이 시기의 작품 중에는 문학 작품이라고 일컬을 만한 산문은 전하지 않는다.

이후 신라 통일 이후 육두품 출신의 문신들이 행정을 맡으면서 한문학은 차차 성숙하였다. <화왕계>의 작자로 유명한 설총 역시 육두품 출신으로서 신문왕 때의 사람이다. <화왕계>는 어느 날 신문왕이 설총에게 이야기를 요청하여 지은 것이라 전한다. 내용은 꽃의 나라를 다스리는 화왕(花王)이 가인(佳人)인 장미에게 마음을 빼앗겼다가 백두옹(白頭翁)인 할미꽃의 충언을 듣고 군왕의 도(道)에 대해 깨달았다는 것이다.

이 작품은 자신이 말하고자 하는 바를 다른 이야기에 빗대어 말하는 우언(寓言)이다. 신문왕은 이 이야기를 듣고 깊은 뜻이 있는 우언이어서 임금을 경계할 만하다고 평했다. 이러한 우언의 전통은 한문학의 관습 중 하나다. 따라서 이때 이미 한문 산문은 성숙한 상태였을 것으로 보인다. 그 외에도 성덕왕 당시 김대문이 지었다고 전하는 『고승전』, 『화랑세기』, 『계림잡전』 등이 인물에 관한 전(傳) 형식의 산문작품들을 모은 것이었을 것으로 추정되나, 실제 작품들은 실전되어 그 실상을 확인할 수 없다.

신라 시대의 가장 알려진 문인은 최치원일 것이다. 최치원은 관련 인물 전설이 여럿 남아 있을 정도로 비범한 인물로 여겨지던 인물이다. 특히 최치원과 관련해서는 <쌍녀분기> 혹은 <최치원>이라고 이름한 전기(傳奇) 텍스트가 전하고 있는데, 이에 대해 최치원 스스로가 자신에 관한 전(傳)을 지은 것이라는 설도 있다. 그러나 이 작품은 작가를 최치원으로 보기에는 근거가 박약하다는 점, 문체가 최치원이 쓸 법하지 않다는 점에서 최치원의 작품이 아닐 것으로 추정되고, 대체로 고려 시대 박인량이 그때까지 떠돌던 최치원과 관련된 이야기를 기록했거나 혹은 그를 토대로 창작한 것으로 추정되고 있다.

2) 고려 시기의 한문 서사 산문

(1) 전기(傳奇) 문학의 전통

고려는 건국 이후 과거제 실시 등을 통해 문치(文治)를 지향하였으며, 난숙기(爛熟期)로 평가될 정도로 한문학이 발달하였다. 무신정변 이후에도 신흥사대부 등 문식성 있는 지배층이 향유하는 문학으로서의 위상은 흔들리지 않았다. 한문 서사 문학 역시 급속도로 발달한다. 설화의 집대성이라 불리는 <수이전>이 저작 혹은 개작되었던 시기이며, 『삼국사기』와 『삼국유사』가 편찬되었다.

전기(傳奇) 문학인 <최치원>이 『수이전』에 실려 있었다는 기록으로 미루어 볼 때 이때 이미 높은 수준의 전기(傳奇) 문학이 창작되고 있었을 것으로 보인다. 중국 당대에는 기이한 일을 기록한 문학인 지괴(志怪) 문학이 발흥하였는데, <최치원>은 이 지괴의 영향을 받아 창작되었을 것이다.

<최치원>은 설화와 구별될 정도로 문학적 형상성이 높아 최초의 소설이라고 봐야 한다는 연구도 있다. <최치원>이 설화적 인물에게 나타나기 힘든 내면성을 다룬다는 점, 주인공인 최치원의 미적 특질이 후대의 전기 소설과 다를 바 없이 고독한 재자가인으로 설정되어 있다는 점, 설화와 같은 공동 저작으로 보기에는 창작 목적의식이 개성적으로 드러난다는 점, 시가 삽입되어 있는 등 화려한 문어체로서 문체가 수려하다는 점 등을 근거로 <최치원>을 소설로 봐야 한다는 것이다.[6]

<최치원>을 문헌 설화로 보느냐 전기 소설로 보느냐의 문제는 '소설(小說)'의 정의에 따라 달라질 수 있는 문제다. 중요한 것은 이러한 논란이 있을 정도로 <최치원>이 후대의 『금오신화』를 비롯한 전기 소설과 뚜렷한 공통점을 보인다는 것이다. 이미 이때 개인 작가에 의해 생산된 허구 서사 텍스트가 높은 수준에 이르렀던 것이다.

6 이상택 외(2005), 『한국 고전소설의 세계』, 돌베개, pp.41~43.

(2) 허구 의인(擬人) 서사 갈래, 가전(假傳)의 출현

고려 후기에 허구 서사체로서 가전(假傳)이 등장하게 된다. 가전(假傳)은 사물을 의인화하여 기술한 전(傳) 형식의 글로, 그 내용은 대개 사람들을 경계하고 권선(勸善)할 목적으로 이루어진 것이다. 원래 전(傳)은 역사적 인물의 일대기를 기술하고 기록한 사신(史臣)이 평(評)을 덧붙이는 형식으로 『사기』에서 출발한 한문 산문 형식이었다. 중국에서는 당대(唐代) 한유(768~824)의 <모영전(毛穎傳)>이 가전의 최초 작품으로 알려져 있고, 우리나라에서는 문헌 상 고려 임춘의 <국순전(麴醇傳)>과 <공방전(孔方傳)>이 최초의 작품이다. 가전의 작가들은 자신의 의론(議論)을 펼치고자 전(傳)의 형식을 빌려 사물을 의인화하였던 것이다.

가전은 교술적 성격이 강한 허구 서사 장르로, 지식인의 처신 문제나 마음가짐의 문제를 다루고 있다. 또한 어떤 사건을 중심으로 허구적으로 구성해 나가는 것이 아니고 그 대상에 얽힌 고사(故事)를 나열하는 방식을 취한다. 따라서 가전은 의인화된 사물에 대한 해박한 지식이 없으면 쓸 수도 이해할 수도 없는 독특한 문학이었다. 그러므로 가전체의 작가들은 그 대상에 대한 자신의 문식성을 토대로 저작하여, 그 가운데서 교훈적인 의의를 추구해 보고자 했던 것이다.

가전은 고전 소설 중 '-전'이라는 제목 아래 개인의 일생을 다루고 있는 허구적 서사물이 있다는 점에서 고전 소설과의 공통점이 거론된다. 그러나 가전은 소설 그 자체는 아니다. 소설처럼 작품 내적 세계의 독자성을 확보하는 데 관심이 있는 것이 아니라, 역사적 전거(典據 : 근거로 삼는 문헌상의 출처)를 관념적으로 나열하여 풍자를 통해 교훈적 목적을 강화하고 있기 때문이다.

서거정이 편찬한 『동문선』에서는 임춘의 <국순전>과 <공방전>, 이규보의 <국선생전>과 <청강사자현부전>, 이곡의 <죽부인전>, 석식영암의 <정시자전>, 이첨의 <저생전> 등을 싣고 있다.

작품명	작자	연대	내 용	출 전
국순전 (麴醇傳)	임춘	인종	술을 의인화하여 술이 사람에게 미치는 영향을 말함	동문선
국선생전 (麴先生傳)	이규보	고종	술과 누룩을 의인화. 군자의 처신을 경계함	동문선
죽부인전 (竹夫人傳)	이곡	공민왕	대나무를 의인화하여 절개를 나타냄	동문선
청강사자현부전 (淸江使者玄夫傳)	이규보	고종	거북을 의인화하여 어진 사람의 행적을 기림	동문선
저생전 (楮生傳)	이첨	고려말	종이를 의인화함	동문선
정시자전 (丁侍者傳)	석식영암	고려말	지팡이를 의인화하여 자기 처지를 알아야 함을 경계함	동문선
공방전 (孔方傳)	임춘	인종	돈을 의인화하여 재물을 탐함을 경계함	동문선

3. 소설 시대의 개화—조선시대[7]

1) 조선 전기

(1) 의인 서사의 전통

가전은 조선조에도 지속적으로 창작되었다. 정수강(1454~1527)이 대나무의 절개와 지조를 의인화해서 <포절군전>을 지었다. 그러나 고려 시대의 가전과 같은 형식은 점점 그 생명력을 잃었다.

조선조에는 성리학의 발달과 함께 마음의 이치에 대해 설명하기 위해 마음을 의인화하는 작품군이 등장했다. 이러한 작품군은 마음을 의인화한 천군을 주인공으로 하여 마음의 속성인 사단칠정이나 선악의 문제로 일어나는 갈등을 다룬다. 예컨대 임제의 <수성지>의 경우, 천군이 다스리는 마음의 나라에 있는 근심의 성인 수성에서 반란이 일어나 나라가 위태롭게 되는 갈등 상황을 설정하여, 이(理)를 형상화한 무극옹은 숨고 주인옹이 천군을 움직여 사태를 수습하는 과정을 그려 낸다.

이러한 작품군은 연의(演義)를 다루고 있다는 점에서 '천군연의'라는 명칭으로 불리기도 하고, '천군전'이라 불리기도 하며, 갈등을 다루므로 소설로 보아 '천군소설'이라고 불리기도 한다.[8] 이 부류에 드는 작품으로 김우옹의 <천군전>, 임제의 <수성지>가 있다. 조선 후기에는 이옥의 <남영전>, 정기화의 <천군본기> 등이 그 전통을 이었다.

(2) 몽유 구조의 서사 갈래, 몽유록

몽유록은 꿈에서 겪은 일을 기록한 글로, '입몽—몽유—각몽'의 일정한 구조를 지니고 창작되었으며, 현실 비판적인 성격이 강하게 드러나는 작품들도 있다. 조선 초의 몽유록으로는 <원생몽유록>, <대관재몽유록> 두 편이 주목되며, 이 몽유록은 조선 후기에도 계속 창작되어 <달천몽유록>, <피생몽유록>, <금화사몽유록>, <강도몽유록> 등으로 꾸준히 창작되었다.

임제의 작품으로 보이는 <원생몽유록>은 원호(生六臣 중의 한 명인 자허)의 몽유

[7] 조선시대에 향유된 소설 작품은 그 성격이 다면적이다. 이하의 설명에서 유형별로 나누어 설명하고 있으나, 이는 서술의 편의를 위한 임의적인 분류일 뿐이다. 2부의 목차에서와는 다르게 분류된 작품도 있다.

[8] 이러한 작품군을 가전과 같은 의인화의 전통 속에서 파악하기 위해 '가전체'라는 용어로 포괄하자는 제안도 있었다. 조동일(2005), 『한국문학통사』 2, 지식산업사, p.473.

체험을 다루고 있다. 원자허는 꿈에 선계에 올라가 어느 강변에서 시를 읊고 있었는데 남효온이 그를 맞아 따라 가니 다섯 신하가 한 임금을 모시고 있었다. 이들은 단종과 박팽년, 성삼문, 하위지, 이개, 유성원 등이었다. 원호, 남효온 등은 함께 억울하고 통분한 일을 시로 읊고 있는데, 썩은 선비와는 대사를 논할 수 없다며 유응부가 돌입하여 검무와 비가(悲歌)를 부른다. 유응부의 노래가 끝나기 전에 벼락이 쳐 모두 흩어지고 깨어보니 꿈이었다는 것이다. 단종이 세조에 의해 왕위를 찬탈당한 일이 기본 모티프로, 정치적 비판 의식이 강렬하게 노출된 작품인 것이다.

<대관재몽유록>은 심의의 작품이다. 심의는 그 자신이 몽유자가 되어 문장 고하에 따라 관직을 주는 문장왕국(文章王國)에 이르렀는데, 천자가 최치원, 영의정이 을지문덕, 좌의정이 이제현, 우의정이 이규보인 나라였다. 심의는 문천군수(文川郡守)였던 김시습이 반란을 일으키자 자신이 대장군이 되어 평정하여 진국공신(鎭國功臣)이 되었다. 중국 문장왕국의 천자 두보 일행이 방문하는 일도 겪는다. 그러다 탄핵을 입어 낙향하고 난 뒤 꿈에서 깨었는데 돌아보니 가물거리는 등불 아래 아내가 병들어 신음하고 있더라고 했다. 문장왕국을 꿈꾸며 문학에 관한 자신의 견해를 마음껏 펼친 작품이다.

(3) 한문소설의 성립, 『금오신화』와 그 이후

조선조에 접어들어서는 본격적으로 한문 소설이 개화하게 되며, 그 대표작으로는 김시습의 <금오신화(金鰲新話)>가 꼽힌다. 이 작품은 이전의 서사 문학의 전통에 충실하고 횡적으로는 <전등신화>의 영향도 일정하게 받으면서, 천재적인 작가 김시습의 상상력에 의해 산출된 작품이다. 주로 지상계(地上界)와 이계(異界)를 넘나드는 주인공의 꿈과 행적을 중심으로 하면서 수많은 삽입시를 동원하여 서사를 진행시키는 특이한 구성으로 된 작품들이다.

『금오신화』에는 다섯 편의 단편이 실려 있는데, 이 중 <만복사저포기>와 <이생규장전>은 죽은 영혼과 사랑을 한다는 설정에 따라 전개되므로 시애소설(屍愛小說), 명혼소설(冥婚小說)이라 부른다. <남염부주지>와 <용궁부연록>은 꿈속에서 포부를 이루었다고 하는 것을 근간으로 삼으므로 교술적인 몽유록에 가깝다. 그 중간에 들어 있는 <취유부벽정기>는 두 가지 성격을 아울러 지니고 있다. 그래서 다섯 편 중에 <만복사저포기>와 <이생규장전>만을 소설로 간주하기도 한다.

국내의 구체적인 지명과 역사적 사건을 배경으로 삼고 있다는 점, 작자의 현실적인 관점과 사상을 뒷받침하기 위해 비현실적 사건을 활용하는 역설적인 구조를 띠고 있다. 작품의 배경이 되는 사건은 가공적인 것이 아니고 역사의 상처를 드러내는 의미를 지닌다. <만복사저포기>에서는 남원에서 왜구에게 희생되어 죽은 여자가 등장하고, <이생규장전>에서는 송도에서 피난 가던 주인공이 홍건적에게 겁탈당하며, <취유부벽정기>에서는 기자의 나라의 멸망을 민족의 수난으로 이해하고 있는 등 민족의 수난을 작품에다 끌어들여 개인의 비극이 우연이 아니게 했다.

<금오신화>는 중요한 대목마다 시가 삽입되고 시로써 심리묘사를 대신하는 등 서정적인 수법이 활용되고, 논설처럼 전개되는 교술적인 대목도 있다. <금오신화>는 비현실적 세계를 무대로 한다는 점, 주인공이 재자가인(才子佳人)이라는 점, 문장 표현이 한문 문언문(文言文)으로서 극히 미화시켜 표현한 점, 일상적, 현실적인 것과 거리가 먼 낭만적 사랑이나 신비로운 내용의 사건을 다룬다는 점에서 전기(傳奇)라 일컬을 만하다. 또 자아와 세계가 서로 상대에게 우위를 보이며 대결한다는 점에서 소설의 면모를 가지고 있다.

작자인 김시습은 현실과 이상 사이의 갈등 속에서 일생을 지냈는데, 그의 사상과 문학은 이러한 고민에서 우러난 것이었다. 성리학을 받아들여 주기론적(主氣論的)인 방향으로 발전시켰고, 민생을 중시하는 민본, 애민적인 사상가였다. 그리고 불교와 노장사상을 자신의 현실주의적인 입장으로 해석했으며, 그 비합리적이고 허무주의적인 측면을 비판했다. 이러한 사상은 그의 시편과 산문을 통해서 표현되고 있다.

그의 문학사적 위치를 선명히 부각 시켜 주는 것은 <금오신화>에 포함된 다섯 편의 소설이다. 이것은 동시대의 관인 문학층이나 사림 문학층과는 전혀 다르게 중세적 문학관을 거부하고 문학의 시대적 사명을 새롭게 인식한 첫 성과로 꼽힌다. <금오신화>는 인간성을 긍정하고, 현실 속에서 제도·인습·전쟁·인간의 운명 등과 강력히 대립하는 인간의 의지를 표현하였으며, 고려시대 설화 문학을 계승하여, 소설이라는 문학 영역을 확립했다는 점에서 큰 의의가 있다.

2) 조선 후기

(1) 영웅소설과 군담소설

조선 후기 소설사의 첫머리에 있는 것은 허균의 <홍길동전>이다. <홍길동전>의 의의는 다음 세 가지로 정리할 수 있다. 첫째, <홍길동전>은 현재로서 밝혀진 최초의 국문소설이라는 점에서도 의미가 깊다. 국문 서사의 전통은 단지 민족주의적 의미에서만 중요한 것이 아니다. 국문으로 창작되었다는 것은 소설이 대다수의 독자층과 만날 수 있게 되었다는 것을 의미한다. 조선 후기에 등장한 수백 종의 소설이 광범위한 독자층을 형성할 수 있었던 일차적 요인은 그것이 국문으로 기록되었다는 데 있었다.

둘째, <홍길동전>은 당대 사회 현상과 체제에 대해 직접적으로 신랄하게 비판하며 이를 바꾸기 위해 행동하는 사회적 인물이 주인공으로 등장했다는 점에서, 세속적인 문제에 관심을 보이는 소설이라는 문학사적 의의가 있다. 이에 대해 신성소설의 범주를 어느 정도 벗어나 세속소설에의 경사를 보이는 작품이라고 평가되기도 한다. 홍길동은 적서차별로 인해 가정을 뛰쳐나와 활빈당의 두목이 되어 사회를 부정하고 나아가 율도국이라는 유토피아적 세계를 건설하기에 이른다. 비록 현실세계를 근본적으로 변혁시키고 세계의 질서를 새롭게 한 것이 아니라는 한계가 지적되기도 하지만, 유토피아는 허균과 같은 비판적 사대부가 획득할 수 있었던 세계관의 최대치였다. 즉 <홍길동전>은 세계가 자아에 대하여 억압적 힘을 행사하지만 자아가 이것을 근본적으로 부정하고 나서고 있다는 점에서, 중세적 질서를 정면에서 문제 삼은 최초의 작품이자 선구적 작품이다.

셋째, <홍길동전>은 영웅 서사 구조를 활용한 소설로 영웅소설의 전형적 구조를 창출했으며, 영웅적 인물의 활약상이 중심이 되는 소설이라는 점에서 신성소설의 계보에서 중요한 입지점이 되는 소설로 평가된다. 신화체계에서 전승된 영웅의 일생은 <홍길동전>에서 소설적 형상화를 획득하게 되었으며, 이는 홍길동이 신성소설 주인공으로서의 성격을 보인다는 것을 의미한다. 홍길동이 갖고 있는 신이한 능력과 같은, 작품 전편에 투영된 강렬한 신성성은 바로 이 영웅의 일생이라는 구조적 원형성과 결부되어 있는 것이다.

이렇게 볼 때 <홍길동전>은 신성과 세속의 중간형 계열에 속하는 것으로 보이나 궁극적으로는 신성소설의 계열에 속하는 작품으로 보아야 할 것이다. <홍길동전>의 세계는 작가의 비판의 대상이지만 <낙천등운>이나 <흥부전>에서와 같은 세속은 아닌 것이고, 주인공 또한 화폐 경제적 질서와 같은 세속사회의 법칙에 얽매인 것이 아니라 신이한 능력으로 극복하고 있기 때문이다.

<홍길동전>은 그 사회비판의 측면과 도술에 있어서는 <전우치전>으로 계승된다. 전우치는 16세기의 실존인물로, 방외술사로 여러 기록에 남아 있는 인물이다. <전우치전>은 실존인물 전우치에 대한 여러 전설을 작품의 다양한 에피소드로 수용하면서 <홍길동전>에서 나타난 체제 비판적 주제를 보인다. 처음에는 천상선궁(天上仙宮)을 가장하여 국가의 재물을 빼앗아 굶주린 백성에게 나누어주는 등 <홍길동전>의 활빈당과 동일한 양상을 보이다가 결말부에 서경덕의 문하에 몸을 숨긴 것으로 되어 있어 <홍길동전>과 다른 독자적 의미를 구축하고 있는 점도 주목된다.

한편 <홍길동전>은 한편으로 영웅의 일생이라는 구조의 계보에서는 이른바 영웅소설로 계승된다. 이후 등장하는 영웅 소설들은 '주몽신화'에서 유래되어 <홍길동전>에서 소설화된 영웅의 일대기 구조를 바탕으로 하고 있다. 영웅소설에 등장하는 영웅은 전쟁 영웅, 종교적 영웅, 이념적 영웅, 정치적 영웅 등 그 성격과 행위가 다양하다.

특히 군담을 소재로 한 영웅 소설은 영웅 군담 소설이라 한다. 영웅 군담 소설은 다음 두 종류로 나누기도 한다. 영웅의 일대기를 근간 구조로 하면서 국내의 역사적 전쟁을 배경으로 하는 역사군담소설과 가공적인 전쟁 등을 배경으로 하는 창작군담소설이 그것이다.

<임진록>, <박씨전>, <임경업전>으로 대표되는 역사군담소설의 계열은 임진왜란과 병자호란이라는 역사적 대사건을 소재로 하여 실존인물과 가공인물을 병치시켜 이들의 영웅적 활약을 통하여 전쟁에 승리함으로써, 실제로 패배했던 역사적 경험에 대한 정신적 보상을 추구했다는 특징이 나타난다. 임진왜란과 병자·정묘호란은 조선시대를 전·후기로 나누는 미증유의 대사건이었고 이로 인해 지배층에 대

한 불신이 강력하게 대두되었다. 동시에 양대 전란으로 인한 민족적 굴욕감이나 패배의식도 어떤 방식으로든 극복되어야 할 것이었다. 이러한 맥락에서 등장한 것이 역사군담소설이었던 것이다.

<임진록>은 한문본과 한글본이 모두 존재한다. 특히 한글본의 경우, 이순신, 김덕령, 김응서, 사명당 등 국내 영웅의 활약을 중심으로 왜에게 설욕하는 에피소드들을 삽입하여 척왜의식과 민족적 우월감을 표현하고 있다. <임진록> 한글본은 한 명의 영웅 일대기가 아니라 민간에 전승되던 다수의 영웅들의 이야기를 복합시켜 놓은 것이며, 이들은 <유충렬전>의 유충렬과 같은 귀족 영웅이라기보다 민중 영웅 유형으로 분류된다. 예컨대 김덕령은 탁월한 능력을 지녔음에도 불구하고 끝내는 좌절되어 민중 영웅의 전형이라 할 수 있다. 민중 영웅이 부각된 것은 민중 역량을 부각시키는 동시에 대왜정세(對倭情勢)에 어두웠던 군주에 대한 비판과 집권층에 대한 불신의 표현이기도 했다. 또한 사명당이 왜로 건너가서 왜왕의 항복을 받는 허구적 결말은 민족적 우월감과 민족적 차원의 보상 심리를 엿볼 수 있다. 이러한 해소 과정은 초현실적, 신이적 권능에 의거하여, 향유층이 지닌 신비주의적 우주관의 일단을 엿볼 수 있다.

<박씨전>과 <임경업전>은 병자호란과 정묘호란을 일으킨 청에 대한 적개 의식과 복수심에 그 창작 동기를 두고 있는 작품들이다. <박씨전>의 전반부는 액운이 다하여 탈갑(脫甲) 변신하기까지의 시련기이고 후반부는 변신 후 신인(神人)으로서 신통력을 행사하는 입공기로, 영웅의 일대기적 구조를 보인다. 박씨의 탈갑은 <금원전(金圓傳)>, <금독전(金犢傳)>, <금방울전> 등의 변신 모티프와도 일치한다. 시련기를 극복한 주인공은 초인적 능력으로 국난을 타개하여 민족적 우월감을 과시하고 호(胡)에 통쾌하게 복수한다. <박씨전>은 <임경업전>의 임경업에 대칭하는 박씨라는 여성영웅을 주인공으로 내세움으로써 여성의 사회참여 의지를 강력히 반영한, 여성영웅소설의 대표적인 작품으로도 문학사적 의의가 크다.

한편 척왜나 배청(排淸) 의식은 아니지만 외세의 배격과 민족의 우월을 주제로 하면서 영웅의 일생 유형에 더욱 충실한 작품이 있어 주목을 끄는데 <최고운전(崔孤雲傳)>이 그것이다. 신라시대의 친당 인물인 최치원을 주인공으로 삼았으면서도 그의

행적을 환골탈태하여 중국으로 건너간 최치원이 중원천자를 마음껏 호령하고 우롱하는 것으로 하여 민족적 영웅으로 부각시키면서 배화의식(排華意識)을 표방하고 있다. 그리고 중국민족에 대한 증오와 보복과 방어기제를 작품의 중심의식으로 견지하면서 이를 영웅의 일대기에 잘 결부시키고 있어 작품의 가치를 한결 돋보이게 하고 있다. 즉 금 돼지로 인한 신이한 출생과 기아 모티프, 새와 짐승의 보호, 신이한 능력과 입공, 그리고 신선으로의 전환 등은 영웅의 일대기가 갖는 구조적 원형성을 가장 충실히 계승하고 있음을 보여 주는 것이다.

요컨대 역사군담소설 <박씨전>, <임경업전>, <임진록> 등은 부분적으로 구조적 변화를 보이나 <최고운전>에서 보듯 원칙적으로 초현실적 원형성을 바탕으로 하고 있다. 즉 구조상의 초현실적 원형을 기본골격으로 그 위에 강렬한 민족의식을 결부시킨 것이다.

창작군담소설의 계열은 모두 전형적인 영웅의 일대기를 근간으로 가공적 인물이 가공적 시공에서 벌이는 갈등을 다룬 것이다. 이 계열의 작품 수는 대단히 많으며 그 구체적인 양상 또한 일률적으로 규정할 수 없을 정도로 포괄적이다. 그러나 대부분의 작품은 주인공의 고난과 중세적 질서의 위기를 문제 삼으면서, 주인공의 영웅적 입공으로 이 두 문제를 한꺼번에 해결한다. 즉 영웅의 공동체로부터의 분리와 고난, 이 시련을 거치면서 획득하게 되는 신이한 능력을 바탕으로 한 입공, 그리고 영예로운 복귀라는 구조를 바탕으로, 천상계와 지상계, 충신과 간신, 선과 악 등의 갈등구조를 보여준다. 또한 천상계의 질서가 지상계의 그것을 조건 짓고 또 포괄하고 있다는 인식이 기저에 자리하고 있다.

<유충렬전>은 영웅담의 구조적 원형성을 완벽하게 갖춘 창작군담소설의 대표작으로 일컬어진다. <유충렬전>은 끝부분에 천상계로의 회귀가 결락된 것을 제외하면 영웅의 일대기 화소를 충실히 드러낸다. 주인공 자체를 천상인의 적강으로 설정하고 주인공의 위기를 천상적 질서의 개입으로 극복하고 있는 점, <유충렬전>의 기본적인 작가의식은 충(忠)이라는 점, 개인의 고난과 세계의 위기가 궁극적으로는 원래의 상태로 복귀한다는 점 등은 이 작품이 신성소설임을 보여준다고 하겠다. 또한 이 작품은 비록 중국을 배경으로 하고는 있으나 당쟁, 병자호란, 몰락 양반의 실

세 회복 의식 등 창작 당대의 현실을 반영하고 있는 작품으로 평가된다.

창작군담소설 주인공의 고난과 시련을 구체적인 경험적 현실의 반영으로 보고 영웅적 입공과 복귀를 그 잠재화된 욕망의 표현으로 본다면 <소대성전(蘇大成傳)>이나 <장풍운전(張風雲傳)> 등은 몰락과 복귀의 폭이 대단히 커 계층변동을 반영한 것으로 평가되기도 한다. 소대성은 부모가 죽은 후 가산을 탕진하고는 유리걸식하며 품팔이꾼으로까지 전락했고 장풍운은 광대에까지 떨어지고 있어, 신분의 변동이 격심한 때를 배경으로 했다고 추측되는 것이다.

창작군담소설은 중국을 무대로 한 것에 그치지 않고 국내를 무대로 한 소설로 확대되었다. 그 예로 <신유복전(申遺腹傳)>, <이태경전(李泰景傳)>, <강릉추월(江陵秋月)> 등을 들 수 있는데 이들 작품의 주인공들은 중국에까지 진출하여 공을 세우는 것을 특징으로 하고 있다. 이런 계통의 작품은 서유영의 <육미당기(六美堂記)>에 와서는 일본 원정 화소(話素)가 삽입되는 등 다양한 화소가 결합되기도 했으며, 한편으로 장편화되기도 했다.

여성영웅을 주인공으로 내세운 이른바 여성영웅소설도 적지 않게 등장했다. 여성영웅소설은 앞서 살펴 본 <박씨전> 외에도 <정수정전>, <이대봉전>, <황운전>, <김희경전>, <홍계월전>, <장국진전> 등 작품만 해도 근 30편에 이른다. 이들 여주인공들은 영웅의 일대기를 남성의 경우와 동일하게 시현하고 있는데 가부장제적 사회에서 남성보다 우위의 여성이 작품에 등장한다는 것은 여러모로 음미되어야 할 사항이다. 온달 전승이나 바리공주 전승도 고려될 수 있으며, 여성의 공간이 점차 확대되어 가는 가운데 군담소설에 많은 영향을 끼친 <설인귀전>의 영향도 고려될 수 있겠다. 그러나 무엇보다도 대다수의 독자층이 여성이었다는 점에서 여화위남(女化爲男)하여 출장입상(出將入相)하는 영웅적 행위는 여성 독자층의 요구를 반영한 것으로 보는 편이 무난할 것이다.

(2) 환몽소설

<구운몽>은 몽유 모티프를 근간으로 창작된 소설이다. 서포 김만중이 그의 어머니 윤씨를 위하여 선천에 유배되었을 때 지었으며, 여러모로 앞서 다룬 영웅소설과

특징을 달리한다. <구운몽>은 몽유 모티프가 작품을 관통하는 주제적 질문인 '호접지몽(胡蝶之夢)' 그 자체이기도 하다. <구운몽>은 남악 형산의 수도승 성진이 불시에 세속적 욕망에 사로잡혀 번뇌하다가 양소유라는 지상적 인물로 환생하여(꿈을 꾸어서) 극진한 세상 재미를 만끽한 후, 깨닫고 보니 양소유의 삶은 덧없는 일장춘몽에 지나지 않았다는 것이 그 이야기의 골자이다. 그래서 이 작품의 기본구조는 '현실→꿈→현실'의 몽유 구조다. 사실 성진의 세계와 소유의 세계는 현실적 시공 대 꿈의 시공, 실상계(實相界) 대 가상계(假相界)의 두 대조적 삶을 조응해 주는 것이기도 한다. 그러나 성진의 삶과 소유의 삶은 단순한 대칭구조를 형성하는 것도 아니고 또 불교적 교리를 선양하는 것도 아니다. 오히려 이 두 삶의 세계는 상호 교섭하였고 공존하고 있는 것으로 보아야 할 것이다.

입몽 이전의 성진의 세계는 현실이자 초월인 성·속 양면의 함의를 동시에 시현하고 있는 시공이다. 입몽 이후의 양소유의 세계는 성진의 세계에 비해서 확실히 현실의 세속공간임이나, 세속세계에 남전산(藍田山)과 반사곡(盤蛇谷) 백용담(白龍潭)과 같은 성소공간이 있다. 결국 양소유의 일대기는 독자적이고 자족적인 현실적 세계만이 아니라 천상본유의 시공질서 및 존재원리와 긴밀히 연결되어 있는 존재론적 의미체계를 형성하고 있는 것이다. 그리하여 양소유의 삶은 지상계에 있는 동안에도 초월적 세계를 왕래할 수 있었고, 형산 연화봉으로 반본환원한 후에도 그의 삶은 완성된 것이 아니었기 때문에 궁극적으로 극락세계라는 천상의 영원한 시공으로 회귀하기까지 끝없는 자기갱신을 거듭한 것이다. 이처럼 <구운몽>은 현실계에서 초월계로의 무한한 승화를 보여주고 있어 초월주의적 세계 자체가 작품의 중요한 테마로 작용한다는 측면에서 신성소설의 한 극점을 이루고 있는 작품으로 평가된다.

(3) 가정소설

가정소설이란 가정 안에서의 생활을 주로 표현한 작품을 말한다. 고전 소설 중에는 가정생활에 있어서의 모순과 갈등을 드러내는 작품들이 많다. 가정소설은 작품의 배경을 가정 내로 할 때, 그 가정은 공동생활을 영위하기 위한 경제적 공동체로서의 장을 말하는 것이다. 또한 작중 인물을 가족 구성원이라 할 때, 그 구성원은 혼인을 전제로 한 부부이거나 그 자녀로 결합된 혈연적 공동체 안에서의 인적 관계자에 의해 야기된 사건으로 규정할 수 있다.

가정소설은 주로 처첩 간의 비극과 계모와 전처소생의 자녀간의 비극을 소재로 고전 소설의 공통적 주제인 권선징악과 개과천선을 표현한다. 악인들은 음해와 악행이 탄로되어 징벌을 받거나, 참회하여 선인이 되도록 해 놓았고, 선인은 행복을 되찾도록 결구해 놓은 것이다. 또한 가정소설이 건전한 가정 윤리를 강조한 것은, 최소의 사회 집단으로서 그 유대를 공고히 할 수 있는 윤리적 공동체로서의 가정을 강조하는 것이다.

가정소설이란 용어는 서구문학의 경우 크게 언급되지 않고 있다. 이러한 사정은 중국이나 일본에서도 마찬가지여서 가정의 독자를 대상으로 한 읽을거리 정도의 의미만을 가지고 있다. 그러나 한국문학의 경우는 사정이 다르다. 한국 고대소설 중에는 이에 해당하는 작품들이 많은데, 그들 중에는 본처와 첩 사이의 갈등을 다루고 있는 <사씨남정기>와 같은 작품들이 있고 전처소생과 후처, 혹은 후처 소생 사이의 갈등을 다루고 있는 <장화홍련전> <콩쥐팥쥐>와 같은 작품들이 있다. 가정소설은 흔히 적통주의(嫡統主義)라는 명분론적 논리를 표면에 내세우고 있다. 고대소설을 황당무계한 것으로 비판하면서 치지도외(置之度外)했던 조선시대 사대부 계층으로부터도 가정소설만큼은 감계(鑑戒)의 뜻이 함축되어 있는 작품으로 호평을 받았던 것은 바로 이 같은 명분론에 힘입은 결과이다.

(4) 판소리계 소설

판소리계 소설은 조선 후기 서민예술의 정화(精華)라 할 수 있는 판소리가 소설화한 것이다. 판소리 사설이 '-가'의 명칭으로 불렸다면 판소리계 소설은 '-전'으로 불려진다. 판소리사설이 소리판의 창본으로 쓰이다 독서물로 바뀌면서 형성되었을 것으로 추정된다.

본래 판소리는 12마당이었다고 했으므로 12편의 사설이 있을 터이고 따라서 적어도 그만큼의 판소리 소설을 예상할 수 있는데 그 가운데 일부는 없어져 확인이 어렵다. 송만재(宋晚載)가 관우희(觀優戲)에서 말한 판소리 12마당이란 <춘향가> <심청가> <흥보가> <수궁가> <적벽가> <변강쇠타령> <배비장타령> <강릉매화전> <옹고집타령> <장끼타령> <왈자타령> <가짜신선타령>(정노식은 '왈짜타령' 대신에 '무숙이 타령'을, '가짜 신선타령' 대신에 '숙영낭자전'을 넣고있다) 등인데, 그 가운데 소설로 바뀌어 지금까지 남아있는 것으로 <춘향전> <흥보전> <심청전> <토끼전(별주부전)> <화용도(적벽가의 정착)> <배비장전> <옹고집전> <장끼전> <숙영낭자전> 등이 있다. 이들 작품 이외에도 <두껍전> <옥단춘전> <괴똥전> 등을 판소리계 소설에 포함시키기도 한다. 그밖에 소설본은 아니지만 신재효가 채록해놓은 <변강쇠가>가 전하고 있다.

판소리계 소설은 그 소재나 주제가 일률적이지 않고 대단히 다양하다. 즉, 하층 여성과 귀족 남성 간의 사랑을 다루기도 하고, 탐관오리의 횡포를 비판하기도 하며, 부모에 대한 헌신적인 사랑을 형상화하는가 하면, 지배층의 횡포에 대항하는 일반 민중의 지혜로운 모습을 우화적으로 그린 경우도 있다. 뿐만 아니라 빈부의 모순을 다루거나, 부자의 인색함과 탐욕을 비판하거나, 지배층 인물의 위선적인 면모를 폭로한 경우도 있다. 표현 방식에서는 공통점을 가지고 있는데, 해학적이거나 풍자적인 점을 들 수 있다.

판소리계 소설은 사설을 문자로 고정시킨 것이므로 문체에서도 공연을 목적으로 했던 사설의 여러 특징이 먼저 눈에 띈다. 예컨대 다음과 같은 단순한 서술체 문장에서 보기 어려운 율문적 문장체는 곧 창의 대본이었음을 말해준다.

廣寒眞景 조컨이다 오작교가 더욱 좃타
방가위지 湖南으로 第一城이로다
오작교 분명하면 견우직녀 어디있나
일언승지의 풍월이 업실소냐
도련임이 글두귀를 지여스되
고명오락션이여 광한옥계누라
차문천상수직이요 지흥금일 아거누라

워낙 노래를 위한 바탕글에 목적을 두다보니 자연 문장 길이가 짧아지고 3~4음을 기본으로 한 리듬이 알맞게 되었다. 문법 구조상 이야기식의 문장이 되지 못하고 숨의 휴지(休止)에 의한 제약과 함께 노래의 율동을 돕고 그 의미를 명료하게 전하기 위해 문장이 짧아지지 않을 수 없었던 것도 또 다른 까닭이었다.

판소리 사설은 아니리와 창의 결합으로 이루어진다. 아무래도 창의 부분에 율문이 많이 들어가고 아니리 부분은 산문 위주로 처리될 것이나 자세히 보면 아니리 부분도 산문이라기보다는 오히려 율문에 더 가깝게 되어 있다. 이는 판소리 소설에 와서도 달라지지 않는다. 위의 예문에서 보듯이 유창한 문장으로 보기보다는 시가라고 하는 편이 더 어울릴 정도로 주로 3~4음을 기본으로 한 이야기로 처리되고 있다.

아울러 판소리계 소설은 여러 삽입가요를 아주 풍성하게 받아들이고 있어 여러 양식의 복합 수용체라 할 수 있다. 그런데 바탕글조차 율문 위주로 흐르다보니 어떤 시가 형식이 삽입되더라도 그리 낯설게 보이지 않는다. 아래는 그런 대목 중의 하나이다.

애고 애고 설운지고 그리하여 또 못되거든 이때 말나 초조焦燥 하여 죽은후의 넉시라도 삼슈갑산 제비되어 도련님계신 첨하 기슭에 집을 종종 지어두고 밤듕만 집으로 드난 체하고 도련님 품으로 드러볼까 니별離別말이 웬말이요 니별 니자離字 내든 사람 날과 백년 원수로다. 진시황 분시서 秦始皇焚詩書 할졔 니별 離別 두자 이졋던가. 그때에나 살나더면 이 니별離別이 이실소냐. 방낭사중博浪沙中 쓰고 남은 텰퇴鐵堆 텬하장사天下壯士 항우 쥬어 힘가지 두러메여 깨치고져.

「'南原古詞' 중 이별가」

판소리계 소설은 살아 숨쉬는 듯한 순수한 우리말과 생생한 느낌의 의성어와 의태어가 고스란히 채록되어 있어 다른 국문소설 한문소설 혹은 번역소설에서 맛보기 어려운 독특한 감칠맛을 느끼게 한다. 이런 부분은 개인의 독서보다도 강담사나 강독사 같이 직업적인 변사가 여러 청중을 대상으로 읽어줄 때 한결 그 맛이 높아졌을 것이다. 아래와 같은 의성와 의태어 역시 우리말만이 지닌 아름다운 소리결을 깨우쳐주고 줄거리를 이해시키는 데 도움이 되었다. 순수한 서술 문장에서 찾기 어려운 이런 식의 표현은 곧 이들 이야기가 판소리에 그 뿌리를 두고 있음을 다시 생각하게 한다.

　　물씬 물씬한 쑥덕
　　삼승이불 춤을 추고 새별요강은 장단을 마추워 쳥그렁 쟁쟁 문고루난 달낭
　　달낭 등잔불은 가물가물
　　흐르릉 흐르릉 아웅 어루난듯
　　두울 두울 수박웃봉지 기금털털 개살구
　　자운자운하게 뒤로 자진듯하게

　판소리계 소설은 수사법적으로 보면 감탄법, 나열법, 중언법에다 직유나 은유를 매우 빈번히 쓰고 있다. 굳이 말을 고르지 않고 일상의 구어를 그대로 받아들이다 보니 이야기가 외설스럽게 흘러갔고 천하고 거친 말이나 사투리가 걸러지지 않은 채 그대로 문장 속에 들어와 독자들을 당황하게 만들기도 한다. 그러나 이미 사라진 조선 후기 민중의 말과 삶을 판소리 소설을 통해 들여다 볼 수 있다는 점에서 매우 유의미한 작품군이라 하겠다.

　판소리소설에서 시제는 거의 현재진행형으로 처리된다. 과거 시제는 거의 찾아볼 수 없다. 소설 일반이 과거 시제를 선호하는 것에 비길 때 큰 차이가 아닐 수 없다. 이 역시 판소리 연행이 공연성과 현장성 중심으로 이루어지기 때문이다. 판소리 연행은 출연자나 관객에게는 오직 특정 공간에서 벌어지는 '현재', '여기'에서의 일이므로 그 공연의 자취인 사설 소설 역시 현재진행형으로 된 것이다.

　판소리계 소설에서 화자는 전지전능한 입장에서 이야기를 엮어나가지만 느닷없이 그 화자가 얼굴을 드러내고 사적인 말을 하는 경우가 있다. 순조롭게 진행되던 줄거리가 흐름이 단절되는 것은 물론 자칫 내용에 있어서도 신뢰성을 잃을 수 있는 대목이다. 다른 소설과 달리 판소리계 소설에서 화자는 창을 직접 부르는 광대에 가깝다 점에서 더욱 흥미롭다.

　언어, 소재, 주제, 표현 수법 등에서 판소리계 소설은, 소설사에서 하나의 혁신을

이룩하면서 독자적인 계열을 형성하고 있다. 특히 귀족적인 성향의 소설이나 이상주의적 계열의 국문소설을 보완하거나 극복했다는 점, 민중의 발랄성과 진취성을 사실적으로 그려냈다는 점에서 우리나라 고전소설을 근대소설에 접근시키는 데 기여한 것으로 평가받는다.

(5) 애정소설

애정은 동서고금을 막론하고 문학의 보편적 주제로 다루어져 왔다. 그럼에도 애정소설이란 항목을 따로 설정하는 것은 그것이 신성에서 세속으로 이행하는 조선 후기 사회의 동향과 일치하면서 세속소설 내에서 뚜렷한 한 흐름을 형성하고 있기 때문이다.

애정소설들의 특징은 신성소설의 애정의 성취와 비교해 보면 뚜렷이 드러난다. 신성소설의 그것은 비자발적인 천정연분을 확인하거나, 중세적 이념의 테두리 내에서 애정의 성취를 추구하며, 또 일부다처제와 같은 사회적 모순을 합리화하는 것이다. 이에 반해, 이 일군의 애정소설들은 남녀의 자발적인 애정을 바탕으로 이 애정이 봉건적 제도나 도덕규범으로 인해 고난과 시련을 겪는 것 자체를 정면으로 문제삼는다. 바꾸어 말하자면 동일한 혼사장애의 구조를 작품의 구조로 채택하면서도 전자는 그 천정연분을 확인하고 중세적 질서를 긍정하는 방향으로 나아가는 데 비해 후자는 관습화되지 않는, 진정한 남녀의 애정 성취를 중시하면서 이것을 가로막는 사회적 장애들을 문제시한다. 따라서 애정소설이 갖는 문학사적 의미는 남녀의 자발적인 애정 자체의 긍정과 아울러 애정이라는 감수성이 사회의 발전적 동향과 궤를 같이한다는 데 있다.

애정소설로 묶을 수 있는 작품들로는 <동선기(洞仙記)>, <유록전(柳錄傳)>, <영영전(英英傳)>, <운영전(雲英傳)>, <옥단춘전(玉丹春傳)>, <채봉감별곡(彩鳳感別曲)>, <부용상사곡(芙蓉相思曲)>, <청년회심곡(靑年回心曲)> 등을 들 수 있다.

<유록전>과 <동선기>는 각각 조선과 중국을 무대로 선비와 기생의 사랑을 다루었고 <영영전>과 <운영전>은 궁녀와 선비의 사랑을 다루었는데, <운영전>은 그 구성 면에서 단연 뛰어난 작품이라 할 수 있다. 일명 <수성궁몽유록>이라고도

하는 이 작품은 몽유록의 구성을 벗어난 형식을 보여주기도 하는데, 세 단계의 액자소설 형식을 취하고 있어 단단한 작품구조를 형성하고 있다. 청파사인(靑坡士人) 유영이 폐허가 된 수성궁에서 김진사와 운영의 혼백을 만나 직접 그 비극적 이야기를 듣는 형식으로 되어 있는데, 수성궁의 담장으로 상징되는 애정의 장벽으로 두 사람의 사랑은 비극으로 끝났지만, 남녀의 진실한 사랑 그 자체는 끝까지 추구해야 할 가치라는 인식이 근저에 놓여 있다. 특히 이 작품은 고난 끝의 행복한 결말을 능사로 삼지 않고 봉건적 질곡에 의한 사랑의 좌절을 우연적인 요소의 개입 없이 사실적으로 그려내고 있어 그 비극성을 한층 더해 주고 있다.

(6) 세태풍자소설

한편 세태소설은 소설이 사회를 반영한다는 일반론적 명제를 충실히 보여준다. 신성소설에서의 사회가 초월적 세계의 투영일 뿐이었던 점에 비하면, 세태소설에 이르러 국내를 무대로 시정의 삶에 휩쓸리면서 범속한 욕망을 추구하는 평범한 일상인이 소설의 주인공으로 등장했다는 사실은 문학사적으로 주목할 만한 현상이라 하지 않을 수 없다. 세태소설은 판소리계 소설과 함께 경직화된 관념체계의 허위성을 폭로, 풍자하면서 하층민의 발랄함을 병치시키고 있고, 사회적 동향과 문학적 감수성을 탁월하게 결부시키고 있다.

<오유란전(烏有蘭傳)>, <종옥전(鍾玉傳)>, <지봉전(芝峯傳)> 등은 도덕군자연하는 기존 관념의 허위성을 폭로, 풍자하고 인간의 감정 자체를 긍정하고 있다. 당대 사회의 규범으로는 노출이 금기시되는 성과 색이라는 테마를 끌어들여 기존 모럴의 허위성을 폭로하는 한편으로 피유혹자, 유혹녀, 그리고 배후인물의 삼각관계라는 단단한 플롯과 화합 지향의 결말로 안정된 구조를 획득하고 있는 점이 특징적이다.

<이춘풍전(李春風傳)>은 앞서의 도덕군자연하는 양반과는 달리 애초부터 장사하는 시정 건달을 내세우고 있을 뿐만 아니라, 이춘풍을 유혹하는 평양기생, 그리고 남편을 비참한 지역에서 구해 내는 적극적인 부인까지 내세우고 있어 세태소설의 또 다른 국면을 보여준다. 앞의 작품들의 배경이 관인사회에 국한되었고, 또 사건의 진행도 인물의 허위를 폭로키 위해 제3자의 개입이 이루어진 구조라면, <이춘풍

전>은 시정을 무대로 하고 있어 당대의 세태를 정확히 반영하고 있고, 또 춘풍을 구하기 위한 부인과 평안감사의 계교는 오히려 부인의 능동적 행위에 무게의 중심이 옮겨져 있어 독특한 성격을 부각시키고 있다. 그리고 이춘풍의 주변에 등장하는 인물들은 모두 일상적 삶과 세속적 욕망에 함몰되어 있는 모습을 드러내고 있고, 바로 이러한 모습들을 통해 당대 사회의 세속적 측면이 명확한 형상을 획득하게 된다. 한편 이춘풍의 처 김씨의 인간상은 남편에 맹종하는 전통적인 여인상이나, 남편의 무능함을 비웃는 <허생전>이나 <양반전>의 여인상과는 달리 직접 현실 생활에 뛰어들어 남편에 대한 열(烈)을 실현하는 새로운 캐릭터이다. 이러한 춘풍 처의 행동은 새롭게 대두하는 시민계급의 성장에 힘입고 있는 것으로 보인다.

(7) 연암의 여러 소설

연암의 소설들은 유교의 명분·형식주의의 폐단을 비판하고 양반 계층의 각성을 촉구하고 있다. 이런 점에서 연암의 여러 소설은 단순히 소설 문학의 계승 차원이 아니라 우리의 문학에 근대정신을 심는 계기가 된 것으로 평가받고 있다.

연암의 문학관에서 두드러진 특징은 풍자적 성격과 사실주의이다. 그의 풍자는 중세적 봉건 사회가 무너지고 새로운 사회의 도래를 요구하는 역사적 변화의 추이를 직시한 비판적 태도로 나타난다. 서민의 세계에 눈을 돌려 새로운 의식 세계를 확장하면서 서민의 삶의 모습을 생생히 포착함으로써 새로운 소설적 성과를 획득한 것이다. 그는 또한 문체에서도 당시 사대부들이 숭상하던 당송8대가의 문체인 '고문(古文)'을 거부하고 '패사소품체'를 구사했는데 이것이 오히려 참신하고 독창적 사실적 문체로 호응을 얻어 문체 혁신의 기틀이 되었던 것이다.

연암의 문학 사상에서 핵심은 작가란 자기가 속한 시대와 풍속을 표현해야 한다는 것이다. 그는 작가의 임무는 자신이 살고 있는 현실을 그려내는 데 있다고 보고, 당대 현실과는 동떨어진 과거의 문장을 모방해서는 안 된다고 주장했다.

연암의 이와 같은 주장은 두 가지 의미가 내포되어 있다. 하나는 당대에 유행했고, 대부분의 문인들이 추종했던 고문(古文)에 대한 비판이다. 연암이 살았던 18세기에는 한·당의 문체를 모방하고 그것과 비슷하게 되려는 풍조가 휩쓸고 있었다. 그래서 당대의 글을 평가하는 기준은 이른바 고문이었고 이 고문을 따르지 않는 문장은 배척되기 일쑤였다. 연암이 비판한 것은 바로 이 점이었다. 패사소품의 문체를 대표하는 연암체(燕巖體)는 이와 같은 의고문체(擬古文體)에 대한 비판과 표리의 관계를 이루는 것이다. 또 다른 하나는 당대 현실 자체에서 참된 것을 추구한다는 것이다. 작가가 살고 있는 세상의 사물에 나아가면 그 속에 참다운 의취가 있음을 알 수 있는데, 여기에서의 참[眞]이란 사물의 본질을 지칭한 것으로 볼 수 있다. 문학에서 중요한 것은 바로 이 사물의 본질을 포착하는 것인데, 오히려 고인의 문체에 접근하고자 한다는 것은 기껏해야 비슷하기나 할 뿐, 정작 표현해야 할 참에는 도달하지 못한다. 그리고 참이란 것도 고정 불변하는 것이 아니라 시대와 환경에 따라 그 양상을 달리하는 것인 만큼 특정 시대의 참됨을 획득하기 위해서는 바로 그 시대의 구체적인 사물에 직접 나아가서 거기서 포착된 참은 또한 그 시대의 언어로 표현되어야만 한다는 것이 연암의 생각이었다.

연암 박지원의 소설들은 이용후생으로 대표되는 북학파의 주장을 건실하게 반영하듯이, 예속적인 신분의 귀천에서가 아니라 실제적 능력에 인간 평가의 기준을 두려는 경향 등 당대의 시대정신을 보다 체계적으로 구현한 작품들이다.

『연암집』에 수록된 작품들은 엄밀하게 보아 본격적인 소설이라기보다는 전(傳)에 가깝다. <우상전(虞裳傳)>은 역관의 이야기이다. <김신선전(金神仙傳)>은 김홍기라는 신선을 추적하는 과정이 작품의 구조로 되어 있는데, 결국 신선이란 '울울이 세상에 뜻을 얻지 못한 사람'으로 규정하고 있어, 다른 신선전과는 성격이 다르다. <마장전(馬駔傳)>은 참된 우정을 추구하는 세 사람이 양반들의 우정이란 말거간꾼의 술수에 지나지 않는다고 하며 풍자하고 있다. <예덕선생전(穢德先生傳)>에서 인분(人糞)을 치는 예덕선생 엄행수는 허욕과 허세를 경계하고 몸이 영예롭게 되더라도 자랑으로 삼지 않는 사람이다. 농군답게 일찍 일어나 온갖 똥을 주옥같이 긁어모아 서울 근교의 농업지로 져다 낸다. 이것이 엄행수의 건실한 생활이자 인생철학인 것이다. 엄행수와 진실한 우정을 맺고 있는 선귤자는 "엄행수야말로 이른바 더러움[穢] 속에 자신의 덕행[德]을 파묻어 세상에 크게 숨은 사람"이라 하고 그의 예덕(穢德)을 칭송하고 신분을 초월하여 스승으로 받든다. 이처럼 <예덕선생전>의 주제는 엄행수의 생산적인 생활과 소망스런 인간상, 그리고 이에 기반한 선귤자라는 지식인과의 교우에 초점이 있다고 하겠다.

<광문자전>의 광문 또한 엄행수에 버금가는 시정(市井)의 새로운 인간상이다. 거지 출신인 광문의 행적은 서울은 물론 지방에까지 퍼져 급기야는 그의 명망을 이용한 역모까지 발생할 정도였다. 신의를 지키고, 규범에 자유로운 활달한 인간상이 그만큼 당대 사회에 가치로운 것으로 수용되었고, 시정의 새로운 분위기 자체가 이를 적극적으로 배태시켜 나갔던 것이다. <민옹전(閔翁傳)>의 민옹은 "옛날 사람들의 기절(奇節)과 위업을 사모한 나머지 강개발분하여 매양 그들의 전기(傳記)를 읽고 곧잘 탄식하여 눈물을 흘리는" 의로운 사람이다. 작가는 민옹을 통해 생활과 현실로부터의 도피를 비판하고 적극적이고 생산적인 사회참여를 주장한다. <양반전(兩班傳)>은 구체적인 현실에 적극적으로 대처하지 못하는 양반층의 각성을 촉구함과 아울러 그 기생성을 폭로, 풍자한 것이라 하겠다.

『열하일기』에 실려 있는 <호질(虎叱)>은 유자(儒者)에 대한 비판을 호랑이의 입을 빌려 전개하고 있다. 열녀로 칭송받는 동리자의 자식이 사실은 제각각 다른 성을 가지고 있는 것으로 설정된 상황, 북곽선생의 곡학아세하는 행동, 호랑이에 의한 유자의 비판 등은 '사(士)'로서의 정체성을 정립하지 못하는 사대부층을 넘어 인간의 보편적 모순에 대한 통렬한 풍자로 이어진다.

『열하일기』의 <옥갑야화>에 실려 있는 <허생전(許生傳)>은 연암소설의 정점이라 할 수 있다. 이 작품에서는 허생이 매점매석을 통해 허약한 조선 사회의 유통 구조를 입증해 보이고, 장기도(長岐島)와의 무역과 이에 따른 이윤 창출을 통해 해외 통상의 가능성을 제시한다. 그러나 허생이 부 자체를 인간의 궁극적 목표로 설정한 것은 아니다. "만금(萬金)이 어찌 도를 살찌울 수 있느냐"는 허생의 발언에서 이를 알 수 있다. 부란 인간다운 삶의 수단에 불과하다는 의미가 내포되어 있다고 하겠다. <허생전>이 지니는 시대적 가치는 북벌론의 허구성에 대한 통렬한 비판에서 극대화된다. 이는 경국제세에 대한 허생의 안목을 말해 줄 뿐 아니라 북학파의 이념을 문학적으로 형상화해 놓은 것이기도 하다. 결국 <허생전>은 역사적 전환기에 시대의 방향을 가늠하는 비판적 선비 의식의 결정체라 할 수 있겠다.

제 2 부 서사무가 · 설화

바리공주

주몽 신화

서동설화

아기장수

제1장

바리공주

작자 미상

* 출처 : 서울 새우젓집본, 김진영 외, 『바리공주 전집 1』, 민속원, 1997.

대왕마마 전교하옵신 말쌈
너희는 여섯 공주 다 내 자손이 아니라
바리공주야 부모 효양 가려느냐
소녀는 부모님 은혜는 부모님 복중에
십삭을 있든 효로 부모효양 가오리라
비단 창옷 한 벌 비단 공이 한 줌 무쇠 지팡이 무쇠 주령 쇠패랭이 손에 들고 / 구하궁을 나서니 갈 바를 모르나니다
이때에 까막까치 고개 쪼아 나무와 돌이 인도하거늘
무쇠주령을 던지시니 천 리를 가시고 / 두 번을 던지시니 이천 리를 가시고 / 세 번을 던지시니 삼사 천리를 가노라
이때가 어느 땐가 춘삼월 만간인가
백화는 만발하고 시내는 잔잔하고
푸른 버들 속에 황금 같은 꾀꼬리는 벗 부르는 소리
공작 앵무새는 희롱하는 뿐이로소이다
우여 슬프시다 이씨에도 열두 혼백 남망제님
극락세계 연하대로 승하제천하소사
바리공주야 머리를 만져 보니 쇠덕석이 되었구나
다시 바낭을 만져보니 무쇠덕석이 되었구나
다시 머리를 만져보니 원령소 금바위에 반송이 덮혔도다
이때 석가여래 아미타불 지장보살님 바둑 장기 두시거늘
나아가 재배하오니
석가세존이 눈을 감으시금 하시는 말쌈

귀신이냐 사람이냐 날새 길새도 못들어 오는 곳을 천궁을 범하였도다

나는 국왕의 일곱째 대, / 소신은 국왕의 일곱째 대군일러니와 / 부모 효양왔삽다와 길을 잃고 찾지 못하였으니 / 부처님 덕택으로 길을 인도하옵소서

그제야 석가세존님 하신 말씀

국왕의 칠공주란 말은 들었으나 일곱째 대군이란 말은 듣던 중 처음이로다 네가 하늘은 속이려니와 나를 못 속인다 / 부처님 속인 죄는 무간팔만사천억만 지옥으로 가노라 / 그리하거니와 네가 육로 삼천 리를 왔으나 / 험로 삼천 리가 남았는데 어찌 가려느냐

가다가 죽사와도 가겠노라

네 낭화 가지고 왔느냐

어마중에 못 가져왔습니다

낭화 세 가지 주시고 금주령을 주시며

이 주령을 끌고 가면 험로가 육지 되고 육지는 평지 되고 대해는 뭍이 지나니라 하옵시닌 쌍수로 받아 하직 숙배하고 한 곳을 나서니

칼산지옥 불산지옥 특산지옥 한빙지옥

구렁지옥 배암지옥 무간팔만사천억만지옥을 넘어서니

칠성이 하날에 닿고 바람도 쉬여 넘고 구름도 쉬어 넘는 곳에

이곳에 귀를 기울이니

죄인 다스리는 소리 육칠월 악마구리 우는 소리로다

낭화를 흔드니 칠성이 다 무너져 평지가 되거늘

다설어는 죄인을 굽어보니

눈 빠진 죄인 팔 빠진 죄인 다리 없는 죄인

목 없는 죄인 합천교 저리 나와

바리공주께 구원을 제도하라 하옵시니

공주 하온 말쌈

서방정대 극락세계 삼신일만 일십 일만 구천오백동로동어 대재배

아미타불 극락세계 시왕세계 바리

시왕가고 극락가려 극락가고 왕생천도 한 연후에

우여 슬프시다 이씨에도 남망제님

바리공주 낭화 덕에 극락세계 시왕세계 왕생천도하옵소서 / 그곳을 지나가니 약수 삼천 리 다다르니

이곳에 짐승의 깃도 가라앉고 배도 없는 곳에다 바자위에다

부처님의 이른 말쌈 문득 생각하고 금주령을 던지시니
한 줄 무지개 서거늘 그를 타고 가 건너가서 무장승을 보니
키는 하날에 닿고 눈은 등잔 같고
얼굴은 쟁반 같고 발은 석자세치되는 이가 앉았거든
그 앞을 다달으니 무장승 말쓈이
사람이냐 귀신이냐 / 열두 지옥은 어찌 넘어오며 / 칠성이 하날에 닿고 바람도 쉬어 넘고 / 산지니 수지니 해동철 보라매도 쉬어 넘는 / 이곳을 어찌 넘어 오며 약수 삼천 리는 어찌 건너왔느냐 하옵시니
나는 국왕의 일곱째 대군일러니와
무장승의 약류수 얻어 부모 효양하자고 왔나니라
무장승 하는 말이
길 값 가지고 왔느냐
어맛결에 못가져 왔습니다.
산 값 물 값 가지고 왔느냐
촉망중에 못 가져 왔습니다.
(길 값으로 나무 삼 년 해 주소)
그도 부모 효양이면 그리 하서이다
산 값에는 불 삼 년 때어 주소
그도 부모 효양이면 그리 허소이다
물 값에는 물 삼 년 길어주소
그도 부모 효양이면 그리 허소이다
석 삼 년 아홉 해 남짓 되오니 그 대상이 남루하야
앞으로는 귀상이요 뒤로는 여인의 몸이오니
그대와 나하고 천상 연분 이생배필이라 하옵시고
산전 일곱 아들 산전 받아주소
그도 부모 효양이면 그리 하소이다
양전마마 두석길러 길 위에 청산하고
여섯 형님 두석불러 길 아래 화선하고
천지로 장막삼고 일월을 등청삼고
산소로 평풍삼고 금잔디로 정에삼고
샛별로 오강 삼고 산소로 평풍 삼고
썩은 나무등걸로 원앙금침 잣베개 삼아놓고

초경에 그리다가 삼사오경에 이룬 후에 일곱 아들 산전 받았나이다

그도 부모 효양이면 그리 하소이다

부부 제정도 중커니와 부모 효양 늦어가니 바삐 가려 하나이다

무장승 말씀 / 앞 바다 물 구경하고 가소

구경도 경이 없습니다

뒷동산 구경하고 가소

꽃구경도 경이 없습니다

초경에 꿈을 꾸니 금관자 부러져 배에 없구

이경에 꿈을 꾸니 은관자 배에 없구

양전마마 한날한시에 승하하실 몽사오니 바삐 가려 하나이다

그러하면 그대가 길은 물은 개안주요 벼인 풀은 약려수요

뒷동산 후원에 연소 세 가지 숨살이 뼈살이 삼색 도화 벌리에 용이오니

눈에 넣고 품에 약려수는 입에 넣으라 하고

올 때에는 무쇠장군일러니 갈 때에는 금장군이 되어

물을 넣어 걸머미고 하직하고 나서니

무장승 하온 말씀 / 그전에는 홀로 살았거니와 이제는 여덟 홀애비 살 수 없사오니 / 공주 뒤를 쫓아가오리다

그도 부모 효양이면 그리 하서이다

갈 때에는 한 몸이드니 돌아올 때에는 아홉 몸이 되었구나

▌맥락

(1) 서사 단락

① 바리공주의 부모가 연이어 딸을 낳고 일곱째도 딸(바리공주)을 낳자 공주를 버리다.

② 바리공주가 비리공덕 할미의 도움으로 성장하다.

③ 바리공주의 부모가 병에 걸리고 치료에 필요한 약이 약수임을 알게 되다.

④ 바리공주의 부모가 여섯 딸에게 약수를 구해달라고 부탁하나 모두 핑계를 대고 거절하다.

⑤ 바리공주의 부모가 바리공주를 찾아 약수를 구해달라고 부탁하다.

⑥ 바리공주가 약수를 가지러 길을 떠나다.

⑦ 바리공주가 약수 지키는 이(무장승)를 만나다.

⑧ 바리공주가 약수를 얻기 위해 일정한 대가를 행하다.

⑨ 바리공주가 약수를 얻어 부모를 살려내고 그 공으로 만신(滿神)의 몸주가 되다.

(2) 전승 맥락

<바리공주>는 <바리데기>라고도 불리는 서사무가(巫歌)에서 그 원형을 찾을 수 있다. 일반적으로 <바리데기>라는 명칭으로 더 많이 알려져 있지만, 그럼에도 불구하고 <바리공주>라는 명칭을 사용하는 것은 다른 '-장군'류 무신(巫神) 명칭과의 균형을 위함이기도 하며, <바리공주>라는 명칭에 등장인물의 신분이 내포되어 있기 때문이다.

<바리공주>는 전국적인 전승 양상을 보이는 우리나라의 대표적인 서사무가로 북한, 동해안, 경상도, 중서부, 전라도 지역 등 제주도를 제외한 전국에 고르게 분포되어 있다. 현재에도 서울 진오기굿[1]에서 그 흔적을 찾을 수 있으며, 굿의 말미에서 망자를 저승으로 인도하는 목적으로 연행된다. 바리공주 복장을 한 무당이 바리공주의 일대기를 연행하면 상주들은 그동안 망자의 극락왕생을 기원하는 것이다.

'망자 보내기'는 진오기굿이 연행되는 가장 중요한 이유로, 진오기굿 중에서 <바리공주>가 연행되는 이유이기도 하다. 이를 위해 진오기굿은 대체적으로 5단계에 따라 연행된다.

1. 굿판의 정화
2. 망자 보낼 준비
3. 망자 보내기
4. 망자 보낸 후 확인하기
5. 굿판 정리하기

진오기굿의 이러한 단계는 서사문학이 가지는 발단-전개-위기-절정-결말 구성과 유사하다고 볼 수 있다. 이 중 '망자 보내기'단계에서 망자를 저승으로 인도하는 사자(使者)가 등장하는데, 그가 바로 바리공주이다.

1 <바리공주>가 연행되는 진오기굿은 망자를 저승으로 인도하는 '망자천도굿'이다. 진혼귀(鎭魂鬼)굿이나 지노귀(指路鬼)굿으로 풀이되기도 하지만 '진오기'란 어휘 자체가 순 우리말로 이루어졌을 가능성이 크다.

▌쟁점 : 서사무가-두 개의 시선

그동안 서사무가에 대한 연구는 주로 무속신앙 면에서 고찰되어 왔으나, 최근 들어 문학으로서의 서사무가에 대한 관심도 늘어나고 있다.

민속학 연구에서는 <바리공주>가 무조(巫祖)신화적 성격을 띠고 있다고 보았다. 김헌선(2011)에 따르면 <바리공주>가 무당의 비조가 되었다고 하는 것이 실제로 <바리공주> 무가에 나타나는데, <바리공주>가 '만신의 몸주'가 되는 대목이 바로 그것이다.

문안 만신의 몸주 되야 수치마 수저고리
은하몽두리 큰머리 단장 받고
넓으나 대띠 받고 좁으나 홍띠 받고
칠 새 방울 쉰 대 부채
백수 한 쌍 받구 사람 죽어 구혼되면
천근새남 만근대도령 받게 기도허구

또한 민속학에서는 <바리공주>의 연행 장면에서 우리의 전통 무가의 원형을 기록하고 그 체계를 다잡는 것에 연구의 중점을 두고 있다.

반면 문학 연구에서는 <바리공주> 이야기가 가지는 서사적 보편성을 근거로 문학의 연장으로서 <바리공주>를 포진하는 데 중점을 두고 있다. 오세정(2001)은 <주몽신화>와 연관하여 <바리공주>가 가지는 상호 텍스트적 의의를 분석하였다. 그는 두 작품 모두 신화적 영웅이 등장하며, 이들의 이중적 성격(반인반신)이 범인(凡人)과는 다른 능력을 갖게 한다고 보고 이러한 영웅의 희생을 통해 범인들의 가치를 되찾을 수 있게 되었다고 설명하였다. 이는 한국 고전문학 전반에 등장하는 '희생 모티프(motif)'와 같은 맥락에서 다루어질 수 있다.

또한 김영민(2006)은 <바리공주>를 사계의 순환구도에서 분석함으로써 <바리공주>가 문학적 상상의 원형을 통일성 있게 나타내었다고 분석하였다.

여름 — 열정 — 고귀한 혈통으로 태어남
가을 — 이별 — 버림받음(자아의 파괴)
겨울 — 시련 — 처절한 절망(정신적 죽음)
봄 — 회귀 — 신으로 좌정(자기실현)

고귀한 혈통을 지니고 태어난 바리공주가 버림을 받고, 자아가 파괴된 상태에서 스스로 성인화되는 과정을 통해 부모와의 이별을 겪으면서 한걸음 성숙한 바리공주를 살펴볼 수 있다. 부모의 병을 구하기 위해 바리공주가 약수를 찾아 떠나는 과정은 새로운 삶에 대한 출발인 동시에 진정한 자아를 찾아가는 첫 발인 것이다.

　　그러나 어느 시선에서 보든 <바리공주>를 민속학 또는 문학만의 작품으로 이해하는 것은 힘들다고 할 수 있다. 민속학 연구에서도 <바리공주>의 일대기가 가지는 서사성에 대해 꾸준히 언급할 수밖에 없으며, 문학 연구에서도 <바리공주>의 연행 구도를 완전히 배제할 수 없기 때문이다. 따라서 두 개의 동공이 하나의 대상을 보았을 때 초점이 맞추어지듯, <바리공주>를 바라보는 두 가지 시선은 서로 상호 보완적 입장에 놓여 있다고 할 수 있다.

■ 꼼꼼히 읽기 : 바리공주의 영웅적 면모

　　<바리공주>는 가해자로 작용하는 남성의 횡포에 대해 독립된 자아로 대응하는 인물이다. 부권은 절대적인 힘으로 그 세계에서 바리공주를 축출했지만, 그 체제의 존속이 위기에 빠졌을 때 이를 구하는 것은 다름 아닌 바리공주다. 그리고 바리공주가 이런 능력을 지니게 될 수 있었던 것은 그녀 스스로 자기 세계 구축에 뛰어들었기 때문이다. 그녀의 영웅성은 남성과 여성 모두에게 통용될 수 있는 지고의 선인 '효'의 실천을 통해, 부권 스스로 힘의 횡포를 해체하고 여성의 존재를 인정하게 하는 데 있다.

　　<바리공주>는 있는 것(남성현존)의 파괴가 아니라 거기에 더하여 있어야 할 것(여성현존)의 본디 모습을 찾아내고 있는 무가로서, 남녀의 공존과 조화로운 삶에 대한 전승 집단의 여망이 담긴 문학이다. 부권으로 대변되는 남성이 일으키는 갈등을 딸로 대변되는 여성이 풀어내는 과정을 통해 남성과 여성이 새롭게 지향해야 할 삶의 형태는 물론, 인간과 인간 사이의 갈등을 해결하는 바람직한 양식은 어떤 것인지를 모색하고 있는 문학이라 할 수 있다.

　　이러한 해결의 과정은 <바리공주>의 일대기를 통해 확인할 수 있다. 바리공주는 부모에게 버려졌지만(시련), 첫 번째 조력자인 비리할멈의 도움으로 성장할 수 있었다(해결). 그 뒤 저승에 있다는 약수를 찾아 홀로 길을 나선 바리공주는(시련) 두 번째 조력자인 석가세존의 도움으로 저승길을 쉬이 건너갈 수 있었다(해결). 약수가 있는 곳에 도착한 공주는 약수를 지키는 무장승을 만나 '길 값으로 나무 삼

년' 해주고, '산 값에는 불 삼 년' 때기, '물 값에는 물 삼 년' 길어주기(시련)의 대가를 치르고 약수를 가지고 돌아와 부모를 살린다(해결).

총 세 번의 시련과 그 해결의 구도에서 <바리공주>는 흔히 거론되는 '영웅의 일대기적 구성'을 따르고 있음을 확인할 수 있다. 일련의 시련과 조력자의 도움을 통해 남성과 여성이 새롭게 지향해야 할 이상을 그려낸 것이다. 특히 <바리공주>가 가지는 묘미는 마지막 시련에 있다. 총 9년간의 시련을 겪는 바리공주는 조력자의 도움 없이 오롯한 자신의 노력으로 문제를 해결했다. 이는 다른 '영웅의 일대기적 구성'을 따르는 작품들과는 차별되는 부분으로 어떠한 영웅적 능력이나 조력자의 도움을 사용하지 않고 인간으로의 바리공주로 시련을 극복하는 모습을 통해 평범한 인간이 영웅성을 획득하는 면모를 살펴볼 수 있다.

▌감상 : 바리공주의 희생

우리는 항상 우리의 행위에 대해 특정한 대가를 바라며 살아가고 있다. 이 일을 하면 나에게 어떤 도움이 될지 머릿속 저울질은 끊임이 없다. 봉사활동마저 '점수'라는 가시적 지표에 의해 재단되고 있는 현대 사회에서 인간은 각자의 이익에 따라 행동하는 이기적인 동물이라는 결론을 어렵지 않게 내릴 수 있다.

그러나 바리공주는 이러한 현대인들과는 대비되는 모습을 보여준다. 바리공주는 약수를 구하러 가는 도중 많은 시련을 겪게 된다. 그 시련의 절정은 무장승을 만나 약수의 대가를 치르는 부분으로, 9년을 일하고 아이 일곱을 낳아 길러야 한다는 것은 예나 지금이나 엄청난 희생을 요구하는 부분이다. 이 정도의 희생이라면—그리고 바리공주의 부모가 '왕'이라면—적어도 어떠한 대가를 바라게 되는 것이 당연한 일인데, 바리공주는 아무런 바람 없이 '부모 효양이면 그리 하소이다' 하며 묵묵히 시련을 받아들인다. 그런가 하면 여행 도중 만나는 이들에게도 선행을 베풂으로써 그들을 구원하기에 이른다.

이처럼 바리공주의 이타적 행위는 개인과 가족 단위를 넘어 사회 전체적 행복을 향해 있다. 이를 통해 바리공주가 추구하는 삶의 가치란 이기적인 삶을 지양하고, 타인을 위해 자신을 기꺼이 희생할 줄 아는 이타적인 삶 그 자체라고 볼 수 있다. 개인적인 행복에 그치지 않고 가족과 사회의 행복을 추구하는 바리공주의 모습은 팍팍한 현대의 우리들에게도 울리는 바가 있다.

▋ 연습

1. <바리공주>는 영웅의 일대기적 구성을 가지는 작품이다. 다음 표를 참고하여 영웅의 일대기적 구성에 맞추어 바리공주의 내용을 정리해 보자.

영웅의 일대기적 구성	바리공주
1. 고귀한 탄생	→
2. 버림받음	→
3. 비범한 능력	→
4. 조력자의 도움	→
5. 고난의 극복과 성공	→

2. <심청전>과 <바리공주>를 비교하여 두 작품이 가지는 공통적인 모티프(motif)가 무엇인지 쓰고 그 이유를 설명해 보자.

▋ 참고문헌

김영민(2006), 「바리데기 무가의 신화비평적 연구−자기실현의 과정을 중심으로」, 『한국언어문학』 58, 한국언어문학회.

김헌선(2011), 『서울 진오기굿−바리공주연구』, 민속원.

서대석(1980), 「바리공주 연구」, 『한국무가의 연구 : 서사무가 제석본풀이 연구』, 문학사상출판부.

오세정(2001), 「무속신화의 희생양과 희생제의−바리데기신화와 제석본풀이를 중심으로」, 『한국고전연구』 7, 한국고전연구학회.

조동일(1971), 「영웅의 일생, 그 문학사적 전개」, 『동아문화』 10, 동아문화연구소.

홍태한(2004), 『서울진오기굿』, 민속원.

홍태한(2004), 『바리공주 전집 3』, 민속원.

제 2 장

주몽 신화

김부식 편

* 출처 : 정구복, 노중국, 신동하, 김태식, 권덕역 번역, 『역주 삼국사기2 : 번역편』, 한국학중앙연구원 출판부, 2012)

<전략> 금와가 뒤를 이어 즉위하였다. 이때에 태백산(太白山) 남쪽 우발수(優渤水)에서 한 여자를 발견하고 물으니 그 여자가 대답하였다.

"나는 하백(河伯)의 딸이며 이름이 유화(柳花)입니다. 여러 동생과 나가 놀았습니다. 그때에 한 남자가 스스로 천제의 아들 해모수라 하고 나를 웅심산(雄心山) 아래 압록수(鴨淥水)가의 집으로 꾀어서 사통하고 바로 가버리고는 돌아오지 않았습니다. 부모는 내가 중매 없이 남을 좇았다고 책망하여 마침내 우발수에서 귀양살이하게 하였습니다."

금와는 이상하게 여겨서 방 안에 가두어 두었는데 [유화가] 햇빛에 비춰어 몸을 당겨 피하였으나 햇빛이 또 좇아와 비쳤다. 그래서 임신을 하여 알 하나를 낳았는데 크기가 다섯 되쯤 되었다. 왕[금와]은 알을 버려 개, 돼지에게 주었으나 모두 먹지 않았다. 또 길 가운데에 버렸으나 소나 말이 피하였다. 후에 들판에 버렸더니 새가 날개로 덮어 주었다. 왕이 알을 쪼개려고 하였으나 부수지 못하고 마침내 그 어머니에게 돌려주었다. 그 어머니가 물건으로 싸서 따뜻한 곳에 두었더니 한 사내아이가 껍질을 깨고 나왔는데, 골격과 외모가 빼어나고 기이하였다. 나이가 겨우 일곱 살이었을 때 남달리 뛰어나 스스로 활과 화살을 만들어 쏘면 백발백중이었다. 부여의 속어에 활 잘 쏘는 것을 주몽(朱蒙)이라고 하였으므로 이것으로 이름을 삼았다.

금와에게는 일곱 아들이 있어서 항상 주몽과 더불어 놀았는데 그 기예와 능력이 모두 주몽에게 미치지 못하였다. 그 맏아들 대소(帶素)가 왕에게 말하였다.

"주몽은 사람이 낳은 자가 아니어서 사람됨이 용맹스럽습니다. 만약 일찍 일을 도모하지 않으면 후환이 있을까 두렵습니다. 청컨대 없애버리십시오!"

왕은 듣지 않고 그로 하여금 말을 기르게 하였다. 주몽은 날랜 말을 알아차려 먹이를 적게 주어 마르게 하고, 둔한 말은 잘 먹여 살찌게 하였다. 왕은 살찐 말을 자신이 타고 마른 말을 주몽에게 주었다. 후에 들판에서 사냥할 때 주몽이 활을 잘 쏘기 때문에 화살을 적게 주었으나, 주몽은 짐승을 매우 많이 잡았다. 왕자와 여러 신하가 또 죽이려고 꾀하자, 주몽의 어머니가 이것을 눈치채고 [주몽에게] 일렀다.

"나라 사람들이 장차 너를 해칠 것이다. 너의 재주와 지략으로 어디를 간들 안되겠느냐? 지체하여 머물다가 욕을 당하느니보다는 멀리 가서 뜻을 이루는 것이 나을 것이다."

그래서 주몽은 오이(烏伊)·마리(摩離)·협보(陜父) 등 세 사람을 벗으로 삼아 함께 갔다. 엄시수(淹遞水)<또는 개사수(蓋斯水)라고도 한다. 지금[고려]의 압록강(鴨綠江) 동북쪽에 있다.>에 다다라 건너려 하였으나 다리가 없어 추격병에게 잡히게 될까 봐 염려되었다. [주몽이] 물에게 고하였다.

"나는 천제(天帝)의 아들이요, 하백의 외손이다. 오늘 도망가는데 추격자들이 다 가오니 어찌하면 좋은가?"

그러자 **물고기와 자라가 떠올라 다리를 만들어 주어 주몽이 건널 수 있었다. 물고기와 자라가 곧 흩어지니 추격하는 기마병은 건널 수 없었다.**

주몽은 모둔곡(毛屯谷)에 이르러 <위서(魏書)에는 "보술수(普述水)에 이르렀다"라고 하였다.> 세 사람을 만났다. 그 중 한 사람은 삼베옷[麻衣]을 입었고, 한 사람은 중옷[衲衣]을 입었으며, 한 사람은 마름옷[水藻衣]을 입고 있었다. 주몽이 "그대들은 어디에서 온 사람들이오? 성은 무엇이고 이름은 무엇이오?"하고 물었다. 삼베옷 입은 사람은 "이름은 재사(再思)입니다."라고 하였고, 중 옷 입은 사람은 "이름은 무골(武骨)입니다."라고 하였고, 마름옷 입은 사람은 "이름은 묵거(默居)입니다."라고 대답하였으나, 성들은 말하지 않았다. 주몽은 재사에게 극씨(克氏), 무골에게 중실씨(仲室氏), 묵거에서 소실씨(少室氏)의 성을 주었다. 그리고 무리에게 일러 말하였다.

"내가 이제 하늘의 큰 명령을 받아 나라의 기틀을 열려고 하는데 마침 이 세 어진 이들을 만났으니 어찌 하늘이 내려 주신 분들이 아니겠소?"

마침내 그 능력을 살펴 각각 일을 맡기고 그들과 함께 졸본천(卒本川)에 이르렀다. <『위서(魏書)』에서는 '홀승골성(紇升骨城)에 이르렀다'고 하였다> 그 토양이 기름지고 아름다우며, 산하가 험하고 견고한 것을 보고 마침내 도읍하려고 하였으나, 궁실을 지을 겨를이 없었으므로 다만 비류수(沸流水)가에 초막을 짓고 살았다. **나라 이름을 고구려(高句麗)라 하고** 따라서 고(高)를 성으로 삼았다. <다른 기록에는 이렇게 쓰여 있다. '주몽이 졸본부여에 이르렀다. 그 왕에게 아들이 없었는데 주몽을

보고는 범상치 않은 사람인 것을 알아차리고 그 딸을 아내로 삼게 하였다. 왕이 죽자 주몽이 왕위를 이었다'> 이때 주몽의 나이가 22세였다. 이 해는 한(漢)나라 효원제(孝元帝) 건소(建昭) 2년, 신라 시조 혁거세(赫居世) 21년 갑신년이었다. <후략>

▌맥락

(1) 서사 단락

① 북부여의 금와왕이 강의 신 하백의 딸 유화를 만나다.

② 유화가 천제의 아들 해모수와 사통하여 귀양살이하게 되었다고 말하다.

③ 금와가 이상히 여겨 유화를 방 속에 가두다.

④ 햇빛이 유화를 쫓아와 비추고 이로 인해 유화가 잉태하여 알을 낳다.

⑤ 금와왕이 알을 버렸으나 새와 짐승이 보호하고 깨뜨리려 해도 깨어지지 않다.

⑥ 알에서 한 아이가 나오고 화살을 잘 쏘아 주몽이라 이름 붙이다.

⑦ 금와왕은 주몽을 없애자는 대소의 말을 듣지 않고 말을 기르도록 하다.

⑧ 주몽이 준마(駿馬)를 야위게 만들어 그것을 얻고 사냥할 때 짐승을 많이 잡다.

⑨ 주몽이 자신을 죽이려는 왕자와 신하들을 피해 도망가다.

⑩ 물고기와 자라가 다리를 놓아 주어 주몽 일행이 엄수를 건너다.

⑪ 주몽이 졸본천에 이르러 도읍을 정하고 고구려를 세우다.

(2) 전승 맥락

신화는 전승되는 동안 전승 집단의 의도에 따라 다양한 모습으로 나타난다. 다른 신화와 합쳐지면서 중층적인 구조를 이루기도 하고 전승력을 상실한 이야기들은 사라지기도 한다. 주몽 신화는 국내외에 걸쳐 많은 전승문헌을 지니고 있으며 각 문헌의 내용 차이도 큰 편이다. 이것은 고구려가 만주 일대를 장악한 강력한 나라로 성장하면서 주변 국가의 신화도 함께 수용하였던 과정으로 이해할 수 있다. 이런 관점에서 보면, 주몽 신화 속 금와왕 이야기는 동부여가 고구려로 복속되면서 동부여의 신화도 고구려 건국신화의 일부로 편입된 것으로 파악할 수 있다.

이지영(2000)은 고구려 건국신화가 실려 있는 국내 자료를 금석문 자료와 사서류로 나누었다. 금석문 자료에는 <광개토왕릉비(廣開土王陵碑)>, <모두루묘지(牟頭婁墓誌)>, <천헌성묘지명(泉獻誠墓誌銘)>, <천남산묘지명(泉男産墓誌銘)>, <중화고구려동명왕릉비(中和高句麗東明王陵碑)>가 있으며, 사서류는 『삼국사기(三國史記)』, 『삼국유사(三國遺事)』, 『동국이상국집』의 <동명왕편(東明王篇)>, 『제왕운기(帝王韻紀)』, 『세종실록지리지(世宗實錄地理志)』, 『응제시주(應製詩註)』, 『신증동국여지승람(新增東國輿地勝覽)』, 『동국통감(東國通鑑)』이 있다. 『삼국사기』와 <동명왕편>은 가장 많이 언급되는 자료이다. 고려시대에 저술되었기 때문에 그 이후에 나온 문헌 자료가 이 둘을 주로 인용하고 있다. 전체 자료 가운데 가장 내용이 풍부한 것은 <동명왕편> 이다. 이규보(李奎報) 개인의 문학적 상상력이 가미되어 『삼국사기』보다 내용이 자세하고 서사 전개가 합리적이다. 비교적 내용이 풍부하면서도 원형을 잘 유지하고 있는 것은 『삼국사기』에 실려 있는 이야기이다. 둘의 내용을 몇 가지만 대조해보면 다음과 같다. 먼저, <동명왕편>에는 해모수의 하강장면이 세세하게 그려져 있으며 혼인을 위한 해모수와 하백의 변신쟁투가 있다. 또한 『삼국사기』에는 유화가 금와 왕에게 자신의 내력을 이야기하지만 <동명왕편>에는 그물로 건져진 유화가 금와 를 만나 궁실로 들어가는 것으로 내용이 전개된다. 『삼국사기』에는 주몽이 준마를 선택하지만 <동명왕편>에는 유화가 준마를 알아보고 탈출하는 주몽에게 오곡의 종자를 주는 등 그 능력이 부각되어 있다. 『삼국사기』에는 주몽이 물에 고하면서 자신을 '천제자(天帝子)'라고 하지만 <동명왕편>에는 채찍으로 하늘을 가리키면서 '천제지손(天帝之孫)'이라 말한 뒤 다시 한 번 활로 물을 친다. 이외에도 여러 차이 점들을 발견할 수 있다.

고구려 건국 신화가 담긴 중국 문헌으로는 『위서(魏書)』, 『주서(周書)』, 『수서(隋書)』, 『북사(北史)』, 『한원(翰苑)』, 『통전(通典)』, 『책부원귀(冊府元龜)』가 있다. 이 중에서는 『위서(魏書)』가 가장 중요하다. 주몽신화를 전하는 제일 오래된 문헌이면서 그 수록 내용이 가장 풍부하기 때문이다.

▌쟁점 : 〈주몽 신화〉와 〈동명 신화〉의 관계

부여의 건국신화인 <동명 신화>와 고구려 건국신화인 <주몽 신화>와의 관계는 연구사 초기부터 논쟁의 대상이었다. 두 신화가 동일한 것이라는 견해에 맞서 별개 의 것이라는 견해가 끊임없이 제기되고 있다.

서대석(2001)이 정리한 두 신화의 공통점은 다음과 같다. 시조의 부계혈통이 태 양이라는 점, 시조의 모친이 거주 집단과는 상이한 혈통을 잉태하였다는 점. 주인 공이 태어나면서부터 박해를 받았다는 점, 탈주하여 큰 강물을 만났지만 어별(魚鼈) 이 다리를 만들어주어 추격병을 따돌리는 데 성공하였고 이후 국가를 세웠다는 점이다. 특히 버려진 주인공을 짐승들이 보호했다는 부분과 어별(魚鼈)이 다리를 놓아주었다는 부분은 두 신화가 동일한 신화라는 느낌을 강하게 준다고 보았다.

국내 학자로서 <동명 신화>와 <주몽 신화>가 동일하다는 견해를 가장 먼저 피력한 사람은 이병도(1959)이다. 부여의 건국신화는 1세기 초 『논형(論衡)』에 수록된 것이 최초이다. 그는 『논형(論衡)』을 비롯한 여러 역사서에 나타난 <동명 신화>는 모호하여 믿기 어렵다고 전제한 다음, 『논형』에 기록된 내용이 <주몽 신화>를 거꾸로 전한 것이라고 주장하였다. 동명이 부여에서 도망하여 엄호수(掩淲水)를 건너 탁리국에 와서 왕이 되었다고 해야 할 것을 후자에서 전자로 도망하였다고 잘못 전하였다는 것이다. 이러한 주장을 좀 더 보강하기 위해, <동명 신화>에 나오는 '탁리(橐離)'의 '탁'은 『위략(魏略)』에는 '고(橐)'로 표기된 것에 미루어, '고구(高句)'의 오기라고 주장하였다. '엄호(掩淲)'도 '엄니(掩泥)'를 잘못 쓴 것이며, <광개토왕비문>에 나타나는 '엄리대수(奄利大水)'를 가리키는 것이라고 추론하였다. 따라서 동명은 부여가 아니라 고구려의 시조라고 결론을 내렸다. 이렇듯 <동명 신화>와 <주몽 신화>를 동일한 신화로 보는 견해는 전자를 <주몽 신화>의 전승과정에서 변화된 이본으로 파악한 것이다. 이러한 시각은 다수의 교과서와 개론, 통사류 서술에서 쉽게 찾아볼 수 있다.

이복규(1998)는 부여와 고구려 건국 신화의 내용에 뚜렷한 차이가 있음을 서술하였다. 동명은 출생지가 북이(北夷)의 나라인 탁리(橐離), 고리(橐離), 색리(索離)이며 주몽은 부여이다. <동명 신화>는 어머니의 신분이 왕의 시비이지만 <주몽 신화>는 하백의 딸이다. 동명은 하늘에서 내려온 기(氣)에 의해 잉태되었으며 태생(胎生)이다. 주몽은 햇빛에 의해 잉태되었으며 난생(卵生)이다. 그는 무엇보다도 주인공과 나라 이름이 다르다는 것에 주목하였다. 부여 건국 신화에는 동명으로, 고구려 건국신화에는 주몽으로 일관되게 표기되고 있는 것이다. 그리고 그들이 세운 나라의 이름이 부여와 고구려로 분명하게 구분된다. 건국신화는 '나라를 세운 군주에 관한 신화'이다. 이렇게 개념을 규정한다면 건국신화에서 가장 중요한 요소는 군주와 국가의 이름이다. 사람들은 건국신화를 언급할 때면 흔히 해당 국가명이나 군주의 이름을 말한다. 이 같은 관례에 비추어 본다면, 부여와 고구려 건국신화는 서로 다른 신화이다. 고구려 건국신화에 등장하는 '동명'이란 어휘의 문제를 시호로 보았다. 부여 건국신화의 '동명'은 본명이며 고구려 건국신화에 등장하는 '동명'은 시호라는 것이다. 동명왕의 '東明'은 '시붉'이란 뜻이다. '시'는 동쪽, '붉'은 '광명', '태양'을 가리킨다. 따라서 '동명'이란 시호에는 '동방을 새로 밝힌 왕' 또는 '동방의 태양'이라는 의미가 담겨 있다. 새로운 국가, 고구려를 창건한 태양의 아들 주몽의 시호로 적절한 것이다.

■ 꼼꼼히 읽기 : 영웅의 일생과 성격

조동일(1971)은 고구려 건국 신화를 '영웅의 일생' 구조로 파악하였다. 영웅의 일생 구조는 먼저 주인공이 고귀한 혈통을 지닌 인물이라는 것을 드러낸다. 주몽이 '하백의 딸이며 이름이 유화'인 존재와 '천재의 아들 해모수'의 아들이라는 부분이 이에 해당된다. 이것은 고구려에서 태양신과 수신을 신성시하였으며 고구려가 해모수족과 하백족의 통합집단이라는 점도 말해준다.

잉태나 출생이 비정상적인 것은 '집으로 꾀어서 사통하고', '금와가 이상하게 여겨서 방 안에 가두어 두었는데 햇빛에 비취어 몸을 당겨 피하였으나 또 쫓아와 비쳤다, 그래서 임신을 하여 알 하나를 낳았는데'에서 찾을 수 있다. 일광은 의인화된 신인 해모수를 나타내며 알은 주몽의 신성성을 입증한다.

범인과는 다른 탁월한 능력을 지녔음을 드러내는 대목은 '골격과 외모가 빼어나고 기이하였다', '나이가 겨우 일곱 살이었을 때 남달리 뛰어나 스스로 활과 화살을 만들어 쏘면 백발백중이었다.'이다. 활쏘기는 수렵사회에서 필수적인 능력이었고 외적과의 전쟁에서도 꼭 필요한 능력이었다.

어려서 기아가 되어 죽을 고비에 이르는 부분은 태어나기 전에 해모수가 유화를 버린 '바로 가버리고는 돌아오지 않았습니다.'와 '왕은 알을 버려', '개, 돼지에게 주었으나', '길 가운데에 버렸으나', '들판에 버렸더니', '알을 쪼개려고 하였으나'에 있다.

구출, 양육자를 만나 죽을 고비에서 벗어나는 것이 다섯 번째 구조이다. 금와가 유화를 데려온 것을 구출했다고 이해하면 '금와가 이상하게 여겨서 방 안에 가두어 두었는데'를 들 수 있다. '모두 먹지 않았다.', '소나 말이 피하였다.', '새가 날개로 덮어 주었다.', '부수지 못하고'에서도 나타난다. 짐승들이 알 속에 감추어진 신성한 존재를 보호하는 것이다.

자라서 다시 위기에 부딪치는 내용은 '청컨대 없애버리십시오!', '엄사수에 다다라 건너려 하였으나 다리가 없어 추격병에게 잡히게 될까 봐 염려되었다.'에 나타난다.

위기를 투쟁적으로 극복하고 승리자가 되는 마지막 구조는 주몽이 금와의 나라에서 탈출하는 '세 사람을 벗으로 삼아 함께 갔다'와 '물고기와 자라가 떠올라 다리를 만들어 주어 주몽이 건널 수 있었다. 물고기와 자라가 곧 흩어지니 추격하는 기마병은 건널 수 없었다.', '나라 이름을 고구려라 하고'에서 찾을 수 있다.

주몽 신화는 <홍길동전> 등의 영웅 소설에 영향을 주는 등 후대의 영웅 이야기와 밀접한 관련을 가진다. 하지만 초기의 영웅 서사는 후대의 그것과는 다른 성격을 지닌다. 주몽은 자기 부족을 이끌고 이주해 와서 토착부족을 정복하고 지배자가 되었다. 주몽이 속한 부족 전체가 천신족이며 주몽은 부족을 대표하는 개인이다. 이 시기에는 계급 차이가 심하지 않았으며 공동체적 유대가 아직 강하게 남아있었기 때문에 주몽신화는 집단적인 성격을 지닌다. 이와 더불어 역사적인 면모를 보인다. 주몽이 활동한 장소가 한국이며 고구려의 건국이 실재했던 사실이고 주몽 또한 실존했던 인물로 인정되기 때문이다. 게다가 주몽신화는 국가 창건이라는 일정한 역사의식을 반영하고 있다. 영웅의 이야기는 후대로 갈수록 진취적인 행동에 윤리가 반영된다. 주몽신화에는 부모나 왕에 대한 윤리가 반영되어 있지 않다. 충효의 가치관은 고대의 영웅들과는 관련이 없었다. 오히려 제약되지 않음으로써 진취적이고 자유로울 수 있었다. 영웅은 후대로 갈수록 운명적인 특성을 드러낸다. 주몽은 출생 자체가 고난이며 천대받고 자랄 수밖에 없도록 태어났다. 그리고 누구의 도움이 아닌 스스로가 지닌 탁월한 힘으로 시련을 헤쳐 나간다. 어별(魚鼈)이 도움을 준 사건이 있지만 이것은 주몽이 신과 교통하는 능력을 지니고 있었기에 가능한 일이었다. 이와 같이 초기의 영웅 이야기는 집단적, 역사적, 진취적, 주체적 성격을 지닌다.

■ 감상 1 : 아들의 성장

주몽신화에 나오는 아버지와 아들의 관계는 서로 간에 독립적이다. 어머니 '유화는' 아들에게 위험을 알려주고 도망치게 하지만 아버지 '해모수'는 아예 그 모습을 아들 앞에 나타내지 않는다. 아버지의 역할은 햇빛만으로 끝이다. 주몽이 아버지를 찾는 일도 없다. 금와왕과 그의 맏아들 대소의 관계도 마찬가지다. 대소(帶素)는 아버지 금와왕에게 주몽을 없애야 한다고 말한다. 그는 주몽을 위협으로 간주하였다. 주몽의 잉태와 출생의 과정은 매우 기이하였으며 그 능력 또한 평범한 이들과는 달랐기 때문이다. 대소에게 이것은 다가올 미래에 일어나게 될 우환의 복선이며 예방해야 할 불행의 암시이다. 그가 계획한 해결 방법은 주몽을 죽이는 것이다. 그러나 금와왕은 아들 대소의 말을 듣지 않고 주몽에게 말을 기르는 일을 시킨다. 후에 주몽이 적은 화살로 많은 짐승을 잡자 대소는 다시 그를 죽이려고 하고 도망치는 주몽을 엄수까지 쫓아간다. 아버지와 아들은 이렇게 다르고 또 서로의 생각을 따르는 법도 없다.

요즘에는 자식의 양육에 어머니뿐만 아니라 아버지도 참여해야 한다는 생각이 일반적이다. 자식이 아버지의 뜻을 거스르면서 자신의 생각을 행동으로 옮기는 일은 여전히 쉽지 않다. 하지만 선인이 남긴 신화에는 도무지 이러한 것들이 드러나 있지 않다. 해모수는 자식의 양육에 참여하지 않았으며 대소는 아버지의 뜻을 어기고 주몽을 죽이려 하였다. 성인이 되어 일정한 사회적 역할을 하게 되기까지 사람들은 '주몽'처럼 혹독한 시련을 겪는다. 고난의 내용이 활쏘기가 아니라 각종 시험을 치르고 합격해야 하는 것으로 바뀌었을 뿐이다. 어른이 되는 통과의례가 존재하는 것은 예나 지금이나 마찬가지다. 어떻게 보면 신화는 이 과정을 때로는 아버지 없이도 해내야 하며 아버지에게 받아들여지지 않더라도 결행해야 한다는 것을 말해주고 있는 것 같다. '주몽'은 아버지가 없는 상황 속에서도 미래를 포기하지 않았으며 준마를 골라내어 힘을 길렀다. '대소'는 자신의 생각에 부모가 동의하지 않았어도 미래의 후환을 없애기 위해 주몽을 쫓았다. 아버지의 뜻을 어겼다는 이유로 '대소'에게 잘못을 묻는 것은 온당치 못하다. 아버지의 생각이 잘못되었다고 판단했음에도 그 뜻을 그대로 따르는 것은 또다른 어리석음일 뿐이다. 비록 '대소'는 자신이 도모한 일에 실패하였지만 이러한 행동을 통해 주체적으로 판단하고 행동할 줄 아는 사람으로 성장하였음을 증명하였다.

▌ 감상 2 : 버려진 아이

신화에는 가장 극심한 시련이 등장한다. 갓난아기가 버려지는 것이 그것이다. 영아를 버리는 것은 얼마 안 가 죽게 되리라는 것을 염두에 둔 행동이다. '탈해'는 태어난 직후 궤짝에 담겨 바다에 버려진다. 저승을 관장하는 신의 내력을 담은 무가 속 주인공인 '바리공주'도 태어나자마자 유기된다. 이 세상에서의 첫 시작이 버려짐이었다는 측면에서 '주몽' 또한 다른 주인공들과 다르지 않다. 알로 태어난 주몽도 금와왕에 의해 버려진 것이다.

버려지는 이유 또한 당사자의 입장에서 보면 억울하기 그지없다. 신화의 주인공은 '알' 혹은 '여자'이기 때문에 버려진다. 신화의 주인공이 선택하거나 자처한 이유가 아닌 것이다. 그럼에도 불구하고 그들은 가장 철저한 소외를 경험한다. 이러한 버려짐을 좀 더 포괄적으로 생각해 볼 수 있겠다. 버려짐만을 놓고 본다면 그것은 흔한 일이다. 어떤 이는 자신이 속했던 집단 안에서 지독하게 소외되기도 하며, 또 누군가는 주변 사람들로부터 거세게 몰아세워지는 일을 경험하기도 한다. 조금이라도 기댈 수 없는 여지없이 세상에 내던져진 느낌은 신화 속 갓난아기가 처한 상황과 다를 바 없다. 소외의 이유가 '알'이나 '여자'처럼 당사자가 의도한 것이 아니라면 그 환멸과 고통은 매우 견디기 어려울 것이다. 거기에 더해 우리가 스스로의 힘으로 어떤 일에서 벗어날 수 없다고 여긴다면 캄캄한 궤짝 속에 버려진 '탈해'와 같고, 버려진 들판 위에 쓸모없이 나뒹구는 알 속 '주몽'과 다를 바 없다.

그러나 '주몽'은 집단속으로 들어와 탁월한 능력으로 삶을 역전시켰다. 마침내 새로운 나라를 건설하는 성취를 이룬 것이다. 그는 무엇보다 버려진 과거에 얽매이지 않았으며 자신이 버려질만한 사람이 아니었음을 분명하게 보여주었다. 생각해 보면 버려짐은 인간이 겪는 기본적인 경험들 중의 하나이다. 버려졌다는 느낌은 극히 주관적인 영역이다. 친구들에게 비난을 듣는 순간, 시험에 떨어진 상황 등에서 우리는 소외감과 고독감을 경험한다. 사람들은 흔히 누군가가 소외당하면 그럴만한 이유가 있었을 것이라 생각해 버린다. 하지만 우리 사회의 가치관과 삶의 모습이 다양해질수록 어떤 집단에서든 버려지지 않을 것이라 단언하기는 점점 어려워질 수밖에 없다. 신화에서 버려짐은 결말이 아니라 시작이다. 우리는 너무나 쉽고 빨리 소외나 고독을 바꿀 수 없는 결말이라고 여기고 체념한다. 하지만 신화는 오늘날까지 끈질기게 살아남아 그것이 새로운 시작일 수 있음을 이야기하고 있는 것이다.

■ 연습

1. 다음은 영웅 서사의 전형적인 구조이다. '주몽 신화'의 내용을 아래의 흐름에 따라 정리해 보자.

고귀한 혈통	
기이한 출생	
비범한 능력	
어려서 버림받음	
조력자의 도움	
성장 후 시련	
시련의 극복과 위업 달성	

2. 다음 글은 <동명왕편>에 등장하는 유화의 이야기이다. 『삼국사기』의 '유화'와 대조하여 인물을 평가해 보자.

> '내가 들으니 장사가 먼 길을 가려면 반드시 준마가 있어야 한다. 내가 말을 고를 수 있다' 하고 드디어 목마장으로 가서 긴 채찍으로 어지럽게 때리니 여러 말이 모두 놀라 달아나는데 한 마리 붉은 말이 두 길이나 되는 난간을 뛰어넘었다. 주몽은 이 말이 준마임을 알고 가만히 바늘을 혀 밑에 꽂아 놓았다.

▮ 참고문헌

이병도(1959), 『한국사』, 을유문화사.

이복규(1998), 『부여・고구려 건국신화 연구』, 집문당.

서대석(2001), 『한국신화의 연구』, 집문당.

김열규(2005), 『한국인의 신화』, 일조각.

이지영(2010), 『한국건국신화의 실상과 이해』, 월인.

조동일(1971), 「영웅의 일생, 그 문학사적 전개」, 『동아문화』 10, 서울대학교 동아문화연구소.

제 3 장

서동설화

일연 편

* 출처 : 일연, 권상로 역해, 『삼국유사』, 동서문화사, 2007.

제30대 무왕(武王)의 이름은 장(璋)이다. 그의 어머니가 홀로 되어 서울 남쪽 못가에 집을 짓고 살았는데, **못에 있는 용과 정을 통하여 장을 낳았다.** 어릴 때 이름은 서동(薯童)이며, 재주와 도량이 한없이 넓었다. 항상 마를 캐다가 팔아 생업으로 삼았으므로 나라 사람들이 그렇게 부른 것이다. 신라 진평왕의 셋째공주 선화(善花)[혹은 善化라고도 쓴다]가 아름답다는 말을 듣고 머리를 깎고 신라의 서울로 가서 동네 아이들에게 마를 나누어 주면서 가까이 지냈다. 이에 노래를 지어 여러 아이들을 꾀어 부르게 하니, 그 노래는 다음과 같다.

> 선화공주니믄 눔그스지 얼어두고
> 맛둥바올 바미 몰 안고가다.
>
> 양주동 역

동요가 장안에 퍼져 궁중까지 알려지니, 백관들이 적극 간하여 공주를 먼 곳에 귀양 보내게 되었다. 공주가 떠나려 할 때, 왕후가 순금 한 말을 주어 보냈다. 공주가 귀양 가는 길에 서동이 나와서 절을 하고 모시고 가겠다 하였다. 공주는 그가 어디서 온 사람인지는 알지 못하지만, 우연한 만남을 기뻐하며 그를 믿고 따라가 정을 통하였다. 그런 뒤에 서동의 이름을 알고, 동요가 맞는 것을 믿게 되었다. 그리고는 어머니가 준 금을 내놓으며, 함께 백제로 가서 이것으로 생활 계획을 세우자 하였다. 서동이 크게 웃으며 말하였다.

"이것이 무엇이오?"

공주가 말하였다.

"황금인데 백 년 동안 부자로 살 수 있습니다."

서동은 그 말을 듣고 말하였다.

"내가 어렸을 때부터 마를 캐던 곳에는 이런 것이 진흙처럼 쌓여 있소"

공주가 이 말을 듣고 크게 놀라며 말하였다.

"이것은 천하의 보배인데 당신이 금이 있는 곳을 안다 하니 그 보배를 우리 부모님의 궁전으로 보내는 것이 어떻겠습니까?"

"좋소"

금을 모으니 마치 구릉처럼 쌓였다. 용화산(龍華山 : 지금 익산의 미륵산) 사자사(師子寺)의 지명법사(知命法師)에게 가서 금을 운반할 방법을 물었다.

법사가 말하였다.

"내가 신통력으로 옮겨 줄 테니 금을 가져오시오."

공주가 편지와 함께 금을 사자사 앞에 옮겨다 놓으니, 법사가 신통력으로 하룻밤에 신라 궁중으로 날라다 놓았다. 진평왕이 그 신통한 변화를 기이하게 여겨 서동을 더욱 존경하고, 항상 서신으로 안부를 물었고, 서동은 이로 인해서 인심을 얻어 왕위에 오르게 되었다.

하루는 무왕이 부인과 함께 사자사에 행차하려고 용화산 아래 큰 못가에 이르니, 미륵삼존(彌勒三尊)이 못에서 나타나는지라 수레를 멈추고 경의를 표하였다. 부인이 왕에게 말하였다.

"이 곳에 큰 절을 세우는 것이 저의 간절한 소원입니다."

왕이 허락하고 지명법사에게 방법을 물으니, 법사는 신통력으로 산을 무너뜨려 하룻밤 사이에 못을 메워 평지를 만들었다. 이에 미륵법상 세 개와 존전(尊殿), 탑(搭), 낭무(廊廡)를 각각 세 곳에 세우고 절 현판을 미륵사[『국사』에는 왕흥사라 했다]라 하였다. 진평왕이 백공(百工)들을 보내 돕도록 했는데, 지금도 그 절이 남아 있다.

■ 맥락

(1) 서사 단락

① 서동의 어머니가 못의 용과 정을 통하여 서동을 낳다.

② 서동이 신라 진평왕의 셋째공주 선화가 아름답다는 소식을 듣고 경주로 가다.

③ 서동이 선화공주를 음해하는 노래를 지어 아이들에게 부르게 하다.

④ 서동의 노래를 들은 신라 백관들이 간하여 공주를 귀양 보내다.

⑤ 서동이 귀양길에 나타나자 공주가 기뻐하며 그를 믿고 따라가 정을 통하다.

⑥ 서동이 마를 캐던 곳에 있던 금을 공주에게 보여주다.

⑦ 서동이 지명법사를 찾아가 법사의 신통력으로 금을 신라 왕실로 옮기다.

⑧ 서동이 인심을 얻어 왕위에 오르다.

⑨ 서동과 선화가 사자사로 가는 도중 용화산 아래 큰 못가에서 미륵삼존을 만나다.

⑩ 서동이 선화의 부탁을 듣고 못을 메우고 절을 지을 것을 허락하다.

⑪ 서동이 못을 메울 방법을 묻자 지명법사가 신통력으로 못을 메우고 미륵사(왕흥사)를 세우다.

(2) 전승 맥락

『삼국유사』는 고려 후기 고승 일연(1206~1289)이 충렬왕 7년(1281)에 편찬한 책이다. 일연은 『삼국유사』를 기술할 때 정사와 야사를 함께 이용한 것으로 알려져 있다. 이러한 까닭에 <서동설화>는 이야기로만 전해지는 구비문학과는 달리 고정된 텍스트로 인식하는 면이 있다. 따라서 <서동설화>는 『삼국유사』에 기록된 텍스트를 바탕으로 해석학적 관점이 부각되어 왔다.

특히, <서동설화>는 미륵사의 창건 배경을 기록했다는 특징이 더해져 일반적인 설화와는 다른 양상을 보인다. 사원연기설화는 그 사원의 창시 혹은 사원 터가 자리 잡게 된 이야기를 담은 설화로, 『삼국유사』에는 64편에 달하는 사원연기설화가 실려 전하고 있다. <서동설화> 역시 『삼국유사』에 기록된 사원연기설화로, 전라북도 익산에 위치한 '미륵사'의 기원에 대해 '미륵삼존'이 나타나 그 자리에 절을 지었다고 기록하고 있다.

그러나 '삽입'된 미륵사 창건 배경은 전체적인 <서동설화>의 줄거리와는 잘 맞지 않는다. 현승환(1991)은 이것을 서동의 어머니가 "용에 있는 못과 통하여 장을 낳았다"라는 대목에서 무왕이 당시 전북 익산 지역에 만연한 용신앙을 받아들이고, 나아가 마한의 중심지인 익산으로 그 세력기반을 넓히기 위해 미륵사를 창건했다고 봄으로써, 이 지역을 중심으로 백제의 부흥을 도모하고자 하였던 백제 무왕대의 사실들이 <서동설화>에 녹아 전승된 때문이라고 분석하였다.

▌쟁점 : ⟨서동설화⟩ 해석의 구도

⟨서동설화⟩에 대한 해석은 역사적 사실로서 ⟨서동설화⟩를 해석하려는 입장과 문학의 한 갈래인 설화로서 ⟨서동설화⟩를 이해하려는 입장으로 나뉜다.

역사적 사실로서 ⟨서동설화⟩를 바라보는 입장은 '서동'의 정체를 가늠하는 시도로 이어져 무왕설, 동성왕설, 무령왕설, 무강왕설, 원효설, 건마국의 서동(사로국의 선화)설 등 수많은 '서동'이 제시된 바 있다. 그러나 김종진(2004)은 서동과 후에 임금이 된 한 인물을 동일시하는 이러한 관점은 설화로 윤색된 이야기의 본질에 대해서는 설명하기 곤란한 난점이 있다고 보았다. 설화로 감싸인 기술물에 대하여 역사적인 실체를 비정하는 논리는, 신라의 왕에게 금을 보내 왕궁의 환심을 샀다면 과연 신라의 왕이 되었을 것인가 백제의 왕이 되었을 것인가에 대한 문제에서부터 많은 모순에 봉착하고 있는 실정이다.

한편, ⟨서동설화⟩를 설화 그 자체로 보는 입장에서는 ⟨서동설화⟩가 신라와의 화친을 통해 당대의 불안정한 정세를 안정시키고, 미륵사 창건으로 이상향에 대한 소망을 노래하고 싶었던 백성들의 염원이 반영되었다는 데서 그 설화적 요소를 찾는다. 한예찬(2011)은 ⟨서동요⟩의 주체 역시 서동왕자, 즉 백제의 무왕과 신라의 선화공주라기보다 전승되는 이야기 속에다 역사 속의 한 인물, 또는 상징적인 한 인물을 삽입시켜 흥미로운 이야기로 만든 것으로 보았다. 그러나 이러한 견해 역시 역사적 사실 위에서 분리할 수 없는 실정으로, '당대의 불안정한 정세'나 '무왕', '선화공주'의 존재 자체가 역사적 사실에 기반한 진술이기 때문이다.

따라서 ⟨서동설화⟩는 역사적 사실과 설화적 서술이 한 데 엮인 작품이라 할 수 있다. ⟨서동설화⟩는 당시 사람들의 희망의 노래이자 구원의 노래였을 것이다. 그러면서도 실제 사건을 전제로 한다. 그 강력한 증거가 백제 무왕이라는 역사적인 인물의 존재이다. 역사적으로 무왕 이전의 법왕 때부터 백제와 신라는 사이가 좋지 않았다. 무왕은 600년부터 640년까지, 신라로 말하자면 진평왕(579-631)과 선덕여왕(632-646)과 동시대에 재위했다. 당시 양국 간에는 전쟁이 끊이지 않았다. 당시의 시대적 상황이 백제와 신라 사이에 결혼 통교할 정치적인 상황도 아니었다고 보는 것이 일반적인 견해다. 그러나 이미 법왕 때부터 사이가 좋지 않았기 때문에 두 나라는 서로 화친을 할 필요성을 느꼈을 것이다. 북쪽에 강력한 고구려가 존재하고 있다는 것을 감안하면 이러한 필요성은 당연하게까지 받아들여진다. 그래서 ⟨서동설화⟩처럼 무왕은 왕이 되기 전 적국으로 들어가 그 나라 공주를 꾀어낸다. 아니, 서동은 과부가 지용(池龍)과 교통(交通)하여 낳았다는 사실로 미루어 보아 적자가 아니었다. 어쩌면 법왕은 적자가 없었을 가능성이 높다. 따라서 서동은 적국과의 화친의 계기를 만들어(선화공주와의 결혼) 양국으로부터 동시에 인심을 얻어 내고 결국 왕위까지 오르게 되었을 가능성이 높다. 이렇게 보면 선화와 서동의 사랑은 절박한 시대적 요청이었다는 것을 알 수 있다. 물론 그들의 사랑에는 백제와 신라의 전쟁으로 인해 피폐해진 양국 백성들의 열망도 담겨 있었을 것이다. 서동이 선화공주와 결합으로 인해 양국은 피의 동맹을 맺을 수밖에 없는 계기를 갖게 되었다.

이처럼 설화는 역사 그 자체일 수는 없지만 역사를 반영한 기록일 수는 있다. 서동설화는 역사의 설화화가 진행된 결과물이다. 『삼국유사』 기이편에 수록된 〈서동설화〉는 역사와 설화, 역사와 신이(神異)가 결합된 채로 서술되었다. 〈서동설화〉에 수록된 내용을 모두 역사로 인정하기는 힘들겠지만 이러한 설화가 형성되고 전승되어 『삼국유사』의 저자인 일연에게 채록된 것은 민중의 삶과 꿈이 녹아 있는 내용이었기 때문이다. 따라서 서동설화는 역사적인 사실을 반영하고 있을 뿐만 아니라 실존했던 인물을 통해 당시 백성들의 꿈을 반영했던 작품으로 평가할 수 있을 것이다.

▌ 꼼꼼히 읽기 : 〈서동요〉

향가를 처음 해독한 오쿠라 이후 많은 이들이, 향가를 4구체의 민요형식으로 시작된 서정시로, 인간의 감정이 점차 복잡하여짐에 따라 보다 정형화하려는 경향을 보이게 되어 4구체 6구체 8구체 10구체 사이를 방황하다가, 삼국통일 기에 들어서자 마침내 10구체의 사뇌가 형식으로 완결되었다고 보았다. 〈서동요〉는 향가 중에서 가장 짧으면서 오래된 것으로 추정된다.

그런데 〈서동요〉를 이해하려면 당시의 동요, 혹은 민요가 지닌 매체로서의 성격을 이해해야 한다. 동요는 원래 고대 중국에서부터 정치적으로 여론을 청취하는 자료로 삼았다. 동요에는 민심이 담겨 있다고 믿었기 때문이다. 당시의 노래와 음악이 가장 중요한 놀이문화이자 여론을 형성하는 방법이기도 했다. 이러한 까닭에 현명한 치자(治者)들은 길거리나 시장에서 불리어지는 노래를 청취하며 여론을 수렴했다.

〈서동요〉가 유행했을 당시, 삼국시대에는 고유문자가 없었고 한자가 전래된 지 얼마 되지 않은 시기였다. 따라서 당시에 최고의 놀이문화이자 공연문화였을 노래와 음악에는 민심이 가장 잘 반영되어 있었을 것이다. 서동이 동요를 이용한 것은 당시로서는 최고의 매체를 이용한 셈이다.

선화공주니믄 눔그스지 얼어두고
맛둥바올 바미 몰 안고가다.

이 노래가 신라의 시장과 거리마다 울려 퍼졌다고 상상해 보라. 서동은 이 노래를 신라의 아이들에게 부르게 했다. 물론 공짜가 아니었다. 서동은 자신이 가지고 온 마를 아이들을 꾀었다. 이 노래에는 몰래 엿보기를 하는 관음증에 대한 자극과 동시에 지배층을 조롱하는 질시가 담겨 있다. 이 노래 때문에 선화공주는 신라의 백성은 물론 대신들과 왕의 노여움을 사고, 왕가의 도덕성 실추에 대한 막중한 책임을 지고 왕궁을 떠나야 했을 것이다. 쫓기듯 길을 나선 선화공주 앞에 서동이 나타난다.

<서동요>를 이해하기 위해서는 참요(讖謠)적 성격도 이해해야 한다. 참요의 전통은 후백제 때 견훤이 관련된 참요, 조선시대 중기 호남 쪽의 사림을 몰락시키기 위해 꾸며진 것으로 보이는 정여립 음모 사건에 관련된 참요, 조선 후기에 이르러서는 동학혁명에 관련된 참요 등이 있지만 그 시발점이 된 것은 역시 <서동요>다. 참요는 민요의 한 갈래로서, 시대적 상황이나 정치적 징후를 암시하는 노래이다. 참요를 널리 퍼뜨리는 특정 사람이나 집단은 사회분위기를 자신들이 원하는 방향으로 조장해 나가려는 목적성을 지닌다. 따라서 참요는 필연적으로 주술적인 성격도 가지게 된다. <서동요>는 서동이 선화공주를 얻기 위하여, 즉 자신의 목적을 성취하기 위해 일부러 퍼뜨리고 다닌 참요의 시발격인 작품이다.

▌감상 : 서동과 선화공주의 사랑

서동은 과부가 지용(池龍)과 교통(交通)하여 낳았다. 이는 범상치 않은 탄생, 즉 영웅의 탄생을 의미한다. 용이란 일반적으로 왕을 상징한다. 따라서 설화는 서동이 훗날 왕이 될 것임을 예고하고 있다. 현실에서 서동은 마를 캐어 생활하였다. 그러나 서동은 이웃나라 신라의 공주가 미인이라는 말을 듣고 신라로 가 당대의 최고의 매체인 노래를 이용하여 선화공주를 자신의 여자로 만드는 데 성공한다. 신이(神異)한 탄생, 기발한 재주와 도량은 전설에 등장하는 영웅의 면모와 닮아 있다. 그러나 영웅적인 면모와 지략이 넘치는 서동이었지만 선화공주에 비해 비천하기 그지없다. 선화공주는 서동과 비교하여 보면 탄생, 처지, 환경, 신분에 있어서 천양지차이다. 고구려의 온달과 평강, <춘향전>의 이몽룡과 성춘향, <로미오와 줄리엣>의 이야기보다 더 많은 여러 겹의 장애요소가 있었다. 그러나 이 모든 장애요소를 뛰어넘어 이들의 사랑은 이루어졌다. 그리고 서동은 결국 왕위에 오르게 된다.

서동요와 관련된 러브스토리는 역사상 그 유래를 찾기 어려운 파격적인 사랑이다. 이들의 사랑은 재산과 신분을 뛰어 넘고, 그것도 모자라 적대국이라는 경계마저 훌쩍 뛰어 넘어 버린다. 이러한 기적적인 사랑은 서동 이전에도 이후에도 없었다. <춘향전>에서도 겨우 신분의 차이 하나를 극복하기 위해 그토록 요란을 떨었고, 러브스토리의 왕관을 차지한 <로미오와 줄리엣>에서도 원수의 집안이라는 하나의 장애를 넘지 못해 결국 비극으로 끝나고 말았다. 그렇다면 서동과 선화공주의 사랑을 가능하게 했던 배경은 무엇일까?

서동과 선화의 사랑을 이해하기 위해서는 먼저 당대의 사상적인 측면에서의 이해가 선행되어야 한다. 미륵신앙과 법화신앙은 당대의 백제에서 주류를 형성하고 있었다. 그런데 이들 신앙의 가장 큰 특징은 난도이행(難道易行)이다. 즉, 이들 신앙은 민중의 입장에서는 접근하기 어려운 진리에 쉽게 접근하거나 깨달을 수 있는 방법을 제시하고 있다. 진언을 외우거나 탑돌이를 한 번만 해도 누구나 용화세계에 극락왕생할 수 있다는 교리는 삶의 시름에 젖어 있던 민중들에게 더 없이 큰 매력으로 다가왔을 것이다. 백제에 이러한 신앙이 유행했다는 것은 어느 시대보다 민중지향적인 치세가 이루어졌다는 증거가 될 수도 있다.

미륵신앙과 법화신앙은 민중을 지향한다. 불가능해 보이는 경계들과 복잡하게 얽혀 있는 문제를 일거에 해소해버리는 것을 특징으로 한다는 점에서 그렇다. 이러한 까닭에 미륵과 법화사상에는 민중의 열망이 오롯이 담겨 있다. 기득권에서 소외되어 재산과 권력을 갖지 못한 하층민들도 일거에 상류층으로 상승할 수도 있다는 희망을 주는 사상인 것이다. 이러한 사상이 서동요에도 반영되어 재산, 계급, 적대국이라는 불가능해 보이는 경계를 넘어서서 역사상 그 유래가 없는 사랑이 가능해지는 근거를 제공한다. 서동이 당시의 하층민을 지칭하는 미혼남성의 보통 명사였다면, 이러한 하층민이 소원을 이루는 방식으로는 당대의 최고의 여인과의 결합이었을 것이다.

■ 연습

1. <서동요>를 참요로 볼 수 있는 이유를 설명해 보자.

2. 다음 표를 참고하여 <온달전>과 <서동설화>의 공통점과 차이점에 대해 정리해 보자.

공통점	– 여성의 도움으로 주인공의 신분이 상승함. – –
차이점	– 평강공주가 스스로 궁궐을 나온 데 반해, 선화공주는 〈서동요〉로 인해 궁궐에서 쫓겨남. – –

▍참고문헌

김기흥(2010), 「서동설화의 역사적 진실」, 『역사학보』 205, 역사학회.

김종진(2004), 「무왕설화의 형성과 '서동요'의 비평적 해석」, 『한국문학연구』 27, 동국대학교한국문학연구소

변종현(2010), 「서동설화의 기록화 양상 연구」, 『배달말』 47, 배달말학회.

한예찬(2011), 「서동설화의 주체 연구」, 『溫知論叢』 28, 온지학회.

현승환(1991), 「서동설화 연구」, 『白鹿語文』 8, 제주대학교 사범대학 국어교육과.

제 4 장

아기장수

작자 미상

옛날에 저기 서울 워커힐 옆 아차산 최고봉우리가 용마봉입니다.

옛날에 거기서 용마가 나왔다고 해요. 이조시대 그 이전 이야기지요. 여기 한강 광나루는 원래 백제 고구려 경계였지요. 백제성이 있을 때인가.

옛날에는 장사가 났다고 하면 다 잡아 죽이던 시절인데, 장사가 났다니까 여기 어디서 난 사람이겠지요.

여기 산 밑에 살던 어른이 한번은 아이를 나서 보니까설랑은 사내아인데, 인제 첫국밥을 해서 먹여놓고 잠깐 나갔다가 오니까, 아이가 갓난애가 온데간데가 없더란 말입니다. '아이가 어디갔을까 참 이상하다' 하고 어머니가 혼자 두런두런하고 방을 둘러보니까는 방안 선반에 어린애가 올라가서, 무슨 수로 올라갔는지 올라가서 놀고 있더란 말입니다. 참 이상하지요. 보니까는 겨드랑이에 날개가 달렸더래요. 그래서 남편을 불러서,

"애가 날아서 선반에 올라갔으니 이거 어쩐다지요?"

그러니 남편이랑 하는 소리가,

"이 애는 우리 집이 망할 징조요, 역적이 나면 죽을 것이니."

그리고 부부가 의논한 끝에 죽이자고 결판을 보고, 그 어린 것을 볏섬이라나 맷돌로다가 찍어 눌러서 죽였다는 겁니다.

이렇게 부모가 장사를 찍어 죽이고 나니, 아 용마봉에서 용마가 나와 갖고 날라갔다는 그런 이야기가 있었다고 그럽니다. 애석한 일이지요.

*崔春鳳(男・47세) 씨가 서울 동대문구 면목동 北村 1265번지의 깊은 사랑에서 1968. 2. 6. 밤 6시 반, 10여 명의 노인들과 같이 있으며 구술하였다. 화자는 나이보다 젊고 담배를 즐기며 천천히 구술하였다. 여기 면목동에서 자라면서 10살 안팎에 동네 어른에게서 들었다고 한다.

* 출처 : 서울 용마봉(龍馬峯) 이야기, 작자미상, 최래옥, 『韓國口碑傳說의 研究』, 일조각, 1981.

▌맥락

(1) 서사 단락

① 옛날에 힘없는 농군부부가 튼튼한 사내아이(장사)를 얻다.

② 부모가 아이를 안 본 사이에 아이가 선반에 올라가 노는 것을 발견하다.

③ 부모가 아이의 날개를 발견하다.

④ 부모가 비범한 능력을 지닌 아이가 역적으로 몰려 큰 화를 입을 것을 걱정하여 근심 끝에 아이를 죽이다.

⑤ 아이가 죽자 날개 달린 용마가 날아와 슬픈 소리로 울다.

⑥ 울음을 마친 용마가 추락하여 용소에 빠져 죽다.

⑦ 용소가 마을에 남다.

(다른 지역의 설화에서는 ⑥과 ⑦이 나타나기도 함)

(2) 전승 맥락

아기장수 이야기는 우리 민간에 오랫동안 전승되어 온 설화이다. 또한 특정 지역에 국한된 설화가 아니라 이야기의 증거물과 함께 전국 각지에서 전승되어왔다. 이야기의 골자는 미천한 신분으로 탁월한 능력을 구비했다는 이유로, 아기장수가 부모로부터 목숨을 잃게 된다는 것이다. 이처럼 한국의 아기장수 설화는 비극적인 이야기 구조를 가지고 있다. 아기장수 설화의 유형은 크게 아기장수의 죽음의 시점에 따라 기본형과 변이형으로 구분해 볼 수 있다.

기본형은 아기장수가 태어나서 능력을 발휘한 기회도 얻지 못하고 바로 죽음에 이르는 구조로 되어 있다. 그 이유는 무엇보다 그의 출생이 미천하기 때문이다. 아기장수의 죽음 이후 나타난 용마는 이야기 전승지역의 지형지물과 관련되어 진실성과 사실성을 강조한다. 그리고 회중의 기억 속에서 아기장수 존재를 지속적으로 상기시키는 계기로 작용한다.

변이형은 아기장수가 곡물 일정량을 가지고 땅, 바위, 물 등의 속으로 들어가 곡물들을 군사로 만들어 거사를 도모한다는 점에서 기본형과 가장 큰 차이점을 지닌다. 즉 변이형에서는 기본형과 다르게 적대자들과 대결의 장이 마련된다는 점에서 다르다. 이는 이야기가 전승되는 과정에서 좀 더 진화된 것이라 볼 수도 있다. 그러나 이러한 이야기의 진화도 결국 어미의 배신으로 인해 관군에게 아기장수가 발각되면서 모든 것은 실패로 돌아가고 만다. 성공을 눈앞에 둔 아기장수의 죽음은 더욱 큰 좌절로 다가온다. 그 내용을 정리하면 다음과 같다.

아기장수가 죽으면서 바위 뒤에(또는 못 속에) 자신을 곡물 일정량과 함께 묻어 달라고 말했다. 그리고 아무에게도 말하지 말라고 어미(부모)에게 당부한다. 그러나 집으로 찾아온 관군들이 죽음으로 어미를 위협하자 어미가 아들이 간 곳을 발설해 버린다. 돌문을 열고 보니 곡물 서 말이 모두 장수가 되어 말을 막 타려고 발을 올리려는 판이었다. 이들은 모두 관군들에 의해 죽임을 당했다.

학교 현장에서 다루는 '아기장수 우투리'는 교육적 목적으로 재편집했기 때문에 부모가 직접 자식을 죽이는 부분은 없다. 다만 어머니가 콩 한 알—아기장수가 관군과 싸울 때 콩으로 갑옷을 만들어 싸우다가 콩 한 알이 부족하여 관군의 화살을 맞고 죽게 됨—을 먹어버린다든지, 금기 누설로 아기장수의 죽음에 간접적으로 관여하는 것으로 그려진다. 즉 실수로 인한 것이라든지, 어쩔 수 없는 상황에 놓이도록 설정함으로써 부모에게 미약하나마 개인적 인격을 부여하고 있는 것이다. 하지만 실제로는 문헌에 수록된 300여 편의 아기장수 설화의 중 260여 편이 기본형, 즉 '날개 달린 아기장수가 부모에게 살해당하는 이야기'에 해당한다. (김영희, 2000)

▌ 쟁점 : 아기장수 설화의 비극성

아기장수설화는 한국뿐만 아니라 동아시아 지역에서 유사한 이야기 패턴이 많이 발견된다. 일본의 '모모타로우'와 '잇슨보우시'가 그렇고, 베트남의 '지엉' 또는 '푸동'이라고 불리는 이야기가 그렇다. 그러나 이야기의 내용에 있어서는 한국 아기장수의 경우가 가장 비극적이다. 일본과 베트남의 아기장수는 한국의 아기장수와 달리 성공담으로 결말을 맺고 있다.

그렇다면 왜, 한국만 유독 비극적인 이야기를 갖고 있는가에 대한 의문이 남는다. 이를 두고 단순히 우리 민족의 세계관 자체를 문제 삼는 것은 바람직하지 않을 것이다. 우리 민족의 사고방식이 비극적인가? 그렇지 않다. 우리의 고전문학을 조금만 공부해봤다면 알 것이다. 우리의 문학에는 해학과 신명이 있다는 것을. 소위 말하는 '웃음으로 눈물 닦기'는 우리 민족의 장기라고 해도 과언이 아니다. 그렇다면 다시 돌아와서, 왜 한국의 아기장수 설화는 그토록 비극적인가? 답의 실마리는 역설에 있다. 결론부터 말하자면 같은 동아시아 문화권임에도 불구하고 한국 아기장수설화만이 실패담인 이유는, 사회·교육적 의미를 전달하는 문법의 차이라고 볼 수 있다. (강은해, 2009)

일본의 아기장수 '모모타로우'는 복숭아 동자의 모습으로 강물에 떠내려와 늙은 노부부의 양자가 되는데, 또 다른 전승으로 복숭아를 먹고 젊어진 노부부의 아들로 태어나기도 한다. 복숭아 동자 모모타로우의 이야기는 귀신 섬의 귀신들을 물리치고 노부모와 행복하게 사는 성공담이라는 점에서 한국의 아기장수에게 닥친 운명과 큰 차이를 보여준다. '잇슨보우시' 역시 늙은 노부부가 자식을 기원하여 얻은 아들로 손가락보다 작은 아이이다. 잇슨보우시는 대저택의 주군과 그의 딸인 공주의 사랑을 받는다. 그는 공주를 위협하는 귀신을 물리치고 마침내 공주와 결혼하여 행복을 누리게 된다. 이 역시 성공담이라는 점에서 '모모타로우'와 일치한다.

베트남의 아기장수 '지엉'은 마을 이름을 딴 '푸동'으로도 불린다. 늙은 부부가 아이를 기원했는데 할머니가 논에 있는 큰 발자국 위에 자신의 발을 마주 댄 뒤 '지엉'을 낳았다. 누워만 있던 아이는 언나라 군사가 쳐들어오자 물리치고 승천하는데 자신의 뜻을 제대로 펼치지 못하고 좌절하는 한국의 아기장수와 상반되는 모습을 보여준다.

한국의 아기장수 이야기의 경우 전반부 아기장수의 죽음까지는 비극적이고 충격적인 내용으로 가득 차 있다. 우리는 쉽게 아기장수 이야기의 주제를 '민중영웅의 좌절'이나, '민중의 성취되지 못한 비원'이라고 파악할 수 있다. 그러나 이것으로 끝이 아니다. 아기장수의 죽음 이후 나타나는 용마의 그림자에 의해 이 이야기는 희망적 전망으로 돌아서는 것이다. 아기장수는 죽었지만 그의 존재는 용마가 머물러 있는 바위와 못이 사라지지 않는 한 영원히 전승자들의 기억 속에 살아날 수 있기 때문이다.

설화는 입으로 전해지는 입말이다. 따라서 그 이야기가 지니는 정태적 주제도 중요하지만, 전승현장과 관련한 소통의 의미는 더욱 중요하다. 아기장수 유형의 이야기는 그 주인공이 어린 아기로 설정되었기 때문에 이야기를 듣는 청중은 어른과 아이 모두를 포괄하고 양자 모두에게 흥미로운 것이다. 특히 이야기가 진행되는 동안 어린 청중은 자신과 주인공을 동일시하는 상상에 빠질 수 있다. 아이들은 아기장수 이야기의 세계 속에서 비극적 운명만을 보지는 않는다. 그들은 그 이야기의 충격적인 내용을 통해서 한 걸음 사회를 이해한다. 그들에게 아기장수의 운명은 사회 입문을 위한 통과의례적 숙제와 같다. 그 숙제를 어떻게 풀어 나가는가는 이야기를 듣는 아이들 개개인의 면면에 달려 있다.

아이들은 아기장수를 거울삼아 좌절을 딛고 일어서는 방법을 생각하게 된다. 그 가운데 하나는 나는 왜 날개를 타고 나지 않았을까 하는 아쉬움일 수 있다. 재주를 너무 겉으로 과시해서는 안 되겠다는 다짐이 될 수도 있다. 또 어머니나 가족이 타인보다 무서운 사람이 될 수 있다는 판단을 할 수도 있다. 관군은 왜 아기장수가 힘을 기르도록 자유롭게 두지 않았을까 하는 의문을 가질 수도 있다. 용마라는 것이 정말 살아 있는 것일까 하는 궁금증을 일으킬 수도 있다. 또한 세상은 도와주는 사람이 없는 총체적으로 살아가기 어려운 곳이구나 하는 사회에 대한 근본적 인식을 할 수도 있다. 더 깊이는 죽음이 무엇인가에 대한 존재론적 의문으로까지 나아갈 수 있다.

한국의 아기장수 설화는 분명 슬픈 이야기이다. 그러나 이야기를 듣는 아이들, 새로운 세대를 열어갈 민중의 작은 희망들은 아기 주인공의 슬픈 운명을 통해 꿋꿋하게 살아가는 방법을 나름대로 배우게 된다. 이것이 아기장수 설화가 보여주는 역설적 전승의 문법이다. 절망적 상황을 통해서 오히려 희망을 발견하는 것이다. 따라서 한국 아기장수 이야기의 정지된 겉구조는 현실부정에 있지만, 움직이는 속구조는 현실이해와 수용에 있다고 할 수 있다. 일본과 베트남의 아기장수 이야기가 현실긍정을 통한 낙관적 세계관을 제시한다면, 한국 아기장수 이야기의 문법은 긍정을 통한 긍정보다 역설적 도치에 의한 창조적 긍정에 이르는 사유방식을 보여주는 것이다.

▌꼼꼼히 읽기 : 아기장수설화에 나타나는 소재의 상징성

아기장수 설화의 핵심 줄거리는 민중의 좌절에 대한 이야기다. 무고한 생명인 '아기'는 아무런 죄도 없이 보이지 않는 거대권력의 힘에 의해 피어보기도 전에 꺾이고 만다. 이 짧은 이야기에 담긴 상징적 의미를 지닌 소재들과 모티프는 설화의 주제를 효과적으로 전달하고 있다.

먼저 주목하게 되는 것은 아기장수의 '날개'이다. 이 날개는 아기의 비범함을 나타냄과 동시에 장수가 될 수 있다는 징표이자 희망의 상징이다. 그러나 이 '희망'은 날개도 제대로 펼쳐보지 못하고 추락한다. 민중의 희망이 좌절된 것이다. 엄밀하게 보면 아기장수는 그저 '아기'일 뿐이다. 스스로 자신의 생명을 보호할 자력도 갖추지 못했을 뿐만 아니라 아직 이름조차도 없다. 따라서 아기장수의 '장수'는 이 아기가 자라 '장수'가 되길 바라는 민중의 열망이 반영되었다고밖에 볼 수 없다.

한편 기본형과 다르게 변이형에서는 '날개'가 펼쳐질 찰나에 실패를 맞이하게 된다. 이러한 까닭에 변이형에서의 실패는 서사적 측면에서 좀 더 극적이다. 기본형에서 아기장수의 죽음이 단순한 충격이라면, 변이형에서의 죽음은 안타까운 아쉬움을 남긴다. 이러한 서사의 차이는 이야기의 생산·유통·전승 과정에서 진화된 것으로 보인다.

다음으로 변이형에서 나오는 '못 속이나 바위 뒤'라는 소재의 의미를 파악해 볼 필요가 있다. 변이형에서는 기존의 질서로 상징되는 적대자와 일차적인 대결을 거쳐 죽음을 맞이한 아기장수가 못 속이나 바위 뒤에 묻힌다. 못이나 바위 뒤 등 단절된 공간은 신화적으로 재생의 공간이다. 물이 여성성 혹은 어미의 자궁을 의미한다는 것은 일반적이고, 동굴도 어미의 자궁으로 기능한다. 그 단적인 예시가 단군신화에서의 동굴이다. 이 동굴에서 곰은 인간으로 재탄생한다. 아기장수의 변이형에서 못 속이나 바위 뒤, 동굴은 두 가지 의미로 읽혀진다. 그 하나는 시련으로 주어진 공간이고, 다른 하나는 재생으로 주어진 공간이다. 시련이라는 것은 어미로부터 버림을 받았다는 점에서 그렇고, 재생의 공간이라는 것은 새로운 비상을 예비한다는 점에서 그렇다.

그러나 아기장수는 그 재생의 공간에서조차 날아오르지 못하고 오히려 어미에게 목 졸려 죽거나 어미의 밀고에 의해 재생이 불가능해진다. 간혹 제주도 지역에서는 아기장수가 살아남아 평범하게 살아가는 이야기가 발견되기도 한다. 그러나 날개를 잃고 평범한 소시민적 삶에 만족하며 살아가는 결말은 앞서 언급해왔던 민중의 소망이 성공적으로 발현된 것이라고 보기 힘들다.

마지막으로 '조력자의 부재'라는 화소도 아기장수설화에서 중요하게 기능한다. 대부분 영웅서사의 주인공들은 시련을 극복하고 성공에 이른다. 그리고 그 시련을 극복할 수 있도록 도와주는 조력자가 있기 마련이다. 그러나 아기장수 설화에서는 시련만 있을 뿐 조력자는 없다. 홀로 시련에 던져진 아기장수는 패배하고 만다. 심지어 아기장수를 살해하는 자가 어미라는 점은 더욱 비극적으로 다가온다. 인간에게 가장 기본적이고 본능적인 존재는 어미를 중심으로 이루어진 가족이다. 그러나 아기장수는 그 본능적이고 기본적인 가정의 중심인물인 어미로부터 배신을 당한다. 영웅설화에서도 가끔 어미로부터 버림을 당하는 영웅들이 존재하기는 하지만 어미에 의해 죽음을 당하는 서사는 그 예를 찾기가 쉽지 않으며, 설령 어미로부터 버림을 받더라도 어미에 상응하는 조력자를 만나게 된다. 그러나 불운의 영웅 아기장수는 끝내 단 한 명의 조력자도 만나지 못한다. 오히려 어미에게 목 졸려 죽거나 어미의 밀고에 의해 재생이 불가능해진다.

그렇다면 왜 이 절망스러운 좌절의 이야기가 여러 변이형까지 확대 생산되면서 이어져 오게 된 것일까? 그것은 아기장수가 어미(중심권력)로부터 버림을 받고 못 속이나 바위 뒤에 숨어 재생을 꿈꾸는 것과 같은 이치일 것이다. 즉, 민중들은 자신들의 시련을 아기장수의 서사에 담아 이야기함으로써, 자신들의 현실을 자각함과 동시에 새로운 성공에의 꿈을 꾸었을 것이다. 그리하여 여러 아기장수의 변이형들은 민중들의 꿈의 흔적이 된다. 그들은 이 꿈의 길이를 덧대고 덧대어 마침내 성공으로 건너가고자 했던 것이다.

▌감상 : 댓돌의 무게

아기장수 설화의 기본형과 변이형 모두 아기를 살해하는 주체는 어미이며, 대부분 댓돌로 눌러 죽이는 것으로 되어 있다. 민중의 희망이자 어린 아기장수를 짓누른 댓돌의 무게는 독자에게도 그대로 전해져 저도 모르게 주먹을 꼭 쥐게 만든다. 우리는 자신의 어린 혈육을 죽인 어미의 비인간성에 놀라기도 하지만, 그 뒤에는 개인이 견뎌내기엔 너무나도 가혹했던 사회의 부조리함이 있다는 것을 또한 알고 있다.

아기장수설화에 반영되어 있는 사회상을 오늘날과 비교해보면 전혀 다른 세상의 이야기인 것 같다. 신분제는 사라진 지 오래이며, 사회 지배층들에 대한 국민들의 비판은 활발하게 이루어지고 있다. 현대의 사회는 아기장수들이 자신의 세대보다 더 뛰어나게 되는 것을 두려워하지 않는다. 오히려 더 큰 영웅의 출현을 기대하고 많은 사회적 지원을 제공한다. 하지만 아이러니하게도 더 나아진 오늘날의 사회에서조차 많은 아기장수들이 그들의 가정으로부터 지워진 댓돌을 견뎌내고 있다. 학생이라는 이름의 아기장수들에게, 학부모라는 이름의 어미가 댓돌을 지우고 있는 것이다.

학생들은 새로운 가능성과 잠재력을 지닌 존재들, 이를테면 오늘날의 아기장수들이다. 설화의 시간으로부터 수많은 세대가 지나갔지만 아기장수의 생애처럼 이들의 성장에도 시련이 존재한다. 학업의 스트레스와 교우 관계로부터 오는 크고 작은 문제들, 정신적·육체적으로 여러 변화가 일어나는 사춘기라는 통과의례 등을 이들은 견뎌야 한다. 그 중 우리나라의 아기장수들에게 가장 큰 문제는 단연 학업에 관한 것일 것이다. 다른 고민들과 성장통도 사실 따지고 보면 학업으로부터 시작되는 경우가 많다. 때로는 학생들의 자살로까지 이어지는 지나친 경쟁과 과도한 사교육의 성행, 그 중심에는 학부모들의 지나친 기대와 어긋난 애정이 있다. 자식들을 위해서라는 이유로, 누구나 이 정도는 다 한다는 이유로, 적지 않은 학부모들이 학생들에게 너무나도 큰 부담을 주고 있다. '제발 아무것도 하지 않고 조용히, 평범히 자랐으면' 하는 마음으로 아기장수를 돌로 짓누른 설화의 어미와는 참 대조적이다.

앞서 아기장수의 비극은 조력자의 부재에서 온 것이라고 했다. 이들을 아기장수에서 그치지 않고 장수로, 영웅으로 성장시키기 위해서는 조력자가 필요하다. 그리고 이들의 첫 번째이자 가장 강력한 조력자는 가정이 되어야 마땅하다. 그러나 오늘날에는 가정이 학생을 누르고 오히려 이를 보다 못한 사회가 이들을 일으켜주기 위해 노력하는, 설화와는 정반대의 상황이 종종 발견된다. 학부모가 아무렇지도 않게 학생들에게 던지는 말 중에, 적절한 스트레스는 오히려 활력소가 된다는 말이 있다. 하지만 곰곰이 생각해보면 알 것이다. 이것이 얼마나 무서운 말이 될 수 있는지 말이다. 어디까지가 적절한 것이며 어디서부터 부적절한 것인지 판단하기에는, 아기장수들은 너무 어리다. 어른의 삶을 기준으로 던진 돌멩이가 아이들에게는 댓돌로 다가올 수 있다는 것을 알아야 한다.

수많은 시간이 지났음에도 불구하고 댓돌은 여전히 무겁고, 아기장수들은 여전히 위기에 처해 있다. 아기장수설화를 그저 과거의 이야기로 치부하며 오늘날과는 전혀 상관없는 이야기라고 넘어가도 괜찮은 걸까. 아기장수의 좌절과 용마의 울부짖음은 오늘날에도 울리고 있다. 이 울음이 들렸다면, 나도 모르게 아기장수에게 너무나도 큰 댓돌을 지우고 있지는 않은가 반성해 보아야 한다. 아기장수설화의 또다른 비극적인 변이형이, 자신의 가정에서 시작될 지도 모르니 말이다.

▌연습

1. 아기장수 설화의 서사 구조적 특징을 일반적인 영웅 설화와 비교해 보자.

2. 다음은 아기장수 설화를 재구성한 현대 희곡의 마지막 부분과 전체 서사단락이다. 아기장수 설화가 어떤 측면에서 재구성되었으며, 본래 설화와의 차이점은 무엇인지 생각해 보자.

남편	(마당에 내려서다가, 용마와 애기를 보고 주저앉으며) 너,너,너, 너를 무,무,무, 무,무, 묻고 오,오,오, 오는 길인데
애기	(고개를 저으면서, 들고 있던 진달래꽃 묶음을 아버지한테 준다)
남편	(꿈결처럼 걸어가서 받는다)
애기	엄마, 엄매 (확성기를 통한 목소리)
남편	(방으로 들어가 꽃묶음을 아내 가슴에 얹는다) 여,여, 여보, 다,다, 당신, 애,애,애,

	애기가, 가,가,가, 가져 왔소, 다,다,다, 당신 애,애,애, 애기가, 사,사,사,사, 살
	아 왔소
아내	(인형) 꽃묶음을, 들고, 일어나, 마당으로, 나선다
	아내, 애기한테로 걸어가서 애기를 끌어안는다
애기	(확성기를 통한 목소리)엄마 아빠, 빨리 타요
남편	(아내를 말에 태우면서) 자,자,자,자, 가, 가거라, 어,어,어, 어-어,어, 어서 가거라,
	사,사,사,사, 사람들이 오,오,오,오, 올라. 네,네,네,네, 네가 주,주,주,주, 죽었다고
	해,해,해,해, 했으니 마,마,마,마, 마을 사람들이, 오,오,오 -오,오,오-오,오, 올
	께다
애기	(손짓하면서)
아내	빨리, 빨리, 포졸들이, 와요
남편	(소매로 눈물을 씻으면서) 오,오,오, 오냐
	끝내 타지는 않고
	용마의 고삐를 잡고 사립문을 나간다

무대, 다시 밝아진다
빈 무대
마을 사람들 여럿과 포졸들 여럿 들어선다

(중략)

사람들	아니, 저
	세 식구가 말을 타고 하늘로 올라가는군
	꽃을 던지는군
	가거던 옥황상제께 여쭤주게, 우리 마을에 다시는 장수를 보내지 맙시사구
	사람들이 한마디씩 하자
	하늘에서
하늘에서	우리 애기
	착한 애기
사람들	훠이 다시는 오지 말아, 훠어이 훠이(밭에서 새 쫓는 시늉을 하며)
하늘에서	젖 안 먹고
	크는 애기 ……
사람들	훠이 다시는 오지 말아, 훠어이 훠이

사람들, 어느덧 손짓 발짓 장단 맞춰 춤을 추며, 어깨짓 고개짓 곁들여,

굿 춤추듯, 농악 맞춰 추듯, 춤을 추며

– 막

〈최인훈, 옛날 옛적에 훠어이 훠이〉 서사단락

① 가난한 한 부부가 아들의 출산을 기다린다. 남편은 아내에게 도적이 되어 사형당한 해소기 침쟁이의 얘기를 해준다.

② 아기가 태어나고 개똥엄마는 아내에게 용마가 났으니 장수도 따라났을 거란 소식을 전한다. 관가에서는 용마와 장수를 찾으려는 수색을 시작한다.

③ 아내는 아기가 장수임을 발견한다. 이 말을 들은 남편은 아이를 눌러 죽인다.

④ 아내는 자살하고 남편도 목매어 죽으려 한다. 죽은 아기장수가 부활하여 부모를 데리고 승천한다.

■ 참고문헌

강은해(2009), 「동아시아 아기장수 설화의 전승과 그 사회 교육적 의미」, 『동북아 문화연구』 20.

김창현(2003), 「아기장수 설화에 나타난 한국 민중들의 생명관」, 『인문과학』 33, 성균관대학교 인문과학연구소

김영희(2000), 「아기장수이야기의 신화적 주제 탐색」, 『구비문학 연구』 10, 한국구비문학회.

박성순(1993), 「아기장수 전설과 민중의식」, 『국어국문학논문집』 16, 동국대학교 국어국문학부.

박인구(1990), 「아기장수 전설의 유형 연구」, 숭실대대학원 석사학위논문.

서대석(1993), 「영웅소설의 전개와 변모」, 『고소설사의 제문제』, 집문당.

조동일(1982), 「영웅이야기의 유형」, 『구비문학』 5, 한국정신문화연구원.

조동일(1985), 『한국설화와 민중의식』, 정음사.

천혜숙(1986), 「아기장수 전설의 형성과 의미」, 『한국학논집』 13, 계명대 한국학연구소

최래옥(1981), 「韓國口碑傳說의 研究」, 일조각.

최인훈(1979), 『옛날 옛적에 훠어이 훠이』, 문학과 지성사.

제 3 부 　전기소설

최치원

이생규장전

주생전

운영전

제1장

최치원

박인량 편

"일찍이 노충(盧充)은 사냥을 갔다가 홀연히 좋은 짝을 얻었고, 완조(阮肇)는 신선을 찾다가 아름다운 배필을 만났습니다. 나 역시 아름다운 그대들이 허락하신다면 좋은 연분을 맺고 싶습니다."

두 여자가 모두 허락하며 말했다.

"순(舜)이 임금이 되었을 때 두 여자가 모시었고[1] 주랑(周郎)이 장군이 되었을 때도 두 여자가 따랐지요. 옛날에도 그렇게 했는데 오늘은 어찌 그렇지 않겠습니까?"

치원은 뜻밖의 허락에 기뻐했다. 세 사람이 한 이불 아래 누우니 그 곡진한 마음을 이루 다 말할 수 없었다. 치원이 두 여자에게 장난스레 말했다.

"**규방에 가서 황공(黃公)의 사위가 되지 못하고, 도리어 무덤가에 와서 진씨(陳氏) 여자[2]를 껴안았도다.** 무슨 인연으로 이런 만남 이루었는지 알지 못하겠구려."

언니가 시를 지어 읊었다.

> 그대의 말 들으니 어질지 못하군요.
> 인연이 그렇다면 그 여자와 동행했을 것을.

시를 마치자마자 동생이 그 뒤를 이었다.

> 뜻밖에 풍광한(風狂漢)과 인연을 맺어
> 지선(地仙)을 모욕하는 경박한 말을 들었구나.

공이 화답하여 시를 지었다.

* 출처 : <최치원>(이동근 옮김(2008), 『수이전 일문』, 지만지)

[1] 순(舜)이 임금이 되었을 때 두 여자가 모시었고 : 순임금이 요임금에게서 천하를 물려받을 때 요임금의 두 딸인 아황과 여영을 아내로 맞이했다.

[2] 진씨(陳氏) 여자 : 선화부인을 말한다. 진나라 선제의 딸인데, 용모가 몹시 아름다워 수나라 문제의 궁빈이 되어 총애를 받고 선화부인의 칭호를 받았다.

오백 년만에 비로소 선녀를 만났고
또 오늘 밤 함께 잠자리를 즐겼네.
고운 그대들 광객(狂客)을 가까이 했노라 한하지 말라.
일찍이 봄바람에 적선(謫仙)이 되었도다.
(중략)

　다음 날 아침 치원은 무덤가로 가서 쓸쓸히 거닐었다. 그리고 깊이 탄식하고 다음과 같은 장시를 지어 자신을 위로 했다.

풀 우거지고 먼지 덮여 캄캄한 쌍녀분
예부터 이름난 자취 그 누가 들었으리.
넓은 들판에 변함없이 떠 있는 달만 애달프고,
부질없이 무산(巫山)의 두 조각구름만 얽혀 있네.
뛰어난 재주 지닌 나 한스럽게 먼 지방의 관리 되어
우연히 고관(孤館)에 왔다 조용한 곳 찾았네.
장난으로 시구를 문에다 썼더니
감동한 선녀 밤에 찾아왔도다.
붉은 비단 소매의 여인, 붉은 비단 치마의 여인
앉으니 난초 향기, 사향 향기 스미고
비취 눈썹 붉은 뺨 모두 세속을 벗어났고,
마시는 모습과 시상(詩想)도 뛰어났네.
지고 남은 꽃 마주하여 좋은 술 기울이고
쌍으로 비단 같은 손 내밀며 묘하게 춤을 추네.
미친 내 마음 이미 어지러워 부끄러운 줄도 모르고,
아름다운 그대들이 허락할지 시험해 보았네.
미인은 얼굴을 오래도록 숙이고 어쩔 줄 몰라,
반쯤은 웃는 듯 반쯤은 우는 듯하네.
낯이 익자 자연히 마음은 불같이 타오르고,
뺨은 진흙처럼 빨개져 취한 듯하네.
고운 노래 부르다 기쁨 함께 누리니
이 아름다운 밤 좋은 만남은 미리 정해진 것이었으리.
사녀(謝女)[3]가 청담(淸談)한 것 듣고,

3 사녀(謝女) : 진나라 사안의 조카딸로 자는 도온(道韞)이다. 그녀는 어려서부터 변론의 재주가 있어 총명하다고 알려졌고 왕응지의 처가 되었다. 일찍이 응지의 아우 헌지가 사람들과 담론을 하는데 말이 궁하게 되었다. 그녀가 헌지를 도와 상대방을 논파하고 굴복시켰다.

반희(班姬)[4]가 고운 노래 뽑는 것 보았도다.
정이 깊어지고 마음이 살뜰해져 친해지기 시작하니
바로 늦은 봄날 도리꽃 피는 시절이구나.
밝은 달빛 베개 밑 생각 곱으로 더하고,
향기로운 바람 비단 같은 몸 끌어당기는 구나.
비단 같은 몸 베개 밑 상념이여,
그윽한 즐거움 다하지 않았는데 이별의 근심 왔네.
몇 가락 여운의 노래 외로운 혼 끊고, 한 가닥 스러지는 등잔불 두 줄기
눈물 비추네.
새벽녘 난새와 학은 각각 동서로 흩어지고,
홀로 앉아 꿈인가 여겨보네.
깊이 생각하여 꿈인가 하나 꿈은 아니라.
시름겨워 푸름 하늘에 떠도는 아침 구름 마주 대하네.
말은 길게 울며 가야 할 길 바라보나,
광생(狂生)은 오히려 다시 버려진 무덤 찾았도다.
버선 발 고운 먼지 속으로 걸어 나오지 않고,
아침 이슬에 흐느끼는 꽃가지만 보았네.
창자 끊어질 듯 머리 자주 돌리나,
저승 문 적막하니 누가 열리오.
고삐 놓고 바라볼 때 끝없이 눈물 흐르고,
채찍 드리우고 시 읊는 곳 슬픔만 남아 있도다.
늦봄 바람 불고 늦봄 햇살 비추는데
버들강아지 어지러이 빠른 바람에 나부끼도다.
늘 나그네 시름으로 화창한 봄날 원망할 터인데,
하물며 이렇게 이별의 슬픔 안고 그대들 그리워함에랴.
인간 세상의 일 수심이 끝이 없구나.
비로소 통하는 길에 들었는데 또 나루터를 잃었도다.
잡초 우거진 동대(銅臺)엔 천 년의 한 서려 있고,
꽃핀 금곡(金谷)은 하루아침의 봄이로구나.
완(阮)조(肇)와 유신(劉晨)은 보통사람이고,
진 황제(秦皇帝)와 한 무제(漢武帝)도 신선이 아니네.
옛날의 아름다운 만남 아득하여 쫓지 못하고,

4 반희(班姬) : 반소. 자는 혜희. 조세숙에게 시집을 가서, 조세숙이 죽은 후 절개를 지켜 이름이 났다. 화제가 궁으로 불러 황후귀인의 스승으로 삼았다. 존칭으로 조대가라고 한다.

지금까지 남겨진 이름 헛되이 슬퍼하는구나.
아득히 왔다가 홀연히 가버리니,
비바람 주인 없음을 알겠네.
내가 이곳에서 두 여인을 만난 것은
양왕(襄王)이 운우(雲雨)를 꿈꾼 것과 비슷하도다.
대장부, 대장부여!
남아의 기운으로 아녀자의 한을 제거한 것뿐이니.
마음을 요망스런 여우에게 연연해하지 말아라.

▋맥락

(1) 서사 단락

① 최치원이 율수현위를 제수받아 율수현 남쪽의 초현관(草賢館)에 놀러갔다가 관 앞의 쌍녀분(雙女墳)을 보게 되다.
② 최치원은 무덤 앞에 시를 쓰고, 두 여귀가 화답시를 보낸 후, 최치원을 찾아오다.
③ 두 여귀가 최치원에게 죽게 된 사연을 말하다.
④ **최치원과 두 여귀가 시를 주고 받은 후, 동침하다.**
⑤ **날이 새자 최치원은 두 여귀와 이별하다.**
⑥ **두 여귀와 이별한 후 최치원은 장시(長詩)를 지어 자신을 위로하다.**
⑦ 최치원은 속세를 떠나 노닐다가 생을 마치다.

(2) 창작 맥락

<수이전>의 일문(逸文)으로 전해지는 <최치원>은 '최치원은 자(字)가 고운(孤雲)으로 열두 살에 서쪽에 있는 당나라로 건너가서 유학했다. 건부(乾符, 당 희종 연호) 갑오년(874)에 학사(學士) 배찬(裵瓚)이 주관한 시험에서 단번에 괴과(魁科, 문과의 갑과)에 합격해 율수현위(溧水縣尉)를 제수받았'로 시작된다. 이 내용은 최치원에 대한 간략한 소개이며 이 부분은 다음의 『삼국사기』 열전의 내용과 거의 동일하다고 볼 수 있다.

최치원은 자가 고운인데 왕경 사량부 사람이다. 사전이 없어져서 그 세계는 알 수 없다. 치원은 어려서부터 정민하고 학문을 좋아하였다. 12세에 이르러 배를 타고 당나라에 들어가 배움의 길을 찾으려 하였다. 그의 아버지가 말했다. "10년 만에 급제하지 못하면 내 아들이 아니다. 힘써 행하라." 치원이 당나라에 가서 스승을 따르매 학문을 게을리 함이 없었다. 건부 원년인 갑오년에 예부시랑 배찬의 아래에서 단번에 급제하여 선주 율수연위에 제수되었다.(정구복 외, 『역주 삼국사기1-감교 원문편』, 한국정신문화연구원, 1997, p.441.)

<최치원>의 서두 내용이 『삼국사기』 열전의 내용과 유사한 점을 미루어 보아 <최치원>은 『삼국사기』와 영향 관계에 있다고 볼 수 있다. 확실하게 <최치원>과 『삼국사기』 중 어느 쪽이 먼저인지는 알 수 없으나 둘 사이의 영향 관계로 보아 창작 당시의 독자들은 최치원을 실존인물로 염두에 두고 작품을 읽었을 것으로 보인다. 창작한 사람이 누구인지에 대해서는 최치원 원작설, 나말여초 문인 원작설, 조선조 문인 재창작설 등으로 의견이 분분하지만 작품을 창작한 사람은 자신의 처지를 최치원과 동일시한 사람이거나 최치원에 대해 동정심을 가졌던 사람으로 이를 바탕으로 작품을 창작했다고 볼 수 있다.

<최치원>의 작자는 <유선굴>과 같은 당대의 인기 있는 전기의 형식을 차용하고, 짧은 분량의 지괴(志怪)인 <최치원>과 거의 동일한 내용 전개를 보이고 있는 <쌍녀분기>와 같은 내용을 토대로 작품을 창작을 하였을 것이다. 엄태식(2010)은 율수현위에 제수된 최치원이 쌍녀분의 내력에 대해 듣고 시를 지은 일이 계기가 되어 <쌍녀분기>가 생겨났을 것이라고 추정한다. 그러다가 최치원의 사후 이와 같은 단편적인 지괴의 형태로 전하는 이야기에서 실존인물 최치원의 면모를 포착하려는 시도가 있었을 것으로 추정하며, 이것이 <최치원> 창작의 직접적인 동인이 되었다고 볼 수 있다고 본다. 또한 소인호(2010)는 작가를 최치원으로 보며, 자신의 시공간적 배경에 대한 작중의 기본 설정과 대화, 삽입시에 표출된 구체적인 작품 내적 언술과도 밀접하게 부합되고 있음을 근거로 작자가 직접적으로 현지에서 체험하거나 경험적 사실을 바탕으로 작품을 창작했음을 암시해 준다고 본다.

▌쟁점: 한국 소설의 기원 문제

한국의 고전 소설은 김시습(金時習, 1435~1493)의 『금오신화』가 최초의 작품이라고 보는 것이 통설이었다. 그러나 한국의 고전 소설의 발생기가 나말여초이며 그 대표작은 <최치원>이라고 보는 견해에 점점 무게가 실리고 있다. 『금오신화』가 한국 최초의 소설이라고 보는 견해에서라면 <최치원>은 기록된 설화 혹은 설화에 약간의 문학적 윤색이 가해진 작품으로 볼 수 있다. 그렇다면 우리나라에서 발생한 최초의 소설은 15세기에 등장한 것이다. 이구의(1996)는 중국에서는 7~8세기에 소설이 발생하였고, 일본에서는 10세기에 소설이 발생한 것으로 볼 때 유독 우리나라에서만 소설이 15세기에 나타난 것은 고대부터 대륙문화의 전래과정을 두고 봐도 납득이 가지 않는다고 보며 <최치원>전을 소설의 기원으로 본다.

이러한 논의를 해결하기 위해서는 먼저 설화와 전기소설의 차이를 밝혀 볼 필요가 있다. 이상택 외(2005)에서는 설화와 전기소설의 차이를 다섯 가지로 정리하고 있다. 첫째, 전기소설에서는 설화와 달리 인물과 환경이 구체적으로 묘사되고 서술된다. 둘째, 작품에 표상된 시간의 본질에 있어 전기소설과 설화는 구분된다. 전기소설에서 시간의 본질은 성장과 변화, 형성으로 표상되어 작품이 종료될 즈음에 인물들에서는 변화와 정신적 성장, 혹은 삶에 대한 태도나 인식의 전환이 발견되게 된다. 셋째, 설화적 인간은 섬세하거나 내면적이거나 고독하지 않은데 전기소설의 인물은 편지, 시, 노래, 기타의 방식으로 독특한 내면성을 보여주어 주인공의 미적 특질에 있어서 뚜렷이 구분된다고 본다. 넷째, 설화는 자연발생적으로 생겨나고, 전기소설은 여타의 일반 소설과 같이 목적의식을 갖고 창작된다는 차이점이 있다. 다섯째, 전기소설의 문체는 분위기를 중시하는 감각적이며 화려한 문어체를 사용하기도 한다는 점에서 설화와 구분된다.

박희병(1992)은 <최치원>을 설화가 아닌 소설로 보고 있다. 그 이유로 <최치원>은 인물의 외면만을 그리고 있는 것이 아니라 그 내면세계까지 그림으로써 인물의 성격적 특질을 구체적으로 부각시키고 있어 설화와는 전혀 다른 면모를 보여준다고 보았다. 또한 설화적 인간이 고독이나 적막감 등을 알지 못하는 것에 비하여 이 작품에는 비한과 적막감이 작품에 드러나는 주된 정조라는 것을 이유로 들고 있다. 그리고 <최치원>은 주제의식, 일대기적 구성, 인물의 개성 부각, 시의 삽입 등에 있어서 뚜렷한 목적의식을 보여주는 것도 소설임을 확인시켜주는 이유로 보았다. 설화는 기본적으로 자연발생적인 성격을 갖고 있지만 소설은 뚜렷한 목적의식을 갖고 창작된다. 이러한 목적의식을 갖고 창작되었다면 창작자가 존재해야 하는데 <최치원>은 비록 작자에 관한 논의가 분분하기는 하지만 공동의 창작이 아닌 개인이 창작한 작품이라는 점에서 볼 때도 소설에 가깝다고 볼 수 있다.

<최치원>은 소설 가운데서도 전기소설(傳奇小說)에 속한다. 박희병(1992)은 전기소설은 설화를 모태로 하여 소설로 성장하였기 때문에 설화와의 관련을 무시할 수 없다는 반론도 고려하고 있지만, 임형택(1981)은 작가의 창작성 및 문식의 가미, 사회 현실의 보다 풍부한 반영 등의 이유로 전기소설이 설화와 구별된다고 보았다.

『금오신화』가 최초의 소설이라는 관점에서는 <최치원>이 설화로 분류되지만 설

화가 아닌 소설로 볼 수 있는 근거 또한 다양하기 때문에 한국소설의 기원을 <최치원>으로 앞당겨 논의하는 것이 설득력을 지닌다고 볼 수 있다.

▮ 꼼꼼히 읽기 : 두 여인과의 만남의 기쁨과 이별의 슬픔

<최치원>은 소외된 남자 주인공 최치원이 귀녀인 팔랑과 구랑을 만나 사랑을 나눈 이야기가 주된 서사이다. 이들의 만남은 이승의 사람과 저승의 귀신의 만남이기 때문에 애초에 이별을 전제한 만남일 수밖에 없다. 최치원은 쌍녀분 앞에 있는 석문을 보고 시를 쓰게 되고, 이를 계기로 쌍녀분의 두 주인을 만나게 된다. 최치원은 두 여인과의 결연을 '황공의 사위가 되지 못하고, 도리어 무덤가에 와서 진씨 여자를 껴안았도다'라고 말하고 있다. 황공이 평소 자신의 두 딸이 못생겼다고 말하였으므로 청혼하는 사람이 없었는데 한 홀아비가 황공의 딸에게 장가들어 보니 절세미인이었다는 말이 전하는 것으로 보아 황공의 딸과 선화부인 진씨는 모두 절세의 미녀라는 공통점이 있다고 볼 수 있다. 그렇다면 최치원의 이러한 비유에는 뜻밖의 행운을 얻었다는 뜻이 들어있을 것이다. 그러나 뜻밖의 행운을 얻었더라도 이별이 전제된 만남이니만큼 그 애틋함도 더 컸을 것이다.

이러한 인물들의 감정은 작품에 드러나는 삽입시들에 잘 드러난다. 박종우(2003)는 전기소설에서의 삽입시의 기능을 의사소통, 묘사, 복선, 총론의 기능으로 나누어 보고 있다. 이 중 묘사의 기능은 등장인물의 외면이나 경물의 묘사뿐만 아니라 등장인물의 내면 묘사까지 이루어져 있다고 보았다. 작품에서 시를 통하여 내면 묘사가 세밀하게 이루어지며 인물의 성격을 드러내는 부분은 <최치원>을 인물의 내면성을 드러내었기 때문에 소설로 보는 근거 중 하나가 될 수 있다.

최치원의 두 귀녀에 대한 관심은 처음에는 장난기의 발동이었다. 장시의 구절 '장난으로 시구를 문에다 썼더니'라는 구절에서 그것을 알 수 있다. 그리고 뜻밖의 행운으로 얻은 기회에 대한 솔직한 심정은 '미친 내 마음'으로 표현하며 비정상적인 마음의 상태로 표현하고 있다. 일반적인 정도를 벗어나 평상심을 잃은 마음은 두 여인에게 자신의 마음을 솔직하게 고백하는 부분에서 더욱 구체적으로 드러난다. '낯이 익자 자연히 마음은 불같이 타오르고 빰은 진흙처럼 빨개져 취한 듯하네'라는 부분에서 그 평상심을 잃은 이유가 최치원의 성적 욕망이었음을 알게 한다. 최치원은 두 여자를 자신의 성적 욕망을 해소할 대상으로 여기고, 자신의 욕망을 받아들일 수 있는지를 시험해 보았다고 고백하고 있다. 그러나 이렇게 가볍게 시작된 만남이지만 최치원은 두 여인의 사연을 들어주며, 시를 주고받으면서 하룻밤만에 그녀들과 몸뿐 아닌 마음도 통하게 된다. 이러한 최치원의 인식 변화는 두 여자와 헤어지기 전부터 이별을 근심하여 자신도 모르게 눈물을 흘리며 헤어지고 싶지 않다는 생각을 드러내는 것으로 나타난다. 이별을 안타까워하는 마음은 두 귀녀와의 일을 '깊이 생각하여 꿈인가 하나 꿈은 아니라'고 한 것으로도 알 수 있다. 만약 만남이 현실이 아니라면, 이별의 무게까지도 덜어낼 수 있기 때문이다. 또한 꿈이 아니라는 생각은 두 귀녀와의 만남을 가볍게 잊어버릴 수 없을 만큼 그녀들과의 만남에 의미를 부여하는 모습으로 읽을 수도 있다. 이러한 최치원의 이별의 슬픔으로 볼 때, 장시의 마지막 부분에 두 여인을 '요망스러운 여우'로 표현한 것은 둔갑하고 변신하는 부정적인 의미로 해석할 수만은 없다. '요망스러운 여우에게 연연해하지 말아라'고 표현한 것은 이미 자신이 그들에게 연연하고 있음을 말하고 있다고 볼 수 있다. <최치원>에서는 미모와 문재를 겸비한 이들의 짧았지만 깊었던 사랑과 그 이별의 절절한 슬픔을 확인할 수 있다.

■ 감상 : 소외된 자들끼리의 포옹

최치원은 천재적인 능력에 비하여 크게 쓰임 받지 못한 인물이다. 역사적 인물 최치원도 그렇지만 굳이 텍스트 외적 정보를 개입시키지 않더라도 작품에서 이러한 내용은 드러난다. 최치원이 작품 말미에 자신을 위로하기 위하여 지은 장시에는 '뛰어난 재주 지닌 나 한스럽게 먼 지방의 관리 되어'라는 내용이 포함되어 있다. 신분에 의하여 천재적인 능력을 발휘하지 못하고 그러한 능력조차 능력인줄 모르고 초야에서 사라진 사람들이 한둘이겠는가마는 최치원은 실질적인 능력을 보이고도 그 능력에 맞는 지위에 있지 못했던 불우한 인물이다.

작품에서 불우한 인생을 산 것은 두 귀녀도 최치원과 마찬가지이다. 두 귀녀들이 최치원에게 자신들이 죽게 된 사연을 말하는 장면에서 이를 알 수 있다. 그녀들은 각각 부모님이 정해놓은 혼처가 마음에 들지 않아 울적한 마음을 풀기 어려워 요절하게 되었다. 이들의 혼처는 소금 장수와 차(茶) 장수였는데 남편감이 마음에 들지 않아 매번 남편감을 바꿔달라고 했으나 그렇지 못하게 되어 결국 죽음에 이른 것이다.

이들은 모두 자신의 능력이나 재주를 알아주지 못하여 욕망이 달성될 수 없었던 사회에 살았던 것이다. 최치원은 뛰어난 능력을 국가에서 발휘할 수 없었고, 두 귀녀는 자신들과 말이 통하는 어진 사람을 만나 결혼하고 싶었던 욕망을 달성할 수 없었다. 이들의 욕망은 크게 쓰임 받거나 귀하게 대접받고 싶었던 욕망보다 '자신을 알아주는 사람'을 만나고 싶었던 욕망이 기본적으로 내재해 있었을 것이다. 나를 알아주는 사람의 부재는 어쩌면 자신의 능력을 발휘하지 못하는 슬픔보다 컸을지 모른다.

최치원 개인의 입장에서 보면 사회적으로 자신의 욕망을 다 떨치지 못했고, 자신을 알아주는 사람이 없었던 슬픔 때문에 이렇게 비현실적인 방법으로라도 자신의 개인적 욕망을 달성하려 한 것인지도 모른다. 또한 두 귀녀들 역시 사회적 상황에서 감추어진 좌절된 욕구들이 있었기 때문에 비현실적이고, 인정받지 못할 상황이지만 이러한 방법을 통해서라도 개인적 욕망을 해소하려 한 것으로 볼 수 있다. 개인의 욕망이 현실에서 이루어지기 어려운 사회일수록 욕망을 해결하기 위하여 비현실적인 상황을 등장시킬 수밖에 없다. 또한 이들이 만나는 공간은 서로를 알아봐주는 이들끼리의 만남의 장소로 인정 욕구가 충족되는 공간이기도 하다. 이들은 사회적 자아실현에 실패하고, 재능에 비해 합당한 대우를 받지 못하며, 자신을 알아보지 못하는 사회에 살아가고 있다. 하지만 자신을 알아봐주는, 그리고 단절되었던 세상에서 대화가 통하는 이들을 만나 서로 작은 위안을 통하여 다독이며 교감하는 모습을 보이기 때문에 이들의 만남을 하룻밤에 두 여자를 만나 성적 욕망을 해소하기 위한 비정상적 만남으로 볼 수는 없을 것이다.

▌연습

1. <최치원>을 최초의 소설로 볼 수 있는 이유를 정리해 보자.

2. <최치원>과 다음 글을 비교하여 최치원의 삶의 관점에서 서사의 초점이 어떻게 다른지 서술해 보자.

> 닷새 뒤 하늘에서 수천 명의 선비가 내려와 월영대에 구름처럼 모이더니 저마다 자신의 학문을 아이에게 앞다투어 가르쳤다. 아이는 이로 말미암아 글을 크게 깨치고 마침내 문장에 통달하게 되었다. 아이는 늘 쇠로 만든 지팡이를 가지고 다니며 월영대 아래의 백사장에 천자문을 썼다. 그러다 보니 3척 길이의 쇠지팡이가 닳고 닳아 반 척이 되기에 이르렀다. 아이는 음성이 맑고 또 또랑또랑해서 시나 부(賦)를 읊으면 가락에 맞지 않는 일이 없었고, 그 소리를 들은 사람들 중에 찬탄하지 않는 이가 없었다. 어느 날 밤이었다. 중국의 황제가 뒤뜰에 나와 노닐고 있는데 멀리서 시 읊조리는 소리가 들려왔다. 소리가 극히 맑고도 깨끗하게 들리는지라, 황제가 곁에 있던 신하에게 물었다.
> "어디서 시 읊는 소리가 여기까지 들리는고?"

신하가 대답했다.
"신라 유생의 시 읊는 소리이옵니다."
황제가 말했다.
"신라는 비록 작은 나라지만 역시 뛰어난 선비가 있구나! 만 리 밖까지 들리는 시 읊는 소리가 이러하니 가까이 듣는다면 어떠하겠는가!"

-작자 미상, 〈최고운전〉

▌ 참고문헌

김현양(2011), 「<최치원>, 버림 혹은 떠남의 서사」, 『고소설연구』 32, 한국고소설학회.

박종우(2003), 「전기소설 삽입시의 기능과 성격-『금오신화』 소재 삽입시를 중심으로-」, 『한국시가연구』 13, 한국시가학회.

박희병(1992), 「한국고전소설의 발생 및 발전단계를 둘러싼 몇몇 문제에 대하여」, 『관악어문연구』 17, 서울대학교 국어국문학과.

소인호(2000), 「전기소설 <최치원>의 창작 경위와 문헌 성격」, 『국어국문학』 127, 국어국문학회.

엄태식(2010), 「<최치원>의 창작 배경과 서사적 특징」, 『고소설연구』 30, 한국고소설학회.

이구의(1996), 「<최치원>전의 소설성」, 『한민족어문학』 29, 한민족어문학회.

이상택(2005) 외, 『한국 고전소설의 세계』, 돌베개.

임형택(1981), 「나말여초의 전기문학」, 『한국한문학』 5, 한국한문학회.

제2장

이생규장전

김시습

* 출처 : 김시습, 박희병 · 정길수 역, <이생규장전>, 『끝나지 않는 사랑』, 돌베개, 2010

　하루는 이생이 최씨 집 담장 안을 넘겨다봤다. 아름다운 꽃들이 활짝 피어 있고, 벌과 새들이 그 사이 어지럽게 날아다니고 있었다. 뜰 한쪽에는 꽃나무 수풀 사이로 작은 정자 하나가 보였다. 문에는 구슬발이 반쯤 걷혀 있고, 그 안에 비단 장막이 드리워 있었다. 그 안에 아름다운 여인 한 사람이 앉아서 수를 놓다가 지겨운 듯 바느질하던 손을 멈추고 턱을 괴더니 이런 시를 읊었다.

　　　홀로 비단 창에 기대어 수놓기도 지루한데
　　　온갖 꽃떨기마다 꾀꼬리 지저귀네.
　　　괜스레 봄바람 원망하다가
　　　말없이 바늘 멈추고 누군가를 그리워하네.

　　　길 가는 멀쑥한 선비. 뉘 댁 분이신지
　　　파란 옷깃 넓은 띠가 버들 사이로 어른거리네.
　　　내가 제비가 될 수 있다면
　　　구슬발 헤치고 나가 담장을 넘으리.

　이생은 시 읊는 소리를 듣고 들뜬 마음을 억누를 수 없었다. 그러나 명문가 담장은 높디높고 여인의 규방은 깊디깊으니 그저 속만 끓이다 떠나는 수밖에.
　이생은 국학에서 돌아오는 길에 흰 종이 한 폭에 자신이 지은 시 세 편을 써서 기왓장에 묶어 담장 안으로 던졌다.

(중략)

　이생은 최씨의 말대로 그날 밤에 담장 아래로 갔다. 문득 복사 꽃 한 가지가 담장 밖으로 드리워 그 그림자가 흔들흔들거리는 듯한 모습이 보였다. 다가가서 보니 대나무로 엮은 바구니 같은 것이 그넷줄에 묶여 담장 아래로 내려와 있었다. 이생은 그넷줄을 잡고 올라가 담을 넘었다.

때마침 달이 동산 위에 떠올라 꽃 그림자가 당에 가득했고 맑은 향기가 참 좋았다. 이생은 자신이 신선세계에 들어온 듯싶었다. 기뻐서 어쩔 줄 모르면서도 워낙 위험한 상황인지라 머리끝이 쭈뼛 솟아올랐다. 좌우를 두리번거리니 여인은 이미 꽃밭 안에 들어가 향이와 함께 꽃을 꺾어 머리에 꽂은 채 한쪽 구석에 자리를 펴고 앉아 있었다. 최씨는 이생을 보고 미소 지으며 시 두 구절을 먼저 지어 읊었다.

오얏나무 복사나무 가지에는 탐스러운 꽃
원앙새 새긴 베개 위엔 곱디고운 달.

이생이 그 뒤를 이어 나머지 구절을 지어 읊었다.

훗날 우리의 사랑 누설되어서
무정한 비바람 맞으리니 가련도 하지.

이생의 읊조림을 듣자 문득 최씨의 얼굴이 굳어졌다. 최씨는 이렇게 말했다.
"저는 평생 당신을 모시며 영원히 함께 기쁨을 누리고자 하거만, 서방님께선 무슨 말씀을 그렇게 하셔요? 여자인 저도 마음을 태연히 먹고 있거늘, 대장부가 그런 말을 하다니요? 훗날 이곳에서 일이 발각되어 부모님의 질책을 받게 된다면 제가 감당하겠어요. 향이는 방에게 가서 술과 안주를 가져오렴."
(중략)
하루는 이생이 최씨에게 말했다.
"공자(孔子)께서 '부모님이 계시거든 반드시 어디 가는지를 말씀드리고 집을 나선다'라고 말씀하셨는데, 지금 내가 부모님께 아침저녁 문안을 드리지 못한 지가 이미 사흘이 되었소. 부모님께서 걱정하며 기다리실 테니 자식 된 도리가 아니군요."
최씨는 서글픈 얼굴로 고개를 끄덕이며 담장 너머로 이생을 보내 주었다. 이생은 그날 이후로 매일 밤 최씨의 집을 찾았다.
어느 날 밤, 이생의 부친이 이생에게 물었다.
"네가 아침에 집을 나갔다가 저녁에 돌아오는 건 공자님의 어질고 의로운 말씀을 배우기 위해서일 게다. 그런데 저녁에 나가서 새벽에 돌아오는 건 무슨 일 때문이냐? 내 생각엔 필시 경박한 녀석들처럼 남의 집 처녀를 넘보기 위해서인 듯하다. 나중에 모든 일이 탄로 나면 남들이 모두 내가 자식 교육을 엄하게 시키지 못했다고 욕할 게다. 게다가 만일 그 처녀가 훌륭한 가문의 여성이라면 미친 너 때문에 자기 가문이 더럽혀졌다고 여기지 않겠느냐? 남의 가문의 죄를 짓는 건 결코 작은 일이 아니다. 어서 영남 땅으로 가서 노비들을 거느리고 농장 일이나 감독하도록 해라. 절대 돌아올 생각 말고!"

이생의 부친은 이튿날 곧바로 이생을 울주(蔚州, 울산)로 쫓아 보냈다.

▌ 맥락

(1) 서사 단락

① 이생이 국학에 가는 길에 최랑의 집 담장 안을 넘겨다보다.
② 이생이 자신이 지은 시를 적은 종이를 담장 너머로 던지다.
③ 최랑이 밤에 만나자는 답장을 담장 밖으로 보내고, 이생이 담장을 넘어 최랑을 만나다.
④ 부모님을 걱정한 이생이 최랑의 곁을 떠나고, 이생의 행동 변화를 눈치 챈 부친에 의해 울주로 보내지다.
⑤ 이생과의 이별로 최랑이 병이 나자 최랑의 부모가 이생과의 결혼을 추진하다.
⑥ 이생과 최랑은 결혼하여 행복한 시간을 보내다.
⑦ 홍건적의 난이 일어나 이생과 최랑은 헤어지고, 최랑은 홍건적에게 죽음을 당하다.
⑧ 이생이 폐허가 된 집에서 최랑의 환신(幻身)을 만나다.
⑨ 이생이 세상사에 관심을 두지 않고 집 안에서 최랑과 함께 지내다.
⑩ 최랑이 하늘의 명을 따라 이생의 곁을 떠나다.
⑪ 이생도 곧 병이 들어 죽고, 사람들이 이들 부부의 절개와 의리를 칭송하다.

(2) 창작 맥락

<이생규장전>은 김시습(金時習, 1435~1493)의 『금오신화』에 실린 이야기 중 하나로, 전기소설로 분류된다. 『금오신화』에는 현재 <만복사저포기(萬福寺樗蒲記)>, <이생규장전(李生窺墻傳)>, <취유부벽정기(醉遊浮碧亭記)>, <남염부주지(南炎浮洲志)>, <용궁부연록(龍宮赴宴錄)> 5편이 전해지고 있다. 흔히들 『금오신화』는 명(明)

나라 구우(瞿佑, 1341~1427)의 『전등신화(剪燈新話)』 영향을 받아 지어진 작품집으로 이야기한다. 물론 김시습이 <제전등신화후>를 남긴 것으로 보아 『전등신화』를 읽었던 것도 틀림없고, 그 영향을 부인할 수는 없다.

그러나 『금오신화』를 『전등신화』의 모방으로 보기는 어렵다. 양자는 똑같이 자아의 세계에 대한 여정을 이계 체험으로 특화시켜 나간다는 공통점이 있지만, 다음과 같은 차이점을 지니고 있다. 첫째, 『전등신화』는 그 시선이 전란으로 상처를 입은 백성들에게 모아짐으로써 아래로 향해 있는 반면, 『금오신화』는 이상적 정치 실현을 갈망하며 심각한 비판의식을 담지함으로써 시선이 위로 향해 있다. 둘째, 『전등신화』는 전란의 폭력성과 인민의 참상을 다양한 소재로 활용하여 각 작품 안에 파편적으로 구현하고 있는 반면, 『금오신화』는 이상적 정치에 대한 원망이 어느 한 작품이라도 빠지면 구현이 잘 안되도록 상호 유기적으로 배치시켰다. 그리고 이 같은 면모를 구현하는 원리는 대체로 이원적(二元的) 세계를 넘나드는 전기소설의 장르 관습에 기대고 있다.

『금오신화』에 실린 이야기들을 우리나라 최초의 전기소설로 말하기도 한다. 그러나 『금오신화』에 실린 전기소설들이 최초의 소설로 보기에는 너무 완벽한 형태를 가지고 있고, 중국과 일본에서 최초의 소설이 나타난 시기(10세기)와 비교해 볼 때에도 너무 뒤쳐져(15세기) 있어, 최초의 소설은 『금오신화』 이전(羅末麗初, 대략 10세기)으로 소급해야 한다는 의견이 우세하다. 『금오신화』 이전에 『수이전』의 <최치원>이나 『삼국유사』의 <조신>이 이미 전기소설로서 훌륭한 구성을 가지고 있었다.

『금오신화』는 이전 전기(傳奇)의 전통을 이으면서 전기소설의 새로운 경지를 개척하여 본격적인 소설시대를 주도한 작품이다. 김시습은 『금오신화』를 지은 뒤 이를 세상에 발표하지 않고 석실에 감추어 두었다고 한다. 그 이후 조선에서 간행된 뒤, 임진왜란 때 일본으로 전해져 두 차례에 걸쳐 판각되었다. 이후 최남선이 1927년 『계명(啓明)』19호에 옮겨 실음으로써 우리나라에 들여온 것이 우리에게 『금오신화』가 알려지게 된 계기다. 한편, 우리와 마찬가지로 『전등신화』와 임진왜란 때 가져간 것으로 보이는 『금오신화』의 영향을 받아 일본에서는 아사이 료이(淺井了意 1612?-1691?)가 지은 『오토기보코(伽婢子)』가 출간되었고, 베트남에서는 완여(阮璵)가 1520-1530년대에 지은 『전기만록(傳奇漫錄)』이 나왔다. 『오토기보코』의 첫 번째 작품인 <용궁의 상량>은 『금오신화』의 <용궁부연록>의 번안이다.

<이생규장전>은 남녀의 사랑을 그리고 있다. 이생과 최랑이 결연을 이루기 위해 많은 난관을 헤쳐 나가는 애정전기소설이다. 애정성취의 과정에서 남자주인공은 우유부단한 성격으로 매사에 주도적이지 못하다. 이생은 처음 만남에서도 최랑의 지시에 따르는 입장이었고, 아버지가 이생의 행실을 못마땅하게 생각해 시골에 가서 노복들의 농사감독이나 하라고 내려 보내는 명령에도 바로 순종하고 만다. 반면 최랑은 매번 닥치는 결연의 장애를 해결해 나간다. 특히 홍건적에게 죽음을 당한 이후 환신(幻身)으로 이생에게 나타나 관계를 이어가는 모습 또한 불가능한 상황을 초현실적으로 해결해나가고 있다.

김시습은 그의 불우한 서생으로서의 자신의 모습을 주인공 이생에 투영했다. 정치권력에 대항하는 방외인으로서 외롭게 세계와 대결하는 자아를 『금오신화』에 투영하였는데, 『금오신화』의 남자 주인공들이 뛰어난 재주를 지니고 있지만 현실에서 소외된 지식인들로 형상화되었고, 현실에서의 결핍을 비현실적 존재와의 만남을 통해 해소하는 것은 그 방증이다. 불우한 서생이 자신을 알아주는 여인을 만나 진실한 사랑을 하고 어렵게 그 사랑을 이루었지만, 결국은 두 사람 모두 죽게 된다. 이런 비극적인 결말은 고전소설에서 흔하지 않은 경우인데, 전기소설의 작자층이 자신들이 소망하는 바를 성취할 수 없는 현실이 그대로 반영되었다고 보인다. 이와 같이 초현실계에서 사랑을 나눌 수밖에 없는 상황은 현실에서의 욕망추구나 가치추구가 불가능하다는 것을 전제로 깔고 있다고 볼 수 있다.

반면, 작품을 세조반정에 대한 우의로 보는 연구자들도 있다. 생육신으로서의 김시습이 해당 사건을 비유해 작품을 썼다는 것이다. 김시습이 아버지의 명에 따라 울주로 내려가거나, 홍건적의 난에서 최랑을 구하지 못하고 도망한 것은 계유정난이나 단종복위 실패 때 말없이 지켜본 자신의 소극적이고 무책임한 행동을 우의한 것으로 보인다. 이와 같이 홍건적의 난을 세조반정으로 본다면, 최낭자는 죽음을 당한 단종을 비유한 것이다. 또한 단종을 지키기 위해 죽음을 감수한 인물로 최낭자의 부모를 들 수 있다. 그리고 최낭의 집을 둘러싸고 있는 수양버들은 세조 일파를 우의하고, 수양을 따르던 무리들에 의해 감시를 당하고 있는 단종의 모습을 우의하고 있는 것으로 해석하고 있다.(곽정식 외 2003) 한편으로는 애정성취에 소극적이었던 이생을 약한 절의를 보이는 생육신에, 애정성취에 적극적이었던 최랑을 강한 절의를 보이는 사육신에 비유한 것으로 해석하는 연구자도(김지은 1995) 있었다.

▌꼼꼼히 읽기 : 최랑이 담장 밖을 엿보다

<이생규장전>은 이생과 최랑의 사랑을 그리고 있는 소설이다. '이생이 담 너머를 엿보다'라는 뜻의 제목이 말해주듯이 두 남녀가 사랑하게 되는 계기는 담 너머의 최랑을 엿보는 이생의 행위에서 마련되었다. 하지만 이생만이 담 너머를 엿본 것은 아니었다.

"길 가는 멀쑥한 선비, 뉘 댁 분이신지/파란 옷깃 넓은 띠 버들 사이로 어른거리네"라고 시에서 읊었던 것처럼 최랑 역시 담 너머의 남성을 살피고 있었던 것이다.

남성 중심의 규범적 사회에서 여주인공인 최랑은 꽤 적극적이고 대담하다. 이생과의 사랑을 이루기 위해 온갖 노력을 다했고 자신의 생각을 과감히 실천해 옮겨내는 인물인 것이다. 심지어 자신들의 애정 행각이 불러올 결과에 대해 걱정하는 이생을 향해 최랑은 일침을 가한다. 그리고 자신이 이 모든 일을 책임지겠노라 말한다.

"저는 평생 당신을 모시며 영원히 함께 기쁨을 누리고자 하건만, 서방님께선 무슨 말씀을 그렇게 하셔요? 여자인 저도 마음을 태연히 먹고 있거늘, 대장부가 그런 말을 하다니요? 훗날 이곳에서 일이 발각되어 부모님의 질책을 받게 된다면 제가 감당하겠어요."라고 거침없이 말하는 최랑의 당당함 속에서 사실 두 사람의 사랑의 시작은 애당초 이생이 담장 너머의 최랑을 엿보는 것이 아니라, 최랑이 담장 밖의 이생을 먼저 마음속에 두고 있었던 데서 이미 시작된 것으로 볼 수 있다.

최랑과 달리 이생은 담을 넘어가면서도 그 당시 엄격한 가부장적인 유교적 윤리관에 사로잡혀 몸은 최랑의 곁에 있지만 마음의 한편은 부모의 곁을 떠나지 못하고 있다. 또한 최랑과의 만남에서 이생이 보이는 머뭇거림은 한 번에 그치는 것이 아니라 계속해서 나타난다. 이것은 부친을 대표로 하는 엄격한 사회적 윤리 규범이 그만큼 강력하게 그의 의지를 억압했다고 볼 수도 있다. 그리고 이것은 이생에게 커다란 고통이었을 것이다. 하지만 부친의 명령에 한 마디 말도 하지 못하고 따르는 이생의 모습은 그가 나약하고 소극적인 인물이라는 점을 드러내고 있다. 이러한 이생의 소극적인 모습은 최랑의 적극적이며 대담한 성격을 더욱 부각시킨다.

이생과 최랑의 성격은 그들의 부모의 성향과도 연결된다. 이생과 최랑의 관계를 알게 된 최랑의 부모는 그들의 결혼을 추진하기 위해 노력한다. 이에 비하여 이생의 부친은 그들의 사랑에 장애로 작용하였고, 중매쟁이를 몇 번 돌려보내기까지 한다. 이러한 두 측의 태도 차이는 각각 이생과 최랑의 성격의 연장선상에 놓여 있다. 최랑의 부모는 최랑의 목숨 이외에 중요한 것이 없는 듯 전적으로 최랑의 말에 공감하는 데 반해, 이생의 부친은 두 차례 혼담 거절 행위를 통해 규범적 성향을 극명하게 보여준다. 일반적으로 전기소설에서 두 주인공 외에 주변 인물들의 서사적 기능은 미미한 것과 다르게 작품 속 주인공들의 부모의 서사적 기능은 상대적으로 뚜렷하다. 그러나 이들 역시 주인공의 성격의 연장선상에 머물고 있는 인물이다.

최랑은 그 당시 여자에게 요구되는 윤리, 도덕적 측면의 정절의 문제에 대해서 자신의 입장을 분명히 했다. 그리고 이것은 사회 규범과의 심각한 대결을 의미했다. 하지만 이러한 대결을 마다하지 않고 자신이 이루고자 했던 세계를 스스로 만들어 가고자 했던 최랑의 모습은 이 작품에서 이생보다 그녀가 주목을 받게 되는 이유를 알 수 있게 한다.

▌감상 : 담장 안과 담장 밖

'담장'은 공간을 구획하거나 외부의 침입을 방지하는 기능을 하지만, 높은 담장 은 이러한 기능뿐만 아니라 위엄과 존엄성을 나타내고, 사회적 금기를 나타내는 중 세적 장벽의 상징이다. <이생규장전>에서 '담장' 역시 이생과 최랑이 만나는 데 있 어 장애물로 역할을 한다. 또한 '담장'은 담장 안과 밖의 세계를 나누어주는 영역의 경계 짓는 역할을 한다.

최랑이 있는 담장 안의 세계는 두 사람의 사랑이 실현되고 봉건적인 유교적 윤 리에서 자유로운 열린 세계이다. 이러한 담장 안으로 이생이 넘어옴으로써 두 사람 의 사랑은 실현된다. 그런데 이생은 곧 다시 담장 밖의 세계로 나가려고 한다. 담장 밖은 닫힌 공간으로 봉건적인 윤리관에 예속된 세계이다. 담장 밖에 나간 이생은 쉽게 다시 담장 안으로 들어오지 못한다.

이생의 부친은 담장 밖의 세계의 법이다. 그는 아들이 자신이 정한 기준에 따르 기를 바란다. 이생의 아버지는 결국 이생을 추방하기까지 한다. 이러한 이생의 아 버지의 행위는 이들의 만남에 대한 담장 밖의 세계의 인식을 보여준다. 담장 밖에 서는 이들의 사랑을 죄로 인식한다. 결국 이생과 최랑은 다시 결합하게 되지만 또 다시 홍건적의 침입이라는 담 밖의 세계에 의해 갈라지고 만다. 담장 안의 세계가 담장 밖의 세계에 의해 파괴되어 버리는 것이다. 이렇듯 담장 안이 화합과 사랑의 열린 공간이라면 담장 밖은 폭력적이고 파괴적인 힘의 세력에 의한 공간이라고 볼 수 있다.

우리는 지금 무수히 많은 담장으로 둘러싸여진 세계에 있는지 모른다. 그리고 반 복되는 일상 속에서 갇혀 자신의 꿈을 포기하고 사는 우리의 모습은 항상 담장 안을 곁눈질로 바라보면서 담장 안으로 들어갈 용기를 가지고 있지 못한 이생의 모습과 교차된다. 어쩌면 사랑을 이루기 위해 아버지라는 담장 밖의 권위에 적극적으로 대항하지 못하고 추방당한 이생의 모습 또한 우리의 모습일지도 모른다.

우리는 막연하게 담장 안의 세계를 꿈꾸며, 담장 안의 세계에 들어가기 위해 끊임없이 시도한다. 하지만 우리가 넘으려고 하는 담장 안에는 우리가 꿈꾸던 이상적인 세계가 기다리고 있을까? 우리 주변에는 담과 같은 무수히 많은 제도, 금기들이 존재한다. 필요에 따라서는 과감하게 이 제도나 금기를 넘는 것도 필요하지만, 이 제도나 금기를 뛰어 넘은 후의 우리가 만나게 될 세계는 우리가 원하던 모습이 아닐 수도 있다. 모든 담장을 넘지 않아도 된다. 오히려 우리가 원하는 세계를 만들기 위해 넘을 수 없는 담장의 존재가 우리에게 필요할 수도 있다.

▋ 연습

1. <이생규장전>의 구조는 다음과 같이 '만남－헤어짐－만남－헤어짐'의 구조를 이루고 있다. 다음 ㉮~㉲에 들어갈 적절한 사건을 써보자.

만남	헤어짐	만남	헤어짐	만남	헤어짐
이생이 담을 넘어 최랑을 만나다.	㉮	㉯	㉰	㉱	㉲

2. 『금오신화』의 작품들에는 대부분 현실세계에서 소외를 느끼는 남성 주인공의 환상적인 초현실 체험이 등장한다. 그리고 주인공들은 이러한 초현실 체험이 끝난 뒤 죽거나 아니면 부지소종(不知所從)하는 것으로 그려진다. <이생규장전>에서 나타난 이러한 초현실 체험을 찾아보고, 이러한 초현실 체험이 의미하는 바를 생각해 보자.

▋ 참고문헌

곽정식·이복자(2003), 「<李生窺墻傳>의 寓意性 考察」, 『인문과학논총』 8, 경성대학교 인문과학연구소

김지은(1995), 「『금오신화』의 우의성 분석」, 연세대학교 교육대학원 석사.

박희병(1997), 『韓國傳奇小說의 美學』, 돌베개.

이민희(2014), 『쾌족, 뒷담화의 탄생－살아있는 고소설』, 푸른지식.

채연식(2000), 「애정류 전기소설 연구－<이생규장전(李生窺墻傳)>을 중심으로」, 『漢城語文學』 19, 한성대학교 한성어문학회.

제 3 장

주생전

권필

* 출처 : 김기동, 전규태 편저, 『금향전기, 금령전, 주생전』, 서문당, 1994.

아침이 밝았다. 주생은 고향 친구들을 찾아 나섰다. 그들 태반은 벌써 세상을 떠나버린 뒤였다. 주생은 시구(詩句)를 읊조리며 배회했다. 차마 발길을 돌릴 수가 없었다. 이곳에서 기생 배도(俳桃)를 만났다. 주생과는 어릴 적 소꿉동무였다. 그녀는 재주나 미모에 있어 전당에서는 제일이었다. 사람들은 그녀를 배랑(俳娘)이라 불렀다.

배도는 주생을 집으로 모셨다. 서로 마주 대하니 몹시 기뻤다. 주생은 시 한 수를 지어 그녀에게 주었다.

> 하늘 끝 향기로운 풀에 몇 번이나 옷깃 적셨던가?
> 만리길에서 돌아오니 모든 일이 달라졌다.
> 두추랑(杜秋娘)[1]의 높은 명성 예나 다름없는데,
> 작은 누각 주렴은 석양에 빛나누나.

배도는 시를 읽고 몹시 놀라 말했다.

"낭군의 재주가 이다지도 훌륭하니, 모든 사람에게 굽힐 데가 없구려. 어찌하여 부평초(浮萍草)처럼 정처 없이 떠돌아 다니시옵니까? 그래 장가는 드시었나요"

"아직도 장가를 못 갔소"

배도가 웃으며 말했다.

"제 소원이옵니다. 낭군님은 이제 배로 돌아가지 마시고 저희 집에 머물러 계시와요 그러면 낭군님을 위해 좋은 배필을 마련해드리겠사옵니다."

배도는 주생에게 은근히 마음을 둔 터였다. 주생도 배도의 아름다운 자태에 은근히 도취되어 있었다. 그러나 주생은 웃으면서 사양했다.

"내 어찌 감히 바랄 수가 있겠소."

1 두추랑(杜秋娘) : 당나라 이기(李錡)의 첩으로, 이기가 세상을 떠나자 궁으로 들어가 당나라 경릉(景陵)의 총애를 받았음. 목종의 명령으로 황자(皇子)의 스승이 되었으나 훗날 장왕(漳王)이 폐위되자 고향으로 돌아가게 되었음. 여기서는 배도를 두추랑에 비유한 것.

이렇듯 즐겁게 노는 동안 어느덧 날이 저물었다. 배도는 어린 계집종을 불러 주생을 별실로 모셔 편히 쉬게 했다. 침실 벽에는 절구(絶句) 한 수가 걸려 있었다. 시의 내용이 생소한 것이었다. 주생이 계집종에게

"이 시는 누가 지은 것이냐." / 하고 물으니,

"주인 아씨가 지은 것이옵니다." / 했다.

그 시는 이러했다.

비파로 상사곡을랑 타지를 마오,
곡조 높아지면 이 가슴 타고 타네.
꽃은 피어 만발한데 임은 없으니,
오는 봄 애태우다 지샌 밤 몇몇 날인가.

주생은 벌써 배도의 곱디고운 자태에 흠뻑 취해 있었다. 그런데다 그녀의 시를 읽으니 한층 더 정이 쏠렸고, 마음은 불같이 타올라 만 가지 생각이 다 사라져 버렸다. 그는 이 시의 대구(對句)를 지어 그녀의 뜻을 떠 보려고 했다. 아무리 고심했으나 좀체 시를 이룰 수가 없었다.

(중략)

주생은 승상 댁으로 옮겨 갔다. 낮이면 국영이와 같이 있고, 저녁이면 집안의 문이란 문은 빈틈없이 잠가 버리므로 어찌할 도리가 없었다. 갖은 궁리를 다하는 동안 어느덧 열흘이 지났다. 문득 그는 혼잣말로 중얼거렸다.

"내가 이곳에 온 것은 선화를 도모하기 위한 것이었는데, 이 봄이 다 가도록 만나지도 못했구나. 황하(黃河)의 물 맑기를 기다린다면 몇 해나 기다려야 할지. 차라리 어둔 밤에 선화방으로 뛰어드는 게 낫겠다. 일이 성공하면 귀한 몸이 될 것이요, 실패로 돌아가면 죽음을 당한다해도 좋다."

이날 저녁따라 달이 없었다. 주생은 여러 겹의 담을 뛰어넘어 선화의 방 앞에 이르렀다. 복도에는 구부러진 큰 기둥이 있는데 염막(簾幕)이 겹겹이 드리워 있었다. 선화는 얼마 동안 혼자만이 촛불을 밝히고 곡을 뜯고 있었다.

주생은 기둥 사이에 바짝 엎드려 그 뜯는 소리를 듣고 있었다. 뜯기를 다한 선화는 소자첨(蘇子瞻)의 하신랑사(賀新郞詞)를 작은 소리로 읊기 시작했다.

(중략)

주생은 날이 새도록 잠을 이루지 못했다. 아무리 생각해 봐도 이번 가면 선화를 영영 이별할 것만 같았다. 그렇다고 머물자니 배도도 가고 국영도 또한 죽었으니

의지할 데라곤 없었다. 백 갈래로 생각해 보았으나 한 가지도 결정을 내리지 못했다. 벌써 날은 훤히 밝아 왔다. 주생은 하는 수 없이 노를 저어서 물길을 떠났다. 선화의 집이며 배도의 묘는 점점 아득해졌고, 산굽이를 돌아 강이 굽어진 곳에 이르니 홀연 시야에서 사라져 버렸다.

주생의 외가인 장(張)씨 노인은 호주(湖州)의 갑부였다. 그뿐만 아니라 화목하기로 이름이 나 있었다. 주생은 그리로 찾아가 의지했다. 장노인 댁에서는 주생을 지극히 후하게 대접했다. 주생은 비록 몸은 편안하였으나 선화를 생각하는 정은 갈수록 더해만 갔다. 주생의 마음을 몰라주듯 세월은 흘렀다. 춘삼월 호시절을 맞았다. 이 해가 바로 만력(萬曆) 임진년이었다.

장씨 노인은 주생이 나날이 여위어 가는 것을 이상스럽게 여겨 까닭을 물었다. 그는 감히 감추지 못해 사실대로 아뢰었다. 장씨 노인은 이렇게 말했다.

"너의 마음에 맺힌 한이 있었다면 왜 진작 말하지 않았느냐. 내 안사람과 노 승상과는 동성이어서 여러 대 동안 긴밀히 지냈다. 내 너를 위해 힘써 보겠으니 염려하지 마라."

이런 다짐을 둔 다음날이었다. 노인은 부인을 시켜 편지를 써 늙은 하인을 전당으로 보내 왕사지친(王謝之親)을 의논했다. 선화는 주생과 이별한 후 날이면 날마다 자리에 누워있었다. 그래서 여월 대로 여위어만 갔다. 승상 부인도 선화가 주생을 사모하다 얻은 병인 줄은 알고 있었다. 그녀의 뜻을 이루어 주려 했으나 이미 주생은 떠나 버려서 어쩔 수가 없었다. 그러던 차에 돌연 노부인의 편지를 받았다. 온 집안이 놀라며 기뻐했다. 선화도 누워 있다가 억지로 일어나서 머리도 빗고 세수도 하며 몸단장을 하는 등 전과 같았다. 이 해 구월로 혼인날이 정해졌다.

주생은 날마다 포구로 나가 늙은 종이 돌아오기를 기다렸다. 아흐레가 되던 날이었다. 그 늙은 종이 돌아왔다. 정혼의 뜻을 전하고, 더욱이 선화의 편지를 전해 주었다. 주생은 급히 편지를 뜯었다. 분향 냄새가 그윽했다. 편지지에는 눈물 자국이 번져 있었다. 그는 선화의 애원을 가히 짐작하고도 남음이 있었다.

■ 맥락

(1) 서사 단락
 ① 중국 명나라 때에 총명한 재주를 가지고 태어난 주생이 태학에 다니며 꿈을 키우다.

② 수차 과거를 보았으나 계속 실패하고 장삿길로 나서 여기저기를 돌아다니다.

③ **고향인 전당에서 어렸을 때 친구인 기생 배도를 만나 그의 집에 머무르다.**

④ **주생이 배도의 아름다운 자태와 시재(詩才)에 이끌리어 깊은 사랑을 하게 되다.**

⑤ 노 승상 집에서 승상의 딸 선화를 본 뒤부터 주생의 마음이 선화에게 옮겨가다.

⑥ **주생이 승상 댁 아들 국영에게 글을 가르치는 스승이 되면서 선화와 사랑을 나누게 되다.**

⑦ 국영이 갑작스레 죽어 주생과 선화가 만날 수 없게 되다.

⑧ 배도가 주생의 배신에 괴로워하다가 병이 들어 죽다.

⑨ **상심한 주생이 전당을 떠나 외가의 장 씨에게 의탁하다.**

⑩ **선화를 그리워하는 주생의 이야기를 듣고 장 씨가 선화와 혼인을 주선하다.**

⑪ 혼사를 앞둔 어느 날, 임진왜란이 일어나다.

⑫ 명나라 의병으로 주생이 징발되어 조선에 파병되다.

⑬ 선화에게 알리지도 못한 채로 조선에 오게 되고, 선화와 영영 소식이 끊기다.

⑭ 송도에 머물러 있던 중 서술자를 만나 그간의 사정을 이야기하다.

(2) 이본 현황

권필(權韠, 1569~1612)이 <주생전(周生傳)>의 작자로 처음 소개된 것은 이명선의 『조선문학사』(1948)에서이다. 그는 연표에서 <주생전>을 <장경천전>과 함께 권필의 작품으로, 출전을 『고담요람(古談要覽)』으로 밝혀 놓았다. 이후 문선규(1961)가 김구경 소장본을 번역하여 소개함으로써 본격적인 연구의 발판이 마련되었다. 90년대에는 북한의 『림제 권필 작품선집』(1963)에 소개된 한문필사본 『화몽집(花夢集)』 소재 <주생전>의 존재가 알려지면서 새로운 논의가 이루어졌다.

현재까지 확인되는 이본은 한문본 5종(김구경 소장본, 김일성대학 소장 『화몽집』 소재본, 신독재 전기집 소재본, 이헌홍과 정경주 소장본), 국역본 2종(『묵재일기』 소재본과 <주생전>·<위생전> 연철본)이 있다.

신독재본은 주생이 배를 타고 전당에 가서 친구 나생을 만나 술을 마신 후 홀로 배에 돌아와 뱃전에 기대 조는 부분에서 필사가 중단되어 있다. 그런데 이 부분까지의 내용은 나머지 한문본 2종과 동일하다. 구체적 서술을 문선규본 및 북한본과 비교해 보면 내용상 별 영향을 주지 않는 몇몇 자구의 교체나 가감이 보이는 정도임을 확인할 수 있다.

묵재일기본 <쥬싱뎐>은 7면 2400여 자 분량으로 배도가 주생에게 자신의 내력을 설명하는 부분까지 필사되어 있는데, 전체적으로 한문 저본을 축자적으로 직역한 것이라 할 수 있다. 이에 대해 이복규(1998)는 "비교적 원본으로 여겨지고 있는 북한본을 대본으로 하고 있는 게 명백하기 때문에 <주생전>도 <설공찬전>처럼 창작되자마자 국역되어 읽혔을 가능성을 강하게 시사하고" 있다고 적극적인 의미 부여를 하면서 두 가지 증거를 제시한 바 있다. 그것은 문선규본에 누락된 '보입성중(步入城中)'에 해당하는 구절('것고 성안히 드러가')이 있다는 점과, 배도의 하녀를 북한본에서처럼 '차환(叉鬟)'으로 지칭하고 있다는 점이다. 하지만 현재 남아있는 부분만으로는 문선규본과 북한본의 어느 한 계열로 귀속시킬 수 없다. 결국 묵재일기본은, 계열은 알 수 없지만 필사 경로를 달리하는 또 다른 한문 저본을 직역한 것으로 볼 수 있다.

한편 정경주본은 그 내용이 북한본과 완전히 일치하는 가운데 상대적으로 글자의 오기가 많이 보이는데, 이는 북한본 계열의 저본을 전사하는 과정에서 생겨난 오류로 볼 수 있다. 결국 현전 주생전의 이본은 그 내용상 크게 문선규본 계열과 북한본 계열 양자로 대별되며, 나머지 이본은 양대 계열의 자장 내에서 필사 경로의 상이함에 따른 세부적인 자구의 차이를 보여주고 있음을 알 수 있다. 이본들 간에 의미 있는 내용적 편찬가 보이지 않는다는 사실은 아마도 서사적 스토리의 전개가 한정될 수밖에 없는 원작 자체의 구조적 폐쇄성에 기인한다고 할 수 있다. 다만 각 이본이 다양한 필사 경로를 보이고 국역본까지 발견되고 있다는 점은 작품 유동의 측면에서 주목되는 점이다(소인호, 2001).

■ 쟁점 : 작자 논란

<주생전>의 작가가 권필(權韠, 1569~1612)로 알려지기 시작한 이명선의 『조선문학사』(1948)에는 작품에 대한 구체적인 언급 없이 권필의 작품이라고만 했다. 이후 실제 작품의 소개가 문선규(1961)에 의해서 이루어졌는데, 여기서도 지은이가 권필이라고만 밝히고 있을 뿐 이에 대한 명확한 언급은 없었다. 결국 <주생전>이 권필의 작이라는 구체적 증거는 나타나지 않고, 더군다나 권필의 문집인 『석주집(石洲集)』에는 수록되지 않아 작가 파악에 있어 많은 논란이 있어 왔다.

먼저 <주생전>을 권필의 작으로 보기 어렵다는 견해가 있다. 박일용(1990)은 <주생전>이 권필의 문집에 수록되지 않고 작자명이 밝혀지지 않은 별도의 필사본으로 전해지며, 또한 작가에 대한 명확한 기록이 전해지지 않기 때문에 권필의 작

품으로 보는 것에 이의를 제기하였다.

차용주(1992)는 <주생전>의 작품 내용에는 여러 편의 사(詞)가 있으나 권필의 문집에는 한편의 사(詞)도 없고, 또 작품 후미에 중국인이 주생과 말이 통하지 않아 필담을 했는데 <주생전>과 같이 긴 내용이 필담으로 가능했을까 하는 의심도 없지 않기 때문에 작자에 대한 구체적 연구의 필요성을 제기하였다.

한편으로 <주생전>이 권필의 작이라는 주장을 살펴보면, 김일렬(1991)은 <주생전>의 작가가 권필이 아니라는 결정적인 증거가 발견되지 않는 한 통설을 잠정적으로 인정하면서 확정은 뒷날의 과제로 돌려 둘 수밖에 없다며 일단 권필 작으로 인정하고자 하였다.

송재용(1993)은 <북한본>의 작품 끝에 권필의 호(號)인 '무언자(無言者)'와 자(字)인 여장(汝章)이 표기된 '癸巳仲夏無言者權汝章記'라는 구절이 명기되어 있기 때문에 <주생전>의 작가가 권필임을 알 수 있다고 하였다.

▌꼼꼼히 읽기 : 공간 구조와 그 의미

<주생전>에서 주생의 공간 이동 경로는 "악양→전당→호주→조선"으로 나타난다. 이러한 경로는 악양에서 술에 취해 잠이 든 사이 하룻밤 만에 도착한 의사몽유 공간 '전당'에서 배도와 선화를 만나 정을 나눈 후 다시 '호주'의 모족 장 씨의 집에 도착하여 그의 중매로 선화와 혼약을 맺지만 전쟁 바람에 밀려 '조선'까지 밀려나는 주생의 체험 과정으로서 <주생전>의 구성 단계에 대응된다.

여기서 주목할 것은 주생의 욕망이 투사된 환상적 공간이 '전당'과 '호주'로 분할된다는 점이다. 이 가운데 '전당'은 주생의 고향으로서 주생과 선화의 '만남'이 이루어지는 곳이고, '호주'는 타향이지만 주생이 선화의 부모로부터 허락을 받아 '혼약'을 이루어내는 곳이다. 통상적으로 '혼약'은 자신의 부모가 거처하는 고향을 배경으로 해서 이루어진다. 그런데 주생은 부모를 잃고 타향을 떠돌 수밖에 없는 처지이기 때문에 고향이 아닌 '호주'를 배경으로 해서 '혼약'을 이루어낸 것이다.

주생은 전당에 도착하여 배도와의 만남을 가진다. 그러나 주생은 선화와의 만남에 더욱 마음을 둔다. 주생과 선화의 관계를 폭로하겠다는 배도의 협박 때문에 다시 배도의 집으로 돌아온다. 국영과 배도의 죽음으로 주생은 전당을 떠날 수밖에 없게 된다. 하룻밤 사이에 수만리를 밀려와서 겪은 주생의 환상 체험은 이렇게 그가 전당에서 밀려나면서 막을 내린다.

'호주'로 이동한 주생은 외척 장 씨에게 의탁한다. 그의 도움으로 선화와 혼약을 이루지만, 선화의 편지에 대한 답장을 쓰기도 전에 주생은 조선 전쟁에 징발 당한다.

주생과 선화의 혼약이 이렇게 그려진 까닭은 작품에 설정된 주생의 처지와도 모순적일 정도로 그것이 비현실적이기 때문이다. 전당을 떠나며 스스로 '천지 사이에 아무도 의탁할 사람이 없다'고 했던 직전의 처지와 어울리지 않는다. 더욱이 '죽음을 무릅쓰고 만남'을 꾀할 수밖에 없었던 주생이 장 씨의 중매로 선화와 '혼약'을 이루어냈다는 사실은 비현실적이라고 할 수밖에 없다.

전당을 배경으로 해서 이루어지는 만남은 부모의 뜻에 위배되는 만남인 반면, 호주를 배경으로 이루어지는 '혼약'은 부모의 허락을 받은 만남이다. 주생처럼 현실에서 소외된 선비가 선화와 같은 부귀가의 딸과 '혼약'을 이룬다는 것은 어려운 일이다. 그러므로 주생과 선화의 '혼약'은 몽유록 형식을 빌지 않는다면 독립적 형태로는 형상화되기 어려울 것이다. 당대의 현실 세계에서 '혼약'은 당사자들의 의지나 욕망과는 무관한 것이기 때문이다.

그렇다면 주생이 다시 자신의 현실적 처지를 상징하는 '악양'으로 가거나 아니면 또 다른 공간으로 이동하지 않고, '조선'이라는 특수한 해외 공간으로 이동하는 이유는 뭘까.

<주생전>에서 '악양'은 주생이 과거에 떨어진 후 오초 사이를 떠돌던 주생의 현실적 처지를 상징하는 공간이다. 반면, '전당'이나 '호주'는 각각 현실 세계에서는 실현하기 어려운 부귀가의 딸 선화와의 '만남'과 '혼약'을 이루어내는 환상적 공간이다. 그러므로 주생이 '악양'에서 '전당'이나 '호주'로부터 느끼는 거리는 물리적인 것이 아니라 사회·심리적인 것이라 할 수 있다. '조선'은 전쟁이라는 현실적 억압에 의해 밀려온 해외 공간으로서, 전당과 호주에 대해 느끼는 사회·심리적 거리를 물리적으로 확인할 수 있는 곳이다.

나아가 '조선'은 주생이 서술자인 '나'와 만나는 곳으로, 자신의 환상 체험을 대상화하는 공간이다. 주생이 자신의 처지와 더불어 자신이 겪은 환상 체험을 '나'에게 진술하였다는 것은 내면에 억압되어 있는 욕망을 겉으로 드러내어 대상화함으로써 그것을 객관적으로 바라볼 수 있게 되었다는 걸 뜻한다. 더욱이 "장부가 근심할 것은 공명을 이루지 못하는 것일 따름이니, 천하에 어찌 아름다운 부인이 없으리오."라는 말을 들었다는 것은 그가 이러한 대상화 작업을 마무리했다는 걸 뜻한다. 이는 주생이 자신이 겪은 환상 체험이 자신의 현실적 소외 상황에서 비롯된 것으로서, 자신의 성적 욕망과 사회적 욕망이 표리 관계라는 사실을 깨달았다는 걸 뜻한다.

주생의 "악약→전당호주→조선"으로의 공간 이동 과정은 "현실→꿈→현실"의 몽유록적 구조를 변형시켜 꿈과 현실 사이의 관계를 보다 명료하게 각성시키려는 서술자의 서사 전략에 대응되는 것임을 알 수 있다. <주생전>에 설정된 이중적 액자구조는 과거에 대한 뜻을 접고 오초를 떠도는 낙천한 선비 주생으로 하여금 자신이 처한 현실과 욕망을 대상화하여 이해할 수 있게 해주는 자신에 대한 성찰 도구라 할 수 있다. (박일용, 2013)

■ 감상 : 욕심

어려서부터 총명했던 주생은 태학에서 공부하며, 과거를 통한 입신양명의 길에 오르기를 소망하지만 번번이 낙방한다. 여러 차례 과거 시험을 치를 정도로 성공에 집착하던 주생의 좌절은 '공명에 눈이 어두워 구구하게 일생을 마칠 수 없다'는 탄식에서 잘 나타난다.

주생의 자기위안은 유유자적한 삶을 추구하기 보다는 장사를 통한 삶의 변화로 이어진다. 이는 현실에 얽매이지 않고 새로운 삶의 가치를 찾아 행동하는 주생의 적극성을 보여준다.

성공을 향한 주생의 적극성은 이성과의 만남으로도 이어진다. 배도와의 사랑을 통해 실의(입신양명의 실패로 인한)에서 벗어날 수 있었음에도 불구하고, 승상의 딸 선화를 욕망한다. 배도의 죽음은 주생의 슬픔으로 이어질 법도 하지만, 오히려 배도의 죽음은 장애 요소가 제거되는 정도의 의미만을 지닌다.

주생과 배도의 사랑이 결혼이 아닌 동거의 단계에 머물러 있었다 치더라도 주생은 배도와 마음을 주고받는 관계였다. 시재(詩才)를 지닌 여성으로 지적인 부분을 만족시켜 주었으며, 복잡한 마음을 위로해 주었던 배도와의 사랑을 버리고, 선화를 택하게 되는 주생의 내면에 아름다운 여자를 향한 욕망만이 있었다고 보기는 어렵다. 선화는 승상의 딸이었다. 선화와의 결연은 주생의 지위 상승에 대한 욕망을 채워줄 수 있는 기회였다. 물론, 그 기회는 사회적 제약으로 인해 사라져 버렸다.

성공을 꿈꾸는 사람들에게 결혼은 좋은 수단이 될 지도 모른다. 일찍이 결혼 정책을 통해 왕권확립의 기반을 다진 사례도 많으며, 시장논리로 운영되어 가는 현대 사회에서 기업과 기업의 혼약은 내 편을 만드는 가장 확실한 방법으로 자리매김해 가고 있기도 하다. 결혼이라는 것이 더 이상 사랑을 기반으로만 이루어지는 것이 아니라, 목적을 달성하기 위한 방법 중 하나가 된 것이다.

그러나 우리는 수단이 되어버린 인연의 끝이 좋지 못한 경우들을 여러 차례 보아왔다. 결혼이라는 제도에 사랑이 전제되어야 한다는 생각이 반드시 옳다고 이야기 할 수는 없으나, 사랑하는 사람과의 결혼을 요구해 온 것은 꽤 오래된 일이다. 이는 사랑을 추구하는 인간의 보편적 감정과 결부된 것이라 할 수 있겠다. 개인의 진정한 행복이 물질이나 신분에서 올 수 없음을 간과해서는 안 된다. 개인의 선택은 존중될 수 있으나 그 선택이 후회하지 않을 방향으로 나아갈 수 있도록 심사숙고할 필요가 있지 않을까.

▌연습

1. 주생의 공간 이동 경로를 제시하고, '전당'을 배경으로 이루어지는 만남과 '호주'를 배경으로 이루어지는 만남에 대해 설명해 보자..

2. 다음은 <춘향전>의 줄거리를 제시한 글이다. 배도와 주생의 사랑을 성춘향과 이몽룡의 사랑과 비교해 보자.

> 춘향과 백년가약(百年佳約)을 맺은 이몽룡은, 그 후 날마다 춘향을 찾아 사랑을 나눈다. 얼마 후, 부친의 전출로 상경하지 않으면 안 되는 상황이 되자, 몽룡은 후일을 약속하고 한양으로 떠난다. 한편, 남원에 새로 부임한 사또인 변학도는 정사는 돌보지도 않은 채 기생 점고부터 하려 한다. 애초부터 춘향의 용모가 아름답다는 것을 알고 있었던 변 사또는, 춘향을 불러들여 수청을 들라 강요한다. 그러나 춘향은 이몽룡에 대한 정절을 바꿀 수 없다고 하며 거절한다. 이에 변 사또는 미천한 계집이 정절을 내세움이 가당치 않다고 하면서 옥에 가둔다.

▌참고문헌

문선규(1961), 『화사·주생전·서대주전』, 통문관.

박일용(1990), 「주생전」, 『한국고전소설작품론』 김진세 편, 집문당.

송재용(1990), 「주생전」, 『고전소설연구』 화경고전문학연구회 편, 일지사.

김일렬(1991), 『조선조 소설의 구조와 의미』, 형설출판사.

차용주(1992), 『한국한문소설사』, 아세아문화사.

이복규(1998), 『초기 국문·국문본 소설』, 박이정.

김양진(1999), 「<주생전>의 갈등 구조」, 『새얼어문논집』 12, 새얼어문학회.

소인호(2001), 「<주생전> 이본의 존재 양태와 소설사적 의미」, 『고소설연구』 11, 한국고소설학회.

박일용(2013), 「<주생전>의 공간 구조와 환상성」, 『고소설연구』 35, 한국고소설학회.

제4장

운영전

작자 미상

* 출처 : 이재수본, 김동욱 교주, 『이조한문소설선 : 어우야담·운영전·요로원야화·심설기』, 교문사, 1984.

　"…(전략)…자란(紫鸞)이 초사(招辭)에 왈,

　'금일지사(今日之事)에 죄가 불측(不測)한 데 있는지라 중심(中心) 소회(所懷)를 어찌 차마 은휘(隱諱)하리이꼬. **첩등(妾等)이 다 여항(閭巷)에 생장(生長)한 계집이라.** 아비 대순(大舜) 아니요, 어미 이비(二妃)가 아닌즉, 남녀 정욕이 어찌 없사오리이꼬. 주(周) 목왕(穆王)은 천자로 된 매양 요대(瑤臺)의 즐김을 생각하였고, 항우(項羽)는 영웅이로되 장중(帳中)에서 눈물 흘림을 금(禁)치 못한지라 주군(主君)이 어찌 운영으로 하여금 홀로 운우(雲雨)의 정을 없다 하시나이꼬. 김생(金生)은 또한 당세(當世) 가운데 영걸(英傑)이어늘, 유인(誘引)하여 내당(內堂)에 들임이 주군의 일이요, 운영을 명(命)하사 벼루를 받들림도 또한 주군의 영(令)이라. 운영이 **심궁(深宮)의 원녀(怨女)**로서 한 번 미남자(美男子)를 보매, 상심실성(傷心失性)하여 병입골수(病入骨髓)한지라. 비록 장생(長生)하는 약과 월인(越人)의 수단[1]이라도 효험 보기 어려운지라. 일조(一朝)에 아침 이슬같이 스러지면 주군이 비록 측은지심(惻隱之心)이 계시나 진실로 무엇이 유익함이 있사오며, 우리 다섯 육년 애휼(愛恤) 하시던 뜻이 헛곳에 돌아갈지라. 첩의 어린 뜻은 운영으로 하여금 한 번 김생을 보게 하여 양인(兩人)의 원결(冤結)함을 풀어 주시면 주군의 적선(積善)이 이에 큼이 없사오리이다. 전일 운영의 훼절(毁節)함은 그 죄가 첩에게 있고 운영에게 있지 아니하니이다. 첩의 한 말씀이 위로 주군을 속임이 아니요, 아래로 제배(儕輩)를 저버림이 아님이라. 금일지사(今日之事)로 죽으니 또한 영행(榮幸)이로소이다. 원컨대 주군은 첩의 몸으로써 운영의 명(命)을 속(贖)하여 주옵소서.'

　첩(운영)이 초사에 왈,

　'주군의 은혜 산 같고 바다 같거늘 능히 그 정절을 지키지 못하오니 그 죄 하나요, 전일 지은 바 글에 의심됨을 주군께 뵈오나, 마침내 직고(直告)치 아니하오니 그

1 '월인(越人)'은 편작(扁鵲) 이라고도 한하며, 중국 전국시대의 명의이다. 즉, 명의의 수단.

죄 둘이요, 서궁의 무죄한 사람이 첩의 연고(緣故)로써 죄를 한 가지로 입게 하니 그 죄 셋이라. 이 세 가지 죄를 짓고 살아 무슨 면목으로 사람을 대하리이꼬 만일 혹 사(或使) 아니 죽이셔도 첩이 마땅히 자결하리이다. 다만 서궁지인(西宮之人)은 과연 무죄하오니, 억울지탄(抑鬱之嘆)이 없게 하소서.'

대군이 모든 초사를 보기를 마치매, 자란의 초사를 다시 살펴 익히 보시고 노색(怒色)이 적이 덜리신지라, 소옥(小玉)이 꿇어 읍(泣) 왈,

'전일 완사(浣紗)하러 감을 성내(城內)로 말자 하기는 첩의 의논(議論)이더니 자란이 밤에 남궁(南宮)에 이르러 청(請)하옴이 심히 간절하온지라 첩이 그 뜻을 긍념(矜念)하와 뭇 의논을 물리치고 좇았더니 운영의 훼절함은 그 죄 첩에게 있고 운영에게 있지 않은지라 운영은 무죄하여이다. 복원(伏願) 주군은 첩의 몸으로써 운영의 명(命)을 속(贖)하여지이다.'

대군의 노(怒)가 점점 풀어져 인(因)하여 첩을 별당에 가두고 그 나머지는 다 방송(放送)하시더라. 그 밤에 첩이 나건(羅巾)으로써 스스로 목매어 죽었나이다."

진사(進士)가 붓을 잡고 운영의 이르는 대로 세세히 기록함에 조금도 차착(差錯)이 없는지라 붓을 던지고 서로 대하여 슬픔을 스스로 이기지 못하더라. 운영이 진사더러 일러 왈,

"이 아래는 낭군이 말씀하소서."

(중략)

유영(柳泳)이 위로하여 가로되,

"비록 유음지중(幽陰之中)이나 양인(兩人)이 중봉(重逢) 하였으니 지원(至冤)을 필의(畢矣)요, 수적(讎敵)을 이미 제어(制御)하였으니 분완(憤惋)을 설(雪)하였는지라, 어찌 그 비통(悲痛)함을 그치지 아니하느뇨 써시러곰 인간(人間)에 다시 나지 못함을 한(恨)하느냐?"

김생(金生)이 수루이사(垂淚而謝) 왈,

"우리 양인(兩人)이 다 함원이사(含怨而死)한지라 명사(冥司)에서 그 무죄함을 긍측히 여기사, 하여금 인간에 다시 내어 보내고자 하나 지하의 낙(樂)도 인간에 나리지 아니커든, 하물며 천상의 낙을 이르랴? 이럼으로써 세상에 나가기를 원치 아니하였노라. 다만 그 날 이곳에 와 비상(悲傷)함은 옛일을 추념(追念)하매 비회(悲懷) 포집(布集)함이라. 대군(大君)이 한 번 패하매 고궁에 주인이 없고, 오작(烏鵲)이 슬피 울 때, 인적이 도(到)하지 아니하매 슬픔이 극(極)함이요, 하물며 새로 병화(兵火)를 지내니 화옥(華屋)이 재가 되며, 분장(粉牆)이 다무너지고 오직 남아 있는 대(臺) 위의 꽃이 아름답고 뜰 아래 풀이 빛남을 떨칠 뿐이라. 다만 춘광(春光)을

고치지 아니하되 옛날 경색(景色)이 하나도 없고 인사(人事)의 변역(變易)함이 이 같은지라 다시 와 옛일을 생각하매 어찌 슬프지 아니리오."

유영이 왈,

"연즉(然則) 그대 다 천상(天上) 사람이 되었느냐?"

김생 왈,

"우리 양인(兩人)이 본디 선인(仙人)으로 길이 옥황 향안전(香案前)에 뫼셨더니 일일(一日)은 상제(上帝)가 태청궁(太淸宮)에 어좌(御座)하시고 나를 명(命)하사 옥원(玉園)에 가 과실(果實)을 따오라 하시거늘 내가 반도경실(蟠桃瓊實)을 많이 따 먹고 사사로이 운영을 주었더니 그 죄는 둘이라. 인간(人間)에 적하(謫下)하여 인간 괴로움을 갖추 겪게 함이더니 이제는 옥황상제 이미 전(前) 허물을 유(宥)하시고, 하여금 삼청(三淸)에 올리사 다시 향안전에 모시게 하신지라 때를 타 바람을 인(因)하여 진세(塵世)에 와 옛날 놀던 곳을 다시 찾아보노라."

하고 인(因)하여 눈물 뿌림을 마지 아니하며 유영의 손을 잡고 왈,

"바다가 마르고 돌이 녹아도 이 정은 민멸(泯滅)치 않을 것이요, 땅이 늙고 하늘이 무너져도 이 한(恨)은 사르기 어렵도다. 금석(今夕)에 그대로 더불어 서로 만나고, 이렇듯 문답(問答)하니 이 또한 숙세(宿世) 연분(緣分)이 아니면 어찌 가(可)히 얻으리오 복원(伏願) 존군(尊君)은 이 글을 거두어 세인(世人)에게 전하여 우리 일을 민멸(泯滅)치 아니케 하면 이 또한 만행(萬幸)이로되, 만일(萬一) 그릇 부박(浮薄)한 사람에게 전하여써 희완(戲翫)을 삼아 웃음을 취(取)케 말으심이 행심행심(幸甚幸甚)일까 하나이다."

하더라.

▌ 맥락

(1) 서사 단락

① 선비 유영이 춘흥(春興)을 이기지 못하고 수성궁 터에 들어가다.

②-1. 유영이 혼자서 술을 마시며 잠들었다가 밤중에 깨어나 김 진사와 운영을 만나다.

②-2. 유영이 김 진사, 운영과 시를 지으며 놀다가 그들의 사연을 듣고자 청하다.

  ②-2-1. 안평대군의 총애를 받는 궁녀 중 하나인 운영은 안평대군을 찾아온 김 진사와 만나 서로 반하다.

  ②-2-2. 운영과 김 진사가 무녀를 통해 몰래 편지를 주고받으며 연정을 쌓다.

②-2-3. 김 진사는 밤마다 궁궐 담을 넘어 운영과 만나 사랑을 나누다.

②-2-4. 안평대군이 운영과 김 진사의 시를 본 후 의심을 품고 운영을 문초하다.

②-2-5. 운영이 안평대군에게 김 진사를 향한 자신의 연정을 고백하고, 이후 김 진사의 수성궁 출입이 금지되다.

②-2-6. 김 진사와 운영이 함께 도망가기 위한 계획을 세우고, 재물을 숨겨 도피 자금을 마련하다.

②-2-7. 김 진사의 하인 특이 김 진사의 재물을 빼돌리고 김 진사와 운영의 도피 계획을 소문내다.

②-2-8. 소문을 들은 안평대군이 진노하여 운영을 죽이려 하지만 다른 궁녀가 이를 만류하다.

②-2-9. 안평대군은 운영을 별당에 가두고 운영은 그 날 밤 목매어 자살하다.

②-2-10. 운영의 죽음을 듣고 상심한 김 진사가 절식(絶食)하여 죽다.

②-2-11. 운영과 김 진사가 저승에서 다시 만나 신선이 되어 천상의 복을 누리다.

②-3. 이야기를 마친 운영과 김 진사가 세상사의 무상함을 슬퍼하며 유영에게 자신들의 일을 기록한 책을 전하다.

③ 유영이 술을 마시고 졸다 깬 후 김 진사와 운영이 전해준 책을 발견하다.

④ 유영이 책을 가지고 돌아와 명산대천을 떠돌다 행방을 감추다.

(2) 창작 및 전승 맥락

　　<운영전(雲英傳)>의 작자와 창작 시기는 정확하지 않지만 작품 첫머리에 제시된 시간적 배경('萬曆 辛丑' : 서기 1601년, 선조 34년)으로 미루어 임진왜란으로 인한 피해의 복구가 완전히 되기 전인 17세기 초~중반에 창작된 것으로 짐작되며, 20세기에 이르러 활자본으로 정착되기까지 30여 종에 이르는 다양한 이본이 파생되었다. 이처럼 다양한 이본의 파생을 통해 <운영전>이 여러 세대에 걸쳐 다수의 독자들에게 인기를 얻었음을 알 수 있다.

　　작품 속에서 '평생을 궁에 갇혀 외로이 지내는 궁녀'라는 설정은 운영과 김 진사의 사랑에 비극성을 부여할 뿐만 아니라, 작품의 주제를 사회적 메시지로 확장시키는 계기를 마련하는 중요한 장치이다. 그러나 궁녀의 외출이 비교적 자유로웠던 조선 시대의 현실적 상황을 고려했을 때, <운영전> 속 '유폐된 궁녀'라는 설정은 당

대의 사회상이 반영된 것으로 보기 어려운 부분이 있다. 물론 안평대군의 사저라는 점을 들어서 유폐를 하나의 문학적 조건으로 만든 측면을 읽어낼 수도 있다. 안평대군은 "시녀가 만일 하나라도 궁문 밖을 나간 즉 그 죄 마땅히 물어 죽을 것이요, 밖 사람이 궁인의 이름을 알면 그 죄 또한 죽으리라"라고 하면서 궁녀들을 가두는데, 이는 궁녀에 대한 당시의 통제를 극도로 강화한 것이다.

이지영(2012)은 〈운영전〉의 이 같은 설정에 대해 중국에서 전해져 온 '궁사(宮詞)'나 '궁원시(宮怨詩)'의 영향을 받은 것으로 보았다. 궁사는 한시의 한 갈래로 궁궐 안의 전해 내려오는 비사(秘事)를 칠언절구로 읊은 것이며, 궁원시는 궁녀의 시점에서 궁녀의 한에 대해 노래한 것으로 주로 당나라 때 많이 창작된 악부시의 한 양식이다. 〈운영전〉의 내용 중에는 궁녀 열 명이 '책을 뒤져 옛 사람의 궁중시(宮中詩) 지은 것을 논난(論難)'하는 장면이 나오는데, 이는 궁원시의 영향이 반영된 것으로 볼 수 있다.

한편, 〈운영전〉과 비슷한 시기에 창작된 유사한 작품으로 작자 미상의 〈영영전(英英傳)〉이 있다. 〈상사동기(相思洞記)〉라는 제목으로도 전해 내려오는 〈영영전〉의 핵심 줄거리는 '선비(김생)와 궁녀(영영)의 사랑—신분으로 인한 좌절—모험을 통한 장애 요소 극복 시도—단절—조력자의 도움을 통한 사랑의 성취'로 정리할 수 있는데, 〈영영전〉의 줄거리는 궁중을 배경으로 궁녀와 선비의 사랑을 그렸다는 점에서 〈운영전〉과 매우 흡사하다. 다만 결말 부분의 처리에 있어서 〈운영전〉이 비극적으로 서사가 종결되는 반면 〈영영전〉은 주변인의 도움을 통해 사랑을 성취한다는 점에서 차이를 보인다. 많은 연구자들이 〈영영전〉을 〈운영전〉의 모방작 내지 아류작으로 분석한 바 있다. 이는 작품의 내용상 〈영영전〉이 〈운영전〉을 변개한 것으로 볼 수 있는 요소가 많다는 점, 상대적으로 〈운영전〉의 소설적 완성도가 월등히 높다는 점 등에서 기인한 것이다.

▎쟁점 : 〈운영전〉 속 여성 중심적 시각

〈운영전〉은 남녀 간의 애정 갈등을 주된 서사로 다룬 점이나, 인물의 기이한 경험이 드러나 있다는 점 등으로 인해 애정전기소설(愛情傳奇小說)로 분류되어 왔다. 황윤실(2000), 김경미(2002) 등은 〈운영전〉이 여타 애정전기소설들과는 달리 여성 중심적 시각을 담고 있다고 지적하며 그 문학사적 의의를 높이 평가한 바 있다. 이에 대한 근거는 다음과 같다.

첫째, 여성을 서술자로 내세우고 있다는 점이다. 여성인 운영의 시각에 의해 전개되는 사건 서술은 여성의 내면, 욕망, 자의식 등을 풍부하게 반영하고 있다. <운영전>의 작자는 운영을 서술자로 내세움으로써 운영 본인의 내면을 드러낼 뿐만 아니라 동료 궁녀들의 내면 역시 여성의 목소리로 자연스럽게 내세울 수 있게 되었다. 이는 <이생규장전(李生窺墻傳)>, <최치원(崔致遠)>, <하생기우전(何生奇遇傳)> 등과 같은 여타 전기소설의 남성 중심적 서사 문법으로부터 벗어난 것이다.

둘째, <운영전>은 여성을 욕망의 주체로 제시하고 있다. 일반적으로 전기소설의 주인공은 불우한 남성 문인이며, 여성은 남성 주인공이 품는 욕망의 대상으로 제시되곤 한다. 이에 반해 <운영전>에서 여성은 욕망의 능동적 주체이다. 남성의 욕망 표현에 별다른 고민 없이 부응하는 여타 전기 소설의 여성 주인공들과 달리, 운영은 감정의 주체로 깊은 고민과 갈등 끝에 결론을 내리고 행동하는 인물이다. 남녀 관계에서 그녀는 주체적이고 적극적으로 행동한다. 이는 <운영전>의 다른 여성 등장인물들 역시 마찬가지이다. 무녀는 처음에 김 진사에 대한 욕망을 노골적으로 드러내며 궁녀들 역시 이성에 대한 정념을 긍정하며 안평대군에게 적극적으로 그 정당성을 주장한다.

한편 엄태식(2013)은 <운영전>에 대한 이 같은 평가에 반론을 제기하였다.

먼저 여성 서술자의 경우, <녹의인전(綠衣人傳)>에서도 사용된 방식으로 <운영전>의 독창적인 것이 아닐 뿐더러, 1인칭의 서술자가 여성이라는 점만으로 여성의 주체성을 드러낸 것이라고 단정 짓기는 어렵다. <운영전>의 내부 서사는 운영과 김 진사가 번갈아가며 1인칭의 서술을 진행해간다. 따라서 <운영전>의 여성 서술자는 서술 주체가 번갈아 교체되는 과정에서 나타난 것일 뿐, 작품 전체를 관통하며 서사를 진행시켜가는 독자적인 서술자로 보기 어렵다.

두 번째, 남녀간의 애정 관계에 있어 <운영전>의 여주인공이 능동적 자세를 취하고 있는 것은 사실이지만, 이 역시 <운영전>만의 특성은 아니다. <이생규장전>의 최랑 역시 이생 못지않게 적극적 태도를 보이고 있으며, <최척전>의 여주인공 옥영 역시 최척 만큼이나 적극적 태도를 보여준다. 그리고 <운영전>의 여성 등장인물들은 현실의 여성이 형상화된 인물들이라기보다 남성의 성적 환상이 빚어낸 인물에 가깝다. 운영을 비롯한 궁녀들은 빼어난 외모와 뛰어난 재능을 갖고 있으며, 수성궁이라는 내밀한 공간에 기거하는 인물들이다. 운영과 김 진사의 사랑은 내밀한 공간 속 '궁녀'라는 금기된 존재에 대한 남성적 시각의 판타지가 형상화된 것으로 볼 수 있다. 이상의 반론을 종합하면, <운영전>은 여성 중심적 입장의 독특한 시각을 담은 작품이라기보다, 남성 중심적 시각에서 창작된 기존 애정전기소설과의 연장선상에 놓인 작품으로 볼 수 있다.

이처럼 <운영전>에 대한 여성 중심적 시각의 해연장선상에 놓인 작품으로 볼 수 있다. 석은 아직 논란의 여지를 안고 있다. 그럼에도 불구하고 <운영전>이 인간의 본성과 생의 가치에 대해 적극 옹호하고 있다는 점은 반박의 여지가 없을 듯하다. 남성/여성의 구분을 뛰어넘는 이 같은 주제 의식이야말로 우리 문학사에서 다시 찾아보기 힘든 <운영전>만의 독창적 가치라 할 수 있을 것이다.

■ 꼼꼼히 읽기 : 〈운영전〉 이중 액자 구조와 비극의 양상

<운영전>은 이중 액자구조로 이루어져 있는 작품이다. 가장 바깥의 이야기부터 중심인물에 따라 서사 층위를 정리해 보면 다음과 같다.

서사 층위 1 꿈 밖의 세계 주체 : 유영	서사 층위 2 꿈 주체 : 유영, 운영, 김 진사	서사 층위 3 운영과 김 진사의 과거사 주체 : 운영, 김 진사

서사 층위 3의 주된 서사는 김 진사와 운영의 비극적 사랑 이야기이다. 이들의 사랑은 법도로 금기된 것이며, 비극적 결말로 치닫는다. 다음은 운영과 김 진사의 사랑을 옹호하는 궁녀 자란의 발언이다.

> "첩등(妾等)이 다 여항(閭巷)에 생장(生長)한 계집이라. 아비 대순(大舜) 아니요, 어미 이비(二妃)가 아닌즉, 남녀 정욕이 어찌 없사오리이꼬 주(周) 목왕(穆王)은 천자로 되 매양 요대(瑤臺)의 즐김을 생각하였고, 항우(項羽)는 영웅이로되 장중(帳中)에서 눈물 흘림을 금(禁)치 못한지라 주군(主君)이 어찌 운영으로 하여금 홀로 운우(雲雨)의 정을 없다 하시나이꼬"

위의 내용을 살펴보면, 자란은 자신들의 욕망이 인간의 자연스러운 본능이며 생명 권리이고, 여성 또한 감정의 주체임을 밝히며 운영을 변호하고 있다. 또 자란은 운영을 '심궁(深宮)의 원녀(冤女)'라고 표현하는데, 이는 깊은 궁에 갇혀 있는 궁녀의 처지를 단적으로 나타내고 있는 것이다. '冤女'의 사전적 의미는 '남편이 없어 슬퍼하는 여자'를 이르는 말이지만 여기서는 즉 '근심과 한을 품은 여자'라는 의미에 더 가까우며, 앞서 자란이 스스로 궁녀의 처지를 묘사할 때에도 사용한 표현이다. 자란의 발언을 통해 작가는 자연스러운 감정의 표출을 불온시하고 억제하는 제도에 대해 이의를 제기하며, 그 억압 속에서 살아가야 하는 삶의 비참함에 대해 묘사하고 있는 것이다.

궁녀들의 초사(招辭)를 들은 후 안평대군은 노기를 풀고 사람들을 풀어주지만, 운영은 스스로 목을 매어 죽는다. 안평대군의 용서에도 불구하고 운영이 자결한 이유는 무엇일까? 그것은 운영과 김 진사의 사랑이 안평대군이 용인한다고 하여 이루어질 수 있는 것이 아니기 때문이다. 안평대군은 운영과 김 진사의 사이를 가로막는 제도적 장벽의 표상 같은 존재이긴 하지만, 안평대군의 개인적 용인이 제도적 장벽의 제거를 의미하는 것은 아니다. 이뤄질 수 없는 현실적 상황 속에서도 사랑을 선택했던 운영과 김 진사가 죽음이라는 결말을 맞음으로써 <운영전>의 일차적 비극이 드러난다.

운영과 김 진사의 과거 이야기가 끝나고, 장면은 서사 층위 2로 돌아온다. 운영과 김 진사는 죽은 뒤 천상에서 지극한 복을 누리게 된다. 살아생전 비극을 겪긴 하였으나 더 이상 슬퍼할 이유가 없는 이들이 여전히 슬퍼하는 까닭에 대해 유영이 묻자, 김 진사는 아래와 같이 답한다.

> "다만 그 날 이곳에 와 비상(悲傷)함은 옛일을 추념(追念)하매 비회(悲懷) 포집(布集)함이라. 대군(大君)이 한 번 패하매 고궁에 주인이 없고, 오작(烏鵲)이 슬피 울 때, 인적이 도(到)하지 아니하매 슬픔이 극(極)함이요, 하물며 새로 병화(兵火)를 지내니 화옥(華屋)이 재가 되며, 분장(粉牆)이 다 무너지고 오직 남아 있는 대(臺) 위의 꽃이 아름답고 뜰 아래 풀이 빛남을 떨칠 뿐이라. 다만 춘광(春光)을 고치지 아니하되 옛날 경색(景色)이 하나도 없고 인사(人事)의 변역(變易)함이 이 같은지라 다시 와 옛일을 생각하매 어찌 슬프지 아니리오"

운영과 김 진사가 슬퍼하는 까닭은 안평대군의 몰락이다. 서사 층위 3의 안평대군은 운영과 김 진사를 억압하던 인물이었으나, 서사 층위 2의 안평대군은 서사 층위 3에서의 운영·김 진사와 마찬가지로 현실 속에 좌절하는 인물로 전락하고 만다. '화려하던 건물[華屋]'도 타고 '아름답게 꾸민 담장[粉牆]'도 무너져 폐허만 남은 수성궁 터를 바라보며 운영과 김 진사는 안평대군의 몰락에 동질감과 함께 연민과 비애를 느끼고 있는 것이다. 운영과 김 진사가 누리고 있는 천상의 복과 비교하였을 때 안평대군의 몰락은 더욱 대조적으로 그려진다. 몰락한 안평대군에 대한 동질감의 형성과 이에 따른 연민과 비애, 그리고 인생무상의 허무함이 서사 층위 2에 드러나 있는 <운영전>의 이차적 비극이다.

꿈에서 깨어 서사 층위 1로 돌아온 유영은 꿈 꾸기 전과는 다른 인물이다. 서사 층위 2, 3을 거치며 비극을 체험하며 몽유자 유영 역시 변화한 것이다. 꿈 꾸기 전 자신의 가난과 세인의 이목을 부끄러워하던 유영은 이제 세상사의 덧없음을 깨닫고 속세를 떠난다.

▌ 감상 : 안평대군의 일그러진 사랑

안평대군은 수성궁을 자신의 이상에 맞는 파라다이스로 만들고자 하였다. 그는 궁 안에 '비해당(匪懈堂)'과 '맹시단(盟詩壇)'을 짓고 이름난 문인들을 모아 교류하였다. 이 작은 파라다이스 안에서도 열 명의 궁녀들은 안평대군에게 특히 각별한 존재였다. 궁녀들은 안평대군의 딸이자 제자이자 뮤즈였다.

안평대군은 수성궁 안에서 궁녀들이 무엇이든 할 수 있도록 지원하였다. 그곳에서 궁녀들은 자신의 역량을 마음껏 갈고 닦아 펼칠 수 있었다. 아마 수성궁 밖이었다면 여성의 신분으로 불가능한 일이었을 것이다. 이 작은 천국을 제공하는 대신 안평대군이 내건 조건은 단 하나, 수성궁을 벗어나지 않는 것이었다.

안평대군은 궁녀들을 순수한 존재로 남기고자 하였다. 강박증에 가까운 이 소망은 안평대군의 이중적 태도로 나타난다. 그는 궁녀들에게 문학적 재능을 발휘하도록 장려하지만, 정작 외부인이 궁녀들의 시문을 칭찬할 때에는 "동복(童僕)이 우연히 거리에서 얻어 온" 것이라고 하며 궁녀들의 솜씨임을 감추었다. 아름다운 건물에 궁녀들을 공간을 마련해 주었지만, 바깥출입을 막고 그녀들의 내면 심리까지 감찰하려 했다. 자신과 교류했던 인물들에게조차 궁녀들의 존재가 노출되는 것을 꺼렸다.

이를 안평대군의 괴팍한 취향으로만 몰아붙이는 것은 성급할 수 있다. 안평대군의 입장에서 이것은 속박이 아니라 자신이 아끼는 이들과 수성궁을 속세의 오염으로부터 보호하기 위한 당연한 조치가 아니었을까.

속박과 보호의 경계는 모호하다. 가령 어린 자녀를 길가에 혼자 나가지 못하도록 막는 것은 보호일 것이다. 아기가 자신의 신체를 위험으로부터 보호할 수 있을 만큼 위험 상황에 대한 지식이 충분하지 않을 수 있으며, 갑작스런 상황에 대한 대처 능력이 갖춰지지 않았다고 판단되기 때문이다. 반대로 고등학생 정도 되는 자녀를 길가에 나가지 못하게 막는 것은 (별도의 특수한 조건이 없다면) 속박이 될 것이다. 그렇다면 아이에게 보호가 필요 없어지는 나이는 정확히 몇 살 쯤일까. 그 기준은 모든 사람에게 동일하게 적용되는 것일까.

속박과 보호의 경계를 명확하게 구분 짓는 것은 어렵지만, 그렇기에 필요한 것이 소통이다. 부모는 직·간접적 소통을 통해 아이의 위험 상황에 대한 지식과 대처 능력을 점검한다. 소통 결과 아이에게 부족한 부분이 있다고 판단될 경우 다양한 방법의 교육을 통해 아이가 스스로를 보호할 수 있도록 만들어 주어야 할 것이다. 반대로 아이에게 스스로를 보호할 수 있는 능력이 충분히 있다고 판단 될 때에는 그것을 믿고 보호의 테두리로부터 놓아 주어야 할 것이다.

다시 <운영전>으로 돌아가 보자. 안평대군은 시녀가 궁문 밖을 나서거나 외부인과 개인적으로 통교하는 것에 대해 무조건적으로 금지한다. 자신이 그어놓은 보호의 테두리를 벗어나지 말라고 일방적으로 경고한 것이다. 안평대군은 궁녀들을 보호하려는 의도였을 것이나, 궁녀들에게 이 같은 조치는 속박으로 받아들여진다. 안평대군의 애정과 관심은 보호를 위한 관찰이 아니라 속박을 위한 통제가 된다. 이제 수성궁은 더 이상 안전한 천국이 아니라 비좁은 감옥에 불과하다. 그 감옥을 나가고자 한 운영과, 그런 운영을 변호하는 궁녀들을 바라보며 안평대군은 자신의 보호가 사실 속박이었음을 깨달을 수 있었을까.

사랑하는 사람이 아프지 않길 바라는 것은 당연한 일일 것이다. 그 바람은 사람으로 하여금 대상을 보호하고자 하는 욕망을 불러일으킨다. 상대를 보호하고픈 욕망으로 인해 상대의 자유의지를 막는 것은 속박이며, 또 다른 형태의 폭력이다.

▌연습

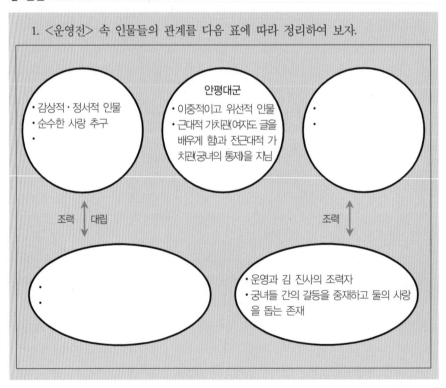

1. <운영전> 속 인물들의 관계를 다음 표에 따라 정리하여 보자.

- 감상적·정서적 인물
- 순수한 사랑 추구
- ·

안평대군
- 이중적이고 위선적 인물
- 근대적 가치관(여자도 글을 배우게 함)과 전근대적 가치관(궁녀의 통제)을 지님

- ·

조력 ⇅ 대립

조력 ⇅

- ·
- ·

- 운영과 김 진사의 조력자
- 궁녀들 간의 갈등을 중재하고 둘의 사랑을 돕는 존재

2. 다음은 <영영전>의 내용이다. <운영전>과 <영영전>의 내용을 비교하여 공통점과 차이점을 찾고, 두 작품의 주제와 창작 의도를 각각 서술해 보자.

성균관 진사인 김생은 길에서 회산군(檜山君)의 궁녀 영영을 만나 사랑에 빠지지만 만날 기회가 없어 아쉬워한다. 이들은 만날 길이 없는 가운데 3년이 지나고, 그 사이 김생은 장원 급제한다. 김생은 회산군 궁 앞에서 술 취한 척 말에서 떨어져 회산군 궁에 들어갈 기회를 얻지만 김생은 영영과 편지만 주고받는다. 이때 회산군은 죽은 지 3년이 되었다. 김생이 영영에 대한 그리움으로 앓아눕자, 회산군 부인의 조카인 친구가 김생의 사연을 말하여 영영을 보내주게 하였다. 김생은 벼슬도 사양하고 영영과 여생을 보낸다.

▌참고문헌

강상순(2011), 「<운영전>의 인간학과 그 정신사적 의미」, 『고전문학연구』 39, 한국고전문학회.

김경미(2002), 「『운영전』에 나타난 여성 서술자의 의의」, 『한국고전여성문학연구』 4, 한국고전여성문학회.

엄태식(2013), 「<운영전>의 양식적 특징과 소설사적 의미」, 『한국고전연구』 28, 한국고전연구학회.

이지영(2012), 「<운영전> 창작의 문학적 배경과 연원」, 『국문학연구』 26, 국문학회.

임치균(2006), 「비극적 사랑, 그 이상의 메시지—운영전」, 강혜선 외, 『한국의 고전을 읽는다 3』, 휴머니스트

정환국(2003), 「16세기 말 17세기 초 사상사의 흐름 속에서 본 <운영전>」, 『한국고전여성문학연구』 7, 『한국고전여성문학회』

최재우(2009), 「<운영전> 갈등구조의 양상과 그 소설사적 의미」, 『열상고전연구』 29, 열상고전연구회.

황윤실(2000), 「17세기 애정전기소설에 나타난 여성 주체의 욕망발현 양상」, 한양대학교 박사논문.

제 4 부 몽유 · 환유소설

원생몽유록

구운몽

제1장

원생몽유록

임제

* 출처 : 관란일고본, 이가
원 교주, 『이조한문소설
선 : 몽유록』, 교문사, 1984.

그들은 자허가 오는 것을 보고 일제히 마중 나왔다. 자허는 그들과 인사를 나누기 전에 먼저 왕에게 나아가 문안을 여쭙고 되돌아와서 자리가 각기 마련됨을 기다려 맨 끝에 앉았다. 자허의 바로 윗자리에는 아까 같이 온 복건을 쓴 이였고, 또 그 윗자리에는 다섯 사람이 차례로 앉았다. 자허는 어떻게 된 까닭임을 알 수 없어서 마음속으로 몹시 불안할 뿐이었다. 왕은 다음과 같이 말했다.

"내 일찍부터 경의 꽃다운 지조를 오랫동안 그리워하였소. 오늘 이 아름다운 밤에 우연히 만났으니 조금도 의아히 생각 마오."

자허는 그제야 일어서서 은혜를 감사하고 다시금 앉았다. 자리가 정해진 뒤에 그들은 서로 고금 국가의 흥망을 논하되 흥미진진하여 쉴 새 없었다. 복건 쓴 이는 탄식하면서,

"옛날 요·순(堯舜)과 탕·무(湯武)는 만고의 죄인인 줄 압니다. 그들로 말미암아 뒷세상에 여우처럼 아양 부려 임금의 자리를 뺏은 자 선위를 빙자하고, 신하로서 임금을 치고서도 정의를 외쳤으니, 천년을 내려오면서 그의 남은 물결을 헤칠 길이 없사옵니다. 아아, 이 네 임금이야말로 도적의 효시(嚆矢)가 되오리다."

했다. 말이 채 끝나기 전에 왕은 얼굴빛을 바로하고,

"아니요, 경은 이게 무슨 말이요. 네 임금의 덕을 지니고 네 임금의 시대를 만났다면 옳거니와, 네 임금의 덕이 없을뿐더러 네 임금의 그 시대가 아니니 가당치 않소. 저 네 임금이 무슨 허물이 있겠소. 다만 그들을 빙자하는 자들이 도적이 아니겠소."

했다. 그는 머리를 조아리고 절하며,

"마음속에 불평이 쌓여 저도 모르는 사이에 지나치게 분개했사옵니다."

하고 사과했다. 왕은 또,

"너무 지나친 사양은 마오. 오늘은 귀한 손님이 이 자리에 가득히 모였으니, 다른 것을 이야기할 필요는 없겠소. 다만 달은 밝고 바람이 맑으니, 이 아름다운 밤에 어찌 해야 하겠소"

하고, 곧 금포(錦袍)를 벗어 갯마을에 보내 술을 사오게 했다. 술이 몇 잔 돌자 왕은 그제야 잔을 잡고 흐느껴 울면서 여섯 사람을 돌아보았다.

"경들은 이제 각기 자기의 뜻을 말하여 남 몰래 품은 원한을 풀어봄이 어떠할꼬"

했다. 여섯 사람은,

"전하께옵서 먼저 노래를 부르시면 신들이 그 뒤를 이어볼까 하옵니다."

하고 대답했다. 왕은 수심에 겨워 옷깃을 여미고 슬픔을 이기지 못한 채 노래 한 가락을 불렀다.

(중략)

읊기가 끝나자 앉은 자들이 모두 흐느껴 울었다. 얼마 되지 않아 어떤 기이한 사내 하나가 뛰어드는데 그는 씩씩한 무인이었다. 키가 훤칠하고, 용맹이 뛰어났으며, 얼굴은 포갠 대추와 같고, 눈은 샛별처럼 번쩍였다. 그는 옛날 문천상(文天祥)의 정의에다 진중자(陳仲子)의 맑음[1]을 겸하였으며 늠름한 위풍은 사람들로 하여금 공경심을 일으켰다. 그는 왕 앞에 나아가 뵌 뒤에 다섯 사람들을 돌아보며,

"애닯다 썩은 선비들아, 그대들과 무슨 대사를 꾸몄단 말인가."

하고, 칼을 뽑아 춤을 추며 슬피 노래 부르는데 그 마음이 강개하고 그 소리는 큰 종을 울리는 듯하였다. 그 노래는 다음과 같았다.

1 문천상(文天祥)은 남송(南宋)의 충신이며, 진중자(陳仲子)는 춘추 시대 제나라의 청렴한 선비임.

바람은 쓸쓸하여 잎 지고 물결 찰 제	風蕭蕭兮木落波寒
칼 안고 긴 파람에 북두성은 기울었네	撫劍長嘯兮斗星闌干
살아서는 충의하고 죽어선 굳센 혼백 되었네	生全忠節死爲義魄
이 내 마음 어떠한가 강 위의 둥근 달이라네	襟懷何似一輪江月
아아 당초 계책이 틀렸으니 썩은 선비들 어찌 책망할까	嗟不可兮慮始腐儒誰責

노래가 채 끝나기 전에 달은 검고 구름은 슬픈 듯, 비는 울고 바람은 트림하는 듯 했다. 큰 벼락 소리 한 번에 그들은 놀라 흩어졌고, 자허 역시 놀라 깨어 본 즉 한바탕 꿈이었다. 자허의 벗 매월거사는 이를 듣고 통분한 어조로,

"대저 옛날부터 임금이 어둡고, 신하가 혼란하여 마침내 나라를 엎은 자가 많았

다. 이제 그 임금을 보건대 반드시 현명한 왕이며, 그 여섯 신하도 모두 충의의 선비이다. 어찌 이런 신하와 이런 임금으로서 패망의 화를 입음이 이리도 참혹할 수 있겠는가. 아아, 이것은 대세가 이렇게 만든 것인가. 그렇다면 시(時)와 세(勢)에다 돌리지 않을 수 없고, 또한 하늘에다 돌리지 않을 수 없다. 하늘에다 돌린다면 선인(善人)에게 복을 내리고 악인에게 재앙을 내리는 것이 하늘의 도가 아니란 말인가. 하늘에 돌릴 수 없다면 어둡고 막연하여 이 이치를 상세히 알기 어려우니, 우주가 아득하기만 하여 한갓 뜻있는 선비의 회한(悔恨)만 더할 뿐이다."

■ 맥락

(1) 서사 단락

① '원자허'는 기개가 높지만 가난하게 사는 선비이다.
② 어느날 책을 읽다가 잠이 든 원자허의 몸이 떠오르고 긴 강 언덕에 도착하다.
③ 복건을 한 남자가 나타나 원자허를 강가의 정자로 안내하다.
④ **원자허가 왕과 다섯 신하를 만나고 연회의 말석에 앉다.**
⑤ **고금 국가의 흥망에 대해 토론 하던 중 복건자(幅巾者)가 비분강개하자 왕이 제지하다.**
⑥ 주연이 열리고 왕과 신하들이 억울한 심회를 시로 읊다.
⑦ 원자허의 차례가 되어 시를 읊고, 모든 사람이 흐느껴 울다.
⑧ **한 사내가 뛰어들어 신하들을 꾸짖고, 비탄하는 노래를 부르다.**
⑨ **벼락소리에 모두 놀라 흩어지고, 원자허는 잠에서 깨다.**
⑩ **매월거사(梅月居士)가 원자허의 꿈에 대해 평가하고 시를 읊다.**
[이본에 따라 ⑩이 누락되거나 다르게 나타남]

(2) 창작 및 전승 맥락

<원생몽유록(元生夢遊錄)>의 작자에 대해서는 여러 논의가 있어왔는데, 이는 여러 이본과 기록들이 서로 엇갈리고 있기 때문이다. <원생몽유록>의 여러 이본에 따라 임제(林悌, 1549~1587) 창작설과 원호(元昊, 1397~1463) 창작설이 제기되었으며, 김시습(金時習, 1435~1493) 창작설이 제기되기도 하였다. 그러나 현재는 여러 기록과 역사적 정황으로 미루어 임제 창작설이 학계의 정설로 자리잡아가고 있는 실정이다.

<원생몽유록>은 앞선 시기 창작된 <육신전>과 연관성이 매우 높은 작품이다. <육신전>은 남효온(南孝溫, 1454~1492)이 단종 복위 운동에 참여했다가 처형당한 여섯 인물의 행적에 대하여 당대의 증언과 기억을 모아 기록한 작품이다. 따라서 이 작품은 역사적 사실의 기록이라기보다 단종 복위 운동에 대해 일부 과장되고 변형된 이야기를 모은 야사(野史)라 할 수 있다. 그러나 <육신전>은 그 내용의 진위 여부와 상관없이 역사적 진실로 받아들여지며 큰 영향을 남긴다. 단종을 복위시키려다 죽은 여러 인물들 가운데 특히 박팽년(朴彭年, 1417~1456), 성삼문(成三問, 1418~1456), 이개(李塏, 1417~1456), 하위지(河緯地, 1412~1456), 유응부(兪應孚, ?~1456)를 '사육신(死六臣)'이라 칭하는데, 이는 <육신전>으로부터 비롯된 것이다.

선조 9년(1576년), 박계현(朴啓賢, 1524~1580)이 선조에게 성삼문을 충신이라 부르며 <육신전>을 추천하였다는 기록이 나타나는데, 이는 사육신을 복권하고자 하는 시도였다. 그러나 선조는 세조의 잔혹함을 부각시키며 그 정통성을 훼손하고 있는 <육신전>을 읽은 후 노발대발하였고, 사육신에 대한 복권 시도는 좌절된다. 박계현과 친분이 있었던 임제는 세조를 직접적으로 언급하지 않으면서도 사육신의 충절을 내세울 수 있도록 <육신전>을 꿈의 서사로 재구성하였고, 여기에 임제 본인의 비판적 사회 인식이 함께 작용하여 탄생한 작품이 바로 <원생몽유록>이다.

<원생몽유록>에 드러나 있는 <육신전>의 영향은 먼저 등장인물을 통해 드러난다. 주인공 원자허가 꿈에서 만나는 인물은 왕과 여섯 신하[六臣], 그리고 '복건을 쓴 사내[幅巾者]'이다. 왕과 여섯 신하는 각각 단종과 사육신에 대응된다. 그렇다면 <원생몽유록>에서 왕과 여섯 신하를 제외한 나머지 한 명, '복건을 쓴 사내'는 누구일까? 그는 바로 <육신전>의 저술로 말미암아 후대에 '생육신(生六臣)'의 한 사람으로 꼽히기도 하는 남효온이 형상화된 인물이다.

이 뿐만 아니라 <원생몽유록>의 일부 장면이나 삽입시를 통해서도 <육신전>의 영향을 알 수 있는데, 그 중 대표적인 것이 '칼춤을 추는 사내'가 등장하는 장면이다. 사내의 발언 내용과 행동을 통해 이 인물이 바로 유응부임을 알 수 있는데, 그는 칼로 세조를 살해하려다 실패한 인물이며 국문장에서 성삼문의 우유부단함을 꾸짖은 인물로 알려져 있다. 유응부가 성삼문을 꾸짖는 일화는 실록에는 전해지지 않으며, <육신전>을 통해 널리 퍼진 야화(野話)이다. 따라서 이 역시 <원생몽유록>이 <육신전>으로부터 영향을 받은 것이다.

한편 단종과 사육신의 복권 운동은 숙종대에 이르러 사육신의 복관(1691), 단종의 복위(1698)로 결실을 맺게 되며, 사육신에 짝을 맞춘 생육신의 설정과 그들에 대한 추증 역시 이 시기에 이뤄진다. 1711년에는 세조의 왕위 찬탈 후 상황을 기록한

『장릉지(莊陵志)』가 숙종의 명에 의해 간행되는데, 이 책에 <원생몽유록>이 부록으로 수록되기도 한다.

우쾌제(2002)에 따르면, 단종과 사육신이 복권되고 <원생몽유록>의 위상이 올라감에 따라 <원생몽유록>과 관련된 다양한 인물의 후손들이 제각각 자신의 선조(先祖)가 이 작품을 창작했다고 주장하였고, 이들이 제각각 자신의 선조의 문집에 <원생몽유록>을 수록함에 따라 다양한 이본이 파생되게 되었으며, 이 같은 현상이 후대 <원생몽유록>의 작자 논란으로 이어지게 된 것이다.

▌쟁점 : 몽유록의 갈래 문제 – 서사인가 교술인가

<원생몽유록>은 몽유록의 양식적 특성을 드러낸 최초의 작품으로 알려져 있다. 국문학사상 몽유록은 <원생몽유록>에 이르러 비로소 역사적·사회적 주제를 띤 본격 장르로 자리 잡았다.

'현실−꿈−현실'로 구성되는 환몽구조는 몽유록이라는 양식이 지니는 서사성의 근간이 된다. 몽유록은 기본적으로 시간적 순서에 따라 기술되는 서사물이며, 허구화된 인물이 꿈 속에서 겪는 허구적 체험의 기술이라는 점에서 서사성을 지닌다.

또 문학사적 측면에서 보았을 때 몽유록은 앞선 시기 창작된 『금오신화(金鰲新話)』나 『기재기이(企齋記異)』와 같은 환몽구조의 서사로부터 영향을 받아 양식적 특성을 형성해나갔다. 이러한 문학사적 흐름 역시 몽유록을 서사 갈래로 분류하는 데에 근거로 작용한다.

정학성(1977)은 이와 같은 서사적 특성에 주목하여 몽유록을 서사 장르의 하위 양식으로 보기도 하였다.

그러나 몽유록은 교술적 성격이 무척 강한 양식이다. 몽유록의 교술성은 창작 동기 및 독자의 수용 태도, 토론과 시연의 전개 양상 등에 드러나 있다.

많은 몽유록 작품들이 완전한 허구의 사건을 다루기보다는 역사적 사실을 근거로 삼아 이에 대해 기술하고 있다. <원생몽유록>의 경우 실제 역사적 사실을 바탕에 두고 있으며, 단종과 사육신의 일을 기술함으로써 이들을 추모한다는 뚜렷한 창작 동기가 드러나 있는 작품이다. 따라서 <원생몽유록>의 내용은 꿈이라는 허구적 장치를 사용하고 있으나 완전한 허구로 보기 어려우며, 이는 여타 몽유록 작품에서도 마찬가지이다.

독자 역시 몽유록 작품을 감상할 때에는 작품 속 인물들을 실제 인물과 연관 짓게 되는데, 이는 몽유록을 역사적 기록의 하나로 이해하고 있는 것이다. <원생몽유록>의 경우 독자는 작품을 감상하며 작품 속 등장인물들을 완전한 허구의 인물로 인식하기보다 왕과 단종, 여섯 신하와 사육신을 연결하며 이해한다. 이처럼 독자의 작품 향유 태도에서도 몽유록은 허구에 기반한 서사성보다 교술성을 더 드러낸다.

몽유록의 교술성이 제일 강하게 드러나는 부분은 꿈속에서 전개되는 토론 및 시연 장면이다. 몽유록은 몽유자의 꿈 속 체험이 '좌정(坐定)→토론→시연(詩宴)'의 순차적 구조로 정리할 수 있다. 몽유자가 품고 있단 문제의식은 꿈 속에서 토론이라는 형식으로 논의되고, 토론에서 제기된 문제들은 석연히 해결되지 못하는 상태해서 마감된다. 토론에 참여한 인물들은 각자 자신의 고뇌를 시로써 토로하는데, 이 같은 토론 및 시연 장면은 작자의 주제의식을 직접적으로 드러내는 장면에 해당한다. 토론에서 의견 대립을 통해 드러나는 갈등 양상은 그 심각성에 비해 쉽게 진정되곤 하는데, 이는 몽유록의 토론이 등장 인물간의 갈등을 드러내거나 심화하기 위한 소설적 장치가 아니라 단순히 작가의 주제의식을 서술하기 위해 설정된 것이기 때문이다.

몽유록은 역사적 현실에 대한 비판적 시각을 서사적 맥락을 통해 전개하고 있다. 논설적 서술에만 의지하여 현실에 대한 비판의식을 드러낸 것도 아니요, 그렇다고 허구적 사건이나 인물의 설정을 통한 이야기의 전개를 완전하게 드러내는 것도 아니다. 서사성과 교술성을 모두 지니고 있는 몽유록의 성질로 말미암아 서대석(1975)은 이를 '허구적 교술'로 분류하였고, 신재홍(1994)은 '교술적 서사'로 분류함으로써 서사의 하위 장르로 파악하기도 하였다.

▌꼼꼼히 읽기 : <원생몽유록>의 토론 속 비판적 사회 인식

<원생몽유록>에서 꿈 속 토론은 작품의 주제 의식을 드러내기 위해 사용된 서사 장치이다. 따라서 토론에 참여하는 등장인물들의 발화를 통해 작품의 주제와 작가의 비판적 현실 인식에 대해 알 수 있다.

주인공 원자허가 연회 장소에 이르러 좌정(坐定)하자 그곳에 모여 있던 왕과 신하들은 고금 국가의 흥망에 대해 토론한다. 먼저 강하게 문제의식을 드러내는 인물은 '복건을 쓴 이'다.

"옛날 요·순(堯舜)과 탕·무(湯武)는 만고의 죄인인 줄 압니다. 그들로 말미암아 뒷

세상에 여우처럼 아양 부려 임금의 자리를 뺏은 자 선위를 빙자하고, 신하로서 임금을 치고서도 정의를 외쳤으니, 천년을 내려오면서 그의 남은 물결을 헤칠 길이 없사옵니다. 아아, 이 네 임금이야말로 도적의 효시(嚆矢)가 되오리다.”

이 발언은 당대뿐만 아니라 봉건 왕조 전 시대에 걸쳐 성군(聖君)으로 추앙받아 온 요순탕무의 권위에 대한 도전이다. ‘복건 쓴 이’의 정체는 남효온이다. 죽림거사를 자처하며 노장(老莊)의 이론을 높이 여기고 불교를 옹호했던 남효온의 행적을 고려한다면, <원생몽유록>에서 그가 유교에 대해 도전적인 발언을 하는 것이 일견 수긍할 만한 데가 있다. 그러나 몽유록에 나타나는 토론의 교술적 특징상 이 발언은 해당 인물을 문제 의식일 뿐만 아니라 작가의 문제의식이기도 하다. 즉 이 도전적인 발언은 방외인으로 살았던 작가 임제의 문제의식을 드러낸 것이기도 하다.

요순탕무를 일컬어 ‘爲賊嚆矢’, 즉 ‘도적의 효시’라 부른 것은 사육신이 복권되고 남효온이 생육신으로 추앙받게 된 후대에 이르러서도 위험하게 받아들여졌다. 『백호집(白湖集)』에 따르면, 숙종이 직접 이 작품을 살펴볼 때 ‘도적[賊]’이라는 과격한 표현을 ‘사람[人]’으로 고쳐 ‘爲人嚆矢’, 즉 ‘뭇 사람들의 효시’로 순화하였다는 기록이 있다. 이는 ‘복건 쓴 이’의 발언에 이어지는 왕의 발언 속 ‘賊’자에도 마찬가지로 적용되어 ‘非’자로 고쳤다고 기록되어 있다. 송시열(宋時烈, 1607~1689) 역시 ‘賊’자를 ‘非’로 순화하라고 충고한 바 있다.

‘복건 쓴 이’의 발언에 뒤이어 왕이 반론을 제기한다.

“아니요, 경은 이게 무슨 말이요. 네 임금의 덕을 지니고 네 임금의 시대를 만났다면 옳거니와, 네 임금의 덕이 없을뿐더러 네 임금의 그 시대가 아니니 가당치 않소. 저 네 임금이 무슨 허물이 있겠소. 다만 그들을 빙자하는 자들이 도적이 아니겠소.”

왕은 요순탕무의 권위에 대한 도전을 질책하며, 네 임금이 처했던 시대적 상황과 필요성을 들어 그들을 옹호하고 있다. 즉 요순탕무로 대표되는 유교적 가치가 잘못된 것이 아니라 현실에서 그 가치를 빙자하여 폐륜을 저지른 자들이 잘못된 것이라는 발언이며, 이는 순수한 유교적 이념 자체의 도덕성을 변호하는 것으로 볼 수 있다.

얼핏 왕과 ‘복건 쓴 이’가 의견 대립으로 충돌하는 듯 보이나, 현실에 대한 비판적 인식은 동일하다고 볼 수 있다. 왕의 반론에 ‘복건 쓴 이’는 바로 사죄하고, 이들의 의견 차이는 갈등의 형성이나 심화로 이어지지 않는다.

왕과 ‘복건 쓴 이’, 그리고 토론 참가자 모두에게 유교적 이념과 현실 사이의 괴리와 모순은 심각한 고뇌를 낳을 뿐 극복할 수 없는 문제이다. 해결 불가능한 문제에 대해 이들은 답답한 심정을 술로 풀 따름이다. 이들의 술자리는 시연으로 이어진다. 왕은 '남 몰래 품은 원한'을 시로 풀어낼 것을 제의하는데, 서정을 빌어 깊은 감정을 토로하고자 한 것이다. 뒤이어 비창한 어조의 시가 이어진다. 작가는 왕과 여섯 신하의 원한을 시로 읊조리게 함으로써 독자들로부터 정서적 공감을 얻으려 한 것이다.

하지만 작자는 그것만으로는 비분강개함의 토로가 부족하다고 여겼는지, 무인을 등장시켜 그 충성스러운 선비들의 나약함을 비난하게 한다. 이는 세상을 비판하고 무기력에 빠져있는 선비들에 대해 무인의 비판을 가함으로써 이중적인 구조로 유교적 세계관 그 자체를 비판한 것이다. 그리고 각몽 후 매월거사(김시습)의 꿈에 대한 화답은 작품 전체의 결론에 해당하는 부분으로, 이념과 역사적 현실 사이의 괴리에 대한 안타까움을 하늘의 도(道)로 전가시키면서 인간사의 한계와 무상성이라는 회의를 드러냄으로서 작품은 끝을 맺게 된다.

▌감상 : 악인의 승리 – 하늘의 도리는 어디 있는가?

『명심보감(明心寶鑑)』에 따르면, '착한 일을 하는 사람에게는 하늘이 복으로 갚아주고, 착하지 않은 일을 하는 사람에게는 하늘이 재앙으로 갚는다(爲善者 天報之以福, 爲不善者 天報之以禍)'고 하였다. 선한 사람이 복을 받고 악한 사람이 불행해지는 것은 하늘의 이치라는 뜻이다. 그러나 사육신의 충절 어린 시도는 실패했고, 오랜 기간 동안 그들은 언급조차 허락되지 않는 존재가 되었다. 매월거사는 이 같은 현실에 회의를 품는다. 착한 이에게 복이 가고 악한 이가 불행해지는 것이 하늘의 이치라 배웠건만, 현실에서는 그렇지 않다.

도리에 어긋나는 일을 서슴없이 행하는 사람이 떵떵거리며 살고, 올바른 가치의 실현에 모든 것을 바친 인물이 오히려 빈곤하게 지내는 사례를 오늘날에도 쉽게 찾을 수 있다. 이런 불합리한 현실 또한 하늘의 뜻에 의한 것일까. 그렇다면 정말 하늘의 뜻이 사필귀정(事必歸正)에 있다고 할 수 있을까. 대체 하늘의 뜻은 어디에 있는 것인가.

이에 대한 해답을 『서경(書經)』의 한 구절에서 찾아 볼 수 있다. 『서경』에 따르면, '하늘은 백성이 보는 것을 보며, 하늘은 백성이 듣는 것을 듣는다(天視自我民視, 天聽自我民聽)'고 한다. 이 구절은 하늘의 뜻을 알기 위해서는 백성이 보고 듣는 것을 살피라는 의미이다. 하지만 뒤집어 생각하면, 백성이 보지 않는 것은 하늘이 볼 수 없으며 백성이 듣지 않는 것은 하늘이 들을 수 없다는 의미로 해석할 수도 있다.

선한 사람들이 패배하고, 악인이 승리하는 것은 어쩌면 백성의 눈과 귀를 속이는 것으로 한 때의 시운일 수 있다. 많은 백성이 이에 대해 관심을 갖고 바로잡고자 소망한다면 결국 선인이 복을 받고 악인이 벌을 받는 하늘의 도를 이룰 수 있을 것이다. <원생몽유록>의 인물들은 단종과 사육신의 패배에 좌절하였지만, 이 같은 부조리를 바로 잡으려는 여러 사람의 오랜 노력이 결국 단종과 사육신의 복권으로 열매를 맺게 되지 않았던가.

만약 백성이 선인의 패배와 악인의 승리에 대하여 관심을 기울이지 않는다면 하늘의 이치가 작용할 수 없을 것이다. 백성이 악인이 승리하는 현실에 순응하거나, 자신과 무관하다고 외면한다면 악인은 백성의 무관심 속에서 또다시 승리할 것이다. 나아가 백성이 눈과 귀를 크게 열고 있다면, 악인이 한때의 기회를 틈타 잠시 승리하는 일도 없어질 것이다.

하늘의 뜻은 어디 있는가? 백성에게 있다. 하늘의 뜻은 항상 거기 있는가? 아니다. 백성이 눈과 귀를 기울이며 스스로 자각할 때에만 하늘의 큰 뜻이 거기 존재할 수 있다.

▌연습

1. 작가가 <원생몽유록> 드러내고 있는 문제의식이 무엇인지 찾아보고, 토론과 시연이 작가의 주제 의식을 드러내는데 어떤 역할을 하고 있는지 말해 보자.

2. <원생몽유록>의 서사적 특성과 교술적 특성이 드러나는 부분을 각각 찾아보자.

▌참고문헌

서대석(1975), 「몽유록의 장르적 성격과 문학사적 의의」, 『한국학논집』 3, 계명대학교 한국학연구원.

신재홍(1994), 『한국 몽유 소설 연구』, 계명문화사(수정증보 : 역락, 2012).

신해진(1998), 『조선 중기 몽유록 연구』, 박이정.

양언석(1996), 『몽유록 소설의 서술 유형 연구』, 국학자료원.

우쾌제(2002), 『원생몽유록-작자 문제의 시비와 의혹』, 박이정.

윤주필(2002), 「<원생몽유록> 연구의 비판적 이해」, 『고소설연구사』, 월인.

정출헌(2012), 「<육신전>과 <원생몽유록> : 충절의 인물과 기억서사의 정치학」, 『고소설 연구』 33, 한국고소설학회.

정학성(1977), 「몽유록의 역사의식과 유형적 특질」, 『관악어문연구』 3, 서울대학교 국어국문학과.

제2장

구운몽

김만중

* 출처 : 서울대본, 김만중, 김병국 교주, 『구운몽』, 서울대학교출판문화원, 2009.

농왕(龍王)이 샹셔(尙書)롤 젼문(殿門) 밧긔 가 보내더니 샹셰(尙書ㅣ) 믄득 눈을 드러 보니 훈 뫼히 놉고 쌔혀나 다숫 봉(峯)이 구룸 속의 드러거놀 왕(王) 드려 무른디,

"이 뫼 일홈을 무어시라 호느니잇고? 쇼유(少遊ㅣ) 텬하(天下)의 두로 둔녀시디 오딕 화산(華山)과 이 뫼흘 못 보앗느이다."

용왕(龍王)이 대왈(對曰),

"원슈(元帥ㅣ) 이 뫼흘 모르시도소이다. 이곳 남악(南嶽) 형산(衡山)이이다."

샹셰(尙書ㅣ) 왈(曰),

"어이면 져 뫼흘 보리잇고?"

왕(王) 왈(曰),

"일세(日勢) 오히려 늣디 아녀시니 잠간(暫間) 구경호셔도 영(營)의 도라가리이다."

샹셰(尙書ㅣ) 술위의 오르니 임의 산하(山下)의 니르럿더라. 샹셰(尙書ㅣ) 막대롤 쓰을고 셕경(石徑)을 츠즈가니 일쳔(一千) 바회 닷토와 쌔혀나고 일만(一萬) 믈이 결워 흐르니 겨롤호야 니로 응졉(應接)디 못홀너라, 탄(歎)호야 골오디,

"어느날 공(功)을 일우고 믈너나 믈외(物外)예 훈가(閑暇)훈 사롬이 될고?"

믄득 브람 길히 경쥐(磬子) 소리 들니거놀 스문(寺門)이 머디 아닌 줄 알고 조초 올나가니 훈 졀이 이시디 졔작(製作)이 극히 쟝녀(壯麗)호고 노승(老僧)이 당샹(堂上)의 안즈 브야흐로 셜법(說法)호니 눈썹이 길고 눈이 프르고 골격(骨格)이 쳥슈(淸秀)호야 세샹(世上) 사롬이 아니러라. 모든 듕을 거느리고 당(堂)의 누려 샹셔(尙書)롤 마즈며 왈(曰),

"산야(山野) 사롬이 귀 눈이 업셔 대원슈(大元帥) 오시는 줄 아디 못호야 먼니 맛디 못호니 죄(罪)를 사(赦)호쇼셔. 원슈(元帥ㅣ) 이번은 도라올 째 아니어니와 임의 와시니 뎐샹(殿上)의 올나 녜(禮)하쇼셔."

샹셰(尙書ㅣ) 분향(焚香) 녜비(禮拜)ᄒᆞ고 뎐(殿)의 ᄂᆞ리더니 믄득 실죡(失足)ᄒᆞ여 업더져 놀나 ᄭᆡᄃᆞᄅᆞ니 몸이 영듕(營中)의셔 교의(交椅)예 의지(依支)ᄒᆞ야고 놀이 임의 붉앗더라. 샹셰(尙書ㅣ) 쟝ᄉᆞ(將士)를 모흐고 문왈(問曰),

"너희 밤의 무슴 ᄭᅮᆷ이 잇더냐?"

모다 대왈(對曰),

"ᄭᅮᆷ의 원슈(元帥)를 뫼시고 신병귀졸(神兵鬼卒)노 더브러 ᄡᅡ화 이긔고 쟝슈(將帥)를 잡아 뵈니 이 필연(必然) 오랑캐를 멸(滅)ᄒᆞᆯ 징죄(徵兆ㅣ)로소이다."

(중략)

졔(諸) 낭자(娘子)ᄂᆞᆫ 다 젼싱(前生)의 근본(根本)이 잇ᄂᆞᆫ 사ᄅᆞᆷ이라. ᄯᅩᄒᆞᆫ 셰쇽(世俗) 인연(因緣)이 디낼 ᄯᅢ니 이 말을 듯고 ᄌᆞ연(自然) 감동(感動)ᄒᆞ야 니ᄅᆞ되,

"부귀(富貴) 번화(繁華) 듕(中) 이러틋 쳥졍(淸淨)ᄒᆞᆫ ᄆᆞᄋᆞᆷ을 내시니 댱ᄌᆞ방(張子房)을 어이 죡(足)히 니ᄅᆞ리오? 쳡등(妾等) ᄌᆞ민(姉妹) 팔인(八人)이 당당(堂堂)이 심규(深閨) 듕(中)의셔 분향(焚香) 녜불(禮佛)ᄒᆞ여 샹공(相公) 도라오시기를 기ᄃᆞ릴 거시니, 샹공(相公)이 이번 힝(行)ᄒᆞ시미 벅벅이 붉은 스싱과 어진 벗들 만나 큰 도ᄅᆞᆯ 어드리니 득도(得道)ᄒᆞᆫ 후(後)의 브터 쳡등(妾等)을 몬져 졔도(濟度)ᄒᆞ쇼셔."

승샹(丞相)이 대회(大喜) 왈(曰),

"우리 구인(九人)이 ᄯᅳᆺ이 ᄀᆞᆺ트니 쾌ᄉᆞ(快事)라. 내 명일(明日)노 당당이 힝(行)ᄒᆞᆯ 거시니 금일(今日)은 졔(諸) 낭ᄌᆞ(娘子)로 더브러 진ᄎᆔ(盡醉)ᄒᆞ리라."

ᄒᆞ더라. 졔(諸) 낭ᄌᆡ(娘子ㅣ) 왈(曰),

"쳡등(妾等)이 각각 일비(一盃)를 밧드러 샹공(相公)을 젼송(餞送) ᄒᆞ리이다."

잔(盞)을 ᄭᅥ셔 다시 브으려 ᄒᆞ더니 홀연 셕경(石逕)의 막대 더지는 소리 나거ᄂᆞᆯ 고이히 너겨 싱각ᄒᆞ되 '엇던 사ᄅᆞᆷ이 올나오ᄂᆞᆫ고?' ᄒᆞ더니, ᄒᆞᆫ 호승(胡僧)이 눈썹이 길고 눈이 ᄆᆞᆰ고 얼골이 고이ᄒᆞ더라. 엄연(儼然)이 좌샹(座上)의 니ᄅᆞ러 승샹(丞相)을 보고 녜(禮)ᄒᆞ야 왈(曰),

"산야(山野) 사ᄅᆞᆷ이 대승샹(大丞相)긔 뵈ᄂᆞ이다."

승샹(丞相)이 이인(異人)인 줄 알고 황망(慌忙)이 답녜(答禮) 왈(曰),

"ᄉᆞ부(師父)ᄂᆞᆫ 어디로셔 오신고?"

호승(胡僧)이 쇼왈(笑曰),

"평싱(平生) 고인(故人)을 몰라보시니 귀인(貴人)이 니즘 헐타 말이 올토소이다."

승샹(丞相)이 ᄌᆞ시 보니 과연(果然) ᄂᆞᆺ치 닉은 ᄃᆞᆺ ᄒᆞ거ᄂᆞᆯ 홀연(忽然) ᄭᆡ쳐 능파낭ᄌᆞ

(凌波娘子)롤 도라보며 왈(曰),

"쇼위(少遊ㅣ) 전일(前日) 토번(吐藩)을 정벌(征伐)홀 제 꿈에 동정(洞庭) 농궁(龍宮)의 가 잔치ᄒ고 도라올 길ᄒ 남악(南嶽)의 가 노니, 혼 화상(和尙)이 법좌(法座)의 안져서 경(經)을 강논(講論)ᄒ더니 노뷔(老父ㅣ) 그 화상(和尙)이냐?"

호승(胡僧) 박장대소(拍掌大笑)ᄒ고 글오디,

"올타. 올타. 비록 올ᄒ나 몽듕(夢中)의 잠간(暫間) 만나본 일은 싱각ᄒ고 십년(十年)을 동쳐(同處)ᄒ던 일을 아디 못ᄒ니 뉘 양장원(楊壯元)을 총명(聰明)타 ᄒ더뇨?"

승상(丞相)이 망연(茫然)ᄒ야 글오디,

"쇼위(少遊ㅣ) 십오뉵셰(十五六歲) 전(前)은 부모 좌하(座下)롤 쩌나디 아녓고 십뉵(十六)에 급졔(及第)ᄒ야 년(連)ᄒ야 딕명(職名)이 이시니, 동(東)으로 연국(燕國)의 봉ᄉ(奉使)ᄒ고 서(西)로 토번(吐藩)을 정벌(征伐)혼 밧근 일즉 경ᄉ(京師)룰 쩌나디 아녀시니 언제 ᄉ부(師父)로 더브러 십년(十年)을 샹죵(相從)ᄒ여시리오?"

호승(胡僧)이 쇼왈(笑曰),

"샹공(相公)이 오히려 츈몽(春夢)을 ᄭᄭ디 못ᄒ엿도소이다."

승샹(丞相) 왈(曰),

"ᄉ뷔(師父ㅣ) 엇디면 쇼유(少遊)로 ᄒ야곰 츈몽(春夢)을 ᄭᄭ게 ᄒ리오?"

호승(胡僧) 왈(曰),

"이ᄂ 어렵디 아니ᄒ니이다."

ᄒ고, 손 가온디 셕장(錫杖)을 드러 셕난간(石欄干)을 두어 번 두드리니 홀연(忽然) 네역 뫼골노셔 구롬이 니러나 대샹(臺上)의 ᄭᄭ이여 디쳑(咫尺)을 분변(分辨)티 못ᄒ니, 승샹(丞相)이 정신(精神)이 아득ᄒ야 마치 취몽듕(醉夢中)의 잇ᄂ 듯 ᄒ더니 오래게야 소리 질너 글오디,

"ᄉ뷔(師父ㅣ) 어이 뎡도(正導)로 쇼유(少遊)룰 인도(引導)티 아니ᄒ고 환슐(幻術)노 서로 희롱(戲弄)ᄒᄂ뇨?"

말을 듯디 못ᄒ야셔 구름이 거두치니 호승(胡僧)이 간 곳이 업고 좌우룰 도라보니 팔낭지(八娘子ㅣ) ᄯᅩ혼 간 곳이 업ᄂ디라. 정히 경황(驚惶)ᄒ야 ᄒ더니, 그런 놉흔 디(臺)와 만흔 집이 일시(一時)의 업셔지고 제 몸이 혼 젹은 암ᄌ(庵子) 듕(中)의 혼 포단(蒲團) 우희 안쟈시디 향노(香爐)의 블이 임의 샤라지고 디난 돌이 창의 임이 빗최엿더라.

스스로 제 몸을 보니 일빅(一百) 여듧 낫 염쥬(念珠ㅣ) 손목의 걸녓고 머리룰 ᄆᆫ디니 갓 ᄭᆞ근 마리털이 가즐가즐ᄒ야시니, 완연(完然)이 쇼화상(小和尙)의 몸이오 다시 대승상(大丞相)의 위의(威儀) 아니니, **정신(精神)이 황홀(恍惚)ᄒ야 오란 후(後)의 비**

로소 제 몸이 연화도댱(蓮花道場) 셩진(性眞) 힝쟤(行者)인 줄 알고 싱각ᄒ니, 처음의 스승의게 슈칙(受責)ᄒ야 풍도(酆都)로 가고 인셰(人世)에 환도(還道)ᄒ야 양가(楊家)의 아ᄃᆞᆯ 되여 장원급졔(壯元及第) 한님ᄒᆞᆨᄉᆞ(翰林學士)ᄒ고 츌댱입샹(出將入相)ᄒ야 공명신퇴(功名身退)ᄒ고 냥(兩) 공쥬(公主)와 뉵(六) 낭ᄌ(娘子)로 더브러 즐기던 거시 다 ᄒ로 밤 ᄭᅮᆷ이라.

■ 맥락

(1) 서사 단락

① 형산의 육관대사가 제자 성진을 시켜 동정용왕에게 설법하도록 하다.

② 성진이 용왕의 환대를 받아 술을 마시고, 돌아오는 길에 팔선녀를 만나 수작하다.

③ 성진이 연화봉에 돌아와 속세의 부귀를 흠모하다.

④ 육관대사가 성진을 꾸짖어 염라부로 쫓고, 성진과 팔선녀가 인간계로 하강하다.

④-1. 성진은 양소유로 환생하고, 이후 15세가 된 양소유가 과거를 보러 떠나다.

④-2. 양소유가 화음현에서 진채봉을 만나 약혼하지만 장안에서 반란이 일어나자 피난하여 떠나고, 부친이 반란에 연루된 진채봉은 궁녀가 된다.

④-3. 반란이 끝나자 양소유는 다시 과거를 보러 떠나고, 낙양에서 기생 계섬월과 인연을 맺다.

④-4. 장안에 도착한 양소유가 여장을 하고 몰래 정경패의 미모를 구경하다.

④-5. 장원 급제한 양소유가 정경패와 정식으로 약혼하고, 정경패의 시녀 가춘운을 첩으로 얻다.

④-6. 세 절도사가 반란을 일으키자 양소유가 항복을 받아내고, 돌아오는 길에 남장을 하고 자신을 따라온 기녀 적경홍과 인연을 맺다.

④-7. 양소유가 예부상서에 오르고, 난양공주와 혼인하라는 황제의 명을 받지만 정경패와의 혼인 약조를 지키기 위해 이를 거부하고 투옥 당하다.

④-8. 토번이 중국을 침략하자 황제가 양소유를 대원수로 삼아 싸우게 하고, 출정하던 양소유가 토번의 자객 심요연과 인연을 맺다.

④-9. 양소유가 토번 정벌 중 반사곡 백룡담에 이르고, 꿈속에서 백능파와 만나다.

④-9-1. 양소유가 백능파의 요청에 따라 남해용자와 싸워 이기다.

④-9-2. 양소유가 동정용왕의 환대를 받고, 형산의 호승을 만나 분향한 후 꿈에서 깨다.

④-10. 난양공주는 정경패와 만나 그 인품에 감복하고, 태후가 정경패를 영양공주에 봉하다.

④-11. 양소유가 개선하여 승상이 되고, 난양공주, 영양공주, 진채봉과 혼인하다.

④-12. 양소유가 여덟 부인과 함께 부귀를 누리다 퇴조 상소를 내고 물러나다.

④-13. 양소유가 인생무상을 느끼고 불가에 귀의하고자 하고, 호승을 만나다.

⑤ 호승에 의해 잠에서 깬 성진은 양소유의 삶이 꿈이었음을 깨닫다.

⑥ 성진과 팔선녀가 육관대사에게 금강경의 깨달음을 얻고 해탈의 경지에 이르다.

(2) 창작 맥락

<구운몽(九雲夢)>은 서포(西浦) 김만중(金萬重 1637~1692)이 평안북도 선천에서 유배생활을 하던 1687년 경 창작한 작품으로, 당쟁에 휘말려 유배된 김만중이 불교적 이념세계의 이해를 바탕으로 '깨우침을 통한 구원과 새로운 유토피아의 제시'라는 주제 의식을 드러내고 있는 작품이다.

형식면에서 살펴보았을 때 <구운몽>은 이중 액자 구조, 암시와 복선 등과 같은 서사 장치가 사용되고 있으며, 내용면에 있어서도 당대의 이데올로기적 가치를 반영하고 있을 뿐만 아니라 용궁설화, 영웅소설, 가정소설, 애정소설 등의 다양한 요소가 융합되어 독자의 흥미를 유발하는 작품이다.

한편 <구운몽>의 이본은 지금까지 한문 목판본을 비롯하여 국문 활자본, 필사본, 한문 현토본 등 30여 종 이상 전해지고 있는데, 이는 크게 한문본과 국문본으로 나눌 수 있다. 현재까지 발견된 최고본(最古本)은 한문본인 노존본이다. 표지의 낙장으로 인해 작품 제1장 제목의 앞 글자를 따 '노존(老尊)'본이라 이름 붙여진 이 판본은, 그 정확한 출판 연대는 확인할 수 없으나 다른 이본과 내용을 비교 분석하였을 때 1725년 출판된 을사본의 모본으로 추정되고 있다. 국문본 <구운몽> 가운데 제일 오래된 것은 서울대본인데, 서울대본은 17세기 말~18세기 초의 상층 언어를 풍부하게 간직하고 있다고 평가받고 있다. 그러나 한문 최고본인 노존본과 서울대본을 비교하였을 때, 서울대본에 한문 표현을 무리하게 직역한 부분이나 일부 오역이 있어 노존본을 번역한 것으로 보는 것이 일반적인 견해이다.

한문 최고본인 노존본과 국문 최고본인 서울대본을 비교하여 보면, 서울대본에서 노존본에 없는 내용이 나타나고 있음을 알 수 있다. 문맥의 흐름상 새로운 내용이 삽입된 서울대본이 노존본보다 자연스러운데, 이 새로운 내용이 후대의 판본인 서울대본에 추가·부연된 것이 아니라 앞선 판본인 노존본에서 무리하게 생략된 것이라는 추측이 가능하다. 이를 정리하면 노존본보다 앞선 판본이 있고, 그 판본을 노존본으로 옮기는 과정에서 내용의 누락이 발생하였으며, 이후 서울대본이 노존본을 번역하는 과정에서 노존본에 누락된 내용을 찾아 보충한 것이라고 볼 수 있다. 이러한 정황은 노존본이 현재까지 발견된 최고본이기는 하나 이보다 앞선 판본이 있음을 시사하는 것이며, 따라서 한문본인 노존본이 원본이라고 단정하기는 어렵다.

김만중의 종손(從孫)이자 제자였던 김춘택(金春澤, 1670~1717)은 그의 저서 『북헌집(北軒集)』에서 김만중이 여러 편의 한글 소설을 지었다고 증언한 바 있는데, 실제로 김만중이 창작한 또 다른 소설 <사씨남정기(謝氏南征記)>의 경우 김만중이 한글로 창작한 것을 김춘택이 한문으로 번역하기도 하였다. 또한 『서포연보(西浦年譜)』를 통해 알려진 <구운몽>의 창작 동기가 어머니를 달래기 위해서였음을 고려할 때 김만중이 아녀자가 읽기에 더 수월했을 한글로 <구운몽>을 지었으리라 추측하는 것이 가능하다.

마지막으로 "자국의 언어로 표현한 문학이 진정한 문학"이라고 국어 존중론을 내세웠던 김만중의 문학관 역시 <구운몽>의 국문으로 창작되었을 것이라는 추측을 가능하게 하는 요인이다.

▍쟁점 : 〈구운몽〉의 주제

<구운몽>은 주제를 둘러싸고 많은 논란이 있는 작품이다. 이는 작품을 읽는 관점에 따라 작품의 주제와 색깔이 확연히 달라지기 때문이다.

먼저 <구운몽>은 불교적 깨달음의 전달을 위해 창작된 환몽 구조의 소설로 읽을 수 있다. 불교적 환몽 구조 소설에서 주인공은 꿈을 통해 두 세계를 경험하게 되는데, 이때 꿈 속 시간은 현실의 한 순간에 불과하며, 주인공은 꿈을 통해 깨달음을 얻게 된다. 이에 해당하는 대표적인 작품은 『삼국유사(三國遺事)』의 <조신(調信)>이다. <구운몽> 역시 마찬가지로 주인공 성진이 몽유 체험 후 깨달음을 얻게 되는데, 그 깨달음의 내용이 바로 <구운몽>을 관통하는 주제의식이라 할 수 있을 것이다.

<구운몽>의 첫 부분에서 술을 마시고 여자와 수작하며 쾌락을 맛본 성진은 세속의 성취와 즐거움에 대해 부러움을 품는다. 적막하고 외로운 불제자의 삶과 비교하였을 때, 세속적 삶의 화려함은 커다란 유혹이었을 것이다. 그리하여 그는 스승 육관대사에 의해 양소유로 환생하여 그토록 바라던 세속적 즐거움을 누리게 된다. 양소유가 된 성진은 인간 세상에서 얻을 수 있는 영광과 즐거움을 모두 누리게

된다. 그는 그가 바라던 대로 "나면 장수 되고 들면 정승이 되어 비단 옷을 입고 옥대를 띠고 옥궐에 조회하"는 인물이 되어 여덟 아내를 거느린 채 부귀영화를 누린다. 지극한 복을 누리던 양소유는 어느 날 그가 이룬 것이 일시적인 것에 불과하며 헛된 것임을 깨닫게 된다. 그는 "불생불멸할 도를 얻어 진세(塵世) 고락(苦樂)을 초월"하고자 불제자의 삶을 살기로 결심한다. 그가 이 같은 결심을 내리는 순간 스승인 육관대사가 나타나 그를 꿈으로부터 깨워낸다.

성진은 세속의 삶을 욕망하고 양소유는 불제자의 삶을 욕망하였다. 그러나 세속의 삶과 불제자의 삶을 나누는 구별을 없애고 둘이 같은 것임을 깨닫게 된다면 욕망도 없어지고 괴로움도 없어질 것이다. 그것이 바로 육관대사가 성진에게 전하고자 한 가르침이다. 타인과 나 사이의 경계가 무의미함을 깨닫고, 그 경개를 없애버리면 타인에 대한 욕망도 없어질 것이며 번뇌 역시 사라진다.

이상과 같이 불교적 관점 <구운몽>을 해석할 때, <구운몽>의 전체 내용은 성진(양소유)이 상반된 욕망을 모두 충족시킨 후에 그 욕망 자체를 없애고 깨달음으로 나아가는 과정으로 요약할 수 있을 것이다.

<구운몽>의 창작자인 김만중은 엄격한 사대부 가문에서 태어났지만, 주희의 논리를 비판하거나 불교 사상에 대해 깊은 관심을 보이는 등 매우 진보적인 사상가였다. 김만중의 사상적 배경을 고려하였을 때, 불교 환몽소설의 영향을 받은 그가 <구운몽>을 통해 불교적 주제의식을 독자에게 전달하려 했으리라 추측할 수 있다.

반면 <구운몽>의 핵심 주제에 대해 불교적 깨달음이 아닌 유교적 가치관의 실현이라고 보는 관점도 있다. 이는 <구운몽>의 핵심적 주제를 양소유가 이룬 성취의 내용으로부터 찾고자 하는 것이다.

<구운몽>의 전체 분량 중 대부분을 차지하는 것은 양소유의 삶이다. 성진의 삶이나 불교적 깨달음을 다룬 내용은 작품의 초반과 후반에 잠시 다루어질 뿐이다. 양소유의 삶을 정리하자면 '수신제가치국평천하에 이르는 세속적 삶의 완성'이라 할 수 있다. 양소유는 빼어난 실력으로 벼슬에 올라 나라를 평안하게 했을 뿐만 아니라, 연애에서도 성공을 거두어 각양각색의 개성 넘치는 여성 여덟 명과 화목한 가정을 꾸리고 육남이녀의 자녀를 훌륭하게 길러낸다. 김만중은 양소유의 삶을 통해 가문창달, 입신출세, 애정성취와 같은 세속적 욕망을 그 욕망을 성취하는 과정이 실감나게 드러내고 있는 것이다.

조동일(1977) 역시 양소유의 삶에 초점을 맞춰 <구운몽>을 양소유의 일대기를 그린 영웅소설로 보았다. 그는 양소유의 삶 앞뒤에 배치되어 있는 성진의 삶에 대해 "사대부의 오랜 주제인 진퇴의 고민을 새롭게 다루기 위해" 설정한 것이라고 설명하였다.

18, 19세기의 유학자들 역시 <구운몽>을 흥미롭게 읽었는데, 그들은 이 작품으로부터 불교적 깨달음보다는 유교적 가치를 읽어내었다. 18세기의 유학자 이재(李縡, 1680~1746)의 경우, <구운몽>에 대해 다음과 같이 서술하였다.

> "패설에 <구운몽>이란 것이 있는데, 곧 서포가 지은 것이다. 그 요지는 '공명과 부귀가 일장춘몽으로 돌아간다.'는 것이니,… (중략) … 내가 어렸을 적에 흔히 그 이야기를 자주 들었는데, 대개 석가세존의 말에 의지하였으며, 그중에는 초나라 이소(離騷)에서 나온 뜻도 많다고 한다(稗說有九運夢者 卽西浦所作 大旨以功名富貴 歸之於一場春夢 … 余兒時慣聞其說 盖以釋迦寓言 而中多楚騷遺意云)"

<이소(離騷)>는 초나라 굴원(屈原, BC 340~278)이 지은 글로 왕에 대한 충성심과 올바른 선비의 태도 등 유교적 가치관이 잘 나타난 유가(儒家)의 고전이다. 따라서 <구운몽>으로부터 <이소>의 뜻을 읽었다는 것은 조선시대의 선비들 역시 <구운몽>을 유학적 텍스트로 받아들였음을 의미한다.

<구운몽> 한 작품을 두고 그 주제에 대해 이처럼 다양한 논의가 가능한 이유는 유(儒)·불(佛) 사상을 넘나드는 작가의 깊은 이해가 담겨 있기 때문일 것이다.

■ 꼼꼼히 읽기 : 입몽과 각몽을 통한 서사 층위의 이동

<구운몽>의 서사는 이중 액자 구조로 구성되어 있다. <구운몽>의 서사 구조를 중심인물과 공간적 배경에 따라 정리하여 그림으로 옮기면 다음과 같다.

서사 층위 1
공간적 배경 : 남악 형산
중심인물 : 성진

서사 층위 2
공간적 배경 : 중국 당나라
중심인물 : 양소유

서사 층위 3(백룡담 일화)
공간적 배경 : 용궁, 남악형산
중심인물 : 양소유

<구운몽>의 이중 액자 구조를 이루는 서사 층위의 경계는 꿈의 형식으로 설정되어있으며, 중심인물의 서사 층위 이동은 입몽과 각몽을 통해 이루어진다. 바깥 서사에서 안쪽 서사로의 이동은 입몽에 해당하며, 안쪽 서사에서 바깥 서사로의 이동은 각몽이다.

서사 층위 1에서 서사 층위 2로의 이동은 육관대사의 추방에 의해 진행되는데, 이후 작품 말미에 서사 층위 2 전체가 꿈이었음이 밝혀짐에 따라 육관대사의 추방 역시 입몽의 과정이었음을 알 수 있다. 서사 층위 2에서 중심인물의 정체성은 양소유로 바뀐다.

서사 층위 3은 양소유가 토번을 정벌하기 위해 출정하였다가 반사곡 백룡담에 잠시 머물렀을 때 겪게 되는 사건으로 소위 '백룡담 일화'에 해당하는 장면들이다. 반사곡 백룡담 근처에 진을 친 양소유는 잠시 잠에 들고, 꿈속에서 백능파를 만나게 된다. 여기 서사 층위 3에서 양소유가 방문하는 공간들은 전혀 새로운 공간은 아니다. 남해 용자를 물리친 양소유에게 잔치를 베푸는 '뇽왕(龍王)'은 성진에게 설법을 듣고 술을 대접했던 그 동정(洞庭) 용왕이며, 양소유가 방문하는 남악(南嶽) 형산(衡山) 역시 성진이 도를 닦던 바로 그 공간이다. 즉 백룡담 일화에서 양소유는 잠시 서사 층위 1로 복귀한 것이다. 그러나 중심인물의 정체성 역시 성진으로 돌아간 것이 아니기 때문에, 이는 완전한 복귀로 보기 어렵다. 따라서 그는 다시 만난 스승 육관대사에 의해 "원슈(元帥ㅣ) 이번은 도라올 때 아니"라는 말과 함께 서사 층위 2로 되돌려 보내진다. 이때의 장면 묘사는 "믄득 실족(失足)ᄒ여 업더져 놀나 ᄭᅵ드ᄅᆞ니 몸이 영듕(營中)의셔 교의(交椅)예 의지(依支)ᄒ야고 놀이 임의 붉앗더라."라고 되어 있는데, 행동의 묘사를 살펴보면 각몽한 것처럼 서술되어 있다. 그러나 공간의 이동을 놓고 살펴보면 바깥에 있는 서사 층위 1의 공간에서 서사 층위 2의 공간으로 이동한 것이기 때문에 사실상 재입몽이라 할 수 있다.

양소유는 부귀영화를 모두 누린 뒤 허망함을 느끼고 불가에 귀의하고자 한다. 이때 호승이 등장하는데, 이는 사실 성진의 스승 육관대사이다. 육관대사는 "상공(相公)이 오히려 츈몽(春夢)을 ᄭᅵ디 못ᄒ엿도소이다."라고 하며 양소유에게 지금의 삶이 사실 일장춘몽(一場春夢)임을 알려준다. 그리고 양소유를 잠에서 깨운다.

서사 층위 1로 완전히 이동한 성진은 작은 암자의 포단 위에 앉아 있는 자신을 발견한다. 그가 서사 층위 2의 이야기를 꿈에서 경험하는 사이 향로의 불이 사라지고 지는 달이 창에 비추며 하룻밤이 지나가 있다. 꿈에서 깬 그는 "정신(精神)이 황홀(恍惚)" 하여 오래 지난 후에야 자신의 원 정체성을 기억해 내고 완전히 각몽한다.

이처럼 <구운몽>에서는 여러 층위가 완전히 격리된 것이 아니며 서사 층위 사이의 이동이 빈번하게 일어난다. 이는 주인공 성진이 도달하게 되는 궁극적 깨달음과 관련되어 있다. 성진은 현실과 꿈에서 상반된 욕망을 모두 체험하고, 궁극적으로는 꿈과 현실의 경계를 허묾으로써 모든 욕망으로부터 자유로워진다. 서사 층위 사이의 경계가 모호한 <구운몽>의 구조는 꿈과 현실의 경계를 허물어나가는 성진의 이야기가 작품의 형식으로 반영된 것이다.

▌ 감상 : 양소유의 욕망과 팔선녀의 욕망

<구운몽>에서 성진은 자신이 원하고 부러워하던 욕망을 양소유로 다시 태어나 충족한다. 그리고 충족된 욕망에 허무함을 느끼고 깨달음의 경지로 나아간다. 만약 성진이 양소유의 삶에서 욕망을 충분히 충족하지 못했다면 그는 득도하지 못했을지도 모른다. 양소유의 욕망 성취는 성진의 해탈을 위한 필요조건이었다.

그런데 <구운몽>에서 득도하는 인물은 성진만이 아니다. 성진과 수작하였다는 이유로 같이 끌려와 풍도(酆都)로 보내졌던 팔선녀 역시 성진과 함께 득도한다. 그녀들은 진채봉, 계섬월, 정경패, 가춘운, 적경홍, 난양공주, 심요연, 백능파로 다시 태어나 양소유의 처첩으로 함께 부귀를 누리다가 꿈에서 깨어나 성진과 함께 육관대사의 가르침을 얻는다.

그렇다면 여기서 의문점이 생긴다. 앞서 언급한 바와 같이 욕망 성취의 경험은 해탈을 위해 필요한 과정이다. 성진은 양소유가 되어 그 과정을 겪었다. 그렇다면 양소유의 처첩이 되었던 팔선녀도 욕망 성취의 경험을 겪을 수 있었을까.

사실 세속에 대한 욕망을 구체적으로 표현하였던 성진과는 달리, 팔선녀는 자신들의 욕망을 드러낸 적이 없다. 따라서 팔선녀 개개인의 욕망이 정확히 무엇이었는지는 알 길이 없다. 다만 그들의 욕망이 모두 동일하지는 않았으리라 추측할 수 있다. 팔선녀가 환생한 여덟 여자들은 각자의 개성이 너무나도 뚜렷한 인물들이었고, 그들이 추구한 욕망 역시 제각각일 것이다. 예컨대 귀한 가문의 규수로 나고 자란 정경패의 욕망과 토번의 암살자 심요연의 욕망이 동일할 리 없다.

양소유와 혼인하기 전에는 각자의 개성 넘치는 삶을 살던 그녀들은 양소유와 결혼한 후 모두 현모양처로 뒤바뀐다. 한 남자에 여덟 명이나 되는 처첩이 모여있으니 분란이 생기기도 하련만 이 집안은 평화롭기만 하다. 심지어 양소유의 여덟 부인들은 의형제를 맺는다.

사실 양소유의 여덟 여인들이 분란을 일으킬 리가 없다. 그건 양소유가 원하는 바가 아닐테니까. 처음부터 양소유와 결혼한 여덟 여자는 양소유와 함께 욕망을 성취해나가는 인물들이 아니라 양소유의 욕망을 채워주기 위한 인물들에 불과하다. 여덟 명의 여자들이 각양각색의 개성을 지니고 있는 것도 이 때문이다. 양소유라는 남성이 지닌 각양각색의 성적 취향을 충족시켜야 하기 때문에. 그래서 정작 결혼하고 나면 여덟 명이 지니고 있던 여덟 개의 인물 성향은 '남편을 공경하고 남편의 다른 여자들에 질투하지 않는' 현모양처 캐릭터 하나로 통일된다. 아내가 되었으니 그 뿐, 그 외의 다른 캐릭터는 양소유에게 있어 거추장스러울 뿐이다.

사정이 이러하니 여덟 여성들이 성진과 마찬가지로 해탈의 경지에 이른다는 결말은 조금 불편하기까지 하다. 성진은 부귀와 공명뿐만 아니라 자신의 온갖 내밀한 성적 욕망까지 모조리 만족하고 득도하였지만, 대체 팔선녀가 양소유의 이처육첩(二妻六妾)으로 지내며 만족한 욕망은 무엇이란 말인가. 잘생기고 능력 좋은 남편을 만났으니 그 남편의 외도야 어떻게 됐든 그걸로 만족해야 한다는 것일까. 결국 팔선녀의 득도 역시 성진의 득도에 구색을 맞추기 위해 도매금으로 넘겨진 것에 불과하다.

<구운몽>의 인물들이 도달하는 궁극적인 도착 지점이 모든 욕망으로부터의 초월임을 생각하면, 결국 벗어던져야 할 욕망일진대 여덟 선녀의 욕망을 일일이 지적하는 것은 무의미하게 느껴질지 모른다. 그러나 이뤄지든 이뤄지지 않든, 한 번쯤 진채봉, 계섬월, 정경패, 가춘운, 적경홍, 난양공주, 심요연, 백능파의 욕망에 관심을 가지고 관찰해 볼 필요는 있지 않을까. 그들은 각자의 개성을 지닌 한 명의 인간이지, 어느 한 사람의 욕망 충족을 위한 도구가 아니기 때문이다.

▌ 연습

1. 『서포연보』에서는 <구운몽>의 창작동기에 대해 다음과 같이 언급하고 있다. 이를 참고하여 <구운몽>의 내용 중 교훈적 요소와 흥미 요소를 각각 찾아 서술하여 보자.

> 부군(김만중)이 이미 귀양지에 이르러 윤 부인(尹夫人, 김만중의 모친)의 생신을 맞이했다. 시(詩)를 지어 이렇게 말했다. '멀리 어머님께서 아들을 그리며 눈물 흘리실 것을 생각하니, 하나는 죽어 이별이요 하나는 생이별이로다.' 또 글을 지어 부쳐서 소일거리를 삼게 하였는데 그 글의 요지는 '일체의 부귀영화가 모두 몽환(夢幻)이다.'라는 것이었으며, 또한 뜻을 넓히고 슬픔을 달래기 위한 것이었다.

2. 아래의 내용은 『삼국유사』 <조신>의 줄거리이다. <구운몽>과 <조신>의 공통된 교훈을 찾고, 그 교훈을 전달할 때 두 작품 중 어느 것이 더 효과적일지에 대해 서술하여 보자.

경주의 세달사(世達寺)의 장원 관리인 조신(調信)은 어느날 군수 김흔(金昕)의 딸을 본 뒤 사랑에 빠진다. 그는 낙산사(洛山寺) 대비관음상(大悲觀音像) 앞에서 그 사랑을 얻게 해 달라고 수년간 기도하지만, 그녀가 이미 출가한 것을 알고 관음상을 원망하다가 잠이 든다.
꿈 속에서 조신은 그녀를 얻게 되고 고향으로 돌아가 살림을 시작한다. 40년 동안 깊은 정을 나눴으나 가난에 시달리며 힘겹게 살았고, 10세 된 딸이 걸식하다 동네 개에게 물리자 부부가 함께 통곡하다가 헤어져서 살기로 결정한다. 꿈에서 깬 조신은 인생의 허무와 회한을 느끼고, 이후 정토사(淨土寺)를 창건하여 부지런히 정진하다가 종적을 감추었다.

▋ 참고문헌

설성경(2012), 『구운몽의 비밀』, 서울대학교출판문화원, 2012.

신재홍(1994), 『한국 몽유 소설 연구』, 계명문화사(수정증보 : 역락, 2012).

엄기주(1992), 「유가의 소설적 대응 양상에 관한 연구」, 성균관대학교 박사학위논문.

이상구(2004), 「<구운몽>의 구조적 특징과 세계상」, 『민족문학사연구』 25, 민족문학사학회.

정규복(2010), 『구운몽 연구』, 보고사.

정출헌(1999), 「<구운몽>의 작품세계와 그 이념적 기반」, 『고전소설사의 구도와 시각』, 소명출판.

조동일(1977), 「영웅 소설 작품구조의 시대적 성격」, 『한국소설의 이론』, 지식산업사.

제 5 부　애정 · 세태소설

숙향전
옥단춘전
이춘풍전

제1장

숙향전

작자 미상

* 출처 : 한국중앙연구원 소장본, 이상구 주석, 『원본 숙향전』, 문학동네, 2010.

일일(一日)은 일긔(一氣) 순화(順和)흐듸, 홀연(忽然) 오삭(五色)구름니 집를 둘너싸고 네 업쓴 향니 집 안에 진동(振動)흐거늘, 가중(家中) 샹히(上下) 긔니(怪異)히 넉여 쓰니, 일모(日暮)흔 후(後)의 문득 공중(空中)으로셔 션녀(仙女ㅣ) 두리 날여와 등화(燈火)를 혀고, 김젼다려 왈,

"니졔 월궁항애(月宮姮娥ㅣ)[1] 오시니, 그듸는 집 안의 더러온 거슬 업시 흐라."

흐고 쟝씨 방으로 드러가거늘, 김젼니 황홀(恍惚)흐여 즉시 시녀(侍女)를 명(命)흐여 집 안을 가장 정결(淨潔)니 슈쇄(掃灑)흐여쩌니, 이윽고 가중(家中)의 긔이(奇異)흔 광치(光彩) 하늘의 다핫고 향니 진동(振動)흐거늘, 김젼니 더옥 숑구(悚懼)흐여 쟝씨 힝여 죽을가 두려워 가마니 여허보니, 쟝씨 비야흐로 아희를 낫커늘, 그 션녀(仙女ㅣ) 두리 아기를 향슈(香水)의 씨겨 누이고 밧비 나가거늘, 김젼니 종젹(蹤迹)를 알여 흐니 발셔 간듸업는지라. 즉시 드러가 쟝씨를 보니 긔졀(氣絶)흐여쩌늘, 씨와 안치니 쟈다가 씬 듯하더라. 가중(家中)의 향니 샴삭(三朔)가지 그치지 안니흐기로 일홈을 숙향(淑香)니라 하고, 쟈(字)는 월궁션(月宮仙)니라 흐다.

숙향니 졈졈 쟈라 샴셰(三歲) 되니 긔골(氣骨)이 일월(日月) 갓고 쟈식(姿色)니 황홀(恍惚)하여 샤람니 바로 보지 못흐고, 음셩(音聲)니 옥져[2] 쇼리 갓트며 흐는 일니 아희 갓지 안니흐니, 혹(惑) 단명(短命)홀가 의심(疑心)흐여 왕균이란 샤람을 불너 샹(相)를 뵈니, 왕균 왈,

"이 아기는 인간(人間) 사람 아니라 월궁(月宮) 항아(姮娥)의 졍긔(精氣)를 가져시니 반드시 귀(貴)히 되련이와, 다만 흐늘게 득죄(得罪)흐야 인간(人間)의 귀향[3] 왓시니 젼성(前生) 죄(罪)를 이싱의 와 다 갑흔 후(後)에야 죠흔 시졀(時節)를 볼거시니 션분(先分)[4]은 지극히 험(險)흐고 후분(後分)[5]은 가장 길(吉)흐다."

[1] 항아(姮娥) : 달나라에 산다는 선녀.

[2] 옥저 : 옥(玉)으로 만든 관악기.

[3] 귀향 : '귀양'의 오기.

[4] 선분(先分) : 어릴 때의 운수.

[5] 후분(後分) : 늘그막의 운수.

ᄒ거늘, 김전 왈,

"후분은 아지 못ᄒ련이와 션분은 우리 아직 그리는 거시 업시니 무슨 괴로온 일니 잇시리요?"

왕균이 쇼왈(笑曰),

"사람의 팔자(八字)는 졍(正)치 못ᄒ려이니와, 니 아기 샤쥬(四柱)를 보오니 반드시 다슷 살이면 니웃 나무입히 바람의 부칠 적의 부모(父母)를 일코 졍쳐(定處) 업시 단이다가 십오셰(十五歲) 젼(前)의 다슷 번 죽를 잌(厄)를 지너고, 샤라나면 십칠셰(十七歲)에 부인(夫人)를 봉(封)ᄒ고, 니십셰(二十歲)에 부모를 다시 만나 터평(太平)으로 누리다가, 칠십(七十)이면 셰샹(世上) 인사(人事)를 졍(定)치 못ᄒ리라."

김젼니,

"어려셔 부모를 일흐면 비록 샤라난들 부모를 엇지 알며, 우린들 져를 엇지 알이오?"

ᄒ고, 가는 깁 긋헤 일홈과 자(字)와 연월일시(年月日時)를 쓰고, 그 모친(母親) 옥지환(玉指環) ᄒᆞᆫ 짝를 버셔 ᄒᆞᆫ디 너허 옷고롬의 치와두니라.

(중략)

이젹의 슉향니 마을 샤람과 시를 다 일코 혼쟈 울며 단이다가 멀리 바라보니 샨(山) 우희 샤람니 왕ᄅᆡ(往來)ᄒ거늘, 샨를 ᄇᆞ라고 가더니 샨은 쳡쳡(疊疊)ᄒ고 길흔 험(險)ᄒᆞᆫ디 날은 져믈고 빈는 곱푸믈 견디지 못ᄒᆞ야 남글 의지(依支)ᄒ고 너머졋써니, **문득 쳥쇠(靑鳥 ㅣ) 날아와 곳츨 믈고 숀등의 안쩌늘, 슉향니 그 곳츨 머그니 눈니 열이고 졍신(精神)니 씩씩ᄒ더라. 그 시를 ᄯᆞ라 두어 곳들 너머가니** ᄒᆞᆫ 녀인(女人)니 니와 안하 드려다가 큰 젼후의[6] 노ᄒ니, 일위(一位) 부인(夫人)니 머리의 화관(花冠)을 쓰고 칠보(七寶) 단장(丹粧)를 ᄒ고, 황금(黃金) 교위(交椅)에 안ᄌ짜가 날려와 슉향를 마ᄌ 팔를 드러 읍(揖)ᄒ여 왈(曰),

"동편(東便) 교위예 안ᄌ쇼셔."

슉향니 아무리 ᄒᆞᆯ 줄 몰나 울기만 ᄒ니, 그 부인 왈,

"션녀(仙女 ㅣ) 인간(人間)의 날려와 더러온 믈를 만히 쟈셔 졍신(精神)니 변(變)ᄒ여시니 이거슬 잡슈쇼셔. 이는 신션(神仙) 먹는 경잌(瓊液)[7]인니이다."

드듸여 시녀(侍女)로 ᄒ여곰 만호잔(瑪瑙盞)의 호박ᄃᆡ(琥珀臺)를 바쳐 이슬ᄎᆞ흘 드리거늘, 슉향니 바다머그니 단마시 향긔(香氣)롭고 쳔샹(天上) 일니 완연(宛然)ᄒᆞ야, 인간(人間)의 날려와 부모(父母) 이별(離別) 고싱ᄒ는 일이 분명(分明)ᄒᆞ야, 몸은 비록 아희나 마흠은 어룬 갓트여 머리를 드러 부인게 사례(謝禮) 왈,

6 젼후의 : '젼(殿)의'의 오기.

7 경액(瓊液) : 신선들이 마신다는 신비로운 즙.

"천상의 죄(罪) 즁(重)ᄒ와 인간의 날려와 곤(困)케 되온 몸를 이러틋 후디(厚待)ᄒ시니 지극(至極) 감亽(感謝)ᄒ여이다."

그 부인니 쇼왈(笑曰)

"션녜(仙女ㅣ) 날를 아라보시리잇가?"

슉향 왈,

"정신(精神)이 아득ᄒ와 아지 못ᄒ리로쇼이다."

부인 왈,

"이 ᄯᅡ흔 황천(黃泉) 사계(死界)요, 나는 후토부인(后土夫人)[8]이로쇼이다. 션녜 (仙女ㅣ) 인간의 날려와 곤(困)케 되온 몸를 고힝(苦行)를 만히 격그실셰, 닉 져즘게[9] 푸른 진나비와 쳥학(靑鶴)과 불근 시와 쳥죠(靑鳥)를 다 보니와ᄯᅳ니 보신잇가?"

디왈(對曰),

"다 보와너이다."

부인니 ᄯᅩ 챠를 권(勸)ᄒ니 슉향니 다 바다먹은 후(後)의 홀연(忽然) 탄식(歎息) 왈,

"슉향의 곤(困)ᄒ 몸를 다려다가 귀(貴)히 디접(待接)ᄒ시니, 부인의 시녜(侍女)나 되어 은혜(恩惠)를 만분지일(萬分之一)이나 갑샤올가 바라너이다."

부인니 몸를 다시 굽혀 염용(斂容) 디왈(對曰),

"나는 지하(地下)의 죠고만 신령(神靈)이오, 션녜(仙女)는 월궁(月宮)의 읏씀 션녜라. 잠간 인간의 날려와 고힝(苦行)ᄒ시니 셩심(生心)이나 그러ᄒ리잇가? 오늘은 임의 져 무러스오니 오늘밤은 날과 흔가지로 종용(從容)니 지너시고, 명일(明日)노 가쇼셔."

ᄒ며, 큰 잔치를 비셜(排設)하야 디접(待接)ᄒ니, 그 긔긋과 음식 품믈(品物)이 인간 (人間)셔는 보지 못ᄒ든 거실네라.

8 후토부인(后土夫人) : 토지를 맡아 다스린다는 여신(女神).

9 조금께 : '접때'의 잘못.

■ 맥락

(1) 서사 단락

① 김전과 거북이 서로의 목숨을 구해주고, 거북이 김전에게 구슬 두 개를 주다.

② **숙향이 김전의 무남독녀로 태어나고, 관상가 왕균이 숙향의 미래사를 예언하다.**

③ 숙향이 다섯 살 때 전란을 만나 부모와 헤어지지만 늙은 도적과 원숭이, 까치, 학 등이 도와주다.

④ 숙향이 명사계에 출입하고, 옥황상제께 죄를 지어 인간 세상에 귀양 오게 된 사실을 후토부인에게 듣다.

⑤ 숙향은 장 승상댁에 의탁하며 부부의 총애를 받지만, 장 승상댁 시비(侍婢)인 사향의 모해(謀害)로 장 승상의 집에서 쫓겨나다.

⑥ 숙향이 표진강에 투신하나 용녀와 신녀가 구해주고, 노전에서 화재를 만났으나 화덕진군(火德眞君)이 구해주다.

⑦ 숙향이 마고할미를 만나 이화정에서 살면서 수를 놓으며 세월을 보내다.

⑧ 숙향이 천상에서 전생연분인 이선(태을)과 상봉하는 꿈을 꾸고, 천상의 풍경을 수를 놓아 팔다.

⑨ 이 상서 부부에게서 이선이 태어나고, 이선은 꿈을 통해 숙향(소아)을 만나 그녀가 떨어드린 진주를 줍다.

⑩ 이선은 천상의 풍경이 수놓아진 자수를 사고, 숙향을 찾아 나서다.

⑪ 숙향이 지나온 여정을 살피던 이선은 숙향을 만나게 되고 고모인 여부인의 주혼으로 숙향과 혼인하다.

⑫ 이 상서가 자신에게 허락받지 않은 이선의 결혼에 분노하며 숙향을 죽이라고 명하다.

⑬ 이선의 고모 여부인이 이 상서를 질책하고 숙향은 옥중에서 풀려나다.

⑭ 숙향은 마고할미를 여의고, 이 상서부부는 이선을 낳을 때 기록해 둔 기록물을 확인하고 숙향이 이선과 천정연분임을 인정하다.

⑮ 과거에 급제하고 형주자사가 된 이선을 따라 가는 도중 숙향은 화덕진군, 표진강 용왕에 제를 올리고 은혜를 입었던 장 승상댁과 동물들에게 보은하다.

⑯ 숙향은 양양에서 부모와 상봉하고 혈육지정을 나누다.

⑰ 양왕은 자신의 딸인 매향과의 혼인을 고집하고, 이선이 이를 거절하자 중한 병에 걸린 황태후를 치료할 선약(仙藥)을 구할 사람으로 이선을 추천하다.

⑱ 이선은 용왕과 여러 선관 그리고 마고할미의 도움으로 선약을 얻어 황태후를 구하다.

⑲ 이선은 숙향의 권유로 매향을 둘째 부인으로 맞이하다.

⑳ 숙향과 이선의 나이가 칠십이 되자 승천하다.

(2) 향유 맥락

<숙향전>은 우리 고소설사에서 비교적 이른 시기에 형성된 작품으로, 구성이나 내용 등 소설적 성취면에서 상당한 수작으로 꼽히는 작품 중 하나이다. 이에 따라

많은 독자들이 향유하면서 지속적으로 유통시켜 왔던 작품이다.

<숙향전>이 어떠한 양상으로 향유되고 유통되었는지를 간략히 살펴보자.

첫째, 현재 전하는 <숙향전> 이본은 국문본, 한문본, 활자본을 망라해서 그 수효가 거의 60종에 육박하고, 이 중 활자본은 10곳의 출판사에서 근 40여년 동안 출판되었다. 작품을 읽고 베끼거나 아니면 활자화해서 출판하는 것을 통한 후대본이 많다는 사실은 그만큼 <숙향전>이 오랜 시간에 걸쳐 지속적으로 관심을 받으며 많이 애독되었다는 것이다.

둘째, 여타 문학 장르의 창작 과정에서 <숙향전>의 이야기가 지속적으로 수용되었다는 점이다. <배비장전>에서는 배비장이 <삼국지>, <수호지>, <구운몽>, <서유기> 등을 제치고 <숙향전>을 골라 읽는 대목이 다음과 같이 등장한다.

비비장 한권씩 뽑아 들고 옛날 츈향의 랑군 리도령이 츈향 싱각ᄒ며 글 읽듯 흐것다 삼국지 수호지 구운몽 셔유기 칙제목만 잠간식 보고 숙향전 반중 등짝 져치고 "숙향아 불상ᄒ다" 그 모친이 리별홀 ᄯ 션 "아가 아가 잘 잇거라 비곱흔디 이밥 먹고 목마른디 이 물 먹고" 슈포동 록림간에 목욕ᄒ든 그 녀즈 가는 허리 얼셔 안고 아음더로 노라볼가.

이렇듯 소설 장르는 물론이고 한시, 시조, 극 장르에 이르기까지 <숙향전> 관련 내용이 광범위하게 나타난다. 하지만 수용의 양상은 서로 다른데 본편의 내용 전개를 강조하기 위해 <숙향전>의 유사한 대목을 끌어오기도 하고, 자기 양식에 단지 <숙향전> 명칭만 수용하는 등 다양한 모습을 확인할 수 있다. 이 점은 <숙향전>이 작가의 관점에서도 관심의 대상이 되었다는 사실을 보여준다.

셋째, 전기수가 길거리에서 일반 대중들을 대상으로 소설을 구연할 때, 그들의 주요 레파토리 중에 이 <숙향전>이 첫째 품목이었다는 점이다. 이 점은 <숙향전>이 작품을 직접 대할 수 없었던 일반 대중들에게까지도 인기가 있었다는 사실을 말해주는 것이다.

넷째, <숙향전>은 임란(壬亂) 이후 우리나라에 들어왔던 일본인 역관(譯官)들이 우리말을 학습할 때, 사용했던 우리말 학습교본 중에 하나였다는 점이다. 일본인 역관 우삼방주(雨森芳洲, 1668~1755)가 1703년에 이 <숙향전>으로 우리말 공부를 했다는 기록이 있는데 이를 통해 우리는 <숙향전>의 수용범위와 양상이 매우 다양했음을 알 수 있다.

■ 쟁점 : 작품의 성격

김태준(1939)은 <숙향전>에서 '몽환적(夢幻的), 비현실적 부분을 제외하면 아무 것도 나머지가 없을 것'이라고 언급하며 환상적인 요소를 <숙향전>의 기본 특징으로 지적하였다. 그리고 김기동(1964)은 <숙향전>의 세계가 천상에서 적강(謫降)한 남녀주인공들이 온갖 고난 끝에 지상에서의 가연(佳緣)을 맺게 되는 과정을 표현한 애정소설 주제성을 띠고 있다고 보았다. 이후 1970년대에 이르러 <숙향전>의 성격에 대한 다양한 논의가 시작되었다.

우선 <숙향전>이 지닌 신성성에 주목하였다. 이상택(1981)은 <숙향전>의 인물은 천상의 주재자(主宰者)에 의해 주어진 '천정(天定)한 정수(定數)'를 일방적으로 따르기만 할 뿐, 어떠한 개아(個我)적인 의도나 자발적인 갈등은 보여주지 않는다고 지적하면서, <숙향전>은 신성성에 기반을 두고 있는 신성소설(神聖小說)의 대표이자 천명의 엄숙성을 소설적으로 시현(示顯)해 주는 작품으로 보았다.

이상택과는 달리 조동일(1977)은 <숙향전>에는 천정(天定)의 절대성만 나타나는 것이 아니라 애정을 중심으로 하는 현실논리도 강하게 표현되어 있다고 보았다. 그는 숙향이 이선과 만나게 되자, 숙향은 비로소 기존에 알지 못했던 삶의 의미를 발견하고 고통을 가져오는 세계의 악을 확인한다고 보았다. 그래서 이선의 아버지가 이선과의 애정을 방해하려 할 때, 피동적인 자세에서 고난을 감수하기만 하던 숙향이 이선의 아버지와 강렬하게 대결하여 삶의 유일한 의미인 애정을 수호하는 모습에서 이러한 현실논리가 강하게 드러난다는 것이다.

또한 <숙향전>은 적강소설의 원형으로 평가되었다. 성현경(1981년)은 우리 고소설 중 적강구조(謫降構造)를 기본 구조로 하는 작품들을 종합적으로 검토하면서 <숙향전>을 구조상 적강소설의 원형으로 인정되는 작품으로 평가하였다. 그리고 적강소설은 대개 현실주의적 요소와 이상주의적 요소를 함께 아우르고 있는 유형인데, <숙향전> 역시 이러한 성격을 가지고 있는 작품으로 평가했다. 또한 <숙향전>이 적강 화소, 기억상실 화소, 탐색 화소, 정체성 화소, 보은 화소, 변신 화소 등 여러 화소들을 수용하고 있는 소설로서, 적강형, 탐색형, 보은형, 변신 소설 등의 원형이자 전형이라는 면에서 소설사적 의의를 지닌다고 보았다.

그간의 대부분의 논의와 달리 <숙향전>의 현실적 성격에 주목한 견해도 있다. 이상구(1991)는 <숙향전>이 당대의 사회현실을 일정하게 반영하고 있어 현실주의적 성격을 강하게 띠고 있다는 것이다. 그는 숙향과 이선의 결연으로 야기된 대립과 갈등은 봉건적 신분 관계를 무시하고 애정을 실현하려는 청춘남녀와 봉건적 신분관계를 통해 독점적 지위를 누려왔던 기득권 세력과의 갈등으로 볼 수 있고, 그 것이 바로 <숙향전>의 본질이라는 것이다. 그리고 <숙향전>에 강하게 나타나 있 는 도선적(道仙的)인 요소 역시 숙향의 현실적 처지와 신분을 미화함으로써 현격한 신분계급의 차이가 끼여 있는 숙향과 이선의 결합을 합리화하기 위한 장치로 이용 되었다는 것이다. 이러한 논의는 <숙향전>의 작품적 실상과 이러한 논의가 부합하 는가의 여부가 문제될 수 있겠지만, <숙향전>을 바라보는 하나의 시각으로 의미를 부여해 볼 수 있다.

▌꼼꼼히 읽기 : 천상계와 지상계의 미분리

천상계와 지상계를 설정하고 있는 고소설은 주인공이 천상에서 범한 잘못의 대 가로 지상에 적강하여 온갖 고난을 겪은 후 부귀영화를 누리다가 다시 천상으로 귀 환하는 내용을 공통적으로 갖고 있다. <숙향전> 역시 주인공 숙향이 천상에서 적 강하여 온갖 고난을 겪다가 다시 천상으로 귀환한다는 내용으로 이루어져 있다. 그 러나 <숙향전>은 천상계와 지상계가 엄격하게 분리되어 있는 다른 고소설과 다르 게 천상계와 지상계가 동일한 선상에서 서술되어 있거나 겹쳐져 나타난다.

> 문득 청죄(靑鳥ㅣ) 날아와 꽂츨 믈고 숀등의 안쩌늘, 숙향니 그 꼿츨 먹으니 눈니 열 이고 정신(精神)니 쇄쇄ᄒ더라. 그 싀를 짜라 두어 곳들 너머가니 (중략) 이 짜흔 황쳔(黃 泉) 사계(死界)요, 나는 후토부인(后土夫人)이로쇼이다.

이 대목은 숙향이 전쟁으로 부모를 생이별하고 정처 없이 떠돌다가 후토부인이 보낸 청조의 도움으로 굶주림을 면한 뒤, 청조의 안내로 명사계에 이르러 후토부인 을 만나는 장면이다. 숙향이 부모를 잃고 정처없이 떠돌아다니는 것은 경험적인 영 역인 지상계에 속하며, 청조가 준 꽃송이를 먹고 배고픔을 면했다거나 청조의 안내 로 명사계에 가서 후토부인을 만났다는 것은 초경험적 영역에 속하는 것이라고 할 수 있다. 그런데도 불구하고 이 장면에서 볼 수 있는 바와 같이 <숙향전>에서는 명사계라는 초월적 세계가 지상계라는 현실적 세계와 동일한 선상에서 서술되고 있는가 하면, 또 청조라는 초월적 존재가 지상계에 나타나 직접 숙향을 구원하고 있 다. <숙향전>에서는 이와 같은 장면이 상당한 비중을 차지하고 있다. 표진강에 빠진 숙향을 용녀와 천상선녀가 구한다거나, 갈대밭 화재로 인해 죽을 위기에 처한 숙향 을 천상신령인 화덕진군이 구원하는 장면 등은 모두 이러한 속성을 지니고 있다.

이러한 특징은 <숙향전>이 영웅의 일생이라는 유형 구조를 갖추고 있으면서도 여타의 영웅소설과는 달리 주인공에게 영웅적 능력이 부여되어 있지 않다는 점과 연결된다. 숙향은 천상에서 하강한 인물임에도 불구하고 작품의 전 과정을 통해서 철저하게 일상적인 인물로 성격화되고 있다. 숙향이 남달리 갖고 있는 특이한 자질이라고 하는 것은 탁월한 미모와 수놓는 재주뿐이다. 그러나 이러한 숙향의 자질은 술법 등을 구사하는 영웅적 능력과는 전혀 별개의 것이며, 현실적인 고난이나 위기를 극복할 수 있는 힘이 되지는 못한다. 즉 숙향은 나약한 전쟁고아로서 현실세계에 놓여 있으며, 자신의 힘으로는 현실적 고난이나 위기를 극복하지 못하는 존재인 것이다. 따라서 숙향의 현실적 위기의 극복은 초월적 존재의 직접적인 개입이 없이는 달리 방법이 없다. 이로 인해 숙향이 위기에 처할 때마다 후토부인이나 천상선녀, 화덕진군, 마고할미 등 초월적 존재들이 경험적인 영역인 지상계에 직접 출현하여 숙향을 구원하게 된 것이다. <숙향전>에서 천상계와 지상계가 분리되지 않거나 겹쳐지게 나타나게 된 것은 바로 초월적인 존재가 직접 지상계에 출현하여 숙향을 구원함으로써 이루어지게 되는 것이다.

요컨대 천상에서 하강한 인물이면서도 영웅적 능력을 소유하지 못한 숙향의 인물적 성격이 필연적으로 초월계의 직접적인 개입을 수반하게 되고 그 결과 천상계와 지상계의 미분리라는 <숙향전>의 독특한 구성이 생겨나게 된 것이다. 따라서 경험적인 영역에서의 일상적인 삶이 초경험적인 영역과 바로 연결되어 있는 <숙향전>의 서술방식은 '영웅적 능력의 부재'라는 숙향의 성격에서 비롯된 것이라고 할 수 있다.

■ 감상 1 : 김전의 부성애

<숙향전> 속에서 등장하는 아버지들의 모습은 긍정적으로 그려지지 않는다. 자신이 허락하지 않은 결혼에 분노해 하며 아들이 사랑하는 여인인 숙향을 죽이려는 이선의 아버지 '이 상서', 딸과 같이 지내던 숙향에 대한 오해를 풀 수 있는 중요한 순간에 부인에게 술을 권해 결과적으로 숙향이 집을 나가는 것을 막지 못하게 만든 '장 승상.' 아버지들은 작품 속에서 며느리이자 딸과 같은 숙향에게 직, 간접적으로 시련을 주는 역할을 맡고 있다.

'김전' 역시 숙향의 아버지이지만, 작품 속에서는 따뜻한 아버지의 부정보다는 무정한 모습을 주로 보여준다. 심지어 숙향이 겪는 다섯 가지 액 중에 도적에 의한

살해의 위기, 낙양 옥중에서의 죽음의 위기에서 숙향의 아버지 김전은 숙향을 보호하는 역할보다는 오히려 숙향에게 죽음의 위험을 가하는 역할을 하고 있다.

김전은 난리 중에 산속으로 피난하다 도적의 추적이 급해지자 '억지로 숙향의 손목를 버리집어 안아다가 바회 틈의 안치고, 싸라 나오지 못ㅎ게 큰 돌노 그 압흘 막고 얼골만 니미러 뵈게 혼 후(後)의 쪽박의 밥 담은 거슬 억지로 손의 쥐고 기유(開諭)ㅎ야 달니며' 도망간다. 그리고 숙향을 돌아보는 부인 장씨를 호통하며 가기를 재촉하기까지 한다. 김전은 아마 부부 두 사람만 살아 있으면 언제라도 숙향 같은 자식을 둘 수 있다고 생각했기 때문일 수도 있다. 이러한 생각은 부인이 태몽을 가졌을 때 아들을 낳기를 기원했던 바람과 무관하지 않은 듯하다. 김전은 훗날에도 낙양 옥에서 숙향을 만나지만 숙향을 알아보지 못한다. '샹셔의 말 뉘 감히 거슬이오. 아니 듯지 못하리니 동혀서 깁흔 믈을 너호라'와 같이 숙향을 구하는 데 도움을 주는 것이 아니라 죽음의 위기에 빠뜨리기도 한다.

숙향의 아버지로서 김전에 대한 비판적 시선은 김전이 서둘러 숙향을 버리고 간 뒤, 뒤쫓던 도적이 오히려 '여엿부고 쟌잉홀샤. 니 쟈식(子息)도 너 갓트 니 잇쩌니, 네 부뮌들 너를 바리고 가며 쟉히 슬허ㅎ여시라'와 대조를 이루며 더욱 선명하게 드러난다. 또한 부인 장씨가 난리 중 숙향과 헤어져 슬퍼하는 모습과 낙양 옥에 갇혀 있는 숙향을 바라보며 자신의 헤어진 딸을 생각하는 모습과도 대조된다.

하지만 숙향이 겪는 여러 가지 시련은 사실 천상에서 정해 놓은 일이다. 숙향을 보호하지 못하는 아버지의 행동 역시 숙향이 겪는 시련 중에 하나인 것이다. 그러므로 김전의 행동은 어찌 보면 아버지 김전의 마음과는 무관하게 이미 정해진 일인 것이고, 숙향은 이러한 고난을 겪어야 할 운명인 것이다.

그리고 아버지로서 김전에게 향하는 비판적 시선에 대해 그의 상황을 살펴보면 억울한 면이 없지 않다. 도적을 피해 숙향을 버리게 된 것은 어쩔 수 없는 상황으로 볼 수 있다. 가족이 다 함께 죽음을 맞을 수 있는 상황에서 숙향을 놓고 가는 결정을 내려야 하는 것은 아버지인 김전의 몫일 수 밖에 없다. 숙향에게는 비정한 아버지로 보일 수 있지만 누군가가 해야 할 일을 아버지가 책임을 지고 혼자 했을 뿐이다. 또한 꿈에서 숙향을 만났기 때문에 부인 장씨는 낙양 옥에 갇혀 있는 여인을 자신의 딸과 연결 지어 떠올리고 그 여인을 살려 줄 것을 부탁한다. 하지만 김전은 위공이라는 천하의 병권을 쥐고 있는 강력한 권력의 지시를 따를 수 밖에 없는 상황이었다. 이렇게 어쩔 수 없는 상황들이 숙향의 무정한 아버지를 만들었을 뿐이다.

또한 김전이 딸을 찾기 위해 용왕에게 보인 정성은 아버지 김전을 비판적으로 바라볼 수 없음을 알려준다. 그는 바위에 걸터앉아 있는 이름 모를 노인이 숙향의 거처를 알고 있다는 생각에 노인이 잠에서 깨어나길 기다리며 비바람과 물과 눈이 어깨까지 차오르는 시련을 참고 견딘다. 또한 노인의 꾸짖음에 자신을 반성하며 노인에게 지극한 정성을 보여주어 결국 숙향을 곧 만날 수 있다는 이야기와 숙향을 알아볼 수 있는 방법을 듣게 된다. 용왕도 인정한 이러한 정성은 김전이 딸에 대해 무정한 인물만은 아니라는 점을 알 수 있다.

▌ 감상 2 : 숙향의 보은(報恩) 행위

일반적으로 일대기 구성을 가지는 고소설의 경우, 작품의 서두에는 주인공 부모의 가계정보(家系情報)와 주인공의 탄생이 있고 바로 주인공의 행적이 시작되는 것이 보통이다. 그런데 <숙향전>의 서두에는 주인공의 탄생 이전의 시혜(施惠)-보은(報恩) 모티프가 먼저 나온다. 숙향의 부친 김전이 위기에 처한 거북을 구해주고, 거북도 죽을 위기에 처한 김전을 구해주는데, 이러한 사건이 주인공 숙향의 탄생 이전에 설정되어 있는 것이다. 그리고 이후 서사에서도 거북 자신뿐만 아니라 거북의 부친인 용왕, 동생, 조카 등이 김전뿐만 아니라 숙향과 이선 등에게 지속적으로 보은한다. 이러한 시혜와 보은은 모습은 작품 속에서 중심적 이야기로 등장하게 된다. 주인공 숙향이 5세에 부모를 잃고 15세에 부모와 재회할 때까지 극심한 고난을 겪게 되는데, 그때마다 화덕진군, 마고할미 등 천상적 존재뿐만 아니라 도적과 동물의 도움을 받으며 살아간다. 이 점은 숙향에 대한 일방적인 수혜라고 할 수 있다. 그리고 숙향은 그 구원자에게 일일이 보은하는 모습을 보인다. 심지어 하인들이 활을 쏘아 죽이려는 새들을 구해주고 그들에게 먹이를 주는 장면이나, 잡혀온 늙은 도적을 알아보고 구해주는 장면은 실제로 이야기 전개상 빠져도 전혀 문제가 되지 않는 부분에 서술되어 있는 것이다. 그럼에도 불구하고 이러한 서술이 개입되어 있는 것은 남을 도와주면 반드시 그에 대한 보답을 받는다는 관념과 은혜를 입으면 반드시 보답하라는 작가의 메시지로 볼 수 있는 것이다.

다른 작품 속에도 권선징악이나 인과응보적 도덕관념이 자주 등장한다는 점을 고려할 때, 숙향의 보은 행위는 어찌 보면 당연한 것일지도 모른다. 은혜를 베푼 대상에게 자신이 입은 은혜를 갚는 것은 세상의 순리에 따르는 자연스러운 행위인 것이다. 하지만 <숙향전>의 작가가 불필요한 내용까지 포함시키며 보은에 대한 메시지를 남기는 것은 이러한 보은 행위가 자연스럽지 않은 그 당시 시대상황을 보여주는 것일지도 모른다. 사실 <숙향전>을 읽고 있는 현재의 우리도 이렇게 철저한 보은 행위가 왠지 낯설게 느껴진다. 누군가에게 도움을 받는 것은 당연하다고 생각하지만 도움을 갚는 것에는 익숙하지 않다. 아니 어쩌면 우리는 누군가에게 도움을 받고 있다고 생각하고 있지 않을지도 모른다. 직접적으로 도움을 받지 않더라도 사실은 우리는 수 없이 많은 도움을 받고 살아가고 있다. 가까이 있는 사람들뿐만 아니라 눈에 보이지는 않지만 우리가 속한 국가, 사회, 많은 사람들에게 도움을 받고 있다. 사실 우리는 매시간 동안 누군가의 도움 없이는 살아갈 수 없다. 그렇게 본다면 우리의 삶은 도움을 받으면서 동시에 이러한 도움을 갚아가야 하는 삶의 연속일지도 모른다. 하지만 도움을 갚는 행위인 사회봉사나 기부와 같은 행위가 나와는 상관없는 일이라는 생각을 여전히 많은 사람들이 지니고 있어, 사회적으로 아직 정착화되지 못하고 있는 것이 현실이다. 누군가에게 항상 도움을 받고 있고, 이러한 도움을 갚는 것이 당연하다는 생각과 갚기 위한 행동, <숙향전> 속의 숙향의 보은 행위를 보면서 우리는 어떻게 살아가고 있는지 돌아보게 된다.

▌연습

1. <숙향전>에서 드러나는 천상계와 지상계에 대한 서술 방식의 특징을 설명해 보자.

2. 숙향의 생애를 영웅의 일생구조와 비교하고, 이를 바탕으로 숙향을 영웅으로 볼 수 있는지에 대해 설명해 보자.

▌참고문헌

김태준(1939), 『增補朝鮮小說史』, 學藝社.

김기동(1964), 『李朝時代小說論』, 精研社.

김수연(2010), 「소통과 치유를 꿈꾸는 상상력, <숙향전>」, 『한국고전연구』 23, 한국고전연구학회.

성현경(1981), 「謫降小說硏究」, 『韓國小說의 構造와 實相』, 嶺南大出版部.

성현경(1995), 「淑香傳論」, 『韓國옛小說論』, 새문社.

이상구(1991), 「<숙향전>의 현실적 성격」, 『고전문학연구』 6, 한국고전문학회.

이상택(1983), 「고대소설의 세속화과정 시론, 논평」, 『고전문학연구』 1, 한국고전문학회.

조동일(1977), 『韓國小說의 理論』, 智識産業社.

차충환(1998), 「<숙향전>의 보은담 구조와 세계관」, 『인문학연구』 2, 경희대학교 인문학
　　　　연구소

차충환(1999), 『숙향전 연구』, 월인.

제 2 장

옥단춘전

작자 미상

각셜. 옛적의 숙종대왕 즉위 십 년간에 국틱민안ᄒᆞ고 가급인족에 요지일월이요 순지건곤이라. 틱평년월에 빅셩이 함포고복 ᄒᆞ고 격양가를 일숨더라.

각셜. 이 ᄶᅵ에 황셩에 지상이 잇스되 한 지상은 리졍이오 ᄯᅩ 한 지상은 김졍이라. 두 지상의 졍의[1] 남과 다르더라. 두 지상이 각 아달이 업셔 셜워ᄒᆞ더니 하로는 리졍의 꿈에는 쳥룡이 오운이 타고 여의쥬를 희롱ᄒᆞ다가 난디 업는 빅호가 니다르니 빅호를 쫏차 한슈에 무러 니바리고 하놀노 올나감을 보고 그 달붓터 틱긔 잇셔 십 삭이 ᄎᆞ미 긔남ᄌᆞ를 탄싱ᄒᆞ니 일홈은 혈룡이라. 김졍이 꿈에는 빅호가 산을 너머 한슈를 건너려 ᄒᆞ다가 룡감한 쳥룡을 맛나미 빅호가 물에 ᄲᅡ짐을 보고 놀라 ᄶᅵ다르니 남가일몽이라. 양위 몽ᄉᆞ를 셜화ᄒᆞ고 그 달붓터 틱긔 잇셔 십 삭이 ᄎᆞ미 긔남ᄌᆞ를 탄싱ᄒᆞ니 일홈은 진희라.

두 아달이 졈졈 자라나미 긔골이 장디ᄒᆞ고 여긔[2]가 름름ᄒᆞ더라. 진희와 혈룡이 한가지로 공부ᄒᆞ미 총명지지가 녯스룸을 압두ᄒᆞ깃더라.

두 아희 슈 년을 공부ᄒᆞ미 졍의는 동공동태 갓트며 디디로 친구요 비록 후셰 ᄌᆞ손인들 셰의를 모를손가. 진희와 혈룡이 셔로 언약ᄒᆞ되,

"우리 두 사룸의 졍의를 싱각ᄒᆞ면 우리들의 싱젼은 고ᄉᆞ하고 후셰 ᄌᆞ손인들 디디 셰의를 모를소냐. 셰상에 복녹지리를 알 수 업스니 네가 먼져 귀히 되면 나를 살게 ᄒᆞ야주고 네가 먼져 귀히 되면 너를 먼져 살녀쥬마."

틱산갓치 미진 언약 금셕갓치 미ᄌᆞ두고 한결ᄀᆞ치 지지더니 뜻밧게 김졍과 리졍이 우연 득병ᄒᆞ야 빅약이 무효라.

(중략)

어ᄉᆞ도 다시 호령ᄒᆞ디,

"네 이놈! 옥단츈은 무슴 죄로 날과 ᄀᆞ치 죽이랴 홈은 ᄯᅩ 무슴 일인고 네 죄를

* 출처 : 박문서관본, 황패강 역주, 『한국고전문학전집』 5, 고려대학교 민족문화연구소, 1993.

1 졍의(情義) : 따뜻한 정과 의리.

2 여긔(勵氣) : 힘찬 기상.

싱각ᄒ니 죽이지 살닐 수 만무ᄒ다.”

ᄉ공 불너 분부ᄒ되,

“네 이놈을 날과ᄀᆞ치 ᄇᆡ에 실고 뎌동강상 깁흔 물에 던지여라.”

ᄒ니 ᄉ공이 쳥령훈 수 순ᄉ도를 ᄇᆡ에 실고 만경쳥파 둥둥 ᄯᅥ셔 나간 젹에 어ᄉ도 어진 마음 다시 싱각ᄒ고 ᄒᄂᆞᆫ 말이,

“뎨ᄂᆞᆫ 뎨 죄로 죽을망졍 션의를 싱각ᄒ고 녯졍을 싱각ᄒ니 닉 ᄯᅩᄒᆞᆫ 져와ᄀᆞ치 죽을 수 차마 업다.”

ᄒ고 나졸 한 놈 급히 불너 분부ᄒ되,

“네 급히 ᄇᆡ에 가셔 그 양반 물에 한참 너엇다가 긔의 죽게 되거들낭 도로 건져 실고 오라.”

ᄒ니 나졸놈 쳥령 후 급히 갈 데 난ᄃᆡ 업ᄂᆞᆫ 뇌셩벽역이 디작ᄒ며 진희를 잡아닉여 쳔벌 일셩에 시신도 업셔졋더라. 나졸과 ᄉ공이 드러와 그 연유로 품달[3]ᄒ니 어ᄉ도 진희 죽엇단 말을 듯도 녯일은 싱각ᄒ야 슲히 통곡훈 연후에 진희의 쳐자 노비와 비장 팔인을 불너들여 닐너 왈,

“나ᄂᆞᆫ 진희와ᄀᆞ치 차마 못ᄒᆞ야셔 졍비ᄒ랴 ᄒᆞ엿더니 ᄒᆞᄂᆞᆯ이 괘심히 녁이ᄉ 텬벌노 죽이시니 내 원망은 ᄒᆞ지 마라.” ᄒ고,

“각기 노비를 후이 쥬어 집으로 보닉라.”

ᄒᆞ시니 만셩즁 ᄇᆡᆨ셩들이 뉘 아니 칭찬ᄒᆞ며 뉘 아니 샹쾌타 ᄒᆞ리요. 즉시 그 연유로 나라에 쟝문ᄒ니 젼하께셔 들으시고 칭찬무수 ᄒᆞ시더라. 이 ᄯᆡ에 어ᄉ도 셋지 봉셔를 ᄯᅥ여보니 ᄒᆞ엿스되, ‘암ᄒᆡᆼ어ᄉ 겸 평양감ᄒᆞ 리형룡’이라 ᄒᆞ엿거ᄂᆞᆯ 어ᄉ도 더욱 디희ᄒᆞ야 텬은을 비ᄉᆞ호고 도임훈 후에 육방졈고 다 바드시고 ᄉ공들의게 금은을 각각 만 금 식 상급ᄒ니 ᄉ공들이 황감무디ᄒᆞ야 고두ᄉᆞᆫ ᄒᆞ더라. 그 ᄂᆞᆯ붓터 어진 졍ᄉ 치민치졍 잘 ᄒᆞ시니 거리거리 송덕비가 예도 셔고 뎨도 셔니 만인산[4]을 바드시고 송덕셩이 텬디진동 ᄒᆞ더라. 젼하 드르시고 크게 깃버ᄒᆞᄉ 즉시 승차ᄒᆞ야 우의졍을 봉ᄒᆞ시고 옥돈츈으로 졍덕부인 봉ᄒᆞ시니 미지라 혈룡이여. 일일지닉에 부귀공명ᄒ고 국태민안ᄒ니 위엄세도가 일국에 뎨일이라. 뉘 아니 칭찬ᄒᆞ며 뉘 아니 부러 ᄒᆞ리오. 위의존명이 텬ᄒᆞ에 빗ᄂᆞ더라.

3 품달(稟達) : 웃어른이나 또는 상사에게 아뢰어 여쭘.

4 만인산(萬人傘) : 착한 정치를 한 고을 원에게 그 덕을 기리기 위하여 기념으로 그 고을 백성이 주던 물건. 모양은 일산과 같은데 비단으로 꾸미고 가장자리에 여러 조각의 비단을 늘이어 유지(有志)들의 이름을 적었음.

맥락

(1) 서사 단락

① 숙종 때의 재상 이 정승과 김 정승은 각각 청룡과 백호의 태몽을 꾸고, 이혈룡과 김진희를 얻다.

② 이혈룡과 김진희는 형제처럼 자라 후일 서로 돕기로 언약하다.

③ 두 정승이 병으로 타계한 후 이혈룡은 몰락하고 김진희는 평양감사로 부임하다.

④ 이혈룡은 평양감사가 된 김진희를 찾아가 도움을 청하다.

⑤ 김진희가 사공을 시켜 이혈룡을 대동강 물에 던져 죽이라 하다.

⑥ 기녀 옥단춘이 이혈룡의 비범함을 보고 사공을 매수하여 그를 구하다.

⑦ 옥단춘이 이혈룡을 경제적으로 도와 이혈룡이 과거에 급제하고 암행어사가 되다.

⑧ 이혈룡이 거지 차림으로 옥단춘을 찾아가 그녀의 마음을 시험하다.

⑨ 김진희가 다시 찾아온 이혈룡을 옥단춘과 함께 죽이라 하다.

⑩ 이혈룡이 죽음에 임박하자 암행어사 출도를 명하다.

⑪ 천벌로 김진희는 죽고, 옥단춘과 이혈룡은 부귀공명을 누리다.

(2) 형성 맥락

　<옥단춘전>은 양반 집안 출신의 두 친구가 함께 공부하며 후에 서로 돕기를 맹세했으나 평안감사가 된 친구의 배신으로 위기에 처했을 때 옥단춘이라는 한 기생의 도움을 받아 과거에 급제한 후 암행어사가 되어 친구를 징계하고 옥단춘과 행복하게 지낸다는 이야기의 고전소설이다. 옥단춘과 이혈룡의 관계를 중심으로 볼 때 애정소설에 포함시킬 수 있는 작품이다.

　<옥단춘전>은 목판본은 없고 필사본 10종과 활자본 15종이 전해온다. 활자본 15종들은 출판사가 다르고, 작품집의 면수도 각각 다르다. 그러나 내용상으로는 큰 차이는 없고, 다만 두 주인공의 부친 중 이 정승이 먼저 별세하고 작품 결말 부분에서 김진희를 정배(定配)하는 부류와 두 주인공의 부친이 함께 별세하고 작품 결말 부분에서 김진희가 천벌로 죽는 부류로 크게 나누어 볼 수 있다. 이 중 앞의 것이 조금 더 합리적인 설정인데 이 부류의 이본은 대체로 18세기 중엽 이후에서 19세기 초엽 정도에 형성되었을 것이라고 본다.

　<옥단춘전>은 야담들 중 기생이 등장하는 몇 작품 및 <춘향전>과 유사한 서사

적 설정을 지닌다. <옥단춘전>과 관련지을 수 있는 야담으로는 ① 정재륜의 『東平錄』(公事見聞錄) 소재의 <鄭好信 설화> ② 『청구야담』 소재의 <金丞相窮途遇義妓> ③ 『청구야담』 소재의 <盧玉溪宣府逢佳妓> ④ 『罷睡錄』 소재의 <柳也求乞完營得妓事> ⑤ 이우준의 『몽유야담』 중 <交道炎凉>에 수록된 설화들이 거론된다. 이 중 가장 <옥단춘전>과 가까운 작품은 ② 『청구야담』의 <김승상궁도우의기>이다. 특히 'ⓐ 부사의 냉대에 김우항이 분개하여 대들자 부사가 추방하고, 기생은 김우항의 기개를 흠모하여 도와준다. ⓑ 김우항이 걸인 행색으로 변장 해 기생을 찾아가자 여전히 환대한다. ⓒ 냉대한 부사가 저지른 부정을 근거로 그를 관직에서 물러나게 한다.'는 내용은 <옥단춘전>에서도 가장 중요한 부분으로 자리잡고 있기 때문이다. 또한 <춘향전> 역시 <옥단춘전>과 유사한 설정 및 장면 묘사 등을 공유한다. ㉠ 작품 첫머리의 시대 배경 설명 부분 ㉡ 기생점고 ㉢ 호장 수노(首奴)와 옥단춘의 대화 ㉣ 옥단춘의 집과 방안 묘사 ㉤ 이혈룡이 어사가 되어 평양에 도착했을 때의 심경을 묘사한 부분 ㉥ 이혈룡이 기다리는 옥단춘의 심경을 묘사한 부분 ㉦ 이혈룡이 자신의 신분을 숨기는 것 ㉧ 암행어사 출도 장면의 묘사 등이 그것들이다. 이들 작품은 기생을 매개로 하여 당대 사회, 신분 문제를 담아내고 있다는 점에서 상호텍스트적 관계에 놓인 작품들이라 할 수 있다.

▌쟁점 : <춘향전>과의 관계

<옥단춘전>과 판소리, 특히 <춘향전>과의 관계는 문체·표현기교·구성 등의 유사성으로 꾸준히 언급되고 있다. 김태준(1989)은 '남은 남원을 무대로 한 <춘향전>에 대하여 북은 서경을 배경으로 한 <옥단춘>의 호일대(好一對)가 될 것이며 <옥단춘전>의 후반이 <춘향전>의 후반과 서로 문합하는 것도 양자의 사이에 어떠한 교섭이 있지 않은가 하고 의심한다.'고 하며 <옥단춘전>을 <춘향전>과 한 쌍의 자매편이라고 하였다.

김종철(1990)은 <옥단춘전>이 주로 <춘향전>의 영향을 집중적으로 받았지만 다른 판소리 작품의 영향도 있다고 보았다. 먼저 다음의 부분은 인당수에 뛰어드는 심청을 연상케 한다.

춘이 홀 일 업셔 ᄒᆞᄂᆞᆫ 거동 보소 눈을 아조 질근 감고 치마로 머리 쓰고 이를 밧작 갈며 벌벌 쩔며 애고먼이 나 죽ᄂᆞᆫ다 ᄒᆞᆫ 소리에 펄쩍 쒸여 들냐 ᄒᆞᄂᆞᆫ지라··(박문서관본)

또 다음의 암행어사 출도에 혼이 나간 감사를 묘사한 부분은 <장끼전>에서 덫에 걸려 죽어가는 장끼의 모습과 같다.

순ㅅ도 거동보소 의기양양 츌도 소리 디급ㅎ야 혼불부신 다라눌 데마루 꼿헤 쩌러져서 삼혼칠 빅 간 데 업고 왼쪽 눈에 동자부처 발셔 쩌나 멀니 가고 오른 눈 동즈 붓쳐 인제야 쩌나랴고 파랑보에 짐을 신발 글빵ㅎ노라고 왓삭밧삭 야둔일다. (박문서관본)

그런가 하면 처음 이혈룡이 대동강에 빠져죽게 되었을 때 갈가마귀와 두견새의 사설은 <적벽가>에서 원통히 죽은 군사들이 원조(冤鳥)가 되어 노래하는 부분을 연상케 한다.

무정훈 갈감으귀 노피 쩌서 니혈용의 울음 소리 화답ㅎ다. "불승ㅎ다 XXXX 니혈용니 불승ㅎ다. 츌천지회자롤셔 귀갈을 면ㅎ랴고 평양을 왓다가 속졀 읍시 죽거구나." 가옥 XX 울구 간다. 놉피 쩌다 져 두견 니혈용을 위로ㅎ야 울음 웃다. "ㄴ도 촉국 망졔로셔 이몸 죽어 드견되야 운니 청산의 원혼이라. 불승훈 허룡니은 고향 모친 ㅎ직ㅎ고 더 동강의 원통이 죽계도니 날과갓치 불려귀ㄹ." 일어틋시 울고 가고‥(김동욱 본)

요컨대 <옥단춘전>의 각 이본들은 저마다 판소리, 특히 <춘향전>의 영향을 받았지만, 단순히 <옥단춘전>을 <춘향전>의 모방작이나 아류작 정도로만 평가할 수는 없다. 앞에서 살펴본 바와 같이 <춘향전> 이외의 다른 판소리의 영향을 배제할 수 없고, <옥단춘전>의 옥단춘, 이혈룡, 김진희의 관계는 <춘향전>의 춘향, 이도령, 변사또의 관계에 정확히 대응되지도 않는다. 또한 <춘향전>이 춘향의 고난을 중심으로 하고 있다면 <옥단춘전>은 이혈룡의 갈등에 옥단춘이 참여하여 함께 고난을 겪고 있다는 점에서 차이가 있다.

▌꼼꼼히 읽기 : <옥단춘전>에 담긴 시대 인식

<옥단춘전>은 주인공의 이름을 내세운 제명을 지니고 있어 일대기적 구성을 지녔으리라 생각하기 쉬우나 실은 일대기적 구성이 아니라 이혈룡과 옥단춘이 처한 문제적 상황과 그 대응 양상에 초점이 놓인 작품이다. 또한 김진희가 죽는 장면을 제외하고는 초월적인 세계의 개입이 거의 없이 사건이 현실적 맥락 하에 전개되고 있다는 특징을 지닌다.

이 작품에서 우선 이혈룡과 김진희의 관계에 주목할 필요가 있다. 이 둘의 관계 이면에는 조선 후기 접어들어 점차 가속화해 간 양반층 내부의 분해 현상이 있다. 아버지 대에는 대등했던 둘의 관계가 아들의 대에 와서 급속히 달라진 것으로 설정 된 것은 그러한 현상을 축약하여 제시한 것이라 할 수 있다. 몰락한 양반은 신분상 으로는 양반이지만 사실상 그 지위에 걸맞은 경제적 토대를 상실한 자들이다. 이 작품에서는 이혈룡이 이에 해당한다. 김진희가 이혈룡을 죽이려고까지 한 것에는 이혈룡과 같은 몰락한 양반들에 대한 기득권자들의 부정적 시각이 깔려 있다.

이 작품의 주된 갈등은 옥단춘을 중심으로 하여 살필 수 있다. 옥단춘은 기생이 지만 <춘향전>의 춘향처럼 그 나름대로의 인간적 존엄성을 중요시한 인물이다. 그 렇기에 친구로부터 핍박을 받는 이혈룡을 구해주었던 것이다. 옥단춘은 자발적으로 애정을 성취하려 했으며 죽음을 무릅쓰고 신의를 지키고자 하였다. 그러므로 비록 하층의 인물이지만 자신의 운명을 개척해 나가려는 진취적 면모가 발견되는 인물 이다. 결국 옥단춘은 이혈룡의 편에 서서 부정적인 지배자에 대한 싸움에서 승리를 거둔다.

이 작품에서 주목할 점은 이혈룡과 같은 계층, 곧 상층의 김진희는 신의를 저버 리는 반면 처음 만난 하층의 인물인 옥단춘은 신의를 지킨다는 문제적 설정이다. 결과적으로 이혈룡은 김진희가 아닌 옥단춘을 통해 비로소 삶에 대한 희망을 갖게 되었다. 이러한 설정은, 새로운 시대의 새로운 관계는 계층을 넘어선, 신의에 토대 를 둔 유대 관계에 있다는 작자 나름대로의 시대 인식에 기인한다고 볼 수 있다.

▌감상 : 지인지감(知人之鑑), 사람에 투자하라!

첫눈에 이성(異性)의 미래를 알아볼 수 있다면 어떨까? 아마 연애의 시행착오는 확 줄어들 것이다. <옥단춘전>의 옥단춘은 이혈룡이라는 남자의 미래를 보는 지인 지감을 가진 여자이다.

옥단춘은 김진희를 찾아온 이혈룡을 처음보고 그의 비범함에 그를 돕는다. 구체 적으로 이혈룡의 비범함은 언급되어 있지 않지만, <옥단춘전> 전체를 보면 옥단춘 은 이혈룡의 인물됨을 알아본 듯하다. 이혈룡은 자기의 체면보다는 가족이 먹고 사 는 문제를 더욱 절실하게 생각했던 사람이고, 또 친구에 대한 믿음 또한 저버리지 않는 인물이며, 김진희와 다르게 환경이 잘되고 못되는 것에 따라 사람 대하기를 달리하지 않는 인물이다.

이런 이혈룡을 알아보고 옥단춘은 경제적 지원을 하여 이혈룡을 암행어사로 만들고, 이혈룡의 집까지 몰래 재산을 보내 가족의 생계를 돕고 있었다. 일부에서는 옥단춘의 신분과 이혈룡의 신분차이로 옥단춘의 의도적인 접근으로 해석하는 견해도 있지만, 암행어사가 되고 거지차림으로 나타난 이혈룡을 진심으로 따뜻하게 위로해 주는 장면을 보면 옥단춘의 진실된 사랑이라고 보여진다.

지인지감은 천부적인 자질이기보다 단편적인 요소로 그 사람의 삶을 전체적으로 조망하고 이해하는 능력으로 옥단춘의 지인지감은 남녀관계를 넘어서 지금 우리시대의 인간관계에서도 절실하게 요구되는 능력이다. 모 대기업 회장의 경영철학이 '미래를 보고 사람에 투자한다.'라는 기사를 본 적이 있다. 이익을 추구하는 기업도, 이익을 조정해야하는 정치도 어떤 사람을 기용하느냐에 따라 그 성패가 갈라진다.

힐러리, 스티브 김, 스티브 발머 이들의 공통점은 모두 현대판 옥단춘과 같은 지인지감형 인물이라는 점이다. 힐러리 클린턴의 유명한 일화 중에, 어느 날 클린턴 부부가 주유소에 들렀을 때 그 주유소 사장이 대학시절 힐러리 클린턴과 사귀었던 남자 중 하나였다. 주유소를 나오면서 빌 클린턴이 힐러리를 놀리려고 "당신이 그 때 나 아니고 쟤랑 결혼했으면, 지금쯤 주유소에서 기름이나 넣으면 살았겠지?"라는 질문에 힐러리 클린턴의 대답은 "아니, 저 사람이 지금 미국의 대통령이였을거야."라고 답했다. 또한 메이저리그의 슈퍼스타였던 박찬호도 스티브 김이라는 에이전트를 만나기 전에는 그저 야구에 재능이 있는 한 명의 선수에 불과했고, 천재적인 개발자이지만 경영이나 영업에 대해서는 문외한이었던 빌 게이츠도 스티브 발머를 만나기 전까지는 그저 호기심 많은 프로그래머에 불과했다. 이처럼 가능성이 있는 자들을 알아보고 더 필요한 것이 무엇인지 직감하고 그에 맞게 후원하여 변화하게 만들 수 있는 능력을 현대의 지인지감으로 볼 수 있다.

사람이 지닌 가능성과 인품은 동서고금을 막론하고 바람직한 가치로 인정받아왔다. 하지만 현실적으로는 재력과 출신배경 등을 더 높이 평가하고 사람을 판단하는 일들이 비일비재하다. 물론 사람의 내면을 보는 일이 말처럼 쉬운 일은 아니다. 시간이 드는 일이고 어쩌면 생각보다 많은 노력이 드는 일일 수도 있다. 그러나 사람 그 자체에 투자했을 때, 훨씬 더 풍성한 결실을 맺을 수 있다. 더 빠른 것만을 추구하고 가시적인 가치에만 매달리는 오늘날, 우리는 옥단춘의 지인지감이 던지는 메시지에 주목할 필요가 있지 않을까.

▌연습

1. <옥단춘전>은 <춘향전>과 친연성이 높은 것으로 알려져 있다. 주어진 표의 빈칸을 채워보자.

		옥단춘전	춘향전
인물 설정	인물의 신분	양반과 기녀 간의 사랑	
	반동 인물		
	여성 주인공		수청 거부–절개가 두드러짐
사건 전개	화소		
	결말 처리		
	주제		

2. <옥단춘전>에서 주요 인물들 셋의 관계를 통해 작자가 말하고자 한 바를 추론하여 서술해 보자.

▌참고문헌

김정애(2012), 「<옥단춘전>에 나타난 옥단춘의 지감능력과 그 문학치료적 의미」, 『문학치료연구』24, 한국문학치료학회.

김종철(1990), 「옥단춘전」, 『한국고전소설작품론』(김진세 편), 집문당.

박일용(1988), 『조선후기 애정소설의 서술시각과 서사세계』, 서울대 박사논문.

제3장

이춘풍전

작자 미상

* 출처 : 신해진 역주, 『朝鮮後期 世態小說選』, 月印, 1999.

갓갓치로 홀여닐 졔, 허량한 츈풍이는 조곰치도 사양안코 오십 양 돈, 빅양 돈을 비일비직(非一非再) 니여 쥬니, 혼갓 유흔 니 지물이라, 을믹느 느물손가. 일 연이 못 하여서 **이쳔 오빅 양이 한 푼 읍시 다 써구느.** 어니 읍슨 츈풍이는 의식을 염에 읍시 츄월이안테 밋친 다시 비 부루게 잡바져서 츄월의 간스한 슈을 추호도 몰느구느.

괘심훈 츄월이요 츈풍의 지물 다 호려너고 괄셰흐여 니치랼 제, 셔방님이라 말 도 아니 흐고,

"여보시요, 니 양반아. 셩중 활양(城中閑良) 셩외 활양(城外閑良)게을 보고 도라가 니 어디로 가랴시요. 가는 노비 부족하면 돈이느 한 돈 봇티리다." 흐며, 돈 한 돈 니여 쥬고 가기을 지촉흐니, 츈풍의 그동 보소 분흐고 분한 마암 층양(測量) 읍셔 츄월드러 이른 마리,

"당초의 널과 나랑 원앙금침의 두리 누어 원불싱니(願不生離)흐자 흐고 팀산갓치 미질 적의 디동강 깁푼 물이 마르도록 써느지 마즛더니 사랑의 흥을 계워 그려흐 냐? 농담으로 그려흐냐? 참말인야? 가란 마리 어이 말인냐?"

츄월이 이 말 듯고 질식흐여 이른 마리, 쏭을 니여 구박흐되,

"여보쇼 이 사람아, 즈네 그 말 다시 마쇼. 싱긴 거시 멍쳥이라, 창염을 즌 모르 는가?"

흐고, 등을 밀쳐 마롱 아리 니치니, 츈풍이 분한 중의 탄식흐여 혼심짓고 전연[1] 의 빗게 셔서 이리져리 싱각흐니 한심흐고 졀통흐다. 경셩으로 가즈 흐니, 무면도 강[2] 못 가깆고 쳐즈도 못 보깆고 친구도 붓그럽다. 쏘한 호죠 돈을 니여다가 혼 푼 읍시 도라가면 금부의 가둔 후의 중죄로 두다리면 죽기가 분명흐니, 이을 어이 하 잔 말가? 셔울도 목 가깆다. 잇고 잇고 스름지고, 이얼 변이 쏘 잇느가? 디동강 깁

1 전연 : 마루의 앞쪽 서까래 기둥.

2 무면도강 : 일에 실패하여 고향으로 돌아갈 면목이 없다.

푼 물의 아조 풍덩 빠져 죽자 ᄒ니 춤아 웃지 샌질손가? 은장도 드는 칼노 목을 길
네 죽자 ᄒ니 참아 그리도 못하깃다. 익고 답답 스름지고, 어이 하야 사준 말고? 평
양 셩즁 걸인되여 이집 져집 비려 먹즈 ᄒ니 노쇼인민 아동덜은 셔로 보고 쑤지지
며, 이놈 져놈 웃고 보니 걸식도 못 하리라. 어듸로 가준 말고? 갈 곳이 젼혀 읍다.
셩각이 아득ᄒ여 도로혀 익걸ᄒ되, 츄월더려 이르는 마리,

"츄월이, 니 말 듯쇼 어이 그리 박졀혼가? 즈네 집 도로 잇셔 사환 불사환을 다
른 사람 하는듸로 ᄂ도 함계 ᄒ여 쥬고, 즈네 집의 도로 잇셔면 그 무어시 관계할
가? 깁피 깁피 셩각ᄒ쇼"

가련히 익걸ᄒ니, 츄월의 그동 보쇼 눈을 흘계 보고 하는 마리,

"여보쇼 이 사람, **즈네 언힝 못 곤칠가?** '츄월아 츄월아' ᄒ고, '합쇼 맙쇼'ᄒ여,
니 일홈 쏘 불을가? 니 집의 다시 잇셔 사환을 ᄒ즈 ᄒ면 쳬면간의 못 하리라."

ᄒ고, 이쳐름 쓰증ᄂ니, 츄풍이 허일읍셔 보리 졀통한들 어이 할고? '익기씨' 마
리 졀노 나고, '하시오' 마리 졀노 ᄂ다. 츄풍이 이날부텀 츄월의 집 다시 잇셔 온갖
사환 다할 젹의, 싱불여사(生不如死) 가련ᄒ다.

… (중략) …

츄풍이 반기면셔,

"그 사이의 잘 잇슨년가?"

ᄒ고 열두 바리 실른 **돈을 장사의 닝긴 드시 여기겨기 드려 노코 의긔양양** ᄒ
ᄂ구ᄂ. 츄풍의 츳담상을 별노히 츠려 드리거늘, 츄풍이 온 교틱 다할 젹의 기구ᄒ고
볼 만ᄒ다. **코살도 쩡글리며 입맛도 다셔보고 졀가락도 글널박으며** ᄒᄂ 말이,

"싱치 다리도 들 구어스며, 즈반의도 기름이 즉고, 황뉵좃차 마시 즉다. 평양으로
갈가부다. 호조 돈 곳 안님너면 올나오지 아니 힛지. 너일은 호조 돈을 다 밧치고
평양으로 ᄂ려갈 졔, 너도 함계 쌀라 가셔 평양감영 쇼가(小家) 집의 그 음식 먹어
보쇼."

온갖 교만 다 할 젹의, 츄풍 안히 츄풍을 속기랴 ᄒ고 황혼을 기다려셔 여즈 이
복(衣服) 버셔 노코, 비장 의복 다시 입고 흔를거려 드러오니, 츄풍이 의아ᄒ여 빙안
의셔 쥬져쥬져 ᄒᄂ지라. 비장이 호령ᄒ되,

"평양의 왓든 일을 싱각ᄒ라. 네 집의 왓다한들 그 다시 그만ᄒ야."

츄풍이 그졔야 즈셔히 본즉, 과연 평양의셔 돈 바다 쥬든 호계비쟝이라. 쌈작 놀
ᄂ리면셔 문박계 쮜여 ᄂ려 문안 엿즈오듸, 호계비쟝 ᄒᄂ 말이,

"평양의셔 맛든 미가 을믜ᄂ 아프던야?"

츄풍이 엿즈오듸,

"웃지 감히 아푸다 하올인잇가? 소인의계는 샹(賞)이로소이다."

호계비쟝 한는 말이,

"평양의셔 쩌눌 젹의 너더려 이르기을, 돈을 싯고 셔울노 올ᄂ오거든 덕의 문안 ᄒ라 하엿든니, 풍문 소식 하기로 민일 기두르다가 앗계 마춤 남산 밋희 박승지 덕의 가 슐을 먹고 더춰ᄒ여 종일 노다가 홀연히 네가 왓단 말을 듯고 네 집의 도라 왓스니, 흰죽이ᄂ 쑤어 달ᄂ."

ᄒ딕, 츈풍이 졔 지어미을 아몰리 츠즌들 잇슬손가, 제가 손슈 죽을 쑤랴 ᄒ고 죽쌀을 니여 들고 부억그로 ᄂ아거눌 비쟝이 호령ᄒ되,

"네 지어미ᄂ 어딕 가고, 너계다가 니외(內外)을 ᄒᄂ야?"

츈풍이 묵묵부답ᄒ고 혼줏말노 심중의 혀오딕, '그리든 츠의 가솔을 만ᄂ스니 우리 두리 잠이ᄂ 잘 즈볼가' ᄒ엿드니 안희ᄂ 간딕 읍고, 비쟝은 이철름 호령ᄒ니 진실노 밋망ᄒᄂ 무가너ᄒ³라.

호계비쟝 니다 보니, 츈풍의 죽 쑤는 모양이야 우습고도 볼 만ᄒ다. 그계야 죽상을 드리거눌, 비쟝이 먹기 슬은 죽을 조고만치 먹는 체하다가셔 츈풍이을 상치로 쥬면 ᄒᄂ 말이,

"네가 평양감영 츄월의 집의 사환으로 잇슬 쯰의, 다 씨야즌 흔 사발의 누룽밥의 국을 부어셔 슉가락 읍시 쓸 아릭 셔셔 되는 디로 먹든 일을 싱각ᄒ여 다 먹그라."

ᄒ니, 그계야 츈풍이 안희가 어듸셔 죽 먹는 양을 볼가 ᄒ여 여긔져긔 살펴보며 얼는얼는 먹는지라. 그계야 츈풍 안희 혼줏말노,

'이른 그동 볼작시면, 뉘가 안니 웃고 볼가? ᄒᄂ 힝실 져러ᄒ니 어딕 가셔 스람으로 뵈일는가? 아무커ᄂ 속기기을 더ᄒ지던이 참아 그리 우슈워라. 일런 쏠을 볼작시면, ᄂ 혼ᄌ 보긔 악갑도다.'

이런 그동 져런 그동 다 본 연후의, 호계비쟝 의복 버셔 노코 여ᄌ 의복 다시 입고 우슈면셔,

"이 멍쳥아!"

츈풍의 등을 밀치면셔 ᄒᄂ 말이,

"안목이 그다지 무도ᄒ가?"

츈풍이 어이 읍셔 ᄒᄂ 말이,

"이왕의 ᄌ네 줄 아라스ᄂ, 의ᄉ을 보ᄌ ᄒ고 그리ᄒ엿노라."

ᄒ고, 그날 밤의 부부 두리 원낭금침 펴쳐 덥고 누어스니 아조 그만 졔법일셰.

3 무가너ᄒ(無可奈何) : 어찌할 수 없음.

(1) 서사 단락

① 숙종대왕 즉위 초, 서울 다락골에 사는 이춘풍이 부모로부터 물려받은 재산을 모두 주색잡기로 탕진하다.

② 이춘풍이 그의 처(妻)에게 수기를 써 주고 집안일을 맡기다.

③ 이춘풍의 처가 침재와 길쌈 등의 일로 치산하여 가정이 넉넉해지다.

④ 이춘풍이 호조에서 이천 냥을 빌리고 가산 오백 냥을 털어 평양으로 장삿길을 떠나다.

⑤ **이춘풍이 기생 추월에게 빠져 모든 돈을 탕진하고 하인으로 전락하다.**

⑥ 이춘풍의 처가 참판 댁의 신임을 얻어 호계 비장이 되다.

⑦ 이춘풍의 처가 남장하고 춘풍과 추월을 재판하다.

⑧ 이춘풍이 서울로 돌아와 처에게 허세를 부리다.

⑨ **이춘풍의 처가 호계 비장으로 다시 변장하여 이춘풍을 곤란하게 만들다.**

⑩ **이춘풍의 처가 비장 옷을 벗고 이춘풍은 비장이 자신의 아내였다는 사실을 알게 되다.**

⑪ 이춘풍이 자신의 잘못을 반성하고 부인 김씨와 행복하게 살다.

(2) 시대적 맥락

<이춘풍전>은 1953년 장덕순에 의해 최초로 소개되었으며, 1980년대 이후에 비교적 많은 개별적 연구가 이루어져 왔다. 지금까지 <이춘풍전>에 대한 연구는 대략 이본 연구, 판소리와 관련 여부에 대한 연구, 주제 연구의 세 분야로 나누어진다. 또한 <이춘풍전>은 당시 시정세태를 엿볼 수 있는 세태풍자소설이다. 더구나 이 작품의 성립 시기가 조선 최후기임을 상기할 때 이 소설은 신소설이 성장할 수 있는 토대를 마련하고 있어 문학사적 입장에서도 자리매김을 명확히 할 필요가 있는 작품이다.

<이춘풍전>의 작품에 반영된 사회적, 경제적 측면은 대체로 18, 19세기적인 특징과 일치한다. 조선 사회는 18세기 이후 농업 중심에서 점차 상공업이 진흥되고 교환경제 중심에서 화폐 경제적 요소가 확대되는 쪽으로 변화되기 시작했다. 그리고 서울을 포함한 기존의 큰 도시는 물론이고 교통의 요지에 새로운 상업도시가 형성되었으며 상업과 대규모 농업 경영을 통한 신흥 부자가 출현하면서 자본주의적 생산 양식이 성장하고 있었다. 조선후기의 생산력의 발전, 상품화폐경제의 발달 등

은 양반층의 증가와 분화를 초래한 요인이 되었다.

뿐만 아니라 노비의 도망과 하층 계급의 경제적인 부상 등으로 서서히 신분제도가 무너지고 있었다. <이춘풍전>에서 이춘풍은 기생 추월에게 유혹되어 자신의 재산을 탕진하다가 사환으로 전락하기에 이른다. 이춘풍이 양반이 아닌 상인 계층임에도 불구하고, 천민 신분에 해당하는 기생들의 사환으로 전락하는 것은 조선후기 신분제의 변동의 한 현상을 보여주는 것이다.

또한 조선 사회를 지탱해 온 유교적 이념이 조선후기에 들어서면서 서서히 무너지는 것을 계기로 재물을 중시하는 배금주의적인 사회의 모습이 나타난다. 평양 기생 추월은 춘풍이 돈이 있을 때에는 온갖 교태와 아양을 부리면서 춘풍과 백년해로 하기로 약속하고서는, 춘풍이 돈이 떨어지자 무자비하게 내쫓아 버리고 다른 남자들에게 다시금 교태를 부린다. 자신의 이익을 위해서라면 어떠한 행동도 서슴지 않고 물질에 따라 움직이는 모습을 잘 드러낸다.

이처럼 <이춘풍전>은 당대 현실을 문학을 통해 형상화하고 있기 때문에, 이를 통해 당시의 독자들은 작품에 공감할 수 있었고, 현재의 우리는 조선 후기 사회의 모습을 이해하고 변화되는 사회상을 문학을 통해 살펴볼 수 있다.

▌ 쟁점 : 세태소설 vs 가정소설

세태소설이란 1939년 임화가 『세태소설론』에서 지칭한 것으로 어떤 특정한 시기의 풍속이나 세태의 단면을 묘사하는 것을 목적으로 하는 소설이다. 세태소설은 어느 시기에든 발생할 수 있는 소설이지만, 특히 사회적 변혁기에 곧잘 등장한다는 특징이 있다.

<이춘풍전>은 이제까지 주로 세태소설로 다루어져왔다. 김소연(2003)은 조선 후기 세태소설의 조건으로 '① 공간적 배경은 조선 ② 주로 평범하고 일상적인 인물 ③ 그 당시의 세태 반영 ④ 사건의 해결은 비현실적이 아닌 현실적인 방법으로 해결'을 제시하고 <이춘풍전>을 세태소설로 보았다. 이에 <이춘풍전>에 나타나는 세태소설적 특징을 중세적 이념에 속박되지 않고 새로운 이념을 추구하는 근대적 인물의 형상화, 신분제 동요로 인한 계층 간의 대립에서 찾고 있다. 실학의 영향으로 사농공상에 의거한 직업의식이 바뀌기 시작하고, 상공업의 발달에 따라 물질을 숭상하는 이익 사회의 모습도 <이춘풍전>의 세태소설적 특징으로 보았다.

그러나 <이춘풍전>을 세태소설이 아닌 가정소설로 본 시각도 있다. <이춘풍

전> 최초의 연구자 장덕순(1953)은 이 작품을 '가정소설'로 보았다. 그는 이 작품의 핵심을 '가정 중심의 부부 사이에서 일어나는 사건'으로 파악했다. 이어 이성권(1999)은 <이춘풍전>을 17세기 이래 전개되는 가정소설사의 전통적인 문학적 구도, 특히 그 가정의 존속적 의식과 父와 夫 그리고 婦로 대표되는 가정의 인물 구도적 차원에서 볼 때 가정소설로서의 성격을 뚜렷이 드러낸다고 보았다. 19세기 가정소설은 배경적 측면에서 볼 때 문벌가중심에서 서민적 가정 공간으로의 이동, 인물 형상으로 볼 때 규범적 가장이 갈수록 추락되어가는 과정, 주제적 차원에서 볼 때 문벌가의 존속적 의식이 강조되는 것에서 현실 경제적 치산 또는 서민적 삶의 존속의 문제로 이동하는 특징이 있다.

'이춘풍'은 초기 가정소설 이후 전개되는 가정소설 속의 허랑한 가장 형상의 추락상을 가장 극단적으로 보여주고 있고, '춘풍의 처'는 가정의 존속을 위해 희생을 감수하는 가정소설 내의 열행적 여성인물이면서 가장을 개과시킴으로써 가산을 일으켜 세우는데 성공하는 열장부적 모습을 보여주고 있다. 특히 춘풍의 처는 초기 가정소설 이후 전개되어 온 여러 열행적 인물 형성의 전통적 계승의 흔적을 뚜렷이 보여주고 있으면서 여성의 역할에 대한 감계(鑑戒)를 위주로 하는 가정소설의 기본적인 구도에 그대로 부합된다.

주제적 차원에서 보더라도 <이춘풍전>은 결국 夫의 거듭되는 잘못을 婦의 헌신적인 노력으로 집안을 일으켜 세우는 과정을 보여주고 있어 가정의 존속적 의식을 기본적인 주제로 삼고 있는 가정소설의 세계에 그대로 부합되고 있음을 볼 수 있다.

▌꼼꼼히 읽기 : 공간에 따른 인물 간의 대립

조선 후기 한양과 평양은 급격한 상업발달로 최대의 도시적 면모를 갖추고 있었다. 야담 속에서 '한양'은 권력과 출세, 부를 기반으로 한 풍부한 경험의 공간으로 그려지며, '평양'은 19세기 전반기에 집성된 것으로 보이는 『청구야담』에서 주로 관찰사, 기생, 경제행위라는 요소가 도시의 핵심이미지를 이룬다.

<이춘풍전>의 공간적 배경은 이러한 조선시대를 대표하는 한양과 평양이다. 이춘풍은 한양에서 평양으로, 평양에서 다시 한양으로 이동하는데, 이와 같은 이동은 인물의 대립 구도를 변화시킨다.

먼저 한양이라는 공간에서 드러나는 인물 간의 구도는 춘풍과 춘풍의 처의 대립이다. 처음에는 가정 내에서 가부장의 권위로 춘풍이 우위를 잡고 있었지만, 춘풍

의 처에게 우위를 내주게 된다. 춘풍은 '나도 이리 노닐다가 일품 벼슬하고 이름을 후세에 전하리라.' 하며 부모가 물려 준 재산을 탕진하고 집으로 돌아온다. 춘풍은 춘풍의 처에게 수기를 써주고 가정의 주도권을 맡긴다. 아내 덕분에 다시 재산이 모아지자 한양에서 이루지 못했던 성공을 위해 그 당시 부와 출세의 상징적 공간인 평양으로 간다.

평양에서의 대립 구도는 추월과 춘풍, 춘풍과 춘풍의 처로 나타난다. 추월과 춘풍의 대립에서 우위에 있는 인물은 추월이다. 평양으로 간 춘풍은 기생 추월을 만나 매혹된다. 그 당시 평양에는 경제적인 부와 자유로운 사회적 분위기 속에서 미모와 재능이 뛰어난 평양기생들이 활발하게 활약하고 있었기에 집을 떠난 춘풍이 타락할 수밖에 없는 공간이었다. 추월은 '이천 오빅 양이 한 푼 읍시 다 쎠구느'처럼 춘풍의 수중에 돈이 떨어지자 가차 없이 춘풍을 버린다. 빈털터리가 된 춘풍은 사환 노릇을 자청하며 간곡히 빌기까지 하는 모습을 보인다. 그러자 추월은 이러한 춘풍의 모습에 조금의 연민도 없이 오히려 '즈네 언힝 못 곤칠가?' 하며 '서방님'이라고 부르던 호칭을 '자네, 이사람' 등으로 바꾸고, 춘풍에게 말버릇을 고치치 않으면 하인으로도 받아들이지 않겠다고 으름장을 놓는다.

평양에서 춘풍과 춘풍의 처의 대립에서도 춘풍의 처가 우위에 있다. 춘풍의 처는 남편을 위기에서 구하기 위해 비장으로 변장하여 평양까지 간다. 비록 비장으로 변장했지만 춘풍의 처는 추월을 재판하여 호조 돈을 다 받아내고, 춘풍도 다시 한양으로 돌아오게 만든다.

한양에서는 다시 춘풍과 춘풍의 처가 대립구도를 보인다. 반기는 아내에게 '돈을 장사의 넝긴 드시 여기겨기 드려 노코 의긔양양' 하고, 아내의 차담상을 '코살도 쩡글리며 입맛도 다셔보고 절가락도 글널박으며' 음식 솜씨를 탓하고 있다. 그리고 호조 돈을 갚고는 다시 평양으로 갈 것이라고 한다. 춘풍이 돌아와 다시 허세 부리는 꼴을 보다 못한 춘풍의 처는 다시 비장으로 변장하고 나타나 평양에서의 일들을 들추어낸다. 춘풍은 약자인 아내 앞에서는 한없이 강한 체하고 강자인 비장 앞에서는 한없이 약해지는 비열함을 드러낸다. 이러한 모습은 조선 후기 가장권 우위의 사회에서 호령만 하던 남성의 무능력을 폭로하는 것이며, 동시에 가정 내에서 하늘같이 떠받들던 남편에 대한 조롱이라 할 수 있다.

춘풍과 춘풍의 처, 이 인물 간의 반전은 비장의 정체가 아내였음이 드러나는 순간에 이루진다. 자신의 비굴했던 모습, 비참했던 처지를 모두 다 본 비장이 곧 아내였다는 사실이 밝혀지면서 춘풍의 위신은 급추락한다. 그러나 춘풍은 쓸데없는 자존심이 아직도 남아서 본 모습을 드러낸 아내에게 사과를 하지도 용서를 빌지도 않는다. 다만 춘풍은 어이없는 표정을 지으며 '이왕의 즈네 쥴 아라스닉, 의스을 보즉 흑고 그리흐엿노라.'라고 둘러댄다. 결국 다시 돌아온 한양에서도 춘풍의 처가 춘풍 보다 대결의 우위에 있는 것이다. 겉으로 보기에는 춘풍의 처가 반성하고 가정의 제자리로 돌아온 남편을 존중하여 춘풍이 대결의 우위에 있는 것처럼 보이지만, 실 제적으로는 가정을 버렸던 타락한 경험 때문에 다시 제자리로 돌아왔더라도 예전 의 위치는 회복될 수 없고 춘풍의 처가 우위에 서게 되는 것이다.

■ 감상 : 아줌마의 힘

춘풍의 처가 보여 준 능력은 변화하는 조선시대의 여성 형상을 나타내고 있다. 먼저 가정의 경제권이 여성에게 이동하는 모습을 보여준다. 무능력한 가장이 아내 에게 경제력을 양도하고 인정하는 모습을 통해서 여성의 치산 능력이 강조되고 더 불어 여성의 위상도 변화할 수 있음을 보여 주고 있다. 춘풍의 처에게 경제력이 있 음으로 인해 춘풍의 위선을 폭로하고 제압할 가능성이 생겨났다는 점을 중시할 필 요가 있다. 다음은 여성의 능력과 사회적 진출의 모습이다. 춘풍의 처는 평양 감사 의 어머니와의 친분으로 남성 사회로 진출한다. 그것은 물론 남장을 통해서였지만 결국 자신의 능력을 드러낸 것이다. 춘풍의 처가 보여준 비장으로서의 능력은 여성 도 사회적으로 얼마든지 그 힘을 발휘할 수 있다는 것을 보여 준다.

춘풍의 처는 착하고 부지런한 아내이다. 가장의 권위와 허세에 순종하고 희생하 기도 한다. 그러나 남편의 힘으로 가정을 유지하기 힘들게 되자 아줌마의 힘을 발 휘한다. 쓰러져 가는 살림을 위해 품팔이를 마다하지 않고, 평양 기생 추월에게 돈 을 털린 남편을 벌하고 한양으로 돌아오게 만든다.

이러한 춘풍의 처 캐릭터는 현대에 와서도 여러 장르에서 재생산되고 있다. <이 춘풍전>의 내용을 새롭게 각색한 희곡으로 오태석(1976)의 <춘풍의 처>가 있다. 이 희곡에는 가장이 부재해서 생기는 문제를 보이며 무능력한 가장을 비꼬고, 가부 장제 속에서 버림받고 희생당하는 아내상이 좀 더 비극적으로 그려져 있다. 김지일 (1992)이 각색하여 마당놀이로 소개된 <신이춘풍전>과 <이춘풍전>은 글의 성격만 다를 뿐 소설의 내용이 거의 그대로 대사화되어 있고, 주제도 동일하다. 시나리오 <가슴 달린 남자>는 1993년에 발표된 영화이다. 주인공 혜선은 회사에 입사하여 뛰어난 업무 능력을 발휘하지만 여자라는 이유로 무시당하고 커피나 복사 심부름 을 한다. <이춘풍전>과 <가슴 달린 남자>에서 나타난 사회의 모습이 100년이 넘는 시간의 차이에도 불구하고 크게 다르지 않다. 그래서 <이춘풍전>의 김씨나 <가슴 달린 남자>의 혜선이 남장을 해야만 했던 것이다.

　TV에서 방영되는 드라마에서도 우리는 아줌마 캐릭터를 자주 만날 수 있다. 그중 <내 남자의 여자>(2007)에 등장하는 김은수는 억척스러운 아내이자 동생을 보호하는 든든한 언니 캐릭터로 열렬한 환호를 받았다. 바람기 많은 남편을 때려눕히면서도 끝까지 포용하고 관용을 베푸는 아내상을 보여 주었다.

　이처럼 춘풍의 처는 현대에도 주요 캐릭터로 되살아나고 있다. 그러나 이러한 아줌마의 캐릭터를 자주 대한다는 것은 역설적으로 춘풍과 같은 남편이 현대에도 많다는 것을 반증한다. 여전히 가부장적 권위 때문에, 사회적 분위기 때문에 여성의 눈부신 성공에 유별나게 관심을 가지고 호들갑 떠는 모습이 사라지지 않는 한, 춘풍의 처는 모습을 달리할 뿐 계속해서 우리 가까이에 있게 될 것이다.

▌연습

1. <이춘풍전>의 세태소설적 특성을 서술하여 보자.

2. <이춘풍전>의 춘풍의 처와 <규원가>의 시적 화자가 처한 상황이 어떠한지 제시하고, 둘의 문제 대처 방식을 대비하여 서술하여 보자.

> 엊그제 저멋더니 ㅎ마 어이 다 늘거니.
> 少年行樂(소년 행락) 생각ㅎ니 일어도 속절업다.
> 늘거야 서른 말슴 ㅎ자니 목이 멘다.
> 父生母育(부생모육) 辛苦(신고)ㅎ야 이내 몸 길러 낼 제
> 公侯配匹(공후배필)은 못 바라도 君子好逑(군자호구) 願(원)ㅎ더니,
> 三生(삼생)의 怨業(원업)이오 月下(월하)의 緣分(연분)으로
> 長安遊俠(장안유협) 輕薄子(경박자)롤 꿈곧치 만나 잇서,
> 當時(당시)의 用心(용심)ㅎ기 살어름 더듸는 듯,
> 三五二八(삼오이팔) 겨오 지나 天然麗質(천연여질) 절로 이니,
> 이 얼골 이 態度(태도)로 百年期約(백년기약) ㅎ얏더니,
> 年光(연광) 훌훌ㅎ고, 造物(조물)이 多猜(다시)ㅎ야,
> 봄바람 가을 믈이 뵈오리 북 지나듯
> 雪鬢花顔(설빈화안) 어듸 두고 面目可憎(면목가증) 되거고나.
> 내 얼골 내 보거니 어느 님이 날 괴소냐.
> 스스로 慙愧(참괴)ㅎ니 누구를 怨望(원망)ㅎ리.
> 三三五五(삼삼오오) 冶遊園(야유원)의 새 사람이 나단 말가.

곳 피고 날 저물 제 정처 업시 나가 잇어,
白馬金鞭(백마금편)으로 어딕어딕 머무는고
遠近(원근)을 모르거니 消息(소식)이야 더욱 알랴.
因緣(인연)을 긋쳐신들 싱각이야 업슬소냐.
얼굴을 못 보거든 그립기나 마르려믄,
열두 째 김도 길샤 셜흔 날 支離(지리)ᄒ다.
玉窓(옥창)에 심곤 梅花(매화) 몃 번이나 픠여 진고
겨울 밤 차고 찬 제 자최눈 섯거 치고,
여름날 길고 길 제 구존 비눈 므스 일고
三春花柳(삼춘화류) 好時節(호시절)의 景物(경물)이 시름업다.
가을 둘 방에 들고 蟋蟀(실솔)이 床(상)에 울 제,
긴 한숨 디눈 눈물 속절업시 헴만 만타.
아마도 모진 목숨 죽기도 어려울샤.

- 〈규원가〉

▮ 참고문헌

강명관(1999), 『조선시대 문학예술의 생성 공간』, 소명출판.

곽정식(1985), 「<이춘풍전>의 신연구」, 『국어교육』 51, 국어교육연구회.

김균태 외(2012), 『한국고전소설의 이해』, 박이정.

김소연(2003), 「이춘풍전의 세태소설적 특징 고찰」, 인천대 교육대학원 석사.

안창수(1983), 「<이춘풍전> 연구」, 『영남어문학』, 10, 영남어문학회.

이성권(1999), 「가정소설로 본 <이춘풍전>」, 『우리어문연구』 12, 우리어문학회.

장경남(2001), 「<이춘풍전>을 통해 본 가부장권의 형상」, 『우리문학연구』 14, 우리문학회.

장덕순(1953), 「<이춘풍전> 연구」, 『국어국문학』 5, 국어국문학회.

조현우(2012), 「19세기 남성 주체의 "곤경"과 "환멸"」, 『고소설연구』 34, 한국고소설학회.

제6부 가정소설

사씨남정기

창선감의록

장화홍련전

제1장

사씨남정기

김만중

묘희(妙喜) 즉시 종인(從人)을 블너 혼 축(軸) 그림을 가져와 중당(中堂)의 거니 만경창파(萬頃蒼波) 중에 혼 외로온 셤이 잇는디 관음대시(觀音大師) 흰옷 닙고 쇼장(梳粧)[1]도 업시 혼 동즈(童子)룰 안고 슈듁(脩竹) 가온디 안즈시니 필법(筆法)이 졍묘(精妙)ᄒ야 졍치(精彩) 맛치 산 스람 갓더라. 쇼졔(小姐ㅣ) 굴오디

"나의 비혼 바는 션비 집 글이라. 불가(佛家) 일을 모른니 엇지ᄒ리오?"

묘희 굴오디

"년(蓮) 불휘 혼아히로디 닙히 프른며 곳치 붉고 공즈(孔子)와 셕가여리(釋迦如來)는 션비와 부쳐의 되(道ㅣ) 다른디 셩인(聖人)인 즉 혼가지라. 쇼졔(小姐ㅣ) 만일 션비 집 글노 보샤님 공덕(功德)을 칭숑ᄒ면 더욱 관치[2] 비승(倍勝)ᄒ리이다."

소졔(小姐ㅣ) 이윽이 싱각ᄒ다가 향(香)을 픠오고 붓슬 잡아 관음찬(觀音贊) 일빅 이십팔 즈(一百二十八字)룰 지어 족즈(簇子) 우히 가날게 쓰고 아리 줄의 '모년(某年) 모월(某月) 모일(某日)의 샤시 졍옥(謝氏貞玉)은 쓰노라' ᄒ엿더라.

묘희(妙喜) 심중(心中)의 항복(降服)ᄒ야 부인(夫人)과 소져(小姐)룰 향(向)하야 무슈(無數)히 샤례(謝禮)ᄒ고 믈너오니라.

이찌 쇼시(少師ㅣ) 두부인(杜夫人)으로 더브러 혼가지로 안ᄌ 묘희(妙喜) 오기롤 기드리더니 이윽고 묘희(妙喜) 오거눌 쇼시(少師ㅣ) '급히 오르라' ᄒ디 묘희(妙喜) 족즈(簇子)롤 밧드러 우으며 드리니 두부인(杜夫人)이 굴오디

"그디 샤가(謝家)의 가 쇼져(小姐)를 보앗는다?"

묘희(妙喜) 디(對) 왈(曰)

"엇지 보지 못ᄒ엿스리잇가."

부인(夫人) 왈(曰)

"그러면 먼져 그 즈쉭(姿色)을 니르라."

* 출처 : 한국학중앙연구원 장서각 소장 한글필사본, 김만중, 류준경 옮김 『사씨남정기』, 문학동네, 2014.

1 소장(梳粧) : 빗질과 화장, 곧 꾸밈.

2 관치 : 광치(光彩)의 오기.

묘희(妙喜) 왈(日)

"족즈(簇子) 중 사룸 갓더이다"

ᄒ고 인ᄒ여 부인(夫人)과 소져(小姐)로 더브러 문답(問答)ᄒ던 일을 일일이 니른디, 쇼ᄉ(少師ㅣ) 왈

"그디 말을 듯건디 샤가 녀지(女子ㅣ)즈식(姿色)이 아람다올 뿐 아니라 덕셩(德性)과 식견(識見)이 과인(過人)ᄒ도다. 다만 글을 어이지엇는고?"

즉시 족즈(簇子)롤 펴고 보니 필법(筆法)이 졍묘(精妙)ᄒ여 조곰도 구ᄎ(苟且)치 안커늘 쇼ᄉ(少師ㅣ) 그윽이 항복(降服)ᄒ더라.

그 글의 ᄒ여시디,

아문대ᄉ(我聞大師)는 고지셩녜(古之聖女ㅣ)라, 면유기덕(緬惟基德)ᄒ니 비쥬임ᄉ(比周妊姒ㅣ)로다.…… (중략)

하이즈위(何以自慰)오 방명빅셰(芳命百世)로다. 아작찬ᄉ(我作贊詞)ᄒ니 유루타디(流淚墮地)로다.

니 드르니 디ᄉ(大師)는 / 녜 셩인(聖人)읫 겨집이라.

아오라이[3] 그 덕(德)을 싱각ᄒ니 / 쥬(周)나라 틱임(太妊)과 틱ᄉ(太姒)[4]에 비(比)ᄒ리로다.

관져(關雎)와 갈담(葛覃)[5]은 / 부인(婦人)을 기린 말이라.

홀노 공산(空山)의 셧시미 / 엇지 그 본뜻이리오.

직셜(稷契)[6]은 셰상을 돕고 / 이졔(夷齊)는 쥬려 죽으니,

되(道ㅣ)갓지 아니미 아니라 / 맛난 비 각각 다르도다.

니 기친[7] 화상(畫像)을 보니 / **흰옷 닙고 아희롤 안앗도다.**

그림을 인(因)ᄒ야 사룸을 싱각ᄒ니 / 그 디개(大槪) 뜻을 알니로다.

녯 졀뷔(節婦ㅣ)라 / 터력을 끈코 몸을 훼(毁)ᄒ도다.

무리에 쩌ᄂᆞ고 셰상을 끚ᄎ니 / 오직 의(義)만 취(取)ᄒ도다.

셔역(西域)이 글 지어 기리니 / 뉴쇽(流俗)이 긔이(奇異)ᄒ믈 묘히 넉이도다.

신긔(神奇)ᄒ믈 부회(傅會)ᄒ나 / 눈긔(倫紀)에는 니익(利益)이 업도다.

오홉다! 디ᄉ(大師)는 / 엇지 이에 왓ᄂᆞ뇨?

긴 디에 하눌이 ᄎ니 / 바다 물결이 만리(萬里)나 ᄒ도다.

엇지 뻐 스스로 위로(慰勞)ᄒ리오? / 꼿다온 일홈이 빅셰(百世)의 잇도다.

---

3 아오라이 : 애오라지. 오직.

4 태임(太妊)과 태사(太姒) : 어질기로 유명한 두 부인으로, 태임은 주나라 문왕(文王)의 어머니이고, 태사는 문왕의 부인이다.

5 관저(關雎)와 갈담(葛覃) : 『시경(詩經)』「주남(周南)」의 편명(篇名). 관저편은 문왕의 후비(后妃)의 덕을 찬미했고, 갈담편은 문왕의 후비의 덕행을 나타냈다.

6 직설(稷契) : 직과 설. 요순(堯舜)시대의 명신(名臣).

7 기친 : 끼친, 남긴.

너 찬ᄉ(贊詞)를 지으니 / 눈물이 이셔 ᄯᅡ히 ᄶᅥ러지ᄂᆞᆫ도다.

쇼ᄉᆞ(少師ㅣ) 보기를 맛ᄎᆞ미 크게 놀나 ᄀᆞ로오

"녜로붓터 관음찬(觀音贊) 지은 지(者ㅣ) 만ᄒᆞ디 일즉 이 갓ᄒᆞᆫ 졍논(正論)을 보지 못ᄒᆞ엿더니 엇지 년쇼(年小) 녀ᄌᆞ(女子)의 식견(識見)으로 밋ᄎᆞᆯ 비리오."

두부인(杜夫人)ᄃᆞ려 닐러 ᄀᆞ로오ᄃᆡ

"이졔는 아ᄒᆡ 비필(配匹)을 졍(定)ᄒᆞ괘라."

(중략)

샤시(謝氏) ᄯᅩᄒᆞᆫ 크게 놀나 왈(曰)

"졍신(情神)이 혼미(昏迷)ᄒᆞ야 고인(故人)을 아지 못ᄒᆞ도쇼이다."

묘희(妙喜) 왈(曰)

"쇼승(小僧)이 그ᄶᅥ의 뉴쇼ᄉᆞ(劉少師) 명(命) 밧ᄌᆞ와 쇼져(小姐)긔 시(詩)를 쳥(請)ᄒᆞ온지라. 쇼ᄉᆞ(少師ㅣ) 시(詩)를 보시고 크게 칭찬(稱讚)ᄒᆞ야 즉시 졍혼(定婚)ᄒᆞ시고 소승(小僧)을 듕상(重賞)ᄒᆞ시거놀 쇼승(小僧)이 머물러 쇼져(小姐)의 친ᄉᆞ(親事)를 보오려 ᄒᆞ엿습더니 스승이 급히 브르옵기로 보샤님 화상(畫像)을 뫼시고 형산(衡山)도라와 스승으로 더브러 십 년(十年)을 머므러 도(道)를 비호더니 스승이 죽은 후 샹년(上年)의 이 ᄯᅡ히 와 그 유벽(幽僻)ᄒᆞ믈 ᄉᆞ랑ᄒᆞ와 암ᄌᆞ(庵子)를 짓고 공부를 나루려 ᄒᆞ오며 ᄶᅥᄶᅥ 보샤님 화상(畫像)을 더ᄒᆞ야 항상 소져(小姐)의 옥용(玉容)을 싱각ᄒᆞ더니 아지 못게라. 무슴 일노 이의 니르시니잇가?"

샤시(謝氏) 젼후(前後) 곡졀(曲折)을 일일이 니른디 묘희(妙喜) 왈(曰)

"셰샹일이 이럿틋 흔지라. 부인은 슬허 마ᄅᆞ소셔."

샤시(謝氏) 보살화상(菩薩畫像)을 닉이 보니 **큰 바다 가온디 외로온 셤**의 긴 디[竹] 수풀의 셧ᄂᆞᆫ 거동(擧動)이 의연(依然)이 암ᄌᆞ(庵子) 경긔(景槪)로 더브러 다르지 아니ᄒᆞ고 **그 지은 글의 보살(菩薩)**길인 말이 ᄌᆞ긔(自己) 신세(身世)를 그려닉엿ᄂᆞᆫ지라. 샤시(謝氏) 탄식(歎息) 왈(曰)

"사롬의 일이 젼졍(前定)이 이시니 슬허ᄒᆞᆫ들 엇지ᄒᆞ리오? 그러나 보샤님 품 가온디ᄂᆞᆫ 동ᄌᆞ(童子ㅣ)이시디 닉 품의ᄂᆞᆫ 닌ᄋᆞ(麟兒ㅣ) 업스니 슬프도다"

ᄒᆞ고 미일(每日) 분향(焚香)ᄒᆞ야 한님(翰林)의 회심(回心)홈과 닌ᄋᆞ(麟兒)를 다시 보믈 축원(祝願)ᄒᆞ더라.

맥락

(1) 서사 단락

① 유 소사가 마흔이 된 뒤에 연수를 낳고, 아내가 얼마 후 세상을 떠나다.

② 유 소사가 묘희가 가져온 관음찬을 통해 사정옥의 재덕을 확인하다.

③ 유 소사가 사정옥과 아들 유연수를 혼인시키다.

④ 사씨가 혼인한지 10년이 되도록 아이가 없자 유연수에게 첩을 들일 것을 권하고, 유연수가 교씨를 첩으로 맞아들이다.

⑤ 교씨가 아들 장주를 낳고 난 후 사씨도 아들 인아를 낳다.

⑥ 교씨가 문객으로 들어온 동청과 결탁하여 사씨를 모해하다.

⑦ 교씨의 시비 납매가 동청의 말을 듣고 교씨의 아들을 눌러 죽이고, 사씨가 누명을 쓰고 쫓겨나다.

⑧ 사씨가 시부모의 현몽으로 환난을 피하고, 교씨와 동청의 계교를 피해 두부인이 있는 장사로 떠나다.

⑨ 사씨가 배를 타고 가다 악풍을 만나 임씨의 집에서 며칠을 머물다.

⑩ 사씨가 두부인을 만나지 못하게 되어 스스로 목숨을 끊으려다가 묘희를 만나 군산 수월암에서 지내다.

⑪ 교씨와 동청의 참소로 유연수는 귀양가고, 동청은 벼슬을 얻어 교씨와 함께 떠나다.

⑫ 유연수가 귀양에서 풀려나와 시비인 설매에게서 교씨와 동청의 행실과 인아를 갈대숲에 두고 온 사실을 듣다.

⑬ 사씨가 묘희와 함께 동청에게 쫓기는 유연수를 구하다.

⑭ 간신 엄숭이 추방되면서 동청도 처형당하고, 냉진이 교씨와 결합한다.

⑮ 유연수가 다시 벼슬길에 오르고, 사씨가 유연수에게 임씨를 첩으로 들일 것을 권하다.

⑯ 유연수가 임씨를 첩으로 들이고, 사씨가 아들 인아와 상봉하다.

⑰ 유연수가 창기(娼妓)가 된 교씨를 찾아 문죄하고, 유연수와 사씨가 팔십여세 동안 부귀를 평안하게 누리다.

(2) 수용 맥락

조선시대에는 소설이 가치를 인정받지 못했다. 황당무계하여 인륜에 도움이 되지 않는다고 폄하되었다. 특히 한글소설의 경우 그 정도가 더욱 심했는데, 한문 작품에 비해 한글 작품은 품격이 떨어진다고 생각했기 때문이다. 그러나 이런 가운데서도 서포 김만중(1637~1692)이 한글로 창작한 <사씨남정기(謝氏南征記)>는 작품 수준이나 내용 면에서 크게 칭송받았다. 김만중의 종손자인 북헌 김춘택(1670~1717)은 1709년 제주 유배시 <사씨남정기>가 한글로만 전하는 것을 안타깝게 여겨 직접 한문으로 번역했고, 1786년 영남의 학자 이양오(1737~1811)는 <사씨남정기>를 읽고 허구인 소설 속 사건을 역사에 비견할 만하다고 여겨 역사비평 형식의 글을 짓기까지 했다. 소설을 배격하던 양반 사대부조차 <사씨남정기>를 높이 평가하여, 한문으로 번역하고 비평문까지 작성했던 것이다.

다음의 몇 가지 자료에서 <사씨남정기>가 사람들에게 어떻게 수용되고 있는지 좀 더 구체적으로 살펴볼 수 있다.

> 세상에서 소설이라고 일컫는 것들은 말이 다 비리하고 사건 또한 황탄하여 모두 기이한 이야기, 망령된 소리로 귀착된다. 그러나 그 가운데 이른바 <남정기>, <감의록> 등 몇 편은 사람들이 읽어가는 데 문득 감발케 하는 깊은 뜻이 있다.
>
> 『일락정기(一樂亭記)』의 「서문[序]」 중에서

위 글은 이신순(李頤淳, 1754~1832)으로 추정되는 만와옹(晩窩翁)이라는 사람이 쓴 한문소설 <일락정기>의 서문 가운데 일부이다. 이 서문에서는 다른 소설에 비해 <사씨남정기>와 같은 작품은 사람을 감동하고, 분발하게 하는 깊은 뜻이 있다고 하였다. 그는 독자들이 자기의 삶을 되짚어 볼 수 있는 감동과 교훈을 얻을 수 있는 작품으로 <사씨남정기>를 이해하고 이 작품에 대한 긍정적인 평가를 내리고 있는 것이다.

> 서포 김만중은 국문으로 소설을 많이 지었다. <남정기>라고 하는 것이 있는데 사정옥은 현숙한 덕행이 있었으나 첩 교씨의 투기를 입어 집에서 쫓겨나 궁액의 일을 당하였다. 그 말이 격렬하고 절실하며 슬프고 비통하여 사람들의 마음을 감동시키고 경박한 습속을 경계할 만하다.
>
> 『몽유야담(夢遊野談)』의 「소설(小說)」 중에서

위 글을 쓴 이우준(李遇駿, 1801~1867)은 <사씨남정기>를 사람을 감동시키고 교훈을 주는 작품이라고 이해했다. 그런데 이 작품에 대해 사람들이 감동하는 이유를 사씨의 고난에서 찾고 있다. 곧 격렬하고 절실한 사씨의 고난이 독자들의 정서적 공감을 유발하여 독자를 감동시키고 그런한 감동이 결국 경박한 풍속을 경계하는 윤리적인 각성에까지 이어지는 것으로 본 것이다. 이러한 자료들을 통해 <사씨남정기>를 사람들이 주목했던 이유가 이 작품이 주는 감동과 교훈이라는 점을 알 수 있다.

독자에게 감동과 교훈을 주는 <사씨남정기>의 인기는 매우 높았다. 고전소설 중 비교적 많은 이본이 전하고 있고, 이러한 인기가 어느 한 계층에 집중된 것이 아니라는 점에서 알 수 있다. 상층 남성들이 주요 독자인 한문필사본과 상층 여성들이 주요 독자였던 한글 필사본이 상당수 전하는데다, 서민들이 주요 독자였던 방각본으로도 간행되었다는 사실에서 <사씨남정기>가 거의 모든 계층의 사랑을 받았다는 점을 확인할 수 있다.

■ 쟁점 : 〈사씨남정기〉의 소설적 성격

<사씨남정기>는 흔히 인현왕후를 폐위하고 장희빈을 왕후로 맞이한 숙종의 마음을 돌리기 위해 창작했다고 한다. 김만중은 숙종이 인현왕후를 폐위하고 남인이 지지하는 장희빈을 왕후로 맞이한 데 대한 서인의 반대에 가담해 유배를 갔다가 끝내 유배지인 남해에서 죽었다. 이러한 그의 정치적 행보를 볼 때, 정실 부인인 사씨가 첩인 교씨의 모해로 쫓겨나고 교씨가 정실부인이 되는 <사씨남정기>의 내용은 인현왕후의 폐위와 장희빈의 중전 등극을 빗댄 것으로 이해될 수 있다. 역사적 사실과 작품 내용이 교묘하게 연결되는 것이다. 또한 이규경의 『오주연문장전산고(五洲衍文長箋散稿)』에는 다음과 같은 기록이 있다.

여항에 유행하는 소설로 서포 김만중이 지은 <구운몽>과 북헌 김춘택이 지은 <사씨남정기>가 있다. 속설에 따르면 <구운몽>은 김만중이 유배갔을 때 대부인의 근심을 덜고자 하룻밤 만에 지었다 하고, <사씨남정기>는 김춘택이 숙종이 인현왕후 민씨를 폐위했기 때문에 임금의 마음을 깨우치려고 지었다 한다.

김태준(1939)을 비롯한 여러 연구자들은 이 기록과 작가 김만중의 정치적 행보 그리고 작품의 내용과 인현왕후 폐위 사건의 유사성을 근거로 삼아 <사씨남정기>가 숙종에게 장희빈 사건의 부당성을 일깨워 인현왕후를 복위시키려는 정치적 의도에서 김만중에 의해 창작된 것으로 본다.

하지만 이러한 <사씨남정기>의 목적 소설론을 부정하는 주장도 강하다. 이원수(2009)는 목적 소설론을 부정하면서 크게 두 가지 근거를 제시하고 있다. 첫째, <사

씨남정기>가 특정한 정치적 목적을 가지고 창작된 소설이라면 한글로 창작된 이유를 설명하기 어렵다는 것이다. 이러한 근거는 김춘택이 『인해록(因海錄)』에서 제시한 내용을 바탕으로 하고 있다.

> 그런데 선생이 <남정기>를 한글로 지은 것은 여항의 부녀자들이 모두 이 작품을 읽고 감동을 받을 수 있게 하기 위함이니 참으로 우연한 일이 아니지만, 저자의 반열에 나란히 설 수 없음을 나는 늘 병으로 여겨 왔다.

위 글에서 <사씨남정기>의 독자가 숙종이나 정치적인 영향력을 가진 문신들이 아닌 '여항의 부녀자들'로 제시하고 있다. 사실 한글 소설의 주요 독자가 굳이 여항의 여성으로 한정될 이유는 없지만, 숙종과 최상층 문신들의 정치적 결단에 영향을 주고자 하는 소설을 굳이 한글로 창작한 이유를 찾기 어렵다. 둘째, 인현왕후의 복위와 장희빈의 처형은 모두 김만중 사후에 벌어진 일인 바, 실제의 역사 전개와 <사씨남정기>의 결말부 전개가 동일한 것은 우연의 일치일 뿐이라는 것이다. 이러한 근거에 따라, <사씨남정기>는 인현왕후 폐인 사건을 염두에 둔 목적 소설이 아니라 일반적인 축첩제도의 모순을 다룬 소설이라는 것이다.

■ 꼼꼼히 읽기 : 관음찬(觀音贊)의 서사적 기능

관음찬(觀音贊)은 관음보살의 공덕을 찬양하는 노래이다. <사씨남정기>에서 이 관음찬 모티프는 사씨의 삶을 이해하는 핵심적인 모티프로, 사씨의 삶을 관통한다. 관음찬은 사씨가 관음보살 그림을 보고 지은 글이다. 유소사와 두부인은 결혼에 앞서 사씨의 재주와 용모를 알아보기 위해 관음보살 그림에 글을 얻어오도록 묘희에게 부탁을 했고, 이에 사씨가 직접 짓고 그림에 써 놓은 글이 바로 관음찬인 것이다. 이렇게 관음찬은 사씨가 유씨 가문에 들어올 수 있게 하는 매개물로서의 역할을 하는 한편, 앞으로 전개될 사씨의 운명을 예고해 주는 복선으로서의 역할을 담당한다. 그래서 작품 곳곳에서 그림 속의 관음보살과 사씨의 동일성이 계속해서 강조된다. 묘희는 사씨를 보고 관음의 현신이라 느꼈고, 사씨의 용모를 궁금해하는 두부인에게 "족ᄌ(簇子) 중 사롬 갓더이다"라고 말한다. 사씨 역시 군산 수월암에 걸린 관음보살 그림과 글을 보고, '그 지은 글의 보살(菩薩)길인 말이 ᄌ긔(自己) 신셰(身世)롤 그려닉엿눈지라.'라고 생각한다. 이렇듯 사씨는 곧 관음보살과 같은 존재로, 관음찬은 사씨 자신에 대한 글이 된다. 그렇다면 사씨가 찬양한 '관음'은 어떤 모습일까? 사씨가 본 관음보살 그림은 '큰 바다 가온디 외로온 셤'에 관음보살이 '흰옷 닙고 아회롤 안은' 모습이다. 사씨는 그림 속의 관음보살을 고난에 처한 '녜 성인(聖人)잇 겨집'으로 이해한다. 그리고 그가 절해고도에 머물게 된 것은 오직 도 의를 추구하다 얻게 된 결과라고 한다. 사씨는 관음보살이 절해고도에 버려지는 것 과 같은 고난이 찾아오더라도 오직 의(義)만을 추구한 삶을 산 것으로 이해하고 이 를 칭송한 것이다.

사씨의 인생을 암시하는 관음찬 속 관음보살의 모습처럼, 사씨는 유씨 집안에서 쫓겨나 자식과 헤어지고, 홀로 남정하면서 온갖 고난으로 가득찬 삶을 살아간다. 하지만 관음찬에 제시된 관점으로 보면, 인간의 삶에서 중요한 것은 '의(義)'이지 현 실적인 부귀영화나 고난은 부차적인 것이 된다. 인간 삶의 가치는 부귀영화나 고난 같은 세속적 성공과 실패가 아니라 의(義)를 실천했는지 여부에 있는 것이다.

사씨는 자신의 찬문이 쓰인 관음보살 그림을 수월암에서 다시 대면한다. 여기서 사씨가 자신의 삶에 가진 의문, 즉 선행을 실천했지만 죽음에 이를 정도로 고통스 러운 고난의 삶을 살아가는 것에 대한 의문이 해소된다. 삶의 가치는 현실적인 성공 이나 실패가 아니라 올바름을 실천하려고 노력했느냐의 여부에 달려 있다는 것, 그 리고 관음찬을 통해 칭송한 삶이 바로 자신이 삶이라는 것을 확인하게 되는 것이다.

불교에서 보살은 이상적 구도자를 상징하는 존재이다. 보살은 위로는 깨달음을 구하고 아래로는 중생을 구제하는 자리이타(自利利他)를 실천하는 자로서, 넓은 의 미로 볼 때 올바른 인생을 살려고 노력하며 꿈꾸는 사람을 가리킨다고 한다. 그 가 운데 관음보살은 가장 인상적인 인격자로서 지혜의 완성자를 상징한다고 한다. 작 가는 이러한 보살의 개념, 그 가운데서도 관음보살의 형상을 사씨의 행적과 덕성에 투사하여 사씨의 삶을 그려낸 것이다.

■ 감상 1 : 사씨와 교씨의 성품

사정옥과 교채란의 성품에 대해서는 각기 다른 평을 할 수 있다.

먼저 사정옥은 선한 본성을 교채란은 악한 본성을 타고 났다는 것이다.

사정옥은 유교적 윤리관에 충실한 어진 아내의 전형이다. 교씨의 모함으로 버림 받았지만 선한 본성으로 어질게 행동해 모든 역경을 이겨내고 가정을 회복한다. 반 면 교채란은 교활하고 위선적인 인물로 유연수의 첩이었지만, 사정옥을 모함하고 자신이 처의 자리에 올랐다. 또한 동청과 사통하고, 동청이 권력을 잃자 냉진에게로 가고 냉진이 재물을 잃자 기생이 되어 살다 유연수에게 처형을 당한다. 자신의 아들인 장주의 죽음을 방관한 것, 정처의 지위를 차지한 뒤 유연수의 몰락에 동조한 것, 동청과 냉진의 사이를 오가는 것, 창기의 신분에 자족하는 것, 다시 재상가의 첩을 꿈꾸는 것 등은 교채란의 편집증적 욕망 추구의 기질을 구체적으로 드러내는 것으로 가히 사씨의 남정기는 교씨의 욕망기라 해도 과언이 아닐 정도이다.(김현양 1997)

한편 다른 관점으로 보는 연구자들은 사씨와 교씨의 성품은 타고난 것이 아닌 그들이 처한 상황이 만들어낸 것이라고 주장한다. 모두들 자신의 욕망에 따라 움직인 것이며, 환경에 의해 만들어진 성격일 뿐이다. 사씨가 첩을 들이기를 권하는 것은 당대에 당연시 여기는 아들 없는 처의 도리였던 것이다. 교씨는 미모에 여공(女工)에도 능한 인물이었지만, 상황이 악한 인물로 만들었던 것이다. 아들을 낳지 못할까 전전긍긍했고, 아들을 낳은 후에도 사씨가 아들을 낳은 뒤 자신의 아들이 필요 없는 존재가 될까 두려워하게 되면서 악행을 저지르게 된 것이다. 후에 첩이 된 임씨 또한 현숙한 덕행을 가진 이라고 하지만, 농사꾼의 아내가 되기 싫다면서도 유연수의 첩은 기꺼이 된 인물이다. 교씨도 "가난한 선비의 아내가 되느니 차라리 재상의 첩이 되겠다"던 것으로 보아, 임씨와 교씨 두 사람도 유사한 점이 있다.(정출헌 2000) 이들이 본래 타고난 본성이 달랐던 것은 아니라는 것이다.

이러한 태도는 <장화홍련전> 등 다른 처첩 갈등형 가정소설의 인물들에 대해서도 똑같이 적용될 수 있겠다.

▋ 감상 2 : 유씨 가문의 몰락, 누구의 책임일까?

작품의 후반부에 유연수가 귀양에서 풀려나 다시 천자에게 중용되면서 결국 유씨 가문은 번성하게 되지만, 유씨 가문은 유연수가 귀양을 가게 되고 집안의 재물이 모두 사라지면서 한동안 몰락한 상태로 있게 된다. 이러한 유씨 가문의 몰락은 누구에게 책임이 있을까? 교씨와 동청의 참소로 인해 집안의 가장인 유연수가 귀양을 가고, 그 사이 집안에 재물을 가지고 동청과 함께 떠나는 교씨의 행동만 가지고 본다면 유씨 가문의 몰락의 책임은 당연히 교씨에게 있다. 이렇듯 교씨의 책임을 부정할 수 없지만, 유씨 가문의 몰락을 단순히 교씨의 책임으로만 물을 수 있을까? 집안의 몰락을 가져 올 교씨를 첩으로 들이고, 교씨의 악행들을 막지 못한 인물에게는 책임이 없을까?

이러한 의문에 대해 우선 집안의 가장인 유연수를 생각해 볼 수 있다. 유연수가 저지른 잘못은 크게 두 가지로 생각해 볼 수 있다. 첫째, 아내인 사씨의 조언을 듣지 않고 동청을 문객으로 들인 점이다. 동청이 교씨와 결합하고, 여러 가지 계교를 생각해내어 집안의 몰락을 가져왔다는 점에서 유연수도 책임을 피하기 어렵다. 둘째, 이십랑의 방술(方術)로 정신이 혼미해졌다고는 하지만 기본적으로 가장으로서 처인 사씨와 첩인 교씨의 갈등을 제대로 관리하지 못했고, 교씨와 설매의 말만 믿고 사씨의 말을 귀담아 듣지 않은 채로 사씨를 폐출했다는 점이다. 여러 가지 상황을 따져 보지 않고, 장주의 죽음을 사씨의 책임으로 보고 그녀를 폐출한 것은 유연수가 집안의 중요한 사건에 대해 정확한 판단을 하지 못한다는, 즉 집안의 가장으로서 집안을 다스리는 능력이 부족하다는 것을 알 수 있다. 사실 작가는 이러한 유연수의 가부장으로서의 능력을 문제 삼기 위해 유연수의 모친은 유연수를 낳은 직후 세상을 떠나고, 부친인 유소사 역시 유연수와 사씨가 결혼하고 얼마 후에 세상을 떠나는 것으로 상황을 설정했다고 볼 수 있다.

작품의 주인공이자 고난의 삶을 살았던 사씨 또한 유씨 집안의 몰락에 대한 책임에서 자유로울 수 없다. 사씨는 무엇보다 교씨를 첩으로 맞아들이는 데 가장 적극적이었다는 점에서 책임이 크다. 후사 문제가 생기자 사씨는 유연수에게 첩을 들이기를 권한다. 이때 두부인은 집안의 첩을 들이는 것은 환난의 근본이라고 말하며 적극 만류하고 유연수 또한 그리 달가워하지 않는다. 하지만 사씨는 자신감을 드러내며 결국 유연수가 교씨를 첩으로 맞아들이게 만든다. 이러한 사씨의 잘못된 판단에 따른 일방적이고 독단적인 의견은 유씨 집안의 몰락의 첫 단추를 끼워준 것이다. 작품 속에서도 사씨는 자신의 잘못을 인정하고 있다. 하지만 다시 한번 유연수에게 첩을 들일 것을 권유하는 모습을 보이며 일방적이고 독단적인 태도를 바꾸지 않는다.

유연수와 사씨는 모두 훌륭한 인품과 소양을 지니고 있지만, 모든 것이 이론으로만 완벽할 뿐, 실제 경험은 부족하다는 점에서 공통점을 지니고 있다. 그리고 이러한 공통점, 다시 말해 두 사람이 집안을 다스리는 능력의 부족이 동청과 교씨를 집안으로 끌어들이고 이들의 행동을 통제하지 못하여, 유씨 집안의 몰락을 가져오는 데 큰 역할을 하고 있는 것이다.

▌연습

1. 사씨가 지은 관음찬의 내용과 사씨와의 삶의 관계를 중심으로 관음찬의 서사적 기능을 설명해 보자.

2. <보기>의 '복녀'와 작품 속 '교씨'의 행동에 공통점과 차이점을 설명해 보자.

> 복녀는 가난했지만 정직한 농가의 유교적 가율(家律)로 자란 농민의 딸이다. 그녀는 막연하나마 도덕에 대한 의식도 가지고 있었다. 그녀가 시집간 20년 연상의 남편은 게으르고 무능했기 때문에 칠성문 밖 빈민굴로 쫓겨나 살게 된다. 복녀는 일을 하러 나갔다가 감독의 호감을 사고, 여느 여자 인부처럼 작업 대신 정조를 제공함으로써 품삯을 많이 받게 된다. 그 후에도 복녀의 마음은 계속되었고, 가을에는 중국인 채마밭의 배추를 도둑질까지 한다. 어느 날 복녀는 고구마를 도둑질하다가 주인 왕 서방에게 들켜 죄의 대가로 몸을 판다. 이를 계기로 왕 서방은 수시로 복녀와 매음하게 된다. 그후 왕 서방이 한 처녀를 사오자, 복녀는 질투심에 낫을 품고 신혼 방에 뛰어든다. 그러나 복녀는 도리어 왕 서방의 손에 죽고 만다.
> ─김동인 <감자>의 줄거리

▌참고문헌

김태준(1939), 『증보조선소설사』, 학예사.

김현양(1997), 「<사씨남정기>와 욕망의 문제─소설사적 평가와 관련하여」, 『고전문학연구』 12, 한국고전문학회.

박일용(1998), 「<사씨남정기>의 이념과 미학」, 『고소설연구』 6, 한국고소설학회.

이승복(2010), 「<사씨남정기>의 수용 양상과 그 의미」, 『문학치료연구』 16, 한국문학치료학회.

이원수(2009), 「<사씨남정기>의 창작 동기 및 시기 논란」, 『배달말』 44, 배달말학회.

이정암(1996), 「<남정기>의 흥미 요인에 대하여」, 『어문논집』 35, 민족어문학회.

정길수(2010), 「<남정기>의 창작 동기와 작자 문제」, 『인문학연구』 43, 조선대학교 인문학연구원.

정출헌(2000), 「가부장적 가족제도의 질곡과 <사씨남정기>」, 『배달말』 27, 배달말학회.

조혜란(2014), 「조선시대 가족의 경계, 첩」, 『옛 여인에 빠지다』, 마음산책.

황병홍(2013), 「<南征記>의 構造과 意味 : 유연수의 성격 분석을 바탕으로」, 『동아시아고대학』 30, 동아시아고대학회.

제 2 장

창선감의록

작자 미상

화춘이 황급하게 내당으로 들어가니, 마침 심씨는 계향을 시켜 매로 소저를 때리고 있었다. 그리고 취선은 마당에 엎어져 있었다. 이미 매를 오륙십 대나 맞은 뒤라 숨소리마저 위급한 상태였다.

심씨는 화춘이 들어오는 것을 발견하고는 손뼉을 쳐가며 펄펄 뛰면서 진노해 마지않았다. 또한 취선이 소저에게 한 이야기를 꾸미고 부풀려가면서 화춘을 격분하게 했다.

이윽고 화춘이 대답했다.

"진이 남매가 그런 마음을 품고 있다는 것은 소자도 오래 전부터 알고 있었습니다. 그렇지만 저 두 사람이 성고모에게 붙어 있으니 형편상 갑자기 제거할 수 없을 것입니다. 그리고 방금 전에 보니 유생(柳生)이 이미 이 변고를 알고 있어 사색(辭色)이 곱지를 않았습니다. 또한 성고모께서 머지 않아 돌아오시면 반드시 큰 난리를 부릴 것입니다. 우선 분을 참고 그대로 두었다가 훗날을 기다리심이 옳을 것입니다."

심씨는 손으로 가슴을 치면서 땅 바닥을 뒹굴며 발악했다.

"성씨 집의 늙은 과부가 우리 집에 버티고 앉아 음흉한 뜻을 품고 있으니, 반드시 우리 모자를 죽이고야 말 것이다. 내가 비록 힘은 없으나 저 늙은 과부와 더불어 한번 사생을 결단할 것이니라. 또한 유생은 다른 집 자식이니 어떻게 우리 집안 내부의 일을 알 수가 있었겠느냐? 필시 진이 유생에게 고하여 나의 부덕을 누설했기 때문일 것이다. 이 분을 풀지 못한다면 네가 보는 앞에서 당장 스스로 목숨을 끊고야 말 것이니라."

화춘은 마지못해 공자를 잡아다가 매를 혹독하게 치게 했다.

공자는 그 어미와 형을 어떻게 할 수 없다는 것을 이미 잘 알고 있었으므로

* 출처 : 고려대학교 만송 문고본 한문본(이래종 역주 (2003), 『창선감의록(倡善感義錄)』, 고려대학교 민족문화연구원)

변명 한 마디 하지 않고 이십여 대의 매를 맞고서는 정신을 잃고 말았다. 심씨는 마침내 그를 끌어다 문 밖 행랑채로 내치게 했다.

그러자 임소저는 급히 자신의 유모를 시켜 몇 가지 약물을 들고 가 공자를 구완하게 했다. 그리고 임소저는 눈물을 흘리며 하늘에 빌었다.

"하늘이시여! 진실로 화씨가 망하는 것을 원치 아니하신다면, 원컨대 첩의 몸으로 작은 서방님의 목숨을 대신하게 하옵소서."

임소저는 인하여 밤이 새도록 슬피 울었다. 그날 밤 공자는 과연 생기를 되찾았다.

사오 일쯤 지난 뒤였다. 동성 성추관 댁의 하인이 찾아와 소저와 공자에게 성부인의 편지를 전하고 아울러 그들의 안부를 살폈다.

화춘은 겁이 덜컥 났으므로 공자로 하여금 친히 답장을 쓰게 하려고 그가 머물고 있던 곳을 스스로 찾아갔다. 공자는 매를 맞고 쫓겨 난 뒤로부터 한번도 형의 얼굴을 보지 못해 답답하고 슬픈 마음을 주체할 수 없었다. 그런데 천만 뜻밖에 스스로 찾아오는 형을 보고는 너무도 반가운 나머지 눈물을 줄줄 흘렸다. 그리고 화춘과 마주 앉아 모든 잘못을 자신의 탓으로 돌리면서 마치 몸둘 곳이 없는 사람처럼 처신했다. 마침내 완고하고 어리석은 화춘으로서도 오히려 감동을 받지 않을 수 없었다.

(중략)

"부인께서 진이 남매에게 혹하여 매사에 첩의 모자만을 의심하고 있습니다. 첩은 사는 것이 죽는 것만도 못합니다."

심씨는 칼을 들더니 스스로 목을 찌르려는 듯한 형상을 취했다. 그러자 화춘과 두 소저가 급히 달려들어 심씨를 말렸다.

성부인은 더욱 엄한 표정으로 심씨를 돌아보며 싸늘하게 웃었다.

"만일 그대가 양심에 비추어 스스로 부끄러움이 없다면 필시 이렇게까지 나오지는 않을 것이야."

그리고 성생에게 명했다.

"네가 직접 진이가 있는 곳으로 가서 종들을 시켜 진을 업고 오도록 하거라."

성생은 감히 명을 어길 수 없었으므로 이윽고 진을 업고 돌아왔다.

성부인이 공자를 한번 보더니 깜짝 놀라 낯빛이 변하면서 친히 공자의 온 몸을 자세하게 살펴보려 했다.

공자는 손을 가로 저으며 고했다.

> "소질이 상(喪)을 당해 슬퍼하던 중, 이번에는 독한 감기에 걸려 자연히 살이 크게 빠졌을 뿐이지 달리 상한 곳은 없습니다. 고모께서는 무엇 때문에 그렇게 걱정을 하고 계십니까?"

▌맥락

(1) 서사 단락

① 명의 병부상서 화욱의 세 부인 심씨, 요씨, 정씨 중 요씨가 일찍이 딸을 낳아 정씨에게 부탁하고 죽다.

② 심씨 소생의 장남인 춘이 용렬하므로 화욱이 정씨 소생의 아들 진과 요씨 소생의 딸 빙선을 편애하는 바람에 심씨와 춘이 불만을 가지다.

③ 간신 엄숭이 득세하자 화욱은 사직하여 낙향하고, 맏아들 춘을 임 소저와 성혼시켰으나 딸 태강과 아들 진은 정혼만 한 채 성혼시키기 전에 죽다.

④ 심씨와 춘은 진과 빙선을 학대하였으나, 이들은 조금도 노여워하지 않다.

⑤ 화욱의 누이인 성 부인이 진과 빙선을 각각 성례시켰으나, 심씨는 진의 부인인 윤 소저와 남 소저 역시 미워하다.

⑥ 춘은 방탕해져 악한인 범한, 장평과 사귀면서 정실인 임 소저를 내쫓고 간악한 조씨를 정실로 삼다.

⑦ 성 부인의 아들 성준, 빙선의 남편 유생은 모두 과거에 급제하여 벼슬을 하다.

⑧ 심씨는 조씨와 결탁하여 남 소저를 독살하려 했으나 실패하고, 진은 춘의 참소로 투옥되며, 조씨와 범한이 간통을 하자 춘은 장평과 짜고 그들을 없애고 윤 소저를 엄숭의 아들에게 주려 하다.

⑨ 윤 소저의 동생이 어사가 되어 악당들을 처벌하는 한편, 유배지의 진은 은진인을 만나 도술과 병법을 배워 해적의 반란을 평정하는 무공을 세워 벼슬을 받다.

⑩ 심씨와 춘이 잘못을 뉘우치고 흩어졌던 가족들이 무사히 돌아와 가문이 화락하다.

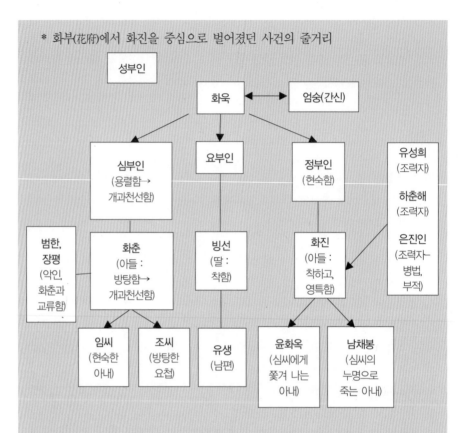

* 화부(花府)에서 화진을 중심으로 벌어졌던 사건의 줄거리

(2) 전승 맥락

　　<창선감의록>은 작자와 연대 미상의 고전소설로써 국문본과 한문본이 있으며 약 100여 종이 알려져 있다. 작자에 대하여 김태준(金台俊)은 그의 『조선소설사』에서 정준동(鄭浚東), 김도수(金道洙) 등을 기록한 바 있다. 뒤에 나온 증보판에서는 조재삼(趙在三)의 『송남잡지(松南雜識)』에 선조 졸수공(拙修公)이 어머니를 위하여 <창선감의록>과 <장승상전(張丞相傳)>을 저작하였다는 기록을 들어 조성기(趙聖期)가 지었다는 설을 첨가하였다.

　　김태준이 김도수 저작설을 제시하게 된 것은 전언인지 문헌에 의거한 것인지 밝힌 바 없고, 또 저작과 관련되는 기록이 발견되지 않으므로 믿기 어렵다. 정준동 저작설의 근거는 한남서림본(翰南書林本)의 서언에서 나온 듯하나, 그 서언이 저작 당시의 것이 아니고 활자본으로 출판될 때 쓴 것이므로 믿을 것이 못 된다. 이 때문에 조성기의 저작으로 보려는 것이 일반적인 견해이다. 1830년(순조 30년)에 필사된 한문본이 전하고 있는 것으로 미루어볼 때 저작연대는 1830년 이전임을 알 수 있다.

이 소설의 제명(題名)은 각 사본에 따라 그 표지가 다르게 되어 있다. 곧 국문이나 한문의 <창선감의록(彰善感義錄)>·<창선감의록(倡善感義錄)>·<창선감의록(創善感義錄)>·<감의록(感義錄)>·<원감록(冤感錄)>·<화진전(花珍傳)>·<화문충효록(花門忠孝錄)>·<화씨충효록(和氏忠孝錄)>·<화형옥전(花荊玉傳)> 등이 있다. 그런데 전체적으로는 한자로 <倡善感義錄>이나 <彰善感義錄>으로 표기된 것이 대다수를 점하고 있으며, 다시 그 둘 중에서는 전자가 수적으로 배 이상 많은 편이다. 그로써 보건대 원작의 제명은 아마도 <창선감의록(倡善感義錄)>이었던 것으로 짐작된다.

또한 이와 관련하여 한문본과 국문본 중 어느 것이 원본인가에 대한 문제는 14회의 장회소설로서 한문본에는 각 회제(回題)가 한문 대구로 되었으며 국문본의 회제는 한문본 회제의 음역에 불과하다는 것과, 양본을 면밀히 대조해 보면 국문본이 한문본보다 자구의 누락이 많은 것을 보았을 때 한문본이 원본일 가능성이 높다.

▮ 쟁점 : 갈등 양상에 대한 견해

<창선감의록>의 저술 목적은 '충효(忠孝) 의식'을 고취하려는 것이었다. 작품 서두의 "무릇 사람은 남녀 귀천을 막론하고 반드시 충효(忠孝)로써 근본을 삼는다"라고 한 발언을 통해 서술자는 그 점을 분명하게 밝혀 놓았으며, 주인공 화진이 작품 속에서 시종 추구한 것도 바로 그러한 정신의 실천이었다. 이 작품에 등장하는 주요 인물들 가운데 착한 사람은 예외 없이 복을 받고 악한 사람은 대부분 죽임을 당한다. <창선감의록>이 윤리적 주제를 다룬 소설이기 때문에 이렇게 단편적으로 해석에 접근하는 경우가 많은데, 이렇게 접근한다면 인물의 개성과 갈등이 다채롭게 구현되어 있는 소설 세계를 제대로 읽어 내지 못한다.

<창선감의록>은 장편소설임에도 독자들에게 지루함을 느끼게 하지 않는데, 이러한 흥미성의 원천은 등장 인물이 개성을 지니고 있다는 점과 갈등 양상에서 독자들에게 공감을 불러일으킨다는 점을 들 수 있다.

등장하는 인물들은 각각 생동하는 개성을 지니고 있다. 이 소설에 등장하는 인물은 그 수가 무려 50여 명에 달한다. 그들은 모두 선인계(善人系)와 악인계(惡人系)의 인물로 나누어 볼 수 있다. 하지만 그들 가운데서 주요 인물들은 그 개성이 각각 확연하게 다르다. 예컨대 선인계 인물들의 경우 화진을 낙천지명(樂天知命)[1]하는 군자, 윤여옥을 풍류호사(風流豪士), 윤화옥을 옹용주선(雍容周旋)[2], 남채봉을 경개방준(耿介方峻)이라 하는 등으로 매 인물마다 각기 다른 성격을 부여해 놓았다. 악인계

1 천명(天命)을 깨달아 즐기면서 이에 순응(順應)하는 일

2 일이 화락하고 조용하게 처리되도록 두루 힘을 씀

인물들의 경우에 있어서도 역시 마찬가지였다. 그리고 사건이 전개됨에 따라 각 장면에서 변화하는 개개의 인물은 그 고유한 성격에 따라 현실에 대응해 나간다. 이 소설은 장편임에도 불구하고 구성에 치밀함을 잃지 않는데, 바로 인물들이 개성을 지니고 있으며 그 성격이 작품의 구성과 깊은 관련을 맺고 있기 때문이다. 또 이 인물들을 중심으로 다양한 형태의 갈등이 등장하는데, 화욱과 화춘의 부자 갈등, 화춘과 화진의 형제 갈등, 화진과 심씨의 모자 갈등, 임씨와 조씨의 처첩 갈등 등의 가족 구성원 간의 갈등과 화문 특히 화진과 엄숭을 중심으로 한 정치적 집단의 갈등이 그것이다.

이원수(1991)는 <창선감의록>의 핵심 갈등은 '처처 갈등'이라 보았다. 이는 소설의 갈등 원인이 되는 화진에 대한 화욱의 편애가 그 생모 정씨에 대한 애정 편향에서 비롯된 것으로 보는 것이다. 하지만 이 논의는 화욱과 정씨가 일찍 죽음으로써 작품의 문면에 이들의 갈등 양상이 포착되지 않는다는 점에서 적절하지 않다. 심씨가 정씨 모자를 원망하는 것은 화욱이 정씨의 아들인 화진을 편애한다고 여기기 때문이지 정씨와의 갈등이 있어서가 아니기 때문이다.

진경환(1992)은 '처처 갈등'이나 '이복 형제 갈등' 등 다층적인 가문내적 갈등들이 근본적으로 '계후를 둘러싸고 빚어지는 쟁투'에서 비롯된다고 보고 있다. 계후 설정의 문제는 가문의 창달을 위해 매우 중요한 사안이기 때문에, 화욱의 편애를 가장의 성격 결함이라고 볼 것이 아니라 적장자(嫡長子)의 자질을 문제 삼아 가부장적 체제를 재정비 강화하려는 작가 의식의 결과로 보아야 한다고 했다. 하지만 화춘과 화진의 갈등은 화욱이 화춘은 용렬하고 화진이 뛰어난 인물이라고 보는 태도에서 유발된다. 그러나 이후 화욱이 화진을 계후로 만드려는 노력 이전에 죽어 계후는 자연스럽게 화춘이 되고, 이후 이 관계는 역전되지 않았다. 또한 작품의 문면에서도 계후 문제를 둘러싼 갈등은 찾기 어렵다. 이승복(1994)의 지적처럼 심씨가 위기감을 느끼는 것은 사실이나, 이는 화진과의 갈등 관계가 아닌 본인의 내면 갈등이거나 우려일 뿐이지 화진은 물론이고 화춘의 경우에도 계후의 문제에 대해서 신경 쓰지 않는다.

결과적으로 갈등의 주 원인은 계후의 문제가 아니라 집안을 다스리는 문제, 다시 말해서 치가(治家)의 문제라 할 수 있는 것이다. 이처럼 무능한 가장의 등장은 가문에 큰 위기를 불러올 수 있으며, 결국 가문에 큰 화를 초래한 화춘이 가장의 자리에서 물러나지 않는 상황은 가부장적 사회 질서가 확고히 자리를 잡아가는 당시대 사회 모습을 반영하고 있다고 볼 수 있겠다. <창선감의록>은 바로 이러한 문제와 고민을 다루면서 그 해결 방식을 모색한 작품인 것이다.

▌ 꼼꼼히 읽기 : 감의(感義)

창선감의록은 반복된 억울함을 선(善)으로 감의(感義)시킨다는 플롯에 작품의 교화성 즉 소설의 효용 가치가 더해지면서 감화와 감동을 불러온다. 다음은 화춘이 매를 혹독하게 치지만, 화진이 변명 한 마디 하지 않고 매를 맞다 쓰러지는 대목이다.

화춘은 마지못해 공자를 잡아다가 매를 혹독하게 치게 했다.
공자는 그 어미와 형을 어떻게 할 수 없다는 것을 이미 잘 알고 있었으므로 변명 한 마디 하지 않고 이십여 대의 매를 맞고서는 정신을 잃고 말았다. 심씨는 마침내 그를 끌어다 문 밖 행랑채로 내치게 했다.

화진은 화춘으로 인해 억울하게 매를 맞았지만, 화를 내거나 억울해하지 않는다. 오히려 사오 일쯤 지난 뒤, 겁이 난 화춘이 화진을 찾아가자 화진은 반가운 나머지 눈물을 줄줄 흘리고, 모든 잘못을 자신의 탓으로 돌리는 모습을 보인다. 이에 완고하고 어리석은 화춘도 감동을 받지 않을 수 없었다.
심씨로 인해 화진의 몸이 상했다는 것을 알게 된 성부인이 화진을 업어오게 하자, 심씨의 잘못이 드러날까 염려한 화진은 다음과 같이 행동한다.

공자는 손을 가로 저으며 고했다.
"소질이 상(喪)을 당해 슬퍼하던 중, 이번에는 독한 감기에 걸려 자연히 살이 크게 빠졌을 뿐이지 달리 상한 곳은 없습니다. 고모께서는 무엇 때문에 그렇게 걱정을 하고 계십니까?"

화진의 어진 성품을 엿볼 수 있는 대목은 이 외에도 매우 많다. 이렇게 어질고 착하기 때문에 화진은 눈물을 흘리는 일도 잦다. <창선감의록>에서는 슬픔, 기쁨, 분노, 두려움, 좌절감, 수치심 등 다양한 형태의 감정 가운데 슬픔의 작용이 두드러지는데, 화진을 비롯한 주변 인물들이 우는 횟수만 따져 봐도 슬픔이 얼마나 자주 등장하는지 쉽게 알 수 있다. 화진 부부의 고난을 두드러지게 형상화 했다는 점을 상기한다면 이러한 잦은 눈물의 등장은 당연해 보인다.
그런데 슬픔이 효제(孝悌)의 실천과 악인의 감화를 지향하는 텍스트의 성취를 높이기 위해 동원된 것이라면 이야기는 달라진다. 화진의 슬픔은 일정한 맥락을 형성하며 독자로부터 연민과 동정 그리고 환호와 갈채를 불러온다. <창선감의록>에서는 심씨 모자로부터 받은 화진의 상처와 번민을 슬픔으로 응축하고 그의 농도 짙은 슬픔을 다시 가족애로 승화시킨다. 악한 가족 구성원을 향한 분노를 제거하고, 화진을 비롯한 가족 구성원들의 윤리를 철저히 보호하는 것이다. 여기에 화빙선과 화진의 부덕한 부인들까지 심씨 모자에게 직접적으로 원망과 분노를 표출할 수 없도록 동참시켜 가족 윤리가 손상되는 것을 막는다. 화빙선은 심씨 모자를 원망하는 유모의 발언에 침묵하고 심씨와 조녀에게 고초를 받은 남소저와 윤소저는 슬픔을 단 둘이 공유할 뿐 외부로 노출하지 않는다

이처럼 <창선감의록>에서는 슬픔을 승화시키고 분노라는 부정적 감정을 철저히 제거하여 희생을 통한 감의라는 텍스트의 지향을 한층 선명하게 드러낸다.

■ 감상 : 성정(性情)

<창선감의록>에 등장하는 인물들은 유교적 인간관과 윤리관에 입각하여 윤리 규범의 실천을 강조하는 작가의식을 드러내고 있다. 그렇기 때문에 성리학적 인성론의 대표적인 논의인 이기성정론(理氣性情論)에 입각하여 인물의 성격을 파악해 보는 것은 의미있다고 할 수 있을 것이다. 인물이 성격은 그 기질로 유형을 구분할 수 있다. 이(理)형 인물과 기(氣)형 인물, 기질이 불안정한 인물, 유연한 기질(氣質)이 성(性)과 결합하는 인물, 우둔한 기질이 성(性)과 결합하는 인물, 사악한 기질로 인(仁)을 구현하지 못하는 인물로 그것이다. <창선감의록>에서는 선과 악의 구도를 명확하게 설정하고 있어 인물형을 더 선명하게 이와 기, 또는 기질에 따라 구분할 수 있다.

이형 인물로는 남성은 화진, 여성은 정부인, 화빙선, 윤옥화 등을 들 수 있고, 기형 인물로는 성부인과 임소저를 들 수 있다. 이들은 성과 결합하여 인을 구현한다. 이형 인물은 마음 그 자체가 이치인 인물 유형으로, 특히 화진을 이형의 대표적인 인물이다.

화진은 착하다. 타고난 기질 자체가 순종적이다. 이러한 기질은 자신이 처한 상황에 대해서도 순종적으로 나타나며, 윤리의식에 대해서도 우호적으로 나타난다. 그렇기 때문에 마음의 본성인 이와 기질이 결합할 때도 갈등이 없다. 본성이 그대로 발현되는 것이다. 착하지 않은 본성을 가진 사람이 착한 심성을 발현하려고 하면 부단한 노력을 해야 하지만, 화진처럼 본성 그대로 선한 사람은 그 흐름이 자연스럽다. 본성 그대로 발현되는 선한 성품은 다른 이들을 감동시키고 개과토록 할 뿐 아니라 스스로를 귀하게 만든다. 화진이라는 인물이 발현하는 사단 칠정(四端七

情[3]은 모두 도심(道心)과 인심(人心)을 아우르고 있어, 유교의 가장 이상적인 인간형을 구현하고 있다.

기질이 불안정하여 인을 구현하는 과정이 고단한 인물로는 남채봉을 들 수 있다. 이 경우 기질의 특성은 무조건적인 순정이지만 감정의 조절에 능숙하지 않아 성과 기질이 결합할 때 갈등이 심한 모습을 보인다. 적대 관계에 있는 인물과의 타협이 힘든 유형이라고 할 수 있다. 유연한 기질이 성과 결합하는 인물로는 진채경과 윤여옥을 들 수 있다. 타고난 기질이 유연하고 적극적이기 때문에 발현되는 감정의 조절이 능숙한 것이 특징이다. 성과 기질이 조화를 이루며 규정된 틀에 구애받지 않고 어떠한 상황에서든 사고와 행동이 자유로운 것이 특징이다.

우둔한 기질과 성이 결합하며 인의 구현이 늦어지는 인물로 심부인과 화춘을 들 수 있다. 이 기질은 악으로 발현되는 경우가 많아 본성과 결합하는 과정에서 다른 사람들에게 해를 끼치게 된다. 이 유형까지는 늦더라도 기질과 성이 조화를 이루며 인을 구현할 수 있었다. 그러나 마지막 인물 유형은 악인으로 규정지어지는 인물로 인을 구현하지 못한다. 사악한 기질로 끝까지 인을 구현하지 못할 때 악인으로 구분할 수 있는 것이다. 사악한 기질로 인해 악(惡)과 욕(慾)만을 좇다 인을 구현하지 못하는 인물로 범한, 장평을 들 수 있다. 이들은 혼탁한 기질을 정화하지 못하고, 발현되는 사악함을 조절하지 못하여 사회적 응징을 받게 되며, 작품 내에서는 악인으로 규정된다.

소설 속에 등장하는 인물의 삶을 간접 경험하는 것은 그 안에서 감동과 즐거움을 경험하기도 하지만, 당대의 사고 방식을 이해하여 공감할 수 있는 기회를 제공받고, 인물들과 소통할 수 있게 한다. <창선감의록>은 다양한 인물들을 등장시키고, 각각 개성있는 성격을 부여하고 있다. 이는 독자들로 하여금 등장 인물들이 세계와 대결을 펼쳐 나가는 양상을 확인하도록 하여, 기질이 다양한 인간 군상들을 접할 수 있다는 측면에서 의미가 있다고 하겠다.(김나영 2002)

3 사단(四端)은 인간의 본성에서 우러나오는 마음씨 즉 선천적이며 도덕적 능력을 말하며, 칠정(七情)은 인간의 본성이 사물을 접하면서 표현되는 인간의 자연적인 감정을 말한다. 사단은 『맹자(孟子)』의 「공손추(公孫丑)」 상편에 나오는 말로 실천도덕의 근거로 삼았다.

■ 연습

1. <창선감의록>에서 억울한 일을 당하면서도 자신을 옹호하거나 변명하지 않는 화진을 통해 강조하고자 하는 주제 의식은 무엇인지 서술해 보자.

2. <창선감의록>과 다음 작품은 가정소설로 주제적 측면에서 유사한 측면이 있으나, 구성 방식은 다소 차이가 있다. 다음을 읽고 악행이 드러나는 과정과 악인에 대한 인물 처리 방식을 <창선감의록>과 비교하여 서술해 보자.

> 집에서 쫓겨난 사씨는 시부모 선산에서 초가집을 얻어 여생을 마치려 한다. 그러나 행방을 알아낸 교씨는 동청과 함께 또다시 흉계를 꾸며 냉진이라는 사나이를 보내어 사씨의 절개를 꺾으려 하지만 사씨가 먼저 떠났기에 실패로 돌아간다. 한편 유한림도 자신들의 죄상이 드러날 것을 두려워한 교씨와 동청의 모함으로 간신 엄승의 손을 빌려 '임금을 기롱한' 죄로 귀양가게 된다. 유씨 가문은 마침내 파산몰락의 운명에 처해지게 된다. 그러나 곧 황제의 은사령으로 유한림은 집으로 돌아오는 길에 자기를 모함한 원수들의 행차와 마주친다. 이를 안 교씨와 동청은
> "그놈이 죽어 타향 귀신이 될 줄 알았는데 살아 돌아오다니, 만일 다시 득의(得意)한다면 우리는 살지 못할 것이다."
> 하고 건장한 관졸 수십 명을 뽑아 유한림의 목을 베어오면 천금의 상을 주겠노라고 한다. 쫓기던 유한림은 진퇴양난의 위기에서 쪽배 한 척을 발견하고 탈출하는데 성공하고, 그 배에는 소복단장한 부인이 그를 맞이하는데 그녀는 바로 사씨였다. 이 무렵 조정에선 전횡을 일삼던 엄승상이 처형되고 동청과 냉진도 차례로 처단된다. 교씨는 낙양 땅에 도망쳐서 창루의 창기로 타락한다. 예부상서로 복위된 유연수는 사씨 부인을 데리고 서울로 가던 중에 교씨를 만나 그녀를 처단한다.
>
> −김만중, 〈사씨남정기〉

■ 참고문헌

김나영(2002), 「창선감의록의 주요 등장 인물 분석−이기성정론에 입각하여」, 『돈암어문학』 15, 돈암어문학회.

이래종 역주(2003), 『창선감의록』, 고려대학교 민족문화연구원.

이원수(1991), 「가정소설 작품세계의 시대적 변모」, 경북대학교 박사학위논문.

장효현(1990), 「장편 가문소설의 성립과 존재양태」, 『정신문화연구』 44, 정신문화연구원.

정혜경(2013), 「조선후기 장편소설의 감정의 미학 : <창선감의록>, <소현성록>, <유효공선행록>, <현씨양웅쌍린기>를 중심으로」, 고려대학교 국어국문학과 박사학위 논문.

진경환(1992), 「'彰善感義錄'의 작품구조와 소설사적 위상」, 고려대학교 박사학위논문.

한창훈(1999), 「<창선감의록>의 구성과 성격 그리고 교육적 가치」, 『우리문학연구』 12, 우리문학회.

제3장

장화홍련전

작자 미상

이쩌에 비좌수ㅣ 비록 망쳐[1]의 유언이 잇스나 후스를 싱각ㅎ믹,

'안히를 엇지 안을 수 업다.'

ㅎ야, 두루 혼쳐를 구ㅎ되 가합(可合)혼 곳이 업눈지라. 홀일업셔[2] 필경에 엇던 녀즈를 엇으니, 셩은 허가(許家)오 나은[3] 이십이 지나쓰며, 그 용모를 말홀진디 얼골은 한 즈이 넘고, 두 눈은 통방울 곳고, 코눈 질병[4]곳고, 입은 메역이[5] 곳고, 머리털은 돗히 털 곳고, 키눈 장승 곳고, 소리눈 이리와 숭냥이 소리 곳고, 허리눈 두어 아름 되눈 중에 쏘혼 곰비팔[6]에 수중다리[7]에 쌍언쳥이를 다 겸ㅎ얏고, 그 주동아리가 길기눈 칼노 쎌 지경이면 열 스발이나 되깃고, 얼골의 반반ㅎ기눈 시로 만든 명셕 갓흐니, 그 형용은 참아 견디여 보기 어려온 중에 그 마음 쓰눈 법이 더욱 망측(罔測)ㅎ야 리웃집 흠담ㅎ기, 일가간에 이간ㅎ기, 불 붓눈디 키질ㅎ기, 별별 남 못홀 노릇을 츠즈가며 다ㅎ니 집안에 두기 일시라도 어려우나, 그것도 계집이라고 그달부터 틱긔 잇셔 연ㅎ야 오달 삼 형데를 나으믹, 좌수ㅣ 그로 말미암아 빅 가지 흉을 몰은 테ㅎ고 버려두눈지라.

좌수ㅣ 미양 두 쏠노 더부러 장부인을 싱각ㅎ며, 일시라도 그 쏠을 보지 못ㅎ면 그리눈 싱각이 삼츄[三秋]나 지눈 듯ㅎ야, 들어오면 먼져 녀으의 쳐소에 가셔 얼골을 어루만지며 눈물을 쓔려 갈으디,

"너의 형데ㅣ 깁흔 도장에 드러안즈, 어미 그리눈 일을 싱각ㅎ면 간장이 슬어지눈 것 곳다."

ㅎ며, 수랑ㅎ고 불상이 넉임을 마지 안이ㅎ더니, 허씨 미양 그 일을 보고 싀긔지심(猜忌之心)이 싱겨 쥬야로 장화·홍년을 업시홀 쐬를 싱각ㅎ나, 좌수눈 그 싀긔ㅎ눈 마음을 침작[짐작]ㅎ고 허씨를 불너 크게 칙(責)ㅎ야 왈,

"우리가 본디 빈곤ㅎ게 지닉다가, 젼쳐가 친졍 지물을 만이 어더온고로 지금 우

* 출처 : 구활자 경성서적
업조합판, 인천대 민족문화
연구소 편, 『구활자 고소설
전집 13』, 은하출판사, 1983.

1 망쳐(亡妻) : 죽은 아내.

2 홀일업셔 : 하릴없어

3 나은 : 나이는

4 질병(-甁) : 진흙으로 만
든 병.

5 메역이 : 메기

6 곰비팔(곰배팔) : 꼬부라
져 붙어 펴지 못하게 된
팔.

7 수중다리 : 병으로 퉁퉁
부은 다리.

리가 풍비이 쓰ᄂᆞᆫ 것이 다 그 덕이오, 지금 그ᄃᆡ의 먹ᄂᆞᆫ 것이 다 그 밥이라. 그 은혜를 ᄉᆡᆼ각ᄒᆞ면 크게 감동ᄒᆞᆯ지어늘, 뎌 녀ᄋᆞ들을 심히 박ᄃᆡ(薄待)ᄒᆞ니 엇지 도리라 ᄒᆞ리오? ᄎᆞ후ᄂᆞᆫ 그리 말고 아모조록 ᄉᆞ랑ᄒᆞ야 그ᄃᆡ가 나흔 ᄌᆞ식이나 조금도 ᄎᆞ등이 업게 ᄒᆞ라."

ᄒᆞ나, 슬푸다! 뎌 시랑[8] 갓흔 마음이 엇지 회ᄀᆡᄒᆞ리오. 그런 말을 들은 후붓터ᄂᆞᆫ 더욱 불측ᄒᆞᆫ ᄒᆡᆼ동으로 장화 형제를 급히 죽일 뜻을 품고 쥬야로 교계를 ᄉᆡᆼ각ᄒᆞ더라.

8 시랑(豺狼) : 욕심이 많고 무자비한 사람.

일일은 좌수ㅣ 외당(外堂)으로브터 드러와 녀ᄋᆞ 형졔의 거동을 ᄉᆞᆯ펴본즉, 녀ᄋᆞ 형졔 셔로 손을 잡고 ᄉᆞᆯ흠을 먹음고 눈물을 흘녀 옷깃슬 젹시거늘, 좌슈 크게 잔잉이 녁여 탄식ᄒᆞ고 ᄂᆡ렴(內念)에 ᄉᆡᆼ각ᄒᆞ기를,

'이ᄂᆞᆫ 반다시 뎌의 모친을 ᄉᆡᆼ각ᄒᆞ고 슬펴ᄒᆞᆷ이로다.'

ᄒᆞ고, ᄯᅩᄒᆞᆫ 눈물을 먹음고 위로ᄒᆞ야 갈아ᄃᆡ,

"너의가 이럿틋 쟝셩ᄒᆞ얏스니, 너의 모친이 살아더면 오작 깃버ᄒᆞ깃ᄂᆞ냐만은, 명도 긔구(崎嶇)ᄒᆞ야 사오논온 사ᄅᆞᆷ을 맛ᄂᆞ 박ᄃᆡ ᄐᆡ심(薄待太甚)ᄒᆞ니, 너의가 슬펴ᄒᆞᆷ을 보면 내 마암이 ᄯᅩᄒᆞᆫ 견ᄃᆡ기 아려우니 아모조록 안심ᄒᆞ야 지ᄂᆡ되, 만일 다시 학ᄃᆡᄒᆞᄂᆞᆫ 일이 잇스면 내 맛당이 쳐치하야 너의 마음을 편케 ᄒᆞ리라."

ᄒᆞ고 ᄂᆞ왓더니, 이ᄯᆡ에 창틈으로 엿들은 흉녀(凶女)ᄂᆞᆫ 더욱 불로[忿怒]ᄒᆞ야 흉계를 ᄉᆡᆼ각ᄒᆞ다가 이에 ᄒᆞᆫ ᄭᅬ를 엇엇더라. 그 ᄭᅬᄂᆞᆫ 무삼 ᄭᅬ인가? 참 흉ᄒᆞ고 괴이ᄒᆞ도다.

흉녀는 졔가 ᄂᆞ은 자식 쟝쇠를 불너 별ᄭᅬ를 부려 '큰 쥐 ᄒᆞᆫ 마리를 잡아오라'ᄒᆞ야, 남 몰으게 가족털을 튀ᄒᆞ야 피을 발ᄂᆞ 낙ᄐᆡ(落胎)ᄒᆞᆫ ᄐᆡ덩이 갓치 만들어 감안이 장화 자ᄂᆞᆫ 방에 들어가 이불 밋헤 너코 ᄂᆞ와셔, 좌수의 들어오기를 기ᄃᆡ리더니 이윽고 들어오거늘, 흉녀 좌수를 이상이 보며 혀를 ᄶᅵᆯᄶᅵᆯ 치ᄂᆞᆫ지라. 좌수ㅣ 고이 녁여 그 연고를 물은ᄃᆡ, 흉녀 정ᄉᆡᆨ(正色)ᄒᆞ야 갈아ᄃᆡ,

"집안에 ᄆᆡ양 고이ᄒᆞᆫ 일이 잇스ᄂᆞᆫ, 일일이 말삼으로 고(告)ᄒᆞᆯ 지경이면 필경 음ᄒᆡ(陰害)ᄒᆞᆫ다는 ᄭᅮ중만 들을 듯ᄒᆞ기로 감이 입 밧게 ᄂᆡ지 못ᄒᆞ얏거니와, 자식들은 그 아바지가 ᄂᆞ면[出] ᄉᆡᆼ각ᄒᆞ고 들면[入] 반가워ᄒᆞᄂᆞᆫ 정을 ᄉᆡᆼ각지 못ᄒᆞ고 부정ᄒᆞᆫ ᄒᆡᆼ동을 만이 ᄒᆡᆼᄒᆞ되, 내 ᄯᅩᄒᆞᆫ 친어미가 아인고로 짐작만 ᄒᆞ고 잠잠히 지ᄂᆡᆯ ᄲᅮᆫ이더니, 오날은 늣도록 일어ᄂᆞ지 안ᄂᆞᆫ 일을 괴이히 녁여 혹 몸이 불평[不便]ᄒᆞᆫ가 ᄒᆞ야 들어가ᄆᆡ, 과연 수상ᄒᆞᆫ ᄒᆡᆼ동이 보이기로 힐문ᄒᆞ고 수탐ᄒᆞᆫ즉, 니불과 요에 피가 뭇고 쥬먹 갓흔 피고기 덩이가 잇ᄂᆞᆫ지라. 분ᄒᆞ고 놀ᄂᆞ옴을 익의지 못ᄒᆞ야 엇지ᄒᆞᆯ 줄을 몰으갯스ᄂᆞ 그것이 ᄂᆞ의 친ᄯᆞᆯ이 안임으로 져와 ᄂᆞ만 알고 잇거니와, 우리 비씨가 비록 변

변치 못ᄒᆞᄂᆞ 이 고을 량반으로 이러ᄒᆞᆫ 망칙ᄒᆞᆫ 일이 잇ᄂᆞᆫ 것은 가문에 큰 수치라. 만일 이 말이 루셜(漏泄)되면 우리 집의 루명(陋名) 고사ᄒᆞ고 ᄇᆡ씨 일문(裵氏一門)이 셰상에 머리를 들 수 업기ᄂᆞᆫ 물론ᄒᆞ고, 자식 삼 형졔ᄂᆞᆫ 필경 뎡남으로 늙을 터이니, 이런 원통ᄒᆞ고 분ᄒᆞᆫ 일이 ᄯᅩ 어ᄃᆡ 잇스리오?”

ᄒᆞ고 가장 분긔(憤氣) 발발ᄒᆞᆫ지라.

ᄇᆡ좌수란 자ᄂᆞᆫ 원ᄅᆡ 셩품이 인자ᄒᆞ고 지식이 업슴으로 남의 말을 잘 듯ᄂᆞᆫ 터이라. 이 흉녀의 요악ᄒᆞᆫ 말을 들으ᄆᆡ 가쟝 붓그럽고 ᄯᅩᄒᆞᆫ 분ᄒᆞ라지[분ᄒᆞᆫ지라]. 이에 그 손을 잇글고 녀ᄋᆞ의 방으로 들어가니 장화 형졔ㅣ 잠이 깁히 들엇ᄂᆞᆫ지라. 흉녀 그 이불을 들치고 그 피 뭇은 쥐를 가지고 온갓 즛스로 비양[9]하ᄂᆞᆫ지라. 슬프다! 더 용렬ᄒᆞᆫ ᄇᆡ좌슈ᄂᆞᆫ 그 흉녀의 간계(奸計)를 몰으고 가장 놀나며 닐으되,

“이 일을 쟝차 엇디ᄒᆞ면 됴흐리오?”

9 비양(飛揚) : 비꼬는 투로 행동함.

맥락

(1) 서사 단락

① 철산 배 좌수의 아내 장씨가 두 딸을 남기고 병으로 세상을 떠나다.

② 좌수는 요악한 허씨를 맞아 후실을 삼다.

③ 허씨는 삼형제를 낳아 그 장남을 장쇠라고 하다.

④ 계모 허씨는 전실이 낳은 두 딸 장화 홍련을 미워하여 죽일 계교를 꾸미다.

⑤ 계모 허씨는 쥐를 잡아 피를 칠해 장화가 자는 이불 속에 넣고 좌수에게 낙태라고 참소하다.

⑥ 그 날 밤 계모 허씨는 장쇠에게 밀명하여, 장쇠는 장화에게 외가에 가자고 핍박하여 못 근처에 데려가다.

⑦ 장쇠의 육박으로 장화는 몸을 물에 던지고, 난데없이 호랑이가 나타나 장쇠의 다리를 베어 먹다.

⑧ 꿈에 잠을 깬 홍련은 장화가 죽은 자취를 알고 파랑새의 안내를 받아 그 못에 가서 몸을 던지다.

⑨ 자매의 원혼이 신원을 애소하니 새로 도임한 부사는 오는 족족 기절해서 죽다.

⑩ 새로 발탁된 부사 정동호가 비로소 원혼의 말을 듣고 증거를 찾아 억울함을 풀어주다.

⑪ 배 좌수는 다시 장가를 들어 그 자매의 후신인 쌍녀를 낳고, 후일 동시에 쌍

남을 낳은 평양 이연호의 두 아들과 결혼시키다.

(2) 형성 맥락

　　<장화홍련전>의 형성은 실담 선행설과 설화 선행설의 관점에서 파악할 수 있다. 실제 인물의 이야기가 소설화되었다고 보는 실담 선행설에서는 제재적 근원을 전동흘이라고 보고, 박경수라는 실존인물이 이를 소설화했으며, 그 원본은 『가재집』속에 있는 한문본이라 본다. 그러나 실담선행설은 현전하는 한문본 『가재집』이 그 자체가 원본이 아니고 이전부터 전래되어 오던 국문본을 한문으로 옮긴 것이라는 사실이 밝혀지면서 그 설득력을 잃어가고 있다.(김태준 1939)

　　설화를 바탕으로 소설화되었다고 보는 설화 선행설에서는 <장화홍련전>을 적층 문학으로 파악하면서 그 제재적 근원을 신원형 송사설화와 계모설화 등에서 찾고, 전동흘의 행장이 소설로 형성되었다고 보았다. 이는 『가재사실록』을 발굴 소개하고 이 책의 기록을 인용하여 한문본 이전에 국문본이 먼저 있어왔다는 전성탁(1967)의 주장으로 그 기틀이 마련되었다. 그리고 『가재사실록』에는 <장화홍련전>뿐만 아니라 그 밖의 사건도 허구가 많으며, 영혼의 관청 출현 설화 역시 그 전에도 많이 존재했던 것으로, 이를 실사로 보기보다는 소설화한 것으로 보는 것이 타당하다는 김준영(1992)의 논의가 더해지며 설화 선행설에 힘이 더 실리고 있다. 이러한 논의들을 바탕으로 현재는 근원설화의 영향을 받아 형성되었다고 보는 관점이 우위를 점하고 있다.

　　<장화홍련전>의 이본은 표기문자에 따라 한문본, 한글본, 국한문본으로 나누어 전한다. 한문본, 국한문본은 각각 2종이며, 나머지는 모두 한글본이다. 한글본은 간행 방식에 따라 필사본 25종, 방각본 3종, 구활자본 11종으로 나눌 수 있다. 이밖에도 1950년대 이후의 현대어본 3종이 있으나 모두 구활자본인 영창서관본과 동일하다.

　　각 이본들은 모티프에 약간의 차이가 있고, 결말에 다소 차이를 보이나, 내용의 큰 틀은 거의 유사하다. 배 좌수가 재혼을 하고, 계모가 모해한 후, 장화와 홍련이 죽는다. 그리고 부사의 부임 후에 장화와 홍련이 억울함 호소하고, 계모의 징치와 죽음으로 내용을 끝맺는다. 이렇게 이어지는 서사 단락은 대체로 25개의 모티프로 분석할 수 있는데, 결말 부분인 '계모의 징치와 죽음' 부분이 이본마다 다양하게 나타나는 점을 제외하고는 일정한 서사 구조로 전개된다.

▌쟁점 : 이본별 향유 집단과 독자 의식

<장화홍련전>의 이본에 대한 연구는 활발히 이루어진 상태이지만, 이본과 독자의 연관 관계에 대한 연구는 미비하다. <장화홍련전>은 한문본·국문본, 필사본·방각본·활자본의 다양한 이본이 존재하며, 이본에 따른 다소의 차이점이 존재한다. 이는 <장화홍련전>의 독자층이 특정 계층에 한정되어 있지 않으며, 다양한 신분과 계급의 독자층을 확보하고 있었다는 것을 간접적으로 입증하는 것으로 볼 수 있다.

<장화홍련전>의 서사 단락은 '배 좌수의 재혼→계모의 모해→장화와 홍련의 죽음→부사의 부임과 장화와 홍련의 억울함 호소→계모의 징치와 죽음'으로 이어지는 데, 결말 부분인 '계모의 징치와 죽음' 부분이 이본마다 다양하게 나타난다.

결말의 양상은 장화와 홍련의 죽음으로 비극적 성격을 부각하는 결말과 장화와 홍련이 회생하는 결말로 나누어 볼 수 있고, 이 결말은 다시 각각 2개의 작은 결말로 구분된다. 첫 번째 결말은 장화와 홍련의 죽음으로 비극적 성격을 부각하는 결말이다. 이 결말에는 장화와 홍련의 억울한 죽음이 알려지고 계모가 처형되면서 끝이 나는 결말, 이 이후 염라왕의 명령으로 계모 허씨가 온갖 지옥을 돌면서 고난을 겪는 결말이 포함된다. 두 번째 결말은 장화와 홍련의 회생과 환생이 이루어지는 결말이다. 이 결말에는 회생한 장화가 부사와 혼인하여 장수하는 결말, 장화와 홍련이 환생한 후 이야기가 더 확장되는 결말이 포함된다.

이러한 결말 형태는 이본의 계열을 분류하는 기준이 되기도 하며, 동시에 향유 집단에 따라 요구하는 허구적 성격이 달랐다는 것을 의미하기도 한다. 첫 번째 결말 중 계모가 처형되면서 끝나는 결말은 최고본(最古本)의 성격을 띠며, 한문본이 포함된 초기 이본이 해당되므로, 이 이본의 주 독자층은 상층 귀족 남성들이라고 추측된다. 염라왕의 명령으로 계모 허씨가 고난을 겪는 결말은 계모의 징치담이 형성되어 교훈성을 더 부각하고, 국문 필사 방식으로 전해졌기 때문에 구술 또는 낭독의 방식으로 작품을 향유하던 일반 민중들이 주 독자층이었을 것이다. 두 번째 결말 중 낭만적 성격이 두드러지는, 회생한 장화가 부사와 혼인하여 장수하는 결말도 국문 필사 방식으로 전해졌다. 이 결말을 보이는 이본들이 판소리계로 평가받은 바가 있으므로, 구술 또는 낭독의 방식으로 작품을 향유하던 양반 여성들이 주 독자층이라 짐작할 수 있다. 마지막으로 장화와 홍련이 환생한 후 이야기가 더 확장되는 결말은 방각본과 활자본으로 전해져 대중성을 지니며, 이는 주로 경제력을 지닌 일반 시민들이 향유했을 것으로 판단된다.

각 이본의 성격은 향유하던 독자층에 따른 독자 의식을 확인할 수 있다는 점에서 의의를 가진다. 염라왕의 명령으로 계모 허씨가 온갖 지옥을 돌면서 고난을 겪는 결말은 계모가 처형되면서 끝나는 결말에 비해 혈연 중심적 태도에 대한 비판을 드러내며, 새로운 근대적 가족 윤리의 필요성을 환기하는 성격을 띤다. 그리고 회생한 장화가 부사와 혼인하여 장수하는 결말에는 관념론에 바탕을 둔 낙관주의적 가치관이, 장화와 홍련이 환생한 후 이야기가 더 확장되는 결말에는 가족주의 담론에 대한 실천적 지향 의지를 드러내고 있음도 확인할 수 있다.

▌꼼꼼히 읽기 : 계모는 악인인가

계모와 전처 자식들의 갈등을 그려낸 <장화홍련전>의 전제는 '계모는 악녀이다.'라고 해도 무리가 없어 보인다. 계모에 대한 이러한 선입견은 작품 내에서 전형적으로 드러난다. 배 좌수가 재혼한 이는 작품 전체에서 후처(後妻), 계모(繼母), 후모(後母), 허씨 등으로 지칭되지만, 자암본에서는 아예 흉녀로 지시된다. 계모의 인성은 애초부터 이유가 없었으며, 그 계기는 텍스트 내적으로 마련되지 않는다. 그리고 인성에 걸맞게 계모의 외모는 보기 흉측할 정도로 못생기게 묘사되고 있다.

> 흐야, 두루 혼쳐를 구흐되 가합(可合)혼 곳이 업눈지라. 홀일업셔 필경에 엇던 녀즈를 엇으니, 셩은 허가(許家)오 나은 이십이 지나쓰며, 그 용모를 말흘진디 얼골은 한 즈이 넘고, 두 눈은 통방울 곳고, 코눈 질병 곳고, 입은 메역이 곳고, 머리털은 돗희털 곳고, 키는 장승 곳고, 소리는 이리와 승냥이 소리 곳고, 허리는 두어 아름 되는 즁에 쏘흔 곰비팔에 수즁다리에 쌍언쳥이를 다 겸흐얏고, 그 주동아리가 길기는 칼노 쎌 지경이면 열 스발이나 되깃고, 얼골의 반반흐기는 싀로 만든 멍셕 갓흐니,

사건의 전개도 계모의 악인됨을 증명하는 과정일 뿐, 어떻게 악인이 되는가, 왜 악인인가도 전혀 드러나지 않는다. 또 후처로 맞아들이는 계모의 외모가 보기 흉측하다고 배 좌수는 장화와 홍련을 편애하면서 전처인 강 부인을 생각한다.

> "너의가 이럿틋 쟝셩흐얏스니, 너의 모친이 살아더면 오작 깃버하깃느냐만은, 명도 긔구(崎嶇)흐야 사오눈온 사롬을 맛느 박디 티심(薄待太甚)흐니, 너의가 슬퍼홈을 보면 내 마암이 쏘흔 견디기 어려우니 아모조록 안심흐야 지니되, 만일 다시 학디흐눈 일이 잇스면 내 맛당이 쳐치하야 너의 마음을 편케 흐리라."

배 좌수는 장화와 홍련이 손을 맞잡고 눈물을 흘리는 모습을 보고, 제 어미가 보고 싶어 그런 것이라고 안타까워한다. 그리고 허씨 같은 계모를 만나 박대가 심한 것을 짐작한다며, 차후에도 이러하면 계모를 처치하여 자매의 마음을 편하게 하겠다고 한다. 장화와 홍련, 배 좌수는 계모를 식구로 받아들이지 않았던 것이다. 계모는 이 모습을 목격하고, 분노하며 계략을 꾸미기 시작한다.

또한 배 좌수가 아무리 후사를 잇기 위해 계모를 들였더라도 자신의 혈육인 아들에게까지 무관심한 태도를 보인다. 대를 잇는 것을 중요시했던 당대 사회 분위기를 고려해 볼 때 이해하기 어려운 대목이다.

계모는 누구라도 속을 수밖에 없는 모략을 짠다는 점에서 치밀하고, 전동호의 심리 앞에서 낙태물을 스스럼없이 내놓을 정도로 냉정하고, 시기심과 재물욕에 의붓자식을 죽일 정도로 타락했다. 그 계모는 분명 나쁜 여자이고, 더 나아가 무서운 여자이다. 그러므로 '왜 이렇게까지 계모가 악인일 수밖에 없는가' 하는 문제보다는 '왜 계모를 악인으로 내세웠는가' 하는 질문이 작품을 온전히 이해하는 데 더 유효할 것이다.

당대의 사회 분위기를 고려해 볼 때, 사람들은 가부장제를 정당화하는 이념적 공세에 노출되었음을 짐작할 수 있다. 그런 현실에서 결핍과 불안을 느끼는 향유층인 부녀자에게 필요한 것은 그러한 결핍과 불안을 스스로 인식할 수 있는 형태로 표면화시키는 일이었고, 그 결과로 악녀인 계모를 내세우는 것이었으리라. 뿐만 아니라 여성 독자층의 기대가 남성 저자에 의해 이룩된 책임전가의 담론과 맞물려 있다는 점을 지적하며, 계모의 악인 설정은 남성 지배 사회에서 효용적 측면이 두드러졌다는 견해도 있다.

사실 친어머니가 죽고 계모가 들어와서 새로운 가정을 꾸미는 과정은 순탄치 않을 수밖에 없다. 이 과정에서 여러 가지 문제가 발생할 수 있는데, 그 중의 하나가 전실 자식의 죽음일 수 있다. 물론 소설 내에서는 그 원인이 계모의 계략에 의한 것이었지만, 실제 이런 경우가 계모의 계략 없이 우연히 벌어졌다고 하더라도, 모든 잘못을 계모에게 전가하는 것에 거리낌이 없는 사회적 분위기도 계모를 악인으로 그려내는 데 일조하게 된다.

<장화홍련전>에서 계모는 최후 변론에서 모든 죄가 자신에게만 쏠리는 것에 대해 억울함을 호소한다. 남편과 전실 딸 자매가 자신을 진정한 가족으로 대하지 않고 소외시키는 것에 대한 불만을 토로하는 것이다. 물론 죄가 모두 탄로가 난 다음에 자기변명처럼 늘어놓은 말이라고 치부할 수도 있겠지만 계모의 말 중 가장 진정성이 느껴지는 대목이다.

계모가 영입된 가정의 비극은 계모 한 사람만의 문제가 아니다. 가정 내의 화합 또는 비극은 모든 가족 구성원에 책임이 있다. 따라서 <장화홍련전>은 악인으로 그려지는 계모 한 사람만이 아니라, 계모가 영입된 가정의 모든 구성원들이 화합을 위해 노력하지 않아 생기는 비극을 그린 작품이라고 이해해야 할 것이다.

▌감상 : 장화와 홍련의 송사(訟事)

장화와 홍련은 자신들의 죽음이 부당한 것이라고 여겼으며, 계모에 대한 원한을 풀고자 원귀가 되어 고을에 부사가 올 때마다 하소연을 한다. 장화와 홍련은 계모의 행동이 부당한 것이며, 자신들은 매우 억울하다고 항변한다. 장화와 홍련은 계모에게 직접적으로 해를 가할 수도 있겠지만, 고을의 부사를 찾아가 자신들의 억울함을 하소연하며, 장화의 신원(伸冤)과 계모에 대한 복수를 대신 해 달라고 함으로써 배 좌수 가문의 불화를 가정 내에서의 일이 아닌 사회적 차원의 일로 확대한다.

왜 장화와 홍련은 직접 계모에게 복수하지 않고, 고을의 부사를 찾아가 여러 번에 걸쳐 읍소하였을까? 자매가 겪은 일에 대한 복수를 계모에게 직접 한다면, 분은 풀릴 수 있겠지만 억울한 오해는 풀리지 않을 것이다. 그렇기 때문에 객관적으로 사건을 수사하고, 그 죄명을 낱낱이 파헤쳐 줄 고을의 부사를 찾아갔던 것이다.

조선후기는 송사소설이 형성될 수 있는 사회·법제적 토대가 마련된 시기였다. 송사 모티브를 삽입한 이야기는 그 이전에 설화나 전(傳)에서 볼 수 있었지만, 법적인 장치를 설정하여 송사소설이라는 개념을 적용할 수 있는 시기는 이때부터였다. 여성이 주인공이 되는 송사소설은 사실주의적 여성 문학의 흐름을 형성하는데, 이때 여성은 주체적이며 새로운 모습을 보인다. 이전의 유교적 가치관에 바탕을 둔 순종과 수절을 강요당했던 여성들이 임병양란을 거치면서 조선 후기에 이르러 변화된 의식을 드러낸 것이다. 그래서 여성들이 잘못된 악습이나 현실을 비판하는 송사 모티프들이 등장하기 시작했으며, 장화와 홍련의 송사도 그 연장선상에서 살펴볼 수 있다.

부사는 장화와 홍련의 억울함을 풀어주기 위해 자매의 구체적인 정황 설명을 듣고 계모의 혐의를 밝히는 데 집중한다. 사건은 계모의 성격적 결함으로 인한 살인사건으로 결론이 나고, 계모는 부사의 판결에 의해 능지처참에 처해진다. 장화와 홍련의 복수는 성공적으로 끝나게 되는 것이다. 송사 사건에서 승소한 자매의 이야기는 <장화홍련전>을 읽는 독자들에게 계모의 지위를 알려주는 한편, 계모처럼 부적절한 일을 도모했을 때 <장화홍련전>의 계모처럼 복수당할 수 있다는 사실을 상기시켜 주는 역할을 했을 것이다. <장화홍련전>의 이 복수담은 선과 악의 대결 구도에서 악인에 대한 선인의 징벌이라는 통속적 서사로 맥이 닿아 있다. 배 좌수 가족을 선으로, 계모를 악으로 규정하고, 복선화음(福善禍淫)[10]의 원리에 따라 악인을 처단하는 복수는 그 자체로 매우 매력적이며, 특히 이 복수가 공적 기관의 힘인 마을의 부사를 통해 이루어지기 때문에 사회 정의를 구현한다는 측면이 더 부각된다.

10 복선화음(福善禍淫) : 착한 사람에게는 복이 오고 못된 사람에게는 재앙(災殃)이 옴.

▌ 연습

1. <장화홍련전>에서 장화와 홍련이 사적인 복수가 아니라 공적인 처벌로 사건을 이끌고 간 궁극적인 의도는 무엇일지 추론해 보자.

2. <장화홍련전>의 두 가지 결말을 정리해 보고, 주제의식 면에서 어떤 차이가 있겠는지 평가해 보자.

▌ 참고문헌

김재용(1991), 「계모형 고소설의 시학적 연구」, 서강대학교대학원 박사학위 논문.
김준영(1992), 「전동흘과 장화홍련전」, 『전라문화논총』 5, 전북대학교 전라문화연구소.
김태준(1939), 『조선소설사』, 학예사.
서혜은(2007), 「<장화홍련전> 이본 계열의 성격과 독자 의식」, 『어문학』 97, 한국어문학회.
이윤경(2004), 「계모형 고소설 연구」, 성신여자대학교대학원 박사학위 논문.
이정원(2005), 「<장화홍련전>의 환상성」, 『고소설 연구』 97, 한국고소설학회.
전성탁(1967), 「<장화홍련전>의 일연구」, 『국어교육』 13, 한국국어교육연구회.

제 7 부 우화소설

장끼전

황새결송

제1장

장끼전

작자 미상

장끼란 놈 디로(大怒)ᄒᆞ야 두 발노 이리 챠고 저리 ᄎᆞ며 ᄒᆞᄂᆞᆫ 말이 화용월틱(花容月態) 져 간나의 년 기둥셔방 마다 ᄒᆞ고 타인 남ᄌᆞ(他人男子) 질기다가 츰바 울바 쥬황ᄉᆞ로 뒤죽지 결박(結縛)ᄒᆞ야 이 거리 져 거리 종노(鐘路) 네거리로 북치며 조리돌이고 삼모장과 치도곤으로 논장(亂杖) 마질 꿈이로다. 그런 꿈 말 다시 마라 압정킹이 썩거놀ᄂᆞ.

ᄭᅡ토리 ᄒᆞᄂᆞᆫ 말이 홍명슈국(鴻鳴水國)의 비필함노(飛必含蘆)ᄂᆞᆫ 장부지근신(丈夫之勤愼)[1]이요 봉비천인(鳳飛千仞)의 긔불탁속(飢不啄粟)은 군ᄌᆞ지염치(君子之廉恥)[2]로다. 즈니 비록 미물(微物)이ᄂᆞ 군ᄌᆞ(君子)의 본(本)을 바다 염치(廉恥)를 알 거시오. 빅이슉제(伯夷叔齊) 츙열염치(忠烈廉恥) 주속(周粟)을 아니 먹고 장ᄌᆞ방(張子房)의 지혜염치(知慧廉恥)를 ᄉᆞ병벽곡(辭病壁穀) ᄒᆞ엿스니 원컨디 이런 거슬 본(本)을 바다 근신(謹愼)을 ᄒᆞ랴 ᄒᆞ면 부디 그 콩 먹지 마소.

장끼란 놈 이른 말이 네 말이 무식(無識)ᄒᆞ다. 례절(禮節)을 모로거든 염치(廉恥)를ᄂᆞᆫ 알소냐. 안ᄌᆞ(顔子)님 도학염치(道學廉恥)로도 삼십(三十)밧게 더 못 살고 빅이슉제(伯夷叔齊)의 츙절염치(忠烈廉恥)로도 수양산(首陽山)의 굴머 죽어 잇고 장양(張良)의 ᄉᆞ병벽곡(辭病壁穀)으로도 격송ᄌᆞ(赤松子)를 ᄯᅡ라갓시니 염치(廉恥)도 부지럽고 먹는 거시 웃씀이라. 호타하(滹沱河) 보리밥[3]을 문슉(文淑)이 달게 먹고 중흥천ᄌᆞ(中興天子) 되어 잇고 표모(漂母)의 식은 밥[4]을 한신(韓信)이 달게 먹고 한국디장(漢國大將) 되엿시니 ᄂᆞ도 이 콩 먹고 크게될 줄 뉘 알소냐.

ᄭᅡ토리 ᄒᆞᄂᆞᆫ 말이 그 콩 먹고 잘 된단 말은 ᄂᆞ 먼져 말 ᄒᆞ오리다. 잔디 찰방(察訪) 슈망(首望)으로 황천부ᄉᆞ(黃泉府使) 제슈(除授)ᄒᆞ야 쳥산(靑山)을 영이별(永離別) ᄒᆞ오리니 너 원망(怨望)은 부디 마소. 고셔(古書)를 보량이면 고집불통(固執不通) 과ᄒᆞ다가 픠가망신(敗家亡身) 몃몃친고. 진시황(秦始皇)의 몹실고 집(固執) 부소(扶蘇)의 말

* 출처 : 대창서관본(최진형 편(2008), 『장끼전』, 지만지)

[1] 홍명수국의 비필함노는 장부지근신 : 기러기가 물 위를 날 때 반드시 갈대를 무는 것은 장부가 근신하는 것과 같다.

[2] 봉비천인의 기불탁속은 군자지염치 : 봉황이 천 길을 날 수 있으되 주려도 좁쌀을 먹지 않는 것은 군자가 염치를 지키는 것과 같다.

[3] 호타하 보리밥 : 광무제가 왕망의 난을 피해 도망가다가 남궁현에 이르렀을 때, 풍이가 광무제에게 토끼 고기와 함께 바쳤던 보리밥.

[4] 표모의 식은 밥 : 유방을 도와 한나라를 세운 한신이 어렵게 지낼 때 빨래하는 아주머니에게 얻어먹은 찬밥.

듯지 안코 민심소동(民心騷動) 스십년의 이세(二世)예썬의 실국(失國)ᄒ고 초픠왕(楚覇王)의 어린 고집(固執) 범증(范增)의 말 듯지 안타 팔천제ᄌᆞ(八千弟子) 다 죽이고 무면도강동(無面渡江東) ᄒ야 ᄌᆞ문이ᄉᆞ(自刎而死) ᄒ야 잇고 굴삼녀(屈三女)의 오른말도 고집불통(固執不通) ᄒ다가 진무관(秦武關)의 구지갓쳐 가련공산(可憐空山) 삼혼(三魂)되여 강상(江上)의 우는 시 어복충혼(漁服忠魂) 붓그럽다. ᄌᆞ네 고집(固執) 과(過)하다가 오신명(誤信命)ᄒ오리다.

장씨란 놈 ᄒᆞᆫ는 말이 콩 먹고 다 죽을가. 고셔(古書)를 볼작시면 콩 틱쓴 든이마다 오리 살고 귀이 되나리. 틱고(太古)젹 천황씨(天皇氏)는 일만 팔천셰(一萬八千歲)를 사라 잇고 틱호 복희씨(太昊伏羲氏)는 풍셩(風姓)이 상승(相乘)ᄒ야 십오디(十五代)를 전히 잇고 한틱조(漢太祖) 당태종(唐太宗)은 풍진셰계(風塵世界) 창업지쥬(創業之主) 되여시니 오곡븩곡(五穀白穀) 잡곡중(雜穀中)의 콩 팃자가 계일(第一)이라. 궁팔십 강틱공(窮八十姜太公)은 달팔십(達八十) ᄉᆞ라 잇고[5] 시중천ᄌᆞ리틱빅(時中天子李太白)은 긔경상천(騎鯨上天) ᄒ야잇고[6] 북방(北方)의 틱을셩(太乙星)은 별중의 읏듬이라. ᄂᆞ도 이콩 달게 먹고 틱공(太公)갓치 오리 살고 틱빅(太白)갓치 상천(上天)ᄒ야 틱을션관(太乙仙官) 되오리라. 까토리 홀노 경황(驚惶)업시 물너서니 장씨론 놈 거동(擧動) 보소 콩 먹으러 드러갈 졔 열두 장목 펼쳐들고 구벅구벅 고기 조아 조츰조츰 드러가셔 반달 갓튼 셔부리로 드립더 콱 찍으니 두 고픠 둥그러지며 머리 우에 치ᄂᆞ 소리 방낭ᄉᆞ즁(博浪沙中)의 저격시황(狙擊始皇) ᄒ다가 버금슈레 맛치ᄂᆞ 듯 와직끈뚝싹 푸드득푸드득 변통(變通)업시 치여구나.

5 궁팔십 강태공은 달팔십 살아 있고 : 강태공이 80년을 가난하게 살다가 80년을 영광스럽게 산 데서 나온 말이다.

6 시중천자 이태백은 기경상천하였고 : 고래를 타고 하늘에 오른다는 말. 이백이 술에 취해 물에 비친 달을 따려다 익사한 후 고래를 타고 하늘에 올랐다는 전설에서 나온 말이다.

■ 맥락

(1) 서사 단락

① 장끼와 까투리가 먹이를 찾아 눈 덮인 들판에 나서다.

② 먹이를 찾다가 붉은 콩 한 알을 발견하다.

③ 장끼와 까투리가 붉은 콩을 앞에 두고 말다툼하다.

④ 붉은 콩을 먹으려는 장끼에게 까투리가 간곡하게 충고하다.

⑤ 까투리의 충고를 무시한 장끼가 최후를 맞이하다.

⑥ 장끼의 장례식장에 뭇 새가 찾아와 까투리에게 청혼하여 난장판이 되다.

⑦ 까투리가 조상(弔喪)왔던 홀아비 장끼에게 개가하다.

⑧ 까투리가 장끼와 살다가 큰물에 들어가 조개가 되다.
[이본에 따라 ⑦과 ⑧이 다르게 나타남]

(2) 전승 맥락

　<장끼전>은 전국적인 분포를 보이고 있는 민요 <펑펑 장서방> 계열이 19세기 초 서사화되면서 초기 판소리가 성립되었고, 조선시대 말까지 <장끼타령>이라는 이름으로 불리던 판소리 작품의 하나였다. 판소리가 절정의 인기를 누리던 19세기 중반 무렵에는 '열두 마당'의 작품이 공연 되었지만 이후 인기를 얻지 못한 작품들이 없어지거나 흔적만 남게 되면서 <춘향가>, <심청가>, <흥부가>, <수궁가>, <적벽가>의 다섯 마당으로 줄어들게 되었다. <장끼전>은 창을 잃은 '일곱 마당' 중 하나에 속한다. 일곱 편의 작품이 창을 잃고 전승 과정에서 탈락하게 된 이유를 정확히 알 수는 없지만, 바람직한 인물의 모습이나 인간다움에 대한 고민을 제대로 보여주지 못했기 때문이라고 추정해 볼 수 있다. 탈락된 일곱 편이 대개 지나치게 기괴한 내용을 보이거나 정상적이지 못한 인물의 모습을 보여주는 경우가 많은데, <장끼전>의 장끼 역시 바람직하지 않은 인물로 그려져 있다. 따라서 이는 특이한 인물이나 내용의 이야기에 속하여 보편성이 부족하여 점차 전승의 과정에서 탈락한 것으로 보인다.

　<장끼전>이 판소리로 공연되었다는 사실은 창본이 전해지지는 않지만 관극시(觀劇詩)를 통해서 확인할 수 있다. 관극시(觀劇詩)는 당시 판소리를 감상한 느낌이나 작품의 내용을 양반이 한시로 써놓은 것인데, <장끼전>은 1843년에 지어진 송만재(宋晩載, 1834~1849)의 <관우희>와 1871년에 지어진 이유원(李裕元, 1814~1888)의 <관극팔령>에서 한시로 재구성되었다.

　<장끼전>은 그 창을 잃어버리는 대신 여러 필사본과 소설 등으로 자신의 생명력을 전이, 지속시켜 나갔다. 19세기 중후반경 판소리의 서사는 가사로 전환되어 <자치가>류로 유통되었으며 다양한 결말을 양산하면서 활발히 전파되어 소설 등의 갈래로 전환하며 이본을 파생시켰다. 19세기 중반 이후 판소리의 서사는 까투리의 문제에 관심을 보이기 시작했고, 이것이 가사로 정착되면서 개가 문제에 대한 다양한 서사를 만들어냈던 것으로 보인다.

　<장끼전>이 심청전에 버금가는 많은 이본군을 가지게 된 것은 과부의 개가라는 관심거리가 중심 문제로 다루어졌기 때문이다. 과부의 개가 문제가 중심 문제로 다루어지면서 독자의 입장과 처지에 따라 다양한 해석이 나올 수 있었고, 이것이 작품에 대한 관심을 키웠을 것이다. 졸지에 과부가 된 까투리가 절박한 상황에서 행

해야만 했던 선택의 향방을 둘러싼 당대인들의 지대한 관심과 그 관심이 반영된 필사라는 향유 행위로 인해 <장끼전>은 활발하게 만들어지고 전승되었다고 할 수 있다.

<장끼전> 작품군은 한시, 판소리 계열, 가사 계열, 소설 계열 등을 망라하여 약 150여 종이 파악되며, 가사, 소설계 이본은 100여 종이 존재한다. 이들은 장끼가 죽는 내용까지는 어느 정도 고정되어 있지만 이후 까투리의 개가 문제에 대한 다양한 서사가 만들어지며 이본에 따라 결말이 다양하게 존재하게 되었다.

▌쟁점 : 이본 형성을 통해 본 작품 해석

<장끼전>은 이본에 따라 다양한 결말을 지니고 있다. 이러한 다양한 결말의 변이 양상에 따라 작품의 주제와 장끼의 죽음의 의미에 따른 여러 논의가 펼쳐질 수 있다. 결말이 다른 몇 가지의 이본은 모두 장례식장에 온 새들이 서로 청혼하며 오리가 수중 생애를 자랑하는 대목까지는 유사하지만 이후의 내용에서 까투리에게 재혼을 요구하는 새들에게 보이는 까투리의 반응을 기준으로 다양하게 전개된다. 몇 가지 이본에서 <장끼전>의 다른 결말을 정리해 보면 다음과 같다.

첫째, 조동일 교수 소장 필사본 <화츙전>은 까투리가 오리의 청혼을 물리치고 수절하는 내용으로 이루어져 있다. 수절한 까투리를 두고 '비록 짐승이나 절개가 아름답기에 기록하여 전하노라.'로 평가하며 결말을 내리고 있다.

둘째, 이수봉 교수 소장 필사본 <자치젼니라>는 까투리가 뭇 새의 청혼을 견디지 못하고 동해로 향하는 것을 차이점으로 볼 수 있다. 그러나 까투리가 삶의 터전을 떠나 동해 쪽으로 향하는 것만이 아니라 동해에 빠져 자살을 하게 된다는 내용으로 이루어져 있고, 이를 본 짐승들이 꿩의 비(碑)를 써서 대로변에 붙여 길가는 사람들이 칭찬한다는 내용으로 이루어져 있다.

셋째, 학산문고 소장 필사본 <죳치기젼이라>는 까투리가 오리의 청혼을 받아들여 오리에게 개가하게 되는 것이 차이점이다. 까투리가 개가한다는 점에서 <화츙전>과 <자치젼니라>의 까투리가 수절하는 것과는 완전히 다르다. 또한 오리가 들인 첩 비둘기와 총애를 다투다가 결국 화해한다는 내용까지 포함되어 있어 개가 이후의 삶까지도 흥미 있게 다루고 있다.

이 작품은 현실의 문제를 여러 의미로 겹쳐 우의적으로 표출한 우화이기 때문에 다양한 접근을 통하여 작품을 해석할 수도 있다. 김태준(1993)에서는 남성과 여성을 대표하는 인물로 장끼와 까투리를 보면 가부장적 권력을 바탕으로 성적 차별을 조장하는 기존 사회와 남성들을 풍자한 것으로 해석할 수 있다고 보았다. 그리고 정출헌(1991)은 역사적 상황과 관련하여 작품에 접근하여 보면 조선후기의 향촌사회 변동에 주목하여 볼 때 지주와 국가의 이중적 수탈이라는 상황 아래 유랑을 떠날 수밖에 없던 유랑민의 비참한 삶을 다룬 것으로 보았다. 기존 사회와 남성들을 풍자한 관점에서 보면 까투리의 개가는 과부 개가 금지라는 당대 유교적 이데올로기에 대한 저항과 연결되며, 유랑민의 비참한 삶을 다룬 것으로 보면 비극적인 삶 속에서도 민중들이 건강한 생명력을 잃지 않는 것으로 볼 수 있다.

또한 이본에 따라 까투리에 초점을 맞추어 보면 '개가 유형'과 '개가 삭제 유형'으로 나눌 수 있는데 결말이 이처럼 다양하게 나타나기 때문에 주제 역시 다양하게 나타날 수밖에 없다. 첫째와 둘째 유형은 '개가 삭제 유형'으로 볼 수 있고, 셋째 유형은 '개가 유형'으로 구분할 수 있다. '개가 삭제 유형'에서는 당대 유교적 이념을 있는 그대로 받아들이는 여성의 모습을 확인할 수 있고, '개가 유형'에서는 당대 가부장제와 유교 이념이 여성에게 요구하던 수절과 성적인 욕망의 표출에 대한 금기의 모순성 등을 확인할 수 있다. 따라서 '개가 삭제 유형'에서와 달리 '개가 유형'에서는 당대 남성의 권위주의적 의식과 가부장적 권위를 비판하고, 개가 금지라는 당시의 유교적 도덕률을 비판하는 동시에 인간의 본능적 욕구를 중시하는 조선 후기의 서민 의식을 반영한 주제를 찾아낼 수 있다.

▌ 꼼꼼히 읽기 : 장끼와 까투리의 말하기를 통한 성격 비교

<장끼전>의 내용 중 많은 부분이 콩을 먹으려는 장끼와 이를 만류하는 까투리의 대화로 이루어져 있다. 이 대화는 장끼의 입장에서 보면 생존과 관련된 문제를 다루고 있고, 까투리의 입장에서 보면 남편의 목숨과 관련되어 있기 때문에 서로를 설득하는 내용이나 방법에 있어 강한 설득 전략을 사용하게 된다. 그러나 이러한 설득 전략을 사용하면서도 그 내용에 따라 까투리와 장끼가 말하는 방법은 조금씩 다르며 그를 통하여 그들의 성격을 비교할 수 있다.

장끼와 까투리가 해몽을 하는 부분에서는 서로의 말재주를 겨루게 된다. 같은 상황을 마주하고 있으면서도 간밤의 꿈을 까투리는 흉몽으로, 장끼는 길몽으로 풀이하여 자신이 주장하는 바가 타당함을 입증하려 한다. 까투리는 자신의 지난 밤 꿈의 내용을 근거로 하여 장끼의 경솔한 행동을 만류하고 있다. 까투리의 이러한 대화에서 까투리의 성격이 조심스럽고, 소극적임을 알 수 있다.

이에 반하여 장끼는 콩이 들어가는 긍정의 의미를 지닌 한자들을 나열하며 콩에 대한 뜻을 풀어간다. '콩 태자 든 이마다 오래 살고 귀히' 된다는 말을 하며, 태고적 천황씨, 태호 복희씨, 한태조, 당태종, 강태공, 이태백에 이르기까지의 인물들을 나열하며 콩의 긍정성을 보여 주려 하였고, 여기에 '북방의 태을성도 별 중의 으뜸'이라고 하며 마지막에는 사람이 아닌 것까지를 나열하고 있다. 이렇게 장끼는 콩이 가진 긍정적 성격을 입증하기 위한 말을 하는 부분에서 태(太) 자를 가지고 있는 단어들 중에 긍정적인 가치를 내포하고 있는 단어들을 늘어놓고 있다. 그러나 태(太) 자가 들어간 말 중에서 부정적인 가치를 내포하고 있는 단어들도 있다는 점을 고려하면, 이는 성급한 일반화에 해당된다. 태(太) 자가 들어가는 긍정적인 단어들을 열거한 것은 장끼가 자신의 말에 명분이 없다는 것을 스스로 알고 불리한 상황에서 도망가면서 견제하는 말로 이해된다. 까투리의 지속적인 만류에도 불구하고 이러한 논리적으로 맞지 않는 억지를 부리는 것으로 보아 장끼는 고집이 세고, 가부장적인 성격을 지닌 인물임을 알 수 있다.

까투리와 장끼가 콩 한 알을 두고 싸우는 내용은 현상이나 사실에 대한 논리적 근거를 따지는 것이 아니라 꿈의 내용에 대한 풀이로서의 성격을 지니거나, 상황을 자신에게 유리한 방향으로 이끌려는 내용이기 때문에 대화의 갈등 정도가 심각하고, 사태에 대한 해결의 가능성은 거의 없다. 이렇게 될 경우 장끼와 까투리는 서로 상대방의 의도를 왜곡하게 될 수밖에 없다.

▌ 감상 1 : '뒤틀린' 장끼 뒤틀어서 보기

장끼는 부정적인 형상의 인물로 이해된다. 장끼는 대체로 유교 질서를 등에 업고 남성 중심의 가부장적인 모습을 보이며, 허위의식, 고집, 폭력적 성격을 지니는 남성의 전형적인 성격이 과도하게 표현된 인물 유형으로 분류된다. 붉은 한 알의 콩을 발견한 장끼의 모습은 까투리의 만류에도 고집을 꺾지 않는 모습, 잘못된 상황 판단을 하는 모습, 아무것도 가진 것이 없는데도 높은 사회적인 부와 명예를 뒤쫓는 허위의식 등 남성성의 부정적인 형태의 모습들로 집중되어 있다. 이는 차분하게 콩의 위험성을 살피며 충고하는 여성성과 대립되어 남성성의 부정적 형태들을 더욱 강조하게 된다. <남자가 여자 말을 안 들으면>이라는 초등학생들을 대상으로 한 <장끼전>을 다루는 책의 제목은 남성성과 여성성을 대조하여 장끼의 부정적 형상을 극단적으로 보여준다고 볼 수 있다. 장끼가 콩을 먹고 죽는 내용까지는 모든

<장끼전> 작품군에서 동일하게 나타나기 때문에 '남자가 여자 말을 안 들으면' 죽을 수도 있다는 내용을 함축하고 있는 것이다.

그러나 장끼가 과연 이렇게 부정의 극단에 서 있는 인물인가를 생각해 보면 장끼 입장에서 억울한 생각이 드는 부분도 분명 존재할 것이다. 장끼는 '냄새 잘 맡는 사냥개에게 쫓기며, 포수들에게 쫓기며, 엄동설한에 주린 배를 채우기 위하여' 들판에 간혹 있는 콩알을 주으러 가는 길이었다.

조선 후기는 지주와 국가의 이중적 수탈로 인해 삶이 피폐해졌고, 백성들은 농촌 임노동자로 전락하거나, 필요노동 이하의 대가를 지불받던 열악한 상황 아래에서 유랑의 길을 떠날 수밖에 없었다. 장끼는 이러한 조선후기의 열악한 상황 아래에서 놓였던 유랑민으로 볼 수 있다. 까투리는 다양한 근거를 들어 장끼가 콩을 먹는 것을 만류하지만 장끼에게 콩을 먹는가 마는가는 생사가 달린 절박한 생존의 문제가 될 수도 있었던 것이다. 까투리의 만류에도 콩을 먹으려 했던 것은 가부장적 권위를 내세우거나 탐욕이 강해서가 아니라 떠돌이 유랑민으로서 겪어야 하는 궁핍과 불안정한 삶으로부터 비롯된 생존과 관련된 배고픔 때문이었던 것으로 볼 수 있기 때문에 장끼를 극단적으로 부정적인 인물로 평가해서는 안 된다.

장끼가 아니라도 대부분의 사람들은 자신의 생존과 관련된 일차적인 욕구가 우선적으로 만족이 될 때라야 남의 말을 잘 듣고, 다른 사람을 배려할 수도 있다. 장끼의 죽음을 탁 첨지의 말처럼 '탐식몰신 모르고서 식욕이 과하기로 콩 하나 먹으려다가' 죽었던 것으로 매도할 수만은 없다. 위험을 무릅쓰고 추운 겨울 먹을 것을 찾아다닌 생존의 일차적 욕구를 과한 식욕으로 볼 수도 없다. 오히려 이 불쌍한 장끼가 죽는 대목에서는 당시의 청중들은 아무리 장끼가 까투리의 충고를 무시하다가 죽게 되었을지라도 연민과 동정을 느꼈을 것이다.

장끼는 가부장적인 권위를 내세우는 남성의 모습도 분명히 지니고는 있다. 하지만 오히려 장끼는 큰 힘을 가지지 못한 남성상으로 볼 수 있다. 식구들의 생계를 책임지지 못하여 가부장적 권위를 세울 수 없는 처지에서 큰 힘이 없었던 장끼는 자신에게 불리한 사태를 유리하게 해석하기 위하여 억지를 부리기도 하고, 그것이 통하지 않으면 폭언을 하게 되는 것이기도 하다. 따라서 장끼를 당시의 사회적 상황이나 인간의 기본적 욕구 등을 배제하고 오만한 가부장적 권위를 지니고 아내의 말을 듣지 않아 죽게 된 부정적 인물로만 판단하는 것은 옳지 않다.

■ 감상 2 : 현대인에게의 '콩'

<장끼전>에서의 '콩'은 장끼의 목숨을 위협하는 유혹물이다. 유혹(誘惑)의 사전적 정의를 살펴보면 '꾀어서 정신을 혼미하게 하거나 좋지 아니한 길로 이끎'으로 정의하고 있다.

<장끼전>에서 '콩'은 '입으로 훌훌 불고 비로 싹싹 쓴 자취'가 있는 매력적인 겉모양을 가지고 있다. 그 놓인 곳도 흰 눈 위이기 때문에 붉은 색의 '콩'이 더욱 돋보일 수 있었을 것이다. 게다가 장끼는 배가 고픈 상황에 처해 있기 때문에 유혹을 받아들이기 더 쉬운 조건에 있다. 장끼가 가부장적인 권위를 부리며 까투리의 충고를 듣지 않아 콩을 먹었든, 엄동설한에 굶주림을 이기지 못하여 유랑하다가 콩을 먹었든 간에 장끼는 콩을 먹다가 덫에 걸려 죽게 되었으므로 장끼의 행동을 문제 삼기 이전에 장끼에게는 콩이 유혹물이 된 것은 어느 경우에나 확실하다. 장끼가 죽은 직접적인 원인은 덫에 걸려 죽은 것이지만 죽음의 덫으로 몰고 간 유혹물은 콩이기 때문에 어쩌면 직접적인 위험을 노출하고 있어 그 위험을 예상 가능하게 하는 덫보다 아름다운 겉모습을 가진 '콩'이라는 유혹물이 장끼에게 더 위험한 존재인 것이다.

장끼에게 유혹적이었던 '콩'은 중세에만 있는 것은 아니다. 현대를 살아가는 우리에게도 유혹적인 존재들이나 상황들은 도처에 산재해 있다. 어쩌면 시대의 흐름에 맞추어 유혹의 수준도 훨씬 더 발전되고 있다고 볼 수 있을 것이다. 현대인에게 '콩'에 해당하는 것은 무수히 많겠지만 돈이나 권력은 이전 시대보다 우리에게 더 매력적인 '콩'일 수 있다. 장끼에게 '콩'은 잠깐의 배고픔을 면하기 위하여 작은 것을 탐하다가 목숨이라는 중한 것을 잃게 한 것이니 엄청난 매력을 가졌던 것이기에 분명하다. 그리고 '콩'으로 인하여 장끼와 까투리가 언쟁하게 되기 때문에 갈등 유발의 원인을 제공하고 있다고도 생각할 수 있다. 현대인에게 돈이나 권력도 매력을 지닌 것들이고, 동시에 이것들은 우리에게 손해를 불러일으킬 수 있고, 그것이 목숨을 앗아갈 만큼 큰 손해일 수도 있으며, 갈등 유발의 원인을 제공할 수 있는 가능성을 지니고 있는 것들이다.

인간은 약한 본성을 지니고 있고, 그 본성 속에 욕망이 자리하고 있기 때문에 유혹 앞에서 쉽게 무너질 수 있는 존재이다. 그러나 인간에게는 본성이 아닌 이성이 함께 있어 유혹이 다가올 때, 욕망과 도덕 사이에서 그 둘을 저울질하며 갈등하게 된다. 유혹은 본디 지속적이지 못하고, 짧게 끝나는 경우가 많지만 그 지속 기간에 비하여 확산 속도는 매우 빠르다. 유혹의 상황은 모두를 유혹할 수 있다. 그래서 모든 인간은 유혹에 쉽게 노출되어 있고, 이러한 이유로 유혹의 담론은 동서양을 막론하고 예술, 문학, 역사 등의 분야에서 다수가 공유하는 주제가 될 수 있는 것이다.

구약시대의 성서에 등장하는 아담과 이브는 평화로운 에덴동산에 살면서도 '먹음직도 하고, 보암직도 한' 탐스러운 선악과의 유혹을 이기지 못하여 에덴동산의 평화를 지키지 못했고, 이로 인하여 기독교인뿐만 아니라 비기독교인들도 모두 아는 선악과 사건에 가담한 인물로 현재까지 기억되고 있다. 한 순간의 유혹에 빠지는 것이 뒷맛이 개운치 않은 것은 여러 사례를 통해서 알 수 있다. 유혹에 쉽게 넘어갈 수 있는 것도 인간이지만 거부할 수 없는 유혹을 꿋꿋하게 거부할 수 있는 것도 인간이기에 가능하다.

▌ 연습

1. <장끼전>을 읽고 당시 사회 상황을 추측해 보고, 이를 통해 표현하고자 한 것이 무엇인지 생각해 보자.

2. <장끼전>에 대한 결말과 해석이 다양한 이유를 이 작품의 형식과 전승 과정과 관련지어 서술해 보자.

▌ 참고문헌

이태문(1997), 「<장끼전>의 형상화 방식과 그 특징」, 『열상고전연구』 10, 열상고전연구회.
정출헌(1991), 「<장끼전>에 나타난 조선후기 유랑민의 삶과 그 형상」, 『고전문학연구』 6, 한국고전문학회.
최혜진(2010), 「<장끼전> 작품군의 존재 양상과 전승 과정 연구」, 『판소리학회지』 30, 판소리학회.
서유석(2010), 「<장끼전>에 나타나는 '뒤틀린' 인물 형상과 여성적 시선」, 『서강인문논총』 29, 서강대학교 인문과학 연구소.

제 2 장

황새결송

작자 미상

* 출처 : 「황새결송」(김기
동(1984), 『한국고전문학
100, 삼설기 · 오선기봉 ·
김원전』 21, 서문당)

그 중 한 짐승이 이르되,

"들으니 황새가 날짐승 중 귀 크고 부리 길고 몸집이 어방져워 통량이 있으며 범
사를 곧게 한다 하기로 이르기를 황장군이라 하나니, 우리 그 황장군 찾아 소리를
결단함이 어떠하뇨"

세 짐승이 옳이 여겨 그리로 완정하매 그 중 따오기란 짐승이 소리는 비록 참혹
하나 소견은 밝은지라. 돌아와 생각하되,

'내 비록 큰 말은 하였으나 세 소리 중 내 소리 아주 초라하니 날더러 물어도 나
밖에 질 놈 없는지라. 옛 사람이 이르되 모사(謀事)는 재인(在人)이요, 성사(成事)는
재천(在天)이라 하였으니 아뭏커나 청촉(請囑)이나 하면 필연 좋으리로다.'

하고 이에 솔기자손(率其子孫)하여 밤이 새도록 시냇가와 논둑이며 웅덩이 · 개천
을 발치가 휘도록 다니면서 황새의 평생 즐기는 것을 주워 모으니 갖가지 음식이라.

(중략)

'이 놈이 댁에 올 리 없고 원간 서어[1]하게 굴더니, 이제 반야 삼경에 홀연히 내
사랑 앞에 이르러 무슨 봉물을 가지고 와서 방자히 문안드려 달라 하니, 내 요사이
용권(用權)하는 터에 어떤 상놈이 마구마구 다니다가 무슨 일을 저질꼬 제 필연 어
려운 일을 당하여 옹색하기로 청촉을 하러 왔는가 싶으도다.'

하며, 먼저 실삭귀[2]할 것을 보리라 하고 **거짓 신음하는 소리로 일어 앉아 자지
천의로 등을 가리우고 등하에 자세히 보니, 과연 온갖 것 갖춰 있으며, 모두 다
긴한 것이라.** 말리어 두고 제사에 쓸직한 것도 있으며 서방님 장중(場中) 출입할 때
에 찬합에 넣어 보낼 것도 있으며, 신구에게 응구(應口)할 것도 있으며, 하인에게 행
하(行下)할 것도 있고, 왜반에 담아 새 사돈집에 효도할 것도 있고, 집에 두고 어린
아기 울음 달랠 것도 있으며, 중병 중에 입맛 붙일 것도 있고, 혹 생일 시에 손님

1 서어 : 사이가 좋지 않음.

2 실삭귀 : 겉으로 드러나
지 않고 내용이 충실함.

겪을 것도 있으니, 이것이 다 황새의 긴용한 물건이라.

(중략)

황새놈이 덩싯 웃고 이르되,

"이런 급한 일이 있기에 나를 보러 왔지, 그렇지 아니하면 어찌 왔으리요. 그러나 네 무슨 일이니 소회를 자세히 아뢰어라."

따오기 아뢰되,

"다른 일 아니오라, 꾀꼬리와 뻐꾹새와 소인과 세 놈이 우는 소리 겨룸하였더니, 자과(自誇)를 부지(不知)라. 그 고하(高下)를 정치 못하옵기로 결단치 못하왔삽더니, 서로 의논하되 장군께옵서 심히 명찰 처분하시므로 명일에 댁에 모이어 송사하려 하오니 그 중 소인의 소리 세 놈 중 참혹하여 껑짜치오니³ 필야 송사에 이기지 못할지라. 미련하온 소견에 남 먼저 사또께 이런 사연을 아뢰어 청이나 하옵고 그 두 놈을 이기고자 하오니, 사또 만일 소인의 전정(前情)을 잊지 아니하옵시고 명일 송사에 아래 하(下)자를 웃상(上)자로 도로 집어 주시옵심을 바라옵나이다."

황새놈이 이 말을 듣고 속으로 퍽 든든히 여겨 하는 말이,

"도시 상놈이란 것은 미련이 약차(若此)하여 사체 경중(事體敬重)을 알지 못하고 제 욕심만 생각하여 아무 일이라도 쉬운 줄로 아는구나, 대저 송사에는 애증(愛憎)을 두면 칭원(稱寃)도 있고, 비리호송(非理好訟)하면 정체(政體)에 손상하나니, 네 어찌 그런 도리를 알리요. 그러나 송사는 곡직(曲直)을 불계(不計)하고 꾸며대기에 있으니 이른바 이현령비현령(耳懸鈴鼻懸鈴)이라 어찌 네 일을 범연히 하여 주랴. 전에도 네 내 덕도 많이 입었거니와 이 일도 내 아무쪼록 힘을 써 보려니와, 만일 내 네 소리를 이기어 주어 필연 청 받고 그릇 공사(公事)한다 하면 아주 입장이 난처하게 되리니 이를 염려하노라."

따오기 고쳐 아뢰되,

"분부 이렇듯 하시니 상덕(上德)만 믿고 가나이다."

황새 웃고 이르되,

"성사하기 전 세상사를 어찌 알리. 어디 보자."

하거늘, 따오기 하직하고 돌아왔더니, 날이 밝으매 세 짐승이 황새 집에 모이어 송사할새, 황새 놈이 대청에 좌기하고 무수한 날짐승이 좌우에 거행하는지라. 그 중 수괴(首魁)는 율관(律官)이요. 솔개미, 까마귀, 까치, 징경이, 보라매, 기러기는 육방아전(六房衙前)이요, 해오리, 올빼미, 바람개비, 비둘기, 부엉이, 제비, 참새 등물은 좌우에 나열하여 불러들이니 세 놈이 일시에 들어와 날개를 청처짐하고 아뢰되,

³ 껑차치다 : 면목이 없다. 열없고 어색하여 매우 거북하다.

"소인 등이 소리 겨룸하옵더니 능히 그 고하를 판단치 못하오매, 부월(斧鉞)을 무릅쓰고 사또 전에 송사를 올리나니 명찰 처분하옵심을 바라옵나이다."

하되, 황새 정색하고 분부하여 이르되,

"너희 등이 만일 그러할진대 각각 소리를 하여 내게 들린 후 상하를 결단하리라."

(중략)

뻐꾹새 또한 무료(無聊)하여 물러나거늘, 그제야 따오기 날아들어 소리를 하고자 하되 저도곤 나은 소리도 벌써 지고 물러나거늘, 어찌할꼬 하며 차마 남부끄러워 입을 열지 못하나, 그 황새에게 약 먹임을 믿고 고개를 낮추어 한번 소리를 주하며 아뢰되,

"소인의 소리는 다만 따옥성이옵고 달리 풀쳐 고하올 일 없사오니 사또 처분만 바라고 있나이다."

한대, 황새놈이 그 소리를 듣고 두 무릎을 탕탕 치며 좋아하여 이른 말이,

"쾌재(快哉)며 장재(壯哉)로다. 음아질타(吟啞叱咤)에 천인이 자폐(自斃)함은 옛날 황장군의 위품이요, 장판교 다리 위에 백만 군병 물리치던 장익덕(張益德)의 호통이로다. 네 소리 가장 웅장하니 짐짓 대장부의 기상이로다."

"이렇듯이 처결하여서 따옥성을 상성으로 처결하여 주오니, 그런 짐승이라도 뇌물을 먹은 즉 집의오결(執義誤決)하여 그 꾀꼬리와 뻐꾹새에게 못할 노릇 하였으니, 어찌 앙급자손(殃及子孫) 아니 하오리이까. 이러므로 짐승들도 물욕에 잠겨 틀린 노릇을 잘 하기로 그놈을 개아들 쇠자식이라 하고 우셨으니, 이제 서울 법관도 여차하오니, 소인의 일은 벌써 판이 났으매 부질없는 말하여 쓸데없으니 이제 물러가나이다."

하니, 형조관원들이 대답할 말이 없어 가장 부끄러워하더라.

▌맥락

(1) 서사 단락

① 옛날 경상도 땅에 부자가 살았는데 한 패악무도한 친척이 그 부자의 재물을 탐하여 괴롭히다.

② 견디다 못한 부자가 형조(刑曹)를 찾아가 원정(原情)을 올리다.

③ 시속 물정을 아는 친척은 판관을 뇌물로 매수하여 승소하다.

④ 억울하게 송사에 진 부자가 이야기 한마디를 들려주겠다고 하고, 판관이 이를

허락하다.

⑤ 부자가 <꾀꼬리와 뻐꾹새와 따오기의 목청 자랑> 이야기를 들려주다.

    ⑤-1 옛날에 **꾀꼬리**와 **뻐꾹새**와 **따오기**가 서로 소리 좋음을 다투다.

    ⑤-2 결단을 내리지 못하자 황새를 찾아가 송사하기로 하다.

    ⑤-3 소리가 참혹한 따오기가 청을 넣어 이기고자 황새가 좋아하는 먹이를 잡아 황새를 찾아가다.

    ⑤-4 황새가 뇌물을 감정한 후, 따오기에게 찾아온 연유를 묻고 잘 해결해 주겠다고 말하다.

    ⑤-5 따오기가 자초지종을 이야기하고, 명일 송사를 뒤집어 달라고 부탁하다.

    ⑤-6 날이 밝아 재판에서 꾀꼬리와 뻐꾹새와 따오기가 소리를 내어보다.

    ⑤-7 황새는 셋 중 따오기의 소리가 가장 웅장하다고 하며 상성(上聲)으로 처결하다.

⑥ 부자가 짐승들의 이야기를 빗대어 뇌물을 받고 오판을 내린 관관을 비꼬다.

⑦ 형조관원들이 대답할 말이 없어 부끄러워하다.

(2) 형성 및 사회적 맥락

    <황새결송>은 고려대 중앙도서관 및 서울대 가람문고의 『금수전』과 대영박물관 본 『삼설기』에 수록되어 있는 작자와 창작 연대 미상의 동물우화소설이다. 『금수전』에는 「금슈전 권지단」이라는 제목 밑에 <황새결송>과 <녹처사연회>가 합철되어 있고, 『삼설기』에는 「삼셜긔 권지하」라는 표제 밑에 <녹처사연회>, <노섬상좌기>와 함께 실려 있다.

    <황새결송>은 전승되어 온 동물 우화담을 활용하여 송사사건의 부조리를 풍자한 풍자소설이자 동물우화소설이다. 이 작품은 <꾀꼬리와 따오기의 목청 자랑>이라는 동물우화를 이야기 속의 이야기[話中話]로 끌어들인 액자소설식 구성을 취하고 있다. 이 소설의 도입 액자와 종결 액자는 송사 소설의 한 유형이고, 이러한 송사 소설의 골격에 동물 우화담을 내부 소설로 교묘하게 삽입 구성하여 송사의 부조리를 풍자함으로써 풍자, 해학, 아이러니를 본질로 하는 동물 우화소설의 효과를 극대화한 소설이다. <황새결송>의 핵심 제재가 되는 내부 액자 이야기는 구전설화인 민담에 널리 나타나는데 <부엉이의 노래 재판>, <날짐승들의 웅변대회>, <노랫소리 판정>, <소리 자랑> 등을 예로 들 수 있다. 이와 같은 맥락에서 볼 때 <황새결송>은 민담으로 유포된 이야기가 소설 속의 액자 형식으로 삽입되면서 형성되었다고 할 수 있다.

조선 후기는 일대 변혁기로 혼란한 사회가 계속되었다. 서민 의식이 성장하면서 계층 간·계층 내의 갈등은 더욱 심화되었다. 이런 갈등을 해결할 만한 힘이 개인들 사이에는 없었다. 그래서 조선 후기에는 송사가 빈번하게 진행되었다. 이러한 송사가 <황새결송>에 드러난다. 박여범(1995)에서는 송사 소설은 송사 사건의 발생·경과·해결 과정 및 판결과 그 결과 등을 중심으로 이야기가 전개되는 일련의 고소설 작품을 말한다고 보았다. 또한 송사 소설의 구조적 특징으로는 사건의 발생과 해결이 과제부여와 과제해결의 수수께끼적 구조를 지닌다는 점과, 송사 사건의 결말이 작품의 주제적 의미로 뚜렷이 부각된다는 점을 들 수 있다. <황새결송>은 조선 사회 이러한 송사의 부패된 양상과 한국 씨족 사회의 병폐를 파헤친 풍자 문학의 좋은 표본이다.

▌ 쟁점 : 우화소설의 독법

<황새결송> 동물우화를 소설의 형태로 발전시킨 것이다. 우화는 교훈적인 내용을 사물이나 동물 등에 빗대어 나타낸 이야기로 탐욕이나 기지, 용기 등의 추상적인 관념을 우의적으로 다루게 된다. 일반적으로 우화는 표현의 수단으로 의인을 사용한다. 이는 비인격적인 대상을 인격적인 것으로 파악하여 표현하는 것을 말하며 우화는 도덕적인 교훈을 진술하는 데 목적이 있다.

이러한 우화는 일반적으로 우화를 창작할 당시의 사회상을 반영한 것으로 파악하여 주제를 파악하는 경우가 많다. 그러나 우화는 우리들의 주변에서 일어나고 있는 일들을 소재로 하여 동물들의 일로 가탁하여 표현하고, 지혜로운 삶의 방법을 드러내는 소박하고 흥미로운 서사문학의 한 분야이기 때문에 당대의 사회에만 해당하는 이야기라기보다 인간 보편의 삶을 다루고 있는 장르로 읽어내는 것도 필요하다.

먼저, 이 우화를 조선후기 당시의 사회상을 반영한 것으로 파악할 경우 <황새결송>에는 부정과 비리, 부조리한 상황들이 만연해 있는 사회상이 반영되어 있는 것으로 읽을 수 있다. 조선 사회는 유교 윤리에 의하여 움직이는 사회이기는 했지만 <황새결송>에는 유교 윤리뿐만 아니라 조선후기 만연했던 금전주의가 함께 반영되어 있다. 재산이 있으면 아무리 잘못되었거나 불리한 상황일지라도 자기에게 유리하도록 판결을 변화시킬 수 있는 사회의 모습이 드러나 있는 것이다. 이렇게 볼 때, 이 작품은 조선 후기 관관의 부패상을 고발하고, 비판하는 이야기로 볼 수 있다. 정출헌(1999)은 송사형 우화소설의 대부분은 송사의 발단이 경제적 이익과 직결되는 문제로부터 발생한다고 제시하고 있다. 조선 후기는 발전된 농업 생산력과 상품화폐 경제 질서가 발달하여 향촌 사회에까지 이러한 영향력이 확대되어 갔던 시기였다. 이러한 영향으로 인하여 재산 상속으로 인한 친척 간의 분쟁과 향촌 수령과 하급 관리들의 불법적 재물 수탈과 재산 축적과 같은 문제가 다양한 사회문제를 발생시키게 되었다. 송사의 처리과정에서도 이러한 문제가 발견되는데 <황새결송>에서는 이를 잘 보여주고 있다. 김신우(2015)는 사건의 발단에서부터 시작하여, 처리과정 및 결말에도 재물의 힘이 관철되고 있다는 사실이 송사형 우화소설이 그려내고 있는 작품세계이자 그것의 역사적 성격이라고 밝히고 있다.

이렇게 동물우화소설을 역사적 성격으로 읽을 수 있지만 다른 면에서 보면, 이는 인간 보편의 삶을 다룬 작품으로 읽을 수 있다. 판관의 부패는 조선후기에만 일어났던 사회상으로 볼 수 없다. 우화는 기본적으로 풍자를 목적으로 하고 있고, 교훈적 의미를 담고 있기 때문에 어느 시대에서나 일어날 수 있는 문제를 보편적으로 다루며 문학이 지니는 효용성을 추구하고 있는 것이다. 김재환(1999)은 동물의 이야기를 빌려서 인생의 도리를 말하려고 하는 것은 동서고금을 통하여 세계인류에 공통된 취향으로 보고 있다. 사람은 스스로가 어리석다는 것을 모르는 경우가 많고, 진리를 말하는 사람은 많지만 그것을 깨닫고 실천하는 것은 매우 어렵다. 동물우화는 겉으로는 관습화된 동물의 성격을 내세우지만 내면적으로는 인간사상을 다루는 우의적 성격이 강한 문학이다. 동물우화소설이 조선후기에 집중적으로 배출되기는 하지만 신화나 설화에서도 동물의인화의 원천을 찾을 수 있는 것에서 알 수 있듯이 동물우화를 어느 한 시대의 이야기로만 한정시켜 해석하는 것은 동물우화의 깊이와 폭을 한정시키는 약점을 지니게 될 수 있다.

첸푸칭(2010)은 우의를 작품의 목적과 작용에 따라 해석형 우언, 설리형 우언, 비평형 우언의 세 가지 유형으로 나누었다. 해석형 우언은 동물적 특성을 포함하여 자연 현상에 대해 해석하고, 도덕적 평가를 의식적 혹은 무의식적으로 드러내는 우언을 의미한다. 설리형 우언은 철리, 종교, 정치, 도덕수양, 교육, 과학 등의 분야에서 작가가 자신의 관점을 주장하기 위해 이야기에 빗대는 형식이다. 비평형 우언은 사회의 여러 현상을 이야기에 빗대어 비판하는 형식이다. <황새결송>을 조선후기 사회적 성격을 중심으로 본다면 이는 조선후기 판관의 뇌물 수수를 비판하는 비평형 우언에 속할 수 있고, 인간 보편의 삶을 다룬 작품으로 본다면 인간이 가지는 기본적 속성 중 어느 한 부분을 작가의 관점으로 따지고 주장한 설리형 우언으로 볼 수 있다.

▌꼼꼼히 읽기 : 날카로운 비판 뒤에 감추어진 해학성

<황새결송>은 동물우화의 내용이 작품에서 중요한 역할을 담당한다. 동물우화소설은 그 특성으로 인하여 풍자성과 해학성을 갖게 된다. 먼저, 동물우화는 인간 생활을 동물의 행태에 가탁하여 풍자하고 교훈을 주는 것을 주된 목적으로 한다. 동물우화는 겉으로는 동물의 성격을 내세워 비판하지만 내면적으로는 인간 세상을 다루는 우의적 성격이 강한 문학이므로 여기에서 풍자성을 지니게 된다고 볼 수 있다. 풍자성을 지닌 우화는 유머와 해학적인 색채를 띠고 웃음으로 현실을 비난하는 경우가 많다. 또한 동물우화소설은 설화의 하위 개념인 우화를 바탕으로 하여 발전한 것이기 때문에 양반 문학에서 인습적으로 내려오는 내용들이 아닌 상민(常民)의 풍습을 나타내고 있는 것도 많다. 따라서 양반 문학에 비하여 해학성을 지니게 된다.

동물우화소설의 주인공은 동물들이기 때문에 내적인 불만과 현실에 대한 저항, 비판을 거침없이 할 수 있으며 자신의 욕구 불만을 해소하기 위하여 풍자를 더 첨예하게 할 수 있다. 그러나 이러한 풍자는 웃음을 내포하고 있기 때문에 엄숙한 분위기를 벗어나 그 날카로운 비판을 할 수 있는 것이다.

<황새결송>에는 곳곳에 해학적인 요소가 등장한다. 따오기가 뇌물을 가지고 찾아 올 때 황새의 태도는 매우 해학적이다. 어떤 자가 무슨 일을 저지르고 청촉(請囑)을 하러 온 것을 미리 알고 몸이 불편한 것처럼 '거짓 신음하는 소리로 일어 앉아 자지천으로 등을 가리우고 등에 자세히 보'아 물건의 쓸쓸이를 점검하는 모습은 상상만으로도 웃음을 자아낸다. 또한 이렇게 점검한 결과 '제사에 쓸직한 것', '서방님 장중에 출입할 때에 찬합에 넣어 보낼 것', '사돈집에 효도할 것', '어린 아기 울음 달랠 것'이 있다고 판단한 결과도 해학적이다. 이렇게 따오기가 가져온 물건을 '긴용한 물건'으로 확인한 황새는 비로소 따오기를 반갑게 맞이하면서 사연을 들어준다. 이런 황새의 모습은 분명 부조리한 모습이지만 반감을 자아내면서도 부조리를 자행하는 황새에게 동정이 가게 하고, 실소하게 한다.

또한 황새가 뇌물을 준 자에게 판결을 유리하게 하는 자리의 분위기를 설명하는 장면도 해학적이다. 그 장면을 묘사하는 자체에서 해학이 느껴지는 것은 아니지만 '황새놈이 대청에 좌기하고 무수한 날짐승이 좌우에 거행하고, 각종 짐승이 좌우에 나열하여 불러들'인 엄숙한 장면은 판결의 엄숙하지 않은 내용과는 다르기 때문에 해학적이라고 볼 수 있다. 또한 이 엄숙함을 강조하기 위하여 늘어선 짐승들을 열거하면서 과장하고 있기 때문에 이 역시 해학적이다.

이렇게 해학적 요소를 배치하는 것은 풍자 효과를 최대한 거두게 하면서도 동물

우화소설이 지닌 재미를 추구하는 것이라고 볼 수 있다. 인간에 비유된 동물들의 모습에서 웃음의 분위기를 자아내고, 놀리는 말로 처리하는 것은 한결 차원 높은 골계미를 이루는 부분이라고 볼 수 있다.

▌감상 : 주는 자의 잘못

조선 사회는 유교 윤리에 의하여 움직이는 사회였다. <황새결송>에서도 이는 잘 드러난다. 작품 초반에 보면 부자가 경성에 올라와 형조를 찾아 원정을 올릴 때 자신이 천행으로 가산이 풍족하여 친척의 빈곤한 사람도 많이 구제하고, 자신을 고소한 친척에게도 집을 지어 주고 전답도 사주어 살아갈 수 있도록 하였다는 내용이 나온다. 이것은 당시 사회가 친척 간에 서로 돕고, 이웃 간에도 서로 구휼하는 유교 윤리가 지켜지는 모습이다. 그러나 <황새결송>의 핵심은 이러한 유교 윤리를 전달하는 데에 목적이 있지 않다. 오히려 재판을 맡은 관원들이 물질에 눈이 어두워 판결의 시비를 정확하게 가리지 못하는 상황과 판관들에 대한 풍자에 초점이 있는 것이다.

<황새결송>이 말하고자 하는 바는 판관들의 잘못된 행위에 대한 풍자가 주가 되겠지만 우리는 받은 은혜를 생각하지 않고 더 많은 것을 요구하는, 감사를 모르는 패악무도하게 묘사된 친척의 잘잘못 역시 소홀히 생각할 수 없다. 뇌물을 받고 사건의 시비를 그릇 판단한 판관과 황새의 잘못도 잘못이지만, 가장 중립적 입장에서 사건을 판단하여 결정을 내려야 하는 권력을 지닌 자에게 뇌물을 준 친척과 이러한 친척의 모습에 해당하는 우화 속의 따오기 역시 그 잘못이 크다. 일반적으로 뇌물과 관련된 사건의 잘잘못을 따지는 경우에는 뇌물을 주는 쪽보다 대체로 뇌물을 받는 경우의 도덕성을 논하는 경우가 많다. 그러나 친척과 따오기류의 백성들도 분명 도덕적으로 올바른 행위를 했다고 볼 수 없다.

이러한 사람들은 과거에나 지금이나 지속적으로 존재한다. 뇌물을 통하여 복잡한 일들을 쉽게 처리하려고 하는 사람들이 과거에나 현재에나 있기 때문에 동서고금을 막론하고 뇌물은 없어지지 않고 있다. 물론 자신의 지위를 이용하여 뇌물을 받고 일을 처리해 준 사람에게도 문제가 있다. 그러나 자신의 이익을 위하여 공정한 방법을 취하기보다 많은 사람들이 쉽게 유혹에 빠질 수 있을만한 것을 제시하여 상황을 자신에게 유리한 방향으로 이끌어가는 것도 결코 정당화될 수 없는 것이다. 아니 어쩌면 이들은 사건의 주동자로서, 넘어갈 수밖에 없는 유혹을 이기지 못하고 넘어간 사람보다 더 죄질이 나쁘다고도 할 수 있다.

▌ 연습

1. <황새결송>에서 '부자'가 자신의 억울함을 바로 형조 관원들에게 이야기했다면 상황이 어떻게 됐을지 상상하며 '부자'가 우화 형식을 사용하여 얻을 수 있었던 효과를 서술해 보자.

2. 다음 글을 읽고, '이자'가 <황새결송>의 '형조 관원'에게 무슨 말을 했을지 서술해 보자.

> 이자(李子 이규보)가 남쪽으로 어떤 강을 건너는데, 때마침 배를 나란히 해서 건너는 사람이 있었다. 두 배의 크기도 같고 사공의 수도 같으며, 배에 탄 사람과 말의 수도 거의 비슷하였다. 그런데 조금 후에 보니, 그 배는 나는 듯이 달려서 벌써 저쪽 언덕에 닿았지만, 내가 탄 배는 오히려 머뭇거리고 전진하지 않았다. 그래서 그 까닭을 물었더니, 배 안에 있는 사람이 말하기를,
> "저 배는 사공에게 술을 먹여서 사공이 힘을 다하여 노를 저었기 때문이오."
> 하였다. 나는 부끄러워하지 않을 수 없었으며, 따라서 탄식하기를,
> "아, 이 조그마한 배가 가는 데도 오히려 뇌물의 있고 없음에 따라 지속(遲速)·선후(先後)가 있거늘, 하물며 벼슬을 경쟁하는 마당에 있어서랴? 나의 수중에 돈이 없는 것을 생각하매, 오늘날까지 하급 관직 하나도 얻지 못한 것이 당연하구나."
> 하였다. 이것을 기록하여 후일의 참고로 삼으려 한다.
>
> —이규보, 〈주뢰설〉

▌ 참고문헌

김신우(2015), 「<황새결송>의 교재화 방안 연구」, 한국교원대학교 대학원 석사학위 논문.

김재환(1999), 『우화소설의 세계』, 박이정.

김재환(1999), 「<황새결송>의 형성 배경과 우화소설적 가치」, 『새얼어문논집』 12, 새얼어문학회.

서신혜(2000), 「<황새결송>에서의 이야기 배치 효과와 작품의 의미」, 『온지논총』 6, 온지학회.

정출헌(1999), 『조선 후기 우화소설 연구』, 고려대학교 민족문화연구소.

첸푸칭(2010), 『세계의 우언과 알레고리』, 지식산업사.

제8부 판소리계 소설

심청전

춘향전

토끼전

흥부전

제1장

심청전

작자 미상

* 출처 : 다가서포본, 작자 미상, 정하영 역주, 『심청전』, 고려대학교민족문화연구소, 1995.

심청이 엿자오디,

"너가 불초 녀식으로 아부지를 소겻소. 공양미 삼빅셕을 뉘라 나를 주것소. 남경 선인덜게 인당수 제숙으로 닉 몸을 팔여 오날리 쩌나는 날리오니 나를 망종 보옵소셔."

심봉사 이 말을 듯고,

"참말인야, 참말인야? 이고이고, 이게 왠 말인고? 못 가리라, 못 가리라. 네 날다려 뭇지도 안코 네 임의로 흐단 말가? 네가 살고 너가 눈쓰면 그난 응당 흐려니와, 자식 죽기여 눈을 쓴들 그게 춤으 홀 일인야? 네의 모친 너를 늦게야 낫코 초칠 일 안의 죽은 후의, 눈 어두온 늘근 겨시 품안의 너를 안고 이 집 져 집 단이면서 구차 흔 말흐여 감셔 동영 졋 어더 먹여 키여 이만치 자라거든, **닉 아모리 눈 어두나 너를 눈으로 알고, 너의 모친 죽은 후의 치치 여견터니 이 말리 무신 말인고?** 마라 마라, 못흐리라. 안희 죽고 자식 일코 닉 살어서 무엇흐리, 너흐고 나흐고 홈기 죽 자. **눈을 팔어 너를 살쎅 너를 팔어 눈을 쓴들 무어슬 보고 눈를 쓰리?**

엇덜 놈의 팔자관디 사궁지슈 되단 말가? 네 이놈, 상놈더라, 장사도 조커니와 사롬 사다 죽이여 제흔난듸 어디셔 보왓난야? 하날님의 어지심과 귀신의 발근 마음 앙화가 업건넌야? 눈먼 놈의 무남독녀 철 모르난 어린 아히 날 모르게 유인하여 굽슬 주고 사단 말고. 돈도 실코 쌀도 실타. 네 이놈 상놈더라.

"옛글을 모로난야? 칠연티흔 가물 젹의 사롬으로 빌나 흐니 탕인군 어지신 말삼, '닉 몸으로 디신흐리라.' 몸으로 히싱되야 신영빅모(身纓白茅) 젼조단발흐고 상임 뜰의 비러쩌니 디우방 수천 리 비라. 이런 일도 잇건이와 닉 몸으로 디신 가미 엇더흔야? 여보시오. 동닉 사롬 절언 놈덜을 그져 두고 보오?"

심청이 부친을 붓들고 울며 위로흐되,

"아부지 흐릴업소 나는 이무 죽거니와 아부지난 눈을 쩌셔 디명 천지 보고, 착
훈 사룸을 구흐여셔 아들 낫코 쌀을 나아 아부지 후사나 젼코, 불초녀를 싱각지 마
옵시고 만셰만셰 무량흐옵소셔. 이도 쏘한 천명이 오니 후회훈들 엇지 흐오리닛
가?"

션인드리 그 경상을 보고 영좌ㄱ 공논흐되,

"심소졔의 효셩과 심봉사의 일싱 신셰를 싱각흐여, 봉사 굼지 안코 벗지 안케 흔
모게를 쑴여주면 엇더흐오?"

"그 말리 올타."

흐고, 쌀 이빅 셕과 돈 삼빅 양이며 빅목 마포 각 흔 동식 동즁의 드려 노코, 동
인 묘와 구별흐되,

"이빅 셕 쌀과 삼빅 양 돈을 근시론 스룸 주어 도지 업시 셩흐게 질너 심봉사를
공궤흐되, 삼백 셕 즁의 입 셕을 당연 양식 졔지흐고 남젹이는 년년이 호터주어 장
이로 취식흐면, 양식이 넉넉히고 빅목 마포는 사졀 의복 장만흐고, 이 쓰시로 본관
의 공문 너여 동즁의 젼흐라."

구별을 다 흔 연후의 심소졔를 가자 훌 졔, 무릉촌 장승상딕 부인이 그졔야 이
말을 듯고 급피 시비를 보너여 심소졔를 쳥흐거나 소졔 시비를 짜라가니 승상부인
이 문밧기 너다려 소졔의 손을 잡고 울며 왈,

"네 이 무상훈 사룸아. **나는 너를 자식으로 알아쩌니 너는 날을 어미 갓치 아
니 아난쏘다**. 빅미 삼빅 셕의 몸이 팔여 죽으려 간다 흐니 효셩이 지극흐다만은,
네가 살어 셰상의 잇셔 하난 것만 갓할손야? 날다려 은논테면 진직 주션흐엿지야.
빅미 삼빅 셕을 이졔로 너여 줄 거스니 션인덜 도로 규고 망영은 말 다시 말나."

흐시니 심소졔 엿자오디,

"당초의 말삼 못 흔 거스 이졔야 후회훈들 엇지 흐오릿가? 쏘흔 위친흐여 공을
빌 양이면 엇지 남의 무명식훈 지물을 바리오며, 빅미 삼빅 셕을 도로 너여주면 션
인들 임시 낭퓌오니 그도 쏘흔 어렵삽고, 사룸의게 몸을 허락흐여 약속을 졍흔 후
의 다시금 ㅂ약흐오면 소인의 간장이라. 그난 쏫지 못흐려니와 흐물며 곱슬 밧고
구 식이 지난 후의 차마 엇지 낫셜 드러 무삼 말을 흐오릿가? 부인의 흐날갓톤 은
혜와 착흐신 말삼은 지부로 도라가와 결초보은(結草報恩) 흐오리다."

▌ 맥락

(1) 서사 단락

① 심청이 태어나고 곽씨 부인이 산후병으로 세상을 떠나다.

② 심봉사가 동냥젖을 먹여가며 심청을 기르다.

③ 심청이 자라 동냥과 품팔이로 아버지를 봉양하다.

④ 장 승상 부인이 심청을 수양딸로 삼으려 하다.

⑤ 심봉사가 화주승에게 공양미 삼백 석 시주를 약속하다.

⑥ 심청이 공양미 삼백 석에 몸을 팔아 인당수에 몸을 던지다.

⑦ 용왕이 심청을 용궁으로 모셔 들여 극진히 대접하다.

⑧ 연꽃을 타고 돌아온 심청이 황제와 혼인하다.

⑨ 심청이 아버지를 찾기 위해 맹인 잔치를 열다.

⑩ 심봉사가 맹인 잔치에 참석하기 위해 황성으로 떠나다.

⑪ 심봉사 부녀가 상봉하고, 심봉사가 눈을 뜨다.

⑫ 재혼한 심봉사가 부귀영화를 누리다가 팔순에 세상을 뜨다.

(2) 전승 맥락

<심청전>은 조선 후기에 나온 국문소설 작품으로 <춘향전>, <흥부전>, <토끼전> 등과 함께 폭넓게 사랑받아 국민문학의 반열에 오른 판소리계 소설이다. 다른 판소리계 소설들과 마찬가지로 설화를 원천으로 하여 판소리로 불리는 과정에서 대체적인 줄거리가 형성된 후, 소설로 출판, 유통된 것으로 추정된다.

<심청전> 역시 다른 판소리계 소설들이 그러하듯 설화들을 근원으로 하여 형성되었다. <심청전> 서사를 이루는 화소들의 근원이 되는 설화들로는 인신공희설화(人身供犧說話), 효자불공구친설화(孝子佛供救親說話), 맹인득안설화(盲人得眼說話)를 들며, 『삼국사기』의 <효녀지은(孝女知恩) 설화>, 『삼국유사』의 <빈녀양모(貧女良母) 설화>와 제물(祭物)로 바쳐진 영녀(零女)를 구출, 꽃으로 변신시켜 데려왔다는 <거타지(居陀知) 설화> 등은 문헌상의 근원설화로 본다.

폭넓은 사랑을 받은 작품인 만큼 작품이 유행하던 당대에는 수많은 이본들이 생산 유통되었는데, 이들은 문장체 소설에 가까운 경판계의 한남본 등과 판소리의 영향이 짙게 남아 있는 완판계로 나눌 수 있다. 두 계열은 문체뿐 아니라 내용에 있어서도 차이를 보이는데, 유영대(1990)에서는 두 계열에서 공통적으로 드러나는 서사의 기본 골격을 '심청전의 원초적 서사구조'라 하여 다음과 같이 제시하였다.

가. 가난한 봉사와 어린 딸이 동냥을 하면서 살았다.

나. 공양미 삼백석이 필요하여 상인에게 몸을 팔았다.

다. 물에 빠진 심청이 구출되어 왕비가 된다.

라. 맹인잔치를 열어 부녀가 상봉하고 아비가 눈을 뜬다.

　　<심청전>은 다른 판소리계 소설들과 마찬가지로 위에서 정리된 것과 같은 서사의 기본 골격을 지니면서 동시에 화소의 다양성과 세분화 정도에서 차이를 보이는 개별 이본들의 집합체라고 할 수 있다. 이는 <심청전>이 원래 판소리 <심청가>였던 탓에 구비문학이 가지는 가변성과 적층성이 소설화 과정에도 그대로 반영되었기 때문에 나타나는 현상이다.(<심청가>의 경우 문장체 선행설도 있음)

　　장르를 변용하는 작가는 모본을 그대로 전사(轉寫)하기도 하지만 대부분의 경우 어떤 의도와 동기를 가지고 재창작하기 마련이다. 이때 작가는 자신의 의도와 동기에 논리와 타당성을 부여하기 위해 특정한 이야기의 단위를 추가 혹은 삭제시킨다. 판소리와 국문 소설의 향유층을 미루어 보건대 작가는 전에 없던 새로운 내용을 창작할 정도의 실력을 가지기는 어려웠을 것으로 짐작된다. 대신 작가는 자신이 아는 설화나 직·간접의 경험을 화소로 도입하는 정도로 개작할 수는 있었을 것이다. 결국 특정 설화적 화소를 도입하는 유무 및 정도, 양상에 따라 다양한 이본이 생산되게 된 것이다.

　　이처럼 <심청전>은 개방적 구조 속에 여러 화소들이 어우러지고 유기적으로 얽혀 논리를 확보하고 판소리로 연행되다가 인기에 힘입어 소설로 정착된 것이다. 1912년에는 <강상련(江上蓮)>이 나왔는데, 이것은 이해조가 기존 사설을 약간 다듬어 출판한 것이다. 요컨대 <심청전>은 설화에서 판소리로, 다시 소설로 변이되는 서사 문학의 역동적 변모 과정을 보여주는 사례로서 현대에 이르러서도 창극, 영화, 뮤지컬, 오페라 등으로 재구성되어 여전히 사람들에게 감동을 주고 있는 작품이라고 할 수 있다. 오늘날까지도 끊임없이 재해석 되고 있기에 <심청전>의 형성은 완료형이 아닌 진행형이라 할 수 있다.

▌쟁점: 심청전의 주제의식

　　<심청전>의 주제는 무엇인가? 가장 먼저 떠오르는 것은 '효'일 것이다. 대부분의 사람들에게 <심청전>과의 첫 만남은 어린 시절에 접하는 '옛날이야기'의 형태

라는 점을 생각해 보면 <심청전>은 한국인들에게 일종의 효도 교과서라고도 볼 수 있다. 이러한 견해는 지극히 소박하고 상식적인 것이면서도 오늘날까지 <심청전>이 생명력을 지니고 전승되어 온 이유에 대한 답변이 되어주기도 한다. 최래옥(1984)은 한국 희생효설화의 4가지 요소를 다음과 같이 제시한 바 있다.

효자 → 희생(가장 소중한 것) → 기적(또는 협조자) → 부모(문제해결)

이러한 관점에서 보면 <심청전> 역시 심청이라는 효녀가 자신의 목숨을 희생함으로써 개안이라는 기적이 부모인 심봉사에게 일어나 문제가 해결되는 이야기로 이해할 수 있다. 더욱이 심청전의 근원설화 역시 효행에 관한 것임을 생각해 볼 때 <심청전>의 주제를 '효'로 파악하는 것은 타당하다고 볼 수 있다. 이러한 견해는 19세기까지 소급되는데, 정현석은 1865년에 씌어진 『교방가요(敎坊歌謠)』에서 심청전의 주제가 '효'임을 밝히고 있다. 이후 시간이 흐르면서 이러한 견해가 통념으로 굳어졌다.

다음으로 <심청전>을 주인공 심청의 자기 실현, 혹은 성장의 과정을 보여주는 작품이라는 견해가 있다. 이러한 견해는 작품 전체를 통틀어 심청에게 적대자가 등장하지 않고, 주인공이 광포한 세계를 헤쳐 나가는 모습이 서사의 주된 갈등을 이룬다는 점에 주목한다. <심청전>은 주인공 심청이 모성 상실, 가난, 아비의 장애 등 세계의 횡포에 맞서 수없이 좌절하면서도 끝내 승리한 한 인간의 이야기라는 것이다.

한편으로는 <심청전>의 주제를 다원적으로 보는 견해도 존재한다. 조동일(1994)은 판소리계 소설의 주제를 '표면 주제'와 '이면 주제'의 이중 구조로 나누어 설명하였다. 주인공의 효도가 <심청전>의 표면 주제가 됨은 분명하다. 그런데 그 이면의 주제를 찾기는 쉽지 않다. 작품에는 심청의 효행 외에도 당대 민중들의 삶의 모습이 핍진하게 그려지고 있다. 이는 효행을 더 잘 드러나게 하고 작품에서 차지하는 비중도 작지 않다. 따라서 표면 주제인 효도와 작품 이면에 그려진 당대 현실의 진실을 유기적으로 연결한다면 <심청전>의 주제를 좀 더 구체적으로 정리할 수 있게 될 것이다.

<심청전>의 내용은 희·비극 혹은 현실·비현실에 따라 크게 두 부분으로 나눌 수 있다. 가난한 심봉사의 딸로 태어나 온갖 고생을 다하던 심청이 맹인 아버지의 눈을 뜨게 하기 위해 공양미 삼백 석에 매신(賣身)하여 인당수에 투신하는 비극적이고 현실적인 내용은 앞부분에 해당한다. 또 죽은 심청이 용왕의 구원으로 환생하여

황후가 되어 맹인 잔치를 벌이고 심 봉사를 찾아 상봉한 뒤 기쁨과 놀라움에 심 봉사가 눈을 뜨게 된다는 내용은 희극적이고 비현실적인 뒷부분에 해당한다.

이상의 내용을 종합하면 작품의 주요 내용은 장애와 가난으로 대변되는 현실적 삶의 고난을 용궁과 황후로 대변되는 부귀영화의 이상적 삶으로 극복하는 것이 된다. 그리고 당시의 대표적인 이념적 덕목이라 할 수 있는 효도는 그 극복 수단으로 사용된 것이다. 즉 <심청전>은 선을 행하면 고난의 현실이 축복의 삶으로 바뀔 수 있다는 민중의 염원을 허구적 서사로 표현한 작품이라는 것이다.

▌꼼꼼히 읽기 : 심청의 윤리관

아비의 개안을 위해 제 몸을 팔아 공양미를 마련하는 심청은 분명 효녀이다. 그러나 꼼꼼히 살펴보면 심청의 행동에는 쉽게 이해되지 않는 의문들이 존재한다. 먼저 애초에 아버지의 눈을 뜨게 하기 위해 자신의 목숨을 버리는 행동을 과연 효행이라 볼 수 있는지부터가 의문이다. 맹인인 아버지가 눈을 뜨고 싶어 하는 것은 당연한 일이지만, 과연 심봉사가 자신의 딸을 희생시키면서까지 눈을 뜨고 싶어 했을까? 이것은 심청이 당대의 이데올로기를 맹목적으로 답습한 결과는 아니었을까? 실제로 심청이 장승상 댁의 수양딸로 가는 줄로만 알고 있던 심봉사가 심청으로부터 사실을 듣고는 "눈을 팔어 너를 살쯱 너를 팔어 눈을 뜬들 무어슬 보고 눈을 쓰리?"라며 오열하는 대목은 <심청전>에서 가장 독자의 마음을 애달프게 하는 장면이다. 더욱이 "닌 아모리 눈 어두나 너를 눈으로 알고, 너의 모친 죽은 후의 치치 여젼터니 이 말리 무신 말인고?"라는 말에서 드러나듯 아버지를 정성껏 봉양해온 심청은 시력과 아내를 잃은 심봉사가 유일하게 의지할 대상이었다. 이런 점을 생각해 보면 눈먼 아비를 홀로 남겨 두고 죽는 것보다는 살아서 봉양하는 것이 진짜 효가 아닌가 하는 의문을 지울 수 없는 것이다.

심청의 행동에 대한 의문은 장승상 부인의 제안을 거절하는 대목에서 더욱 커진다. 심청이 인당수에 제물로 팔려가게 되었다는 소식을 심청이 집을 떠나는 날에야 들은 장승상 부인은 급히 사람을 보내 심청을 부른다. 문밖까지 달려 나온 부인은 울며 "나는 너를 자식으로 알아쩌니 너는 날을 어미 갓치 아니 아난쏘다."라며 원망한다. 그리고 300석을 대신 내줄테니 뱃사람들을 따라 가지 말라고 제안한다. 심청으로서는 눈먼 아버지를 두고 죽으러 가기 직전의 순간에 구원자를 만나게 된 것이다. 그런데도 심청은 이러한 장승상 부인의 제안을 거절하고 뱃사람들을 따라나서 인당수에 몸을 던지고야 만다.

이러한 심청의 행동을 어떻게 이해해야 할까? 분명한 것은 심청에게 나름의 분명한 가치관이 있다는 점이다. 심청의 가치관이 잘 드러나는 부분은 장승상 부인의 제안을 거절하는 장면이다. 그녀는 자신이 장승상 부인의 호의를 받아들일 수 없는 이유를 두 가지 제시한다. 첫 번째 이유는 부모를 위해 공을 드리는 일에 명분도 없이 남의 재물을 쓸 수 없다는 것이다. 이를 통해 심청이 자신의 행동을 단지 쌀을 구하기 위한 방편으로서가 아니라 부모를 위해 자신의 정성을 바치는 적극적인 행동으로 인식하고 있음을 알 수 있다. 한편으로는 까닭 없이 다른 사람의 재물을 받아서는 안 된다는 인식도 드러난다. 두 번째 이유 역시 이러한 인식과 관련되어 있는데, 이제 와서 인당수에 가지 않고 쌀 3백석을 도로 내어주면 뱃사람들에게 폐를 끼친다는 것이다. 이는 다른 사람과의 약속을 어겨 피해를 입히는 일을 해서는 안 된다는 소박한, 어떻게 보면 지극히 순진한 윤리적 태도이다. 그러나 심청의 경우 자신의 가치관을 지키기 위해 스스로의 목숨을 살릴 수 있는 기회까지도 거절했다는 점에서 이를 간단히 순진한 태도로만 치부해버리기는 어렵다.

그녀의 가치관을 이해하고 나면 심청의 선택이 지극히 자연스러운 결정이었음을 알 수 있다. 아버지가 공양미 삼백석을 시주하기로 화주승과 약속해버린 상황에서 공연한 남의 도움 없이 그 약속을 지켜내면서 동시에 아버지를 위해 자신의 정성을 바칠 수 있는 유일한 길이 바로 자신을 인당수에 던지는 것이었기 때문이다.

■ 감상 1 : '심봉사전', 운명이 지배하는 세계

<심청전>에서 심봉사의 비중은 심청에 못지않다. 특히 심봉사의 비중은 완판본 계열의 이본들에서 두드러지게 높아져 때에 따라서는 심청의 비중을 넘어서기도 한다. 경판본의 경우 '심청의 탄생─부인의 죽음─심봉사의 실명' 순으로 전개되어 작품의 첫머리부터 심청이 등장하는데 비해 완판본에서는 '심봉사의 실명─심청의 탄생─부인의 죽음' 순으로 사건이 전개된다. 두 판본이 각각 심봉사의 재혼과 죽음으로 이야기가 끝을 맺는다는 점까지 고려하면 작품에서 심봉사가 차지하는 비중을 알 수 있다. 특히 완판본은 심봉사 이야기로 시작하여 심봉사 이야기로 끝을 맺는다는 점에서 <심청전>이라기보다 <심봉사전>으로 보는 편이 더 정확할지도 모른다.

심봉사의 관점에서 작품을 보면 <심청전>은 심봉사가 욕망을 하나씩 상실하고 이를 다시 회복해가는 이야기로 이해할 수 있다. 소설의 발단 부분에서의 심학규는 여러 대에 걸쳐 버슬을 지내 이름을 날린 집안의 후손으로 가세는 기울어졌으나 행실이 청렴하고 지조가 곧아 군자라고 칭송받는 존재로 묘사된다. 그랬던 그가 실명하고, 아내가 죽고, 가세의 몰락이 가속화되고, 딸을 잃고, 뺑덕 어미에게마저 버림받은 후 종국에는 지니고 있던 의관까지 잃는 수모를 당하다가 심청이의 효(孝)에 힘입어 잃었던 것들을 되찾기까지의 과정을 <심청전>은 보여주고 있는 것이다.

소설의 첫머리에서 집안 형편이 기울어졌다는 언급으로 미루어 보아 심봉사가 처음에 잃는 것은 귀(貴)와 부(富)로 볼 수 있다. 이어서 상실하는 것은 시력이다. 부귀를 잃고 맹인이 된 이러한 상실의 고통을 어느 정도 완화해 주는 조력자가 어질고 지혜로운 아내 곽씨 부인이다. 그러나 심청이가 태어난 지 초칠일이 지나지 않아 다시 심봉사는 아내를 잃어버리게 된다. 젖동냥 등 주위 사람들의 도움으로 심청이가 자라 아버지를 봉양하기 시작하면서 심봉사는 다시 상실의 고통을 완화해 줄 수 있는 조력자를 얻게 된다. 그런데 공양미 삼백석에 심청이가 팔려감으로써 다시 그는 자식도 잃어버리게 된다. 심청이가 팔려가면서 지니게 된 약간의 재산과 뺑덕어미의 등장으로 부족하나마 상실의 고통을 달래던 그는 뺑덕어미의 배반으로 다시 조력자를 잃고 개울가에서 목욕을 하다가 의관과 봇짐마저 상실함으로써 절망의 밑바닥을 경험하게 된다.

심봉사의 불행이 바닥을 친 개울에서의 목욕 사건은 동시에 심봉사에게 있어 전환의 순간이기도 하다. 지나가던 무릉 태수의 도움으로 의관과 노자, 신발에 담배까지 얻은 심봉사는 황성에 도착하여 황후가 된 심청과 만나면서 딸과 시력을 되찾는다. 이어서 안씨 부인과의 재혼을 통해 아내를 얻게 되고, 그 사이에서는 아들을 얻는다. 이에 더하여 부원군을 거쳐 남평왕에 봉해짐으로써 잃었던 것과는 비교도 할 수 없는 부와 벼슬까지 얻으면서 비로소 상실했던 욕망을 완벽하게 충족하게 된다.

그런데 이러한 <심봉사전>의 관점에서 <심청전>의 사건들을 살펴보면 상당히 우연적이고 세속적인 면모를 발견하게 된다. 애초에 심봉사의 불행의 시작이라고 할 수 있는 실명 자체가 우연한 사건이다. 비록 그의 딸인 심청은 적강한 선녀이지만 그는 이러한 사실을 알지도 못하며, 심봉사 자신은 천상계와 아무런 관련도 없다. 그의 불행이 극복되는 방식도 우연 혹은 타인의 힘에 전적으로 의존하고 있다. 그의 딸이 연꽃을 타고 돌아와 황후가 되고 그의 눈을 뜨게 해 주는 기적에 심봉사가 직접적으로 관여한 부분은 없기 때문이다. 그의 지독한 불행과 거대한 행운은 모두 그 자신의 의지를 벗어난 것이다. 이는 주인공이 주체의 의지로 선행(효)을 행함으로써 하늘마저 감응시키고 그 결과 현실의 고난을 극복해내는 <심청전>의 세계관과는 매우 대조적인 지점이다. 독자들은 <심봉사전>에서 인간은 거대한 운명의 파도 앞에서 휩쓸려 다닐 수밖에 없는 존재라는 운명론적 세계관을 발견하게 된다.

■ 감상 2 : 뺑덕어미를 위한 변명

뺑덕어미는 <심청전>에 등장하는 인물들 가운데 거의 유일하게 악인으로 볼 수 있는 인물이다. 그녀는 심청이가 팔려간 후 의지할 사람이 없어진 심봉사에게 그의 돈과 곡식을 노리고 자원하여 첩이 된다. 뺑덕어미는 곽씨의 빈 자리를 차지한 후처이지만 곽씨와는 전혀 다른 성격을 보이는데, 곽씨가 유교적 윤리체계에서 아녀자에게 요구되는 부덕(婦德)을 두루 갖춘 인물이라면 뺑덕어미는 삶에 있어 이익을 추구하여 욕망을 충족시키는 것 이상의 가치를 추구하지 않는다. 따라서 자신의 행동이 윤리에 어긋난다 해도 개의치 않는다. <심청전>에서 그녀는 길게 열거되는 악행과 함께 제시되어 등장과 함께 악인으로 규정된다. 그녀는 후처가 된 후에 아내로서의 본분을 외면하고 게으른 태도로 일관했을 뿐 아니라 헤픈 씀씀이로 심봉사의 가산을 탕진해 버린다. 또 부도덕한 행위로 이웃들에게 불편을 주어 심봉사로 하여금 고향을 떠나지 않을 수 없게 했고 종국에는 맹인 잔치에 참석하러 황성으로 가는 길에 다른 남자의 유혹에 넘어가 심봉사를 버리고 사라지고 만다. 이로써 그녀는 음탕하고 게으르며 자신의 이익만을 좇는 부도덕한 인물, <심청전>을 대표하는 악인상으로 자리매김하게 되는 것이다. 그런데 뺑덕어미는 정말 그처럼 부도덕하기만 한 인물인가.

먼저 뺑덕어미가 심봉사와의 관계에서 그처럼 일방적인 가해자인지에 대해 생각해 보자. 과연 심봉사를 뺑덕어미로부터 일방적으로 해를 입은 '선량한 피해자'로만 볼 수 있는지부터가 의문이다. 작품 전반부에서 심봉사는 점잖은 인물로 묘사되지만, 작품 후반부로 갈수록 비속한 모습을 자주 드러낸다. 뺑덕어미를 후처로 들인 후 가산을 탕진하는 과정에서도 심봉사는 '여러 해 주린 판이라, 그 중에 동침하는 즐거움은 있어 아무런 줄 모르고' 집안 살림이 점점 줄어드는 것을 막지 못한다. 이 재산이 딸의 죽음으로 생긴 것임을 생각하면 심봉사에게 면죄부를 주기는 어렵다. 또한 뺑덕어미가 도망친 것을 알고 나서 '공연히 그런 잡년을 정들였다가 살림만 날리고 낭패를 보았다'고 군말을 하는 대목에서는 심봉사 역시도 뺑덕어미와의 관계에 있어 인륜이 아닌 욕망과 이해관계를 중시하고 있었음이 드러난다. 뺑덕어미와 헤어진 후에도 방아 찧는 여인들과 농짓거리를 하는 등 비속한 모습을 계속해서 보인다.

다음으로 뺑덕어미의 처지에 대해 생각해 보자. 뺑덕어미는 그 이름으로 미루어 짐작하건데 비천한 신분의 인물일 가능성이 높다. 그녀의 출신이나 가족관계에 대해서는 작품에 전혀 드러나지 않지만, 그녀가 아무런 격식도 갖추지 않고 심봉사의 자원첩이 되는 모습을 통해 과부이거나 그와 유사한 신세였음을 짐작해볼 수 있다. 요컨대 뺑덕어미는 특별히 뛰어난 재주나 아름다운 외모를 지니지 못한(오히려 추녀로 묘사된다) 인물이며, 비천한 신분에 가족이나, 지니고 있는 재산도 없는 신세이다. 아무것도 가진 것이 없는 그녀가 살아가기 위해 택한 길은 심봉사 같은 불구자에게 접근해서 생계를 의탁하다가 그것이 여의치 않으면 다른 사람을 찾아가는 것이다. 이러한 유랑생활은 그녀의 처지에서 부득이한 방법이었을 것이다. 그녀가 심봉사의 후처가 되었다가 황봉사에게로 떠나는 사건 역시 이러한 과정으로 이해할 수 있다. 그렇다면 이러한 유랑생활을 도덕적 타락이나 음탕함 등의 개인의 책임으로만 돌리는 것은 지나치다. 오히려 뺑덕어미의 삶은 그녀와 같은 처지에 있는 유랑하는 여성들의 삶을 대변하고 있는 것으로 볼 수 있다.

또한 관점을 달리해 보면 뺑덕어미는 새로운 여성상을 대변하고 있는 존재로도 볼 수 있다. 작품 속에서 그녀와 여러 면에서 대비되는 위치에 있는 곽씨부인과 비교해 보자. 물론 외모, 자질, 성품, 행실 등의 덕목을 두루 갖춘 곽씨부인에 비해 뺑덕어미는 보잘것없는 인물일 수 있다. 그러나 곽씨부인이 순종과 희생을 미덕으로 삼는 전통적인 현모양처 형의 여성상이라면, 뺑덕어미는 적극적이고 능동적인, 당시로서는 새로운 여성상이라고 볼 수 있지 않을까? 자신의 운명을 남편이나 아들 같은 남성들의 손에 맡기고 살아가던 당시 대다수의 여성들과는 달리, 뺑덕어미는 자신과 남편이 별개의 존재임을 인식하는 근대적인 면모를 보인다. 그녀는 자신을 남편에게 예속된 존재로 생각하지 않았고, 따라서 스스로의 이익을 추구하는 데 망설임이 없었다. 오히려 자신의 이해관계에 비추어 더 이상 도움이 되지 않는다고 느낄 때에는 미련 없이 남편을 버리고 새로운 사람을 찾아 나서기까지 했던 것이다. 물론 그녀가 이익을 추구하는 방식은 도덕적으로 비판받을 여지가 충분하다. 하지만 타인에게 예속된 존재이기를 거부하고 스스로의 의지로 삶을 꾸려나가려 했던 노력과 태도는 달리 평가할 수 있을 것이다.

▮ 연습

1. 자신의 몸을 팔아 아버지의 눈을 뜨게 한 행동을 진정한 효도라고 할 수 있는 지 심청의 행동을 평가해 보자.

2. <심청전>는 전반부와 후반부의 정서나 분위기가 확연하게 다르다. 이 작품이 판소리라는 공연문학에 연원을 두고 있다는 점을 고려하여 이러한 차이가 나타난 이유를 밝혀 보자.

▮ 참고문헌

최래옥(1984), 「심청전의 총체적 분석」, 『동아시아 문화연구』 5, 한양대학교 한국학연구소
조동일(1994), 『한국문학통사』 3권(제3판), 지식산업사.
장석규(1998), 『심청전의 구조와 의미』, 박이정.
유영대 외(1999), 『심청전 연구』, 태학사.
장덕순 외(1999), 『한국문학사의 쟁점』, 집문당.
김영수(2001), 『필사본 심청전 연구』, 민속원.
정출헌(2003), 「<심청전>의 전승 양상과 작품세계에 대한 고찰」, 『한국민족문화』, 부산
    대학교한국민족문화연구소

제2장

춘향전

작자 미상

* 출처 : 완판84장본, 작자 미상, 설성경 역주, 『열녀 춘향수절가』, 고려대학교 민족문화연구소, 1995.

"민우 치라!"

"옛잇, 쩌리요!"

짝 부친니, 부러진 형장가비는 푸루루 날라 공중의 빙빙 소사 상방 디뜰 아러 쩌러지고, 춘향이는 아모쪼록 압푼 듸를 차무랴고 이를 복복 갈며 고기만 빙빙 두루면셔,

"익고, 이계 치난 듸는 사령이 셔셔 한나 둘 셰것만은, 형장 벗텀은 법장이라 형이와 통인이 닥쌈하는 모양으로 마조 업데셔, 한나 치면 한나 긋고, 둘 치면 둘 긋고, 무식호고 돈 업는 놈 술집 벼람박의 술갑 긋듯 긋여노니 한 일 짜가 되야꾸나.

춘희이는 졔셜노 셔름 졔워 마지면셔 우난듸,

"일편단심 구든 마음 일부종사 쓰시오니 일기형벌 치옵신들 일연이 다 못 가셔 일각인들 변하릿가?"

잇쩌, 남원부 할양이며 남여노소 업시 묘와 구경할 졔, 좌우의 할양더리,

"모지구나 모지구나, 우리 골 원임이 모지구나! 져런 형벌리 웨 잇시며 져런 미질리 웨 잇슬가? 집장 사령놈 눈 익켜 두워라! 삼문 밧 나오민 급살을 주리라!"

보고 듯난 사람이야 뉘가 안이 낙누하랴. 두치 낫 짝 부치니,

"이부졀을 아옵난듸 불경이부 이니 마음 이 미 맞고 영 죽어도 이 도령은 못 잇것소!"

셰치 나셜 짝 부친이,

"삼종지예 지중한 법 삼강오륜 알어쓴이 삼치형문 졍비을 갈지라도 삼쳔동 우리 낭군 이도령은 못잇것소!"

네치 나셜 짝 부친이,

"사터부 사쪼임은 사면공사 살펴잔코 우력공스 심을 쓰니 사십팔방 남원 빅

셩 원망하물 모르시요? 사지를 갈은디도 사싱동거 우리 낭군 사싱 간의 못 잇것
소!"

다섯 낫치 짝 부치니,

"오륜 륜기 끈치잔코 부부유별 오힝으로 미진 연분 올올리 찌져닌들 오미불망
우리 낭군 온젼이 승각나네. 오동추야 발근 달은 임 게신 듸 보련만은 오늘이느 편
지 올가 너일이느 기별 올가? 무죄한 이늬 몸이 악스할 일 업쓰온이 **오경자수 마**
옵소셔! 이고이고 늬 신세야!"

여섯 낫치 짝 부친이,

"육육은 삼십육으로 낫낫치 고찰하여 육만 번 죽인디도 육천 마듸 얼인 사랑 미
친 마음 변할 수 젼이 업소!"

일곱 나셜 짝 부치니,

"칠거지악 범하엿소? 칠거지악 안이여든 칠긔형문 웬일이요? 칠쳑금 드는 칼노
동동이 장글너셔 이졔 밧비 죽여주오! 치라 하는 져 형방아, 칠 쩌마닥 고찰 마소
칠보홍안 나 죽건네!"

야달치 낫 짝 부친이,

"팔자 조흔 춘향 몸이 팔도방빅 수령 중의 졔일명관 맛나구나! 팔도방빅 수령
임네 치민하려 나려왓계 악형하려 나려왓소!"

아홉 낫치 짝 부친이,

"구곡간장 구부셕어 이늬 눈물 구년지수 되것구나! 구구 쳥산 장송베여 졍강션
무어타고 한양셩중 급피 가셔, 구중궁궐 셩상 젼의 구구원졍 주달하고, 구졍 뜰의
물너나와 삼쳔동을 차자가셔, 우리 사랑 반기 만나 구비구비 밋친 마음 져근듯 풀
연마는."

열치 낫셜 짝 부친이,

"십싱구사 할지라도 팔십연졍 한 쓰셜 십만 번 죽인디도 가망없고 무가너지. 십
늇 세 여린 춘양 장하원귀 가련하오!"

열 치고는 짐작할 줄 알어쩐이, 열다섯치 짝 부친이,

"십오야 발근 달은 쯰구름의 무쳐잇고 셔울 게신 우리낭군 삼쳔동으 뭇쳐쓴이
다라다라 보는야 임 게신 곳 나는 어이 못 보는고!"

시물 치고 짐작할가 여겨던이, 시물다섯 짝 부친이,

"니십오현탄야월으 불승쳥원 져 기륵이 너 가는듸 어듸미냐? 가는 길으 호양셩
차자드러 삼쳔동 우리임게 늬 말 부듸 젼혀듯고! 늬의 형상 자시 보고 부듸부듸 잇
지 말아. 삼십 삼쳔 어린 마음 옥황젼의 알와고져!"

옥갓탄 춘향몸으 솟난이 유형이요, 흐르난이 눈물리라. 피눈물 한퇴 흘너 무릉도원 홍유수라. 춘향이 점점 포악하는 마리,

"소려를 이리 말고 살지능지하여 아조 박살 죽여쥬면 사후 원조라는 식가 되야 초혼조 함기 우러 격막공산 달 발근 밤의 우리 이 도련임 잠든 후 파몽이나 하여지다!"

말 못하고 기절흐니, 업졋던 형방 퇴인 고기 드러 눈물 쏫고, 민질 하든 져 사령도 눈물 쏫고 도라셔며,

"사람의 자식은 못하건네!"

좌우의 구경하난 사람과 거힝흐는 관속드리 눈물 쏫고 도라셔며,

"츈향이 미 맛는 거동 사람 자식은 못 보것다! 모지도다 모지도다, 춘향 정절리 모지도다! 출천 열여로다!"

남녀노소 없이 서로 낙누하며 돌아셜 졔, 사쏜들 조흘이가 잇스랴.

▌ 맥락

(1) 서사 단락

① 자식이 없어 고민하던 월매가 치성을 드려 성 참판의 서녀 춘향을 낳다.

② 남원 부사의 아들 이몽룡이 단옷날 광한루에 갔다가 그네를 타는 춘향의 모습을 보고 반하다.

③ 방자를 시켜 춘향을 데려오게 하나 춘향이 거절하여 재차 청하고서야 만나다.

④ 이몽룡이 춘향의 집을 찾아가 인연을 맺다.

⑤ 동부승지가 된 부친의 명에 따라 몽룡이 춘향과 이별하고 서울로 떠나다.

⑥ 신임부사 변사또가 춘향에게 자신의 수청을 들 것을 강요하다.

⑦ **춘향이 정절을 내세우며 수청 들기를 거부하다가 매를 맞고 옥에 갇히다.**

⑧ 장원급제하여 암행어사가 된 몽룡이 걸인 행색으로 남원에 내려와 옥중의 춘향을 만나다.

⑨ 변사또의 생일잔치에서 춘향을 끌려나오는 순간 몽룡이 어사 출도하여 변사또를 봉고파직하고 춘향을 구하다.

⑩ 서울로 올라간 몽룡과 춘향이 각각 대사성과 정렬부인에 봉해져 삼남 이녀를 두고 백년해로하다.

(2) 전승 맥락

　<춘향전>은 판소리 12마당의 하나로, 봉건주의적 질서 체계가 무너지고 근대 의식이 발흥하는 시기인 조선 영·정조 전후의 작품으로 추측된다. 처음에는 판소리로 생성되어 후에 소설로 정착되었고, 다시 창극이 되었다. 그 이후 현재까지도 다양한 장르로 수용되고 있다. 민간 설화로 전해져 온 여러 설화가 집성되어 <춘향전>이 이루어졌고, 판소리가 된 이후에는 민중은 물론 양반들까지도 폭넓게 향유하였다.

　숙종 이전의 연대를 가진 야담이나 설화에서 <춘향전>의 일부와 내용을 같이하는 것으로는, 관리가 평민의 여자를 빼앗으려는 내용의 설화인 관탈민녀형 설화, 암행어사가 권력자나 부자의 횡포를 징치하고 약자의 한을 풀어 주는 내용의 설화인 암행어사 설화, 기생과 양반 자제의 사랑을 내용으로 하는 염정 설화, 여자가 고난과 시련 속에서도 정절을 지킨다는 내용의 열녀 설화 등이 있다.

　<춘향전>은 서사적인 이야기와 연행 예술로서의 성격이 두드러지는 사설이 조화롭게 결합되어 있는 작품으로, 그 주제나 구성이 복합적이다. 이러한 복합성은 판소리 특유의 개방성 및 적층성에 바탕을 둔 것으로 이해할 수 있는데, 여러 시대에 걸쳐 다양한 작자와 수용자들에 의해 창작·향유되는 과정에서 다채로운 모습을 지니게 되어 '춘향전군'을 형성하였다. 이러한 과정을 통해 형성된 이본은 무려 120여 종에 이른다.

　대표적인 이본으로는 남원고사, 완판 84장본, 경판본 18장본, 신재효본 등이 있는데, 이본들은 계통에 따라 다음과 같이 나누어 볼 수 있다. 먼저 춘향의 신분이 후대로 갈수록 상승하는 경향이 있다는 점에 주목하여 춘향의 신분에 따라 기생계(妓生系) 작품과 비기생계(非妓生系) 작품으로 나누어 볼 수 있다. 기생계 이본들은 춘향과 몽룡이 만나 인연을 맺을 때, 춘향의 요구에 의해 몽룡이 춘향을 저버리지 않겠다는 불망기(不忘記)를 내어놓는 데 비해 비기생계 이본들에서는 이러한 대목이 없이 자유연애적인 분위기가 강화되는 경향이 있으므로 불망기계(不忘記系) 작품과 비불망기계(非不忘記系) 작품으로 구분하기도 한다. 작품의 성격에 따라 판소리 사설에서 부분적 변이만을 보이며 소설로 정착된 별춘향전계 작품과 철저한 개작 의식에 의해 이루어진 본격적인 개작 소설인 남원고사계 작품으로 구분하기도 한다.

■ 쟁점 : 춘향은 기생인가?

<춘향전>을 흔히 신분의 차이를 초월한 사랑이야기라고 말한다. 이몽룡은 남원 부사의 아들로 양반인 반면 춘향의 신분적 정체성은 다소 모호하다. 이 모호함은 춘향이 양반과 기생에 사이에서 태어난 인물이라는 점에 기인한다. 춘향의 어미인 월매는 기생 출신이다. 반면 춘향의 아버지는 이본에 따라 양반으로 설정된 경우도 있고, 신분이 밝혀지지 않은 경우도 있다. 그러나 부계의 신분보다 중요한 것은 춘향이 스스로의 신분을 어떻게 규정하는가, 그러한 자기 규정과 사회적 규정 사이의 간극은 어떠한가 하는 점이다. 두 사람의 신분 차이가 <춘향전> 서사의 중요한 골격을 이루므로 춘향의 신분적 정체성은 작품의 주제의식과도 관련된다.

먼저 서술자에 의해 제시된 춘향의 신분을 살펴보자. 완판본에서 춘향은 성참판의 서녀(庶女)로서, 월매가 지리산에서 치성을 드린 끝에 얻게 된 낙포 선녀의 환신으로 설정되어 있다. 그러나 당시 기생은 종모법(從母法)을 따랐으므로 아버지의 신분이나 선녀의 환신 여부와 무관하게 춘향의 현실적인 신분은 기생으로 보아야 할 것이다.

춘향이 스스로도 자신의 신분을 완전히 부정하지 못하는 모습이 곳곳에서 보인다. 이몽룡과의 첫 만남에서 이몽룡의 구애를 거절하며 '도련님은 귀공자요, 소녀는 천첩이라.'라고 말하는데, 이는 이몽룡과 자신의 신분 차이를 인식한 데 따른 것이다. 이러한 인식은 몽룡을 따라 서울로 갈 의사를 밝히는 대화에서 더 분명하게 드러난다. "우리 권구(眷口) 가더리도 공밥 먹지 아니할 터이니, 그렁져렁 지닝다가 도련임 날만 밋고 장기 안이 갈 수 잇소? 부귀 영총 지상가의 요조숙여 가리여서 혼정신성(昏定晨省) 할지라도 아주 잇든 마옵소서." 신분의 차이로 인해 자신이 이몽룡의 정식 부인이 될 수 없음을 인정하고 첩의 지위를 받아들이고 있는 것이다.

반면 자신을 기생으로 규정하는 시선을 적극적으로 거부하는 태도도 곳곳에서 드러난다. 작품 전반부에 방자로부터 이몽룡이 자신을 부른다는 말을 들은 춘향은 자신이 지금 관에 딸린 몸이 아닌데 여염 사람을 오라가라 부를 리도 없고, 부른다 한들 갈 리도 없다며 따라가기를 거절한다. 이몽룡과 가약을 맺은 후에는 수청을 요구하는 변사또에게 '유부녀를 겁탈하는 것은 죄가 아니고 무엇이냐'며 따지기도 한다. 결국 춘향은 자신이 기생의 딸이라는 '사실'을 부정하지는 못하면서도 자신을 기생으로 규정하는 말에는 반발하는, 다소 모순적인 인식을 지니고 있다고 볼 수 있다.

작품 속 주변 인물들의 인식 역시 크게 엇갈린다. 방자는 광한루에서 춘향을 불러오라는 이몽룡의 명령에 '어미는 기생이나 춘향이 본인은 여염 처자와 다를 바 없다'며 난색을 표한다. '기생의 딸이지만 기생은 아니라는' 춘향의 주장과 유사한 입장이다. 반면 변학도나 작품 전반부의 이몽룡은 춘향을 기생으로 인식한다. 작품 말미에 등장하는 관아 주변인들은 사람에 따라 춘향을 기생으로 보거나 보지 않는 등 혼란스러운 양상을 보인다.

춘향의 신분적 정체성에 대한 이러한 혼란은 제도 및 사회적 규정과 춘향의 자기 인식이 충돌하면서 빚어진 것이다. 그런데 결과적으로 이러한 충돌 속에서 춘향의 승리로 귀결된다는 점에 주목할 필요가 있다. 사회 제도에 대한 춘향의 승리는 <춘향전>이 신분제가 동요하던 당대의 사회 현실과 이에 맞물린 민중들의 신분 상승 의지 및 인간을 억압하는 기존 제도에 대한 문제적 인식을 반영하고 있음을 보여주는 것이기 때문이다.

▌꼼꼼히 읽기 : '십장가'의 의미

'십장가'는 춘향전의 눈대목 가운데 하나로 대부분의 이본에 담겨 있는 중요한 사설이다. 변학도의 수청을 거부한 춘향이 동헌에 끌려가 매를 맞으며 고초를 겪는 모습을 통해 이몽룡과의 사랑에 대한 춘향의 의지가 가장 직접적으로 드러나는 대목이기도 하다. '십장가'는 집장사령이 매질을 할 때마다 그 숫자에 맞는 말로 춘향이 자신의 절개와 사또에 대한 비판을 담은 말을 읊는 형태로, 구체적인 내용은 이본에 따라 조금씩 다르다.

먼저 '십장가'는 판소리계 소설에 남아 있는 연행 문학적 성격을 잘 보여준다. '십장가'에는 "이부절을 아옵난듸 불경이부 이닉 마음 이 믹 맞고 영 죽어도 이도령은 못잇것소!"와 같이 숫자와 동음이의어를 이용한 언어유희나, "팔자 조흔 춘향 몸이 팔도방빅 수령 중의 제일명관 맛나구나!"와 같은 반어법을 통한 풍자 등의 다채로운 수사법이 구사된다. 그런데 이러한 장황한 표현은 서사적 측면에서는 부자연스러운 것이다. 매를 맞는 춘향이 한 대씩 맞을 때마다 장황한 사설을 읊는 일이 현실적으로 불가능할 뿐더러, 이 장면의 비장한 분위기가 언어유희와는 도무지 어울리지 않기 때문이다. 이는 서사적 경과에의 기여나 실제적 리얼리티 창출보다 장면 극대화를 중요시하는 판소리 사설의 특성을 보여주는 것이다.

'십장가'가 지니는 두 번째 의미는 춘향을 통해 민중의 저항의식이 드러나는 대목이라는 점이다. 매질이 반복되면서 춘향의 항거는 그 성격이 조금씩 변화한다.

처음 세 차례의 매질을 하는 대목에는 "일부종사, 불경이부, 삼종지례"와 같은 말에서 드러나듯 춘향 개인의 수절을 위한 개인적인 항거의 성격이 두드러진다. 그런데 네 번째 매질에서는 처음으로 "사퇴부 사쏘임은 사민공사(四民公事) 살피잔코 우력공스 심을 쓰니 사십팔방 남원 빅셩 원망하물 모르시요?"라며 변사또가 백성들을 보살피지 않음을 지적하며 관리로서의 무능에 대한 비판을 가한다. 이어 "오경자수 마옵소셔!"에서는 불공정한 재판에 대한 비판을, 여덟 번째 매질에 이르러서는 "팔도방빅 수령임네 치민하려 나려왓계 악형하려 나려왓소!"와 같은 신랄한 조소를 쏟아내기에 이른다. 사설의 앞뒤에 배치된 남원 한량과 군민들의 춘향에 대한 동정과 이해의 시선이, 차츰 춘향이 쏟아내는 신관 사또에 대한 비판에의 동조로 자연스럽게 연결되면서 춘향의 저항은 수절이라는 개인적 차원을 넘어 사회적인 공감대를 형성하기 시작한다. 사설 뒤로 갈수록 춘향의 항거가 지니는 사회적 의미가 심화되며 민중적 성격이 뚜렷해지고 있는 것이다. 이것은 춘향과 이도령의 연애담에 치중한 전반부와 달리, <춘향전> 후반부의 주제가 탐관오리의 학정에 대한 비판이라는 사회적 차원으로 확대되는 계기로 작용한다.

'십장가'는 춘향이 신분제도에 대한 자신의 저항을 사회적으로 공인받는 통과의례의 기능을 하기도 한다. 기생이 사또의 수청 요구를 거부하는 것은 중세 신분 질서를 부정하는 행위이다. 이러한 점에서 춘향의 열(烈)은 정절이라는 봉건적인 외피를 쓰고 있기는 했지만, 봉건적 질서의 온존이 아닌 부정을 위해 내세워진 것이라고 볼 수 있다. 작품 초반부터 춘향은 줄곧 자신을 기생으로 규정하는 신분 질서를 뛰어넘고자 했고, 이를 몽룡에게 인정받는 데까지는 어느 정도 성공했다. 하지만 목표의 진정한 성취를 위해서는 대중의 인정, 즉 사회적 승인이 필수적이었다. 이에 춘향은 '십장가' 대목을 통해 '열'을 고수하며 박해받는 모습을 남원 군민들에게 보임으로써 자신이 열녀임을 인정받기에 이른다. 이러한 관점에서 보면 '십장가' 대목은 춘향이 도덕적 규범을 통해 대중적 승인을 받아내는 통과의례에 해당하며, 이러한 사회적 승인의 과정은 작품 말미에서 춘향이 임금에 의해 정렬부인으로 봉해짐으로써 최종적 완성에 이르는 것으로 볼 수 있다.

▌감상 : 불순해도 괜찮아

이몽룡과 춘향은 천생연분의 대명사이다. 그런데 섬세하게 살펴보면 이들도 처음부터 순수한 사랑에 빠진 것은 아님을 알 수 있다. 널리 알려져 있듯 몽룡은 광한루에 나들이를 나왔다가 그네를 타는 춘향의 모습에 한 눈에 반한다. 하지만 '기생의 딸이라니, 급히 가 불러오라'거나 '물건에는 각각 임자가 있으니 잔말 말고 불러오라'는 몽룡의 언사에 드러나듯 이 관심은 철없는 귀족 자제가 느끼는 유희적인 흥미에서 크게 벗어나지 못한다. 이러한 몽룡의 태도는 춘향에게 한 번 거절을 당한 후 직접 만나 대화를 나누면서 다소 변하기는 하지만, 가약을 맺은 후에도 춘향에 대한 가벼운 태도를 완전히 버리지는 않는다. 서울로 가게 된 몽룡이 춘향을 데려갈 생각을 잠깐이나마 한 것은 오직 자신의 서울행 소식을 듣고 분개하는 월매를 보며, '이 말 만일 사또께 들어가면 큰 야단이 나겠거든' 우려한 순간뿐이다. 몽룡의 이러한 유희적 태도는 남원에 내려가는 길에 춘향이 옥중에서 쓴 편지를 읽은 후에야 비로소 일소된다.

춘향의 성격 변화는 더욱 극적인데 작품 전반부의 춘향은 열녀라기보다 여러모로 타산적이다. 춘향이 이몽룡에게 호감을 느낀 것도 "천정이 놉파스니 소년공명할 거시요, 오악이 조귀하니 보국충신 될 거시민 마음의 흠모"하였기 때문이었다. 춘향이 몽룡과 가약을 맺는 것도 변치 않겠다는 몽룡의 약속(이본에 따라서는 불망기)을 받아낸 이후의 일이다. 춘향의 이러한 태도는 몽룡이 춘향을 두고 서울로 떠나겠다고 선언하는 장면에서도 잘 드러난다. 당연히 자신도 서울로 따라갈 줄 알았던 춘향은 자신을 데려갈 수 없다는 몽룡의 말을 듣고 안색이 변해 이를 뿌드득 갈더니, 왈칵 달려들어 치맛자락과 머리카락을 쥐어뜯어 싹싹 비벼 도련님 앞에 던지며 "이팔청춘 절문 거시 이별될 줄 엇지 알야 부질업신 이니 몸을 허망하신 말삼으로 전정 신세 바려구나! 익고익고 니 신셰야"라고 한탄한다. 또 "도련임계 으탁하야 영귀할가 바리던니"라며 자신의 속내를 드러내기도 한다. 지고지순함과는 거리가 먼 춘향의 반응에는 이별의 슬픔 못지않게 자신의 앞길을 망쳐버린 이몽룡에 대한 분노와 원망이 드러난다.

우리에게 익숙한 춘향의 모습이 나타나는 것은 몽룡과 헤어진 이후부터다. 변학도의 수청 강요에 목숨을 걸고 매섭게 저항하던 춘향이 매를 맞고 옥에 갇힌 채 달을 보며 이몽룡을 그리워하는 모습은 애틋하기 그지없다. 자신의 목숨이 위태로운 상황에서 유일한 희망이던 이몽룡이 걸인의 행색으로 나타났을 때조차 "여보 셔방임! 니 몸 하나 죽는 거슨 셔룬 마음 업소마는 셔방임이 지경이 웬일리요?"라고 걱정하며 모친에게 자신의 세간을 팔아 이몽룡의 의관을 갖추어 줄 것을 당부한다.

이처럼 두 사람 모두 처음에는 나름의 의도를 가지고 상대에게 다가갔으며 그 의도가 꼭 순수하고 낭만적이지만은 않았다. 그러나 차츰 두 그 사이가 가까워지면서 처음의 의도는 옅어지고 순수한 마음으로 서로를 사랑하게 된 것이다. 처음에는 상대의 용모나 신분 같은 외적인 조건에 마음이 끌렸지만 갈수록 서로의 존재 그 자체를 받아들이게 된다는 점에서 이들의 사랑은 뒤로 갈수록 순수해진다고도 할 수 있다.

현대 사회의 각박함이나 비인간성을 지적할 때 자주 언급되는 것이 애정관과 결혼관이다. 순수한 사랑은 사라지고 연애와 결혼에서까지도 타산적인 풍조가 만연했다는 것이다. 결혼정보회사의 광고를 보노라면 결혼마저 일종의 스펙으로 간주되고 있는 것은 아닌가 하는 생각이 들기도 한다. 그러나 춘향과 몽룡이 보여주듯 순수하게 시작된 사랑만이 순수할 수 있는 것은 아니다. 사랑은 구체적 존재와 만났을 때 비로소 시작되기 때문이다. 아직 만나지 못한 익명의 상대에 대해 품는 막연한 기대에 대해서까지 순수할 것을 요구하는 것은 기우가 아닐까. 이런 점을 생각해 보면, 현대인에게 순수한 사랑이 사라졌다고 안타까워할 필요는 없을 것 같다. 춘향과 몽룡이 그러했듯, 사랑이 우리를 순수하게 할 테니 말이다.

■ 연습

1. <춘향전>에서 '십장가' 대목이 지니는 의미와 기능을 설명해 보자.

2. 판소리는 양반과 평민 모두에게서 사랑받아 온 예술이므로 판소리에는 평민적 세계관과 양반적 세계관이라는 두 관점이 혼재되어 있다고 할 수 있다. 각각의 관점에서 춘향의 저항에 담긴 의미를 해석해 보자.

■ 참고문헌

설성경(1990), 「춘향전의 계통」, 『한국고전소설론』, 새문사.
박희병(1993), 「춘향전의 역사적 성격 분석—봉건사회 해체기적 특성을 중심으로—」, 김병국 편, 『춘향전 어떻게 읽을 것인가』, 서광학술자료사.
정출헌(1993), 「<춘향전>의 인물형상과 작중역할의 현실주의적 성격—이고본 <춘향전>을 중심으로—」, 『판소리연구』 4, 판소리학회.
류수열(2001), 『판소리와 매체언어의 국어교과학』, 역락.
권순긍(2001), 「문제제기를 통한 고소설 교육의 방향과 시각—고등학교 『국어』 교과서 소재 <구운몽>, <춘향전>, <흥부전>을 중심으로—」, 『고소설 연구』 12,

한국고소설학회.

김현향·이다원(2003), 「춘향전의 구성 양상과 주제 해석과의 상관성」, 설성경 편, 『춘향
전 연구의 과제와 방향』, 국학자료원.

권우행(2003), 「신분상승의 전략적 측면에서 본 춘향」, 설성경 편, 『춘향전 연구의 과제와
방향』, 국학자료원.

류수열(2009), 「국어과 교육과정의 지역화 시론—<춘향전>과 <정읍사>를 중심으로—」,
『한국언어문학』 68, 한국언어문학회.

제3장

토끼전

* 출처 : 심정순·곽창기 구술 창본(김진영 외 편 (1997), 『토끼전 전집1』, 박 이정)

토끼가 막혀 곰곰 싱각ᄒᆞ되, 별안간 들고 찌자 ᄒᆞ야도 ᄉᆞ면이 물일 ᄲᅮᆫ 안이라 강한지장(江漢之長)과 빅쳔지군(百天之君)과 허다 군병이 좌우에 슈직(守直)ᄒᆞ얏스니 속슈무칙이라.

한 꾀를 싱각ᄒᆞ고 복디ᄒᆞ야 알외오되,

"대왕은 슈궁 뎐하옵시고 쇼토는 인간미물이라 엇지 죽기를 사양ᄒᆞ오릿가. 샹주키 황송ᄒᆞ오되 녯글을 싱각ᄒᆞ온즉 녯적에 샹주(商紂) 포악ᄒᆞ야 셩인의 심즁에 일곱 궁기 잇다 ᄒᆞ고 비간(比干)을 죽였더니 일곱 궁근 업ᄉᆞ옵고 헛비만 갈낫스니 대왕끼셔도 간신의 말을 듯고 쇼토의 비를 갈낫다가 간이 잇스면 됴ᄒᆞ려니와 업ᄉᆞ옵고 보면 쇼토만 횡ᄉᆞᄒᆞ고 대왕 병을 못 곳치면 그 안이 원통ᄒᆞ오."

룡왕이 하교ᄒᆞ되,

"간(肝)이라 ᄒᆞᄂᆞᆫ 것은 오ᄒᆡᆼ 즁 목궁(木宮) 쇼쇽이오 비(脾)라 ᄒᆞᄂᆞᆫ 것은 오ᄒᆡᆼ 즁 토궁(土宮) 쇼쇽이라. 비위슈병즉(脾胃受病則) 구불응식(口不應食)[1]ᄒᆞ고 간슈병즉(肝受病則) 목불능시(目不能視)[2]ᄒᆞᄂᆞ니 네가 능히 시물을 ᄒᆞ며 간이 엇지 업스리오. 어셔 밧비 비를 갈으라."

토끼 엿ᄌᆞ오되,

"대왕은 단지기일(但知基一)이오 미지기이(未知基二)로소이다. 텬셩만물이 한가지 리치오면 복희씨는 어이ᄒᆞ야 ᄉᆞ신인슈(蛇身人首)[3] 되얏습고 신룡씨는 어이ᄒᆞ야 인신우슈(人身牛首)[4] 되얏습고, 대왕은 엇지ᄒᆞ야 ᄭᅩ리가 더리 길고 웬 몸에 비늘이오 쇼토는 엇지ᄒᆞ야 ᄭᅩ리가 이리 몽톡ᄒᆞ고 웬 몸에 털이 송송ᄒᆞ오닛가? 쇼토의 간이 잇스오나 지금은 간이 업나이다."

룡왕 왈,

"그는 엇지ᄒᆞ야 간이 업는고?"

[1] 비장과 위장에 병이 있으면 입으로 음식을 먹을 수 없음.

[2] 간에 병이 있으면 눈으로 볼 수 없음.

[3] 몸은 뱀이고 머리는 사람의 형상.

[4] 사람의 몸에 소의 머리를 한 형상.

토씨 알외되,

"텬기어즈(天開於子)ㅎ고 디벽어츕(地闢於丑)ㅎ야 만물이 강싱ㅎ올 젹에 동방에 월출ㅎ니 묘(卯)ㅅ즈라 일월과 합이오 텬디간 비금쥬슈가 모다 비합(配合)이 잇스와도 토씨라 ㅎ는 것은 즈고로 자웅이 업고 망월(望月)ㅎ야 삿기를 낫사옵기에 월륜졍신으로 션보름 도라오면 간이 졈졈 자라옵다가 보름이 다 되오면 완젼ㅎ게 다 싱기고 보름이 지나 금음이 도라오면 날마다 졈졈 쥬러가다가 아죠 흔젹도 업ᄂ이다."

"간이 엇지ㅎ야 됴혼 약지가 된다 ㅎᄂ고?"

토씨 엿자오되,

"소신의 부친이 풍경을 됴화ㅎ야 곳곳지 단일 젹에 강상셕벽 좁은 길로 앙금앙금 너려가다 벽파에 풍덩 싸져 거이 죽게 되얏더니 동방삭이가 마춤 목욕ㅎ러 왓다가 담방 건져 살녀준 은혜로 간을 콩낫만치 쪠어 주엇더니 그 간을 달게 먹고 삼쳔갑즈 살어 잇고 그 젼에 간을 ᄂ여 위수변에 씨슬 젹에 궁팔십 강태공이 낙시질 왓다가 그 물 마시고셔 달팔십 더 살엇ᄂ이다. 그럼으로 쇼토의 간이 그 안이 당약이오닛가. 세상 사롬들이 그 말 듯고 쇼토를 맛나면 간을 달나 보치옵기로 간을 보쎄 너어 봉리산 샹상봉 셕각 감노슈에 치와 두고 도화류슈 벽계변의 목욕ㅎ러 너려왓다가 의외에 별주부를 맛나 슈궁 풍경 됴타기로 완경초로 짜라왓나이다. 이리 될 줄 알앗더면 간을 가져왓슬 것을 공교히 되얏습니다. 원통ㅎ다, 즈라야. 미련ㅎ다. 나를 쇽여 다려올 싱각 ㅎ지 말고 네 츙셩으로 대왕의 환후 말슴 손톱만치만 ㅎ얏스면 듯는 내가 감동지심 업겠ᄂ냐. 네 코구멍 좁은 것을 보니 미련ㅎ겟다. 그 말만 ㅎ얏스면 나는 안이 와도 간은 엇어다가 네가 만고츙신이 될 것을. 원통ㅎ다, 원통ㅎ다."

룡왕이 그 말에 쇽아,

"진실 간이 업슬진딘 내 병은 랑픠되고 익미호 네 몸만 살해홀지로다. 그러나 네 간을 엇의로 너고 드리ᄂ는다?"

"쇼토가 밋궁기 셋이로소이다. 한 구멍은 대변 보옵고 한 구멍은 쇼변 보옵고 가온디 구멍은 간을 출입ㅎᄂ이다."

룡왕이 하교ㅎ되,

"연톳기 밋궁 격간ㅎ라."

션젼관이 톳기 밋궁 숣혀보니 셋이 완ㅎ것다. 션젼관이 지담ㅎ되,

"밋궁기 안이라 삼혈총 구멍이 이스를 ㅎ얏나 보외다."

룡왕이 그러히 알고,

"어셔 밧비 희박ㅎ라."

(1) 서사 단락

① 용왕이 병을 얻어 탄식을 하다.

② 명의가 등장하여 토끼의 간을 명약으로 처방하다.

③ 어족 회의가 열린 자리에서 별주부가 토끼를 데려오겠다고 자원하다.

④ 별주부가 가족과 동료들에게 이별을 고하고 육지로 떠나다.

⑤ 산중에서 왕을 가리는 모족 회의가 열리고 호랑이가 횡포를 부려 왕으로 등극하다.

⑥ 별주부가 호랑이를 만나 위기에 처하나 도망을 치다.

⑦ 별주부가 토끼를 만나 안온하고 영화로운 삶을 약속하며 유혹하다.

⑧ 토끼가 별주부의 유혹에 넘어가 수궁으로 향하다.

⑨ **위기에 처한 토끼가 궤변으로 용왕을 속여서 수궁을 탈출하다.**

⑩ 육지로 귀환한 후 산속으로 도망치다.

[이후에는 이본에 따라 결말이 다양함]

(2) 전승의 과정

　　<토끼전>은 인도의 본생(本生) 설화, 중국의 불전(佛典) 설화, 『삼국사기』 소재 '구토지설' 등을 근원설화로 삼아 판소리 사설로 연행되다가 소설로 정착되었다. 인도의 본생 설화는 악어 부부가, 중국의 불전 설화는 자라 부부가 원숭이의 간을 필요로 해서 그를 수중으로 유혹을 한다는 내용으로 구성되어 있다. '구토지설'은 『삼국사기』 열전 <김유신>조에서 김춘추가 청병(請兵)을 위해 고구려에 사신으로 갔다가 옥에 갇혀 죽을 위기에 처하자 고구려 신하 선도해에게 뇌물을 바치고서는 함께 술을 마시면서 선도해에게 들은 이야기로서 그 내용은 다음과 같다.

> 옛날 동해 용왕의 딸이 병이 들었는데 의사가 이르기를 토끼의 간을 구해서 생약과 함께 써야 가히 나을 수 있다 하였다. 이에 거북이가 육지로 올라와 토끼를 만나 "바다 가운데 한 섬이 있고 그곳에는 맑은 샘과 맛있는 과일이 많고 날씨도 적당하며 매나 독수리들도 없다."고 하면서 속이고는 등에 태워 바다로 향했다. 몇 리쯤 가다가 거북이 토끼에게 어려운 사정을 털어놓았다. 이 말을 들은 토끼는 자신을 신령의 후예라 하면서 간을 임의로 꺼내어 씻었다가 다시 집어 놓곤 하는데 마침 오기 전에 미처 집어넣지 못했으니 그걸 가져오기 위해서는 돌아가야 한다고 했다. 거북이 이 말을 참말로 듣고 토끼를 놓아 주었더니 토끼는 거북의 어리석음을 욕하고 그만 달아나 버렸다.

<토끼전>을 '구토지설'과 비교해 보면 흥미로운 점이 몇 가지 발견된다. 용왕의 딸 대신 용왕이 병든 몸으로 등장하는 상황 설정으로 수궁의 위기의식을 더 강화한 다는 점, 자라가 설화의 거북이와 달리 용궁에 오기까지 진실을 말하지 않는 상황 설정을 통해 자라의 용의주도한 성격을 부각시킨다는 점, 또 토끼가 용궁에 가서야 진실을 알게 되는 상황 설정을 통해 치명적인 위험에서 비롯되는 서사적 긴장감을 높인다는 점, 식량과 안전만을 내세운 유혹의 내용에 훈련대장이라는 벼슬을 추가 함으로써 토끼의 허영심을 더 부각시킨 점이 엿보인다.

한편 근대에 들어 이해조가 신소설 <토의 간>으로 개작한 것으로 알려져 있으 나, 실은 심정순과 곽창기의 구술 창본을 거의 그대로 옮겨 매일신보에 연재한 것 이므로 개작으로 보는 것은 옳지 않다. 연재 당시에 <토의 간>을 큰 제목으로, <토끼 타령>을 작은 제목으로 삼았으며, 이후에 이 대본을 그대로 옮겨 박문서관 에서 구활자본으로 출간할 때에도 '별쥬부가'라는 작은 제목을 덧붙여 두었다. 그 만큼 개작이라 할 만한 변화는 없었다는 것이다.

현재 전하는 이본은 창본을 포함하여 120여 종에 이르고, '토끼전', '별주부전', '별토전', '토별전', '수궁용왕전', '중산망월전', '수궁가', '수궁록' 등의 다양한 명칭 과 함께 다양한 결말을 가지고 있다.

▌쟁점 : 주제 논란

다른 판소리계 소설과 구별되는 <토끼전>의 특징으로는 비애의 분위기가 거의 없고 해학적인 분위기로 일관한다는 점, 그리고 이본에 따라 결말이 다양하다는 점 이다. 이는 춘향이나 심청, 흥부와 같이 공동체의 보편적 기대를 표상하는 인물이 없다는 점과 무관하지 않다. 토끼가 고난 속에 살아가는 서민의 표상이라 하더라도, 또 별주부가 충성심을 발휘한다고 하더라도 위의 인물들과는 달리 모범적인 인물 로 평가하기는 어렵다. 토끼는 재주가 있음에도 그 재주가 화근이 되어 다시 수난 을 당하는 인물이며, 별주부 또한 출중한 충성심에도 불구하고 그것이 무능하고 어 리석은 용왕을 향한다는 점에서 한계를 지닌다. 용왕은 우리가 일반적으로 가지고 있는 이미지와는 달리 자리가 부여해준 권위도 없고 토끼의 달변에 너무 쉽게 넘어 가는 무능한 인물이다. 선인이 최종적으로 복을 받는 것으로 마무리되는 다른 판소 리계 소설과 <토끼전>이 구별되는 지점이 여기이다. 이로 인해 그 세 인물은 풍자 의 대상이 될 수밖에 없어서 해학적인 분위기가 주를 이루게 된 것이고, 마지막 운명을 하나로 고정할 수 없으므로 다양한 결말이 구성될 수 있었던 것이다.

그 결과 <토끼전>은 주제에 대한 이견이 가장 다양하게 제시된 작품이기도 하다. 이를 몇 가지 대표적인 결말에 따라 정리해 보면 다음과 같다.

첫째, 토끼는 별주부의 눈앞에서 도망치고, 별주부는 분함을 이기지 못하여 바닷가 바위에 글을 써 붙이고는 머리를 박아 자결한다. 자라로부터 소식이 없자 거북이가 물가에 올라왔다가 자라가 남긴 글을 보고 용왕에게 자초지종을 설명한다. 용왕은 토끼의 목숨을 빼앗으려는 죄를 뉘우치고 죽는다. 이런 결말은 당시 지배층의 허욕을 풍자하고 비판하는 데 초점이 있는 것으로 보인다. 용왕을 속인 토끼를 통해 지배계층의 무능과 이기심을 드러내는 결말이다. 용왕이 어족회의에 등장한 중신들을 '밥반찬거리와 술 안주거리'로 희화화하고, 용왕 자신을 포함한 조정을 '칠패 저잣거리'로 비하함으로써 스스로 웃음거리가 되는 장면에서 이러한 주제가 선명히 드러난다.

둘째, 토끼가 자신의 목숨을 빼앗으려 한 용왕에게 분노한다. 하지만 토끼는 용왕 역시 목숨이 위태로운 상황에서 저지른 잘못으로 양해를 하고는, 토끼 똥을 아픈 아이들에게 먹이는 어머니들을 기억하며 자신의 똥을 자라에게 준다. 자라는 똥을 가져다가 토끼의 간이라고 용왕에게 먹이고 용왕은 병이 낫는다. 이러한 결말은 지배층이 피지배층의 은혜를 입는 것으로 설정되어 있으며, 피지배층의 상대적 우월감을 드러낸다.

셋째, 토끼가 도망가자 별주부는 용왕에게 벌을 받을 것이 두려워 소상강 대나무 숲에 숨어들어가 살게 된다. 약을 먹지 못한 용왕은 죽고 태자가 용왕이 된다. 소상강 대숲에는 이후 자라의 자손이 널리 퍼져 살게 되었다. 이런 식의 결말은 별주부 또한 피해자임을 드러내면서, 권력의 지나친 횡포가 결국에는 화를 불러 그 자신이 피해를 입는다는 것을 보여준다.

넷째, 토끼에게 속은 것을 깨달은 자라는 용왕을 볼 낯이 없어 벼랑에서 떨어져 자결하려고 한다. 그 순간 구름 속에서 자신을 화타라고 칭한 도사가 충성심에 감복하였다면서 준 선약을 가지고 들어가 용왕의 병을 고친다. 이러한 결말은 우연적이고 초월적인 요소를 통해 토끼의 지략보다는 별주부의 충성심을 높이 평가하는 경향을 보여준다. 유교적 윤리가 바탕에 깔려 있는 결말이라 할 수 있다.

이처럼 다양한 주제 의식을 읽어낼 수도 있지만, 크게 보면 '중세적 절대 가치인 충에 대한 권장과 찬양'이거나 '충을 앞세우는 봉건적 지배층의 무능과 위선에 대한 풍자적 해학'으로 정리될 수 있다(인권환, 1990). 여기에 더하여 토끼를 통하여 정직과 성실에 뿌리를 둔 재주, 별주부를 통하여 맹목적이지 않은 올바른 충성과 신념, 용왕을 통하여 능력에 의해 뒷받침되는 권위를 인간의 덕목으로 제시한 것 (김대행, 1991)으로 이해할 수도 있다.

▌꼼꼼히 읽기 : 토끼의 거짓말 전략

<토끼전>은 토끼를 속이는 자라의 거짓말과 용왕을 속이는 토끼의 거짓말이 나란히 연속되면서 구성된 소설이다. 전체적인 배경이 '수궁①' → '육지①' → '수궁②' → '육지②'의 순으로 이동되고 있는 가운데, 자라의 거짓말은 '육지①'에서, 토끼의 거짓말은 '수궁②'에서 시도되고 성공한다. 텍스트로 주어진 부분에서 토끼는 생사를 다투면서 거짓말을 하게 되는바, 그의 거짓말 전략은 다음과 같다.

'상주'와 '비간'의 고사가 인용된 부분은 부정 조건 형성 전략이라 할 수 있다. 예상된 결과가 나오지 않았을 때 받을 수 있는 불이익을 제시하고 있는 것이다. '상주'와 '비간'의 전고를 들어 배를 갈라서 만일 간이 없을 경우에 청자인 용왕이 난처한 상황에 처하게 될 것이라고 예고한다. 이를 통해 청자가 염려하고 있는 미래 시점의 부정적 결과를 현재의 사건의 근거로 사용하여, 청자를 설득하려 한다. 아직 존재하지도 않은 사건에 대한 청자의 불안감을 자극함으로써 토끼의 전략은 성공으로 귀결된다.

'복희씨'와 '신농씨' 고사를 인용한 부분은 공유된 표상 혹은 구체적 현물 제시 전략이다. 화자와 청자가 공유하고 있거나 가시적으로 확인할 수 있는 구체적인 사례를 제시하고 있다. 반인반수(半人半獸)의 인물인 '복희씨'와 '신농씨'는 공유된 표상이며, 꼬리가 길고 비늘로 덮혀 있는 '용왕'과 꼬리가 뭉툭하고 몸이 털로 덮여 있는 '토끼'의 외양은 현재 의사소통 상황에 가시적으로 확인할 수 있는 구체적인 증거물로 존재한다.

'월륜정신' 운운하는 대목은 초논리적 신비화 전략이라 할 수 있겠다. 토끼는 자신을 포함한 토끼라는 짐승이 자웅의 구분이 없고, 보름달이 뜨면 새끼를 낳으며, 간은 달의 기울고 참에 따라 자랐다 줄어든다는 말을 하고 있다. 직접 증명할 수 없는 일을 사실인 것처럼 확언하고 있다. 이는 어떤 주장이나 명제를 당장 증명할 수 없는 상황에서 이를 사실화시켜 자신에게 유리한 근거로 활용하고 있는 것이다.

인용 대목의 마지막 부분은 화제 전환 및 책임 이양 전략이라 할 수 있다. 토끼는 자라가 자신을 속여 용궁으로 데려오지 않고, 용왕에 대한 충성된 마음을 솔직히 말했다면 자라의 충성에 감동하여 간을 가져왔을 것이라고 했다. 그러면서 자라의 충성은 인정하지만, 미련한 일처리로 인해 문제가 쉽게 해결되지 않았다고 했다. 이는 한편으로는 용궁계(용왕, 신하들)가 토끼의 목숨을 빼앗기 위해 만들어낸 이데 올로기인 '충(忠)'에 대해 공감하는 자세를 보여주면서, 또 다른 한편으로는 상대방의 반발을 부르지도 않는 방법이다. 충돌 가능성이 적으면서 상대방도 인정할 만한 '충'의 수행자 자질 문제를 새로운 화제로 제시하고 있는 것이다. 토끼는 화제 전환을 통해 문제 상황 장기화의 책임을 제3자인 자라에게 전가하고 있다. 즉 현재 사태의 책임을 청자도 화자도 아닌 약자인 자라에게 떠넘김으로써 자신은 물론이고 청자가 처할 수 있는 곤란한 상황을 미리 피할 수 있도록 길을 열어둔 것이다.

■ 감상 1 : 토끼의 거짓말 VS. 자라의 거짓말

거짓말이 나쁘다는 것은 기본적인 상식이다. 자라는 충성심 하나로 거짓말을 했다. 그런데 당대의 독자들은 자라의 거짓말에 대한 평가가 엇갈리게 된 것은 아닐까 한다. 충성심을 높이 평가할 것인가, 아니면 맹목적 충성심에서 나온 거짓말을 응징할 것인가. 토끼에 대해서도 이런 고심이 있었던 것으로 보인다. 토끼는 육지로 생환한 후 독수리에 다시 잡히기도 하고 지구 생활에 환멸을 느끼고 아예 달나라로 망명(?)을 하는 등 다양하게 그 운명이 그려진다. 거짓말에 대한 응징이 필요하다는 점은 자라의 경우와 같겠지만, 그것을 생명을 건지기 위한 불가피한 전략이라고 봐야 하지 않을까 하는 고민이 있었던 것이다.

자라의 거짓말은 왕을 모시는 신하로서의 충성심에서 나왔으므로 정당화될 수있는 여지가 아예 없지는 않다. 더욱이 그 당시에 왕은 절대적인 지존이었으므로 일개 백성의 희생은 지극히 당연한 시대이기도 했다.

그러나 요즘의 관점에 서면, 일개 백성에 불과할지라도 토끼를 죽음으로 몰아넣을 만큼 부당한 거짓말을 행한 부도덕한 관리로 볼 수밖에 없다. 토끼가 백성이기 때문에 오히려 더 부당한 거짓말이 되는 것이고, 왕권을 대행하는 자이기 때문에 오히려 더 부도덕한 거짓말이 되는 셈이다. 말하자면 자라의 거짓말은 곧 국가의 거짓말이 되는 셈이다. 토끼의 허영심에 대해서는 우리도 얼마든지 비난을 퍼부을 수 있겠지만, 자신의 생명을 구하기 위한 거짓말이 부당하다고 평가할 수는 없다. 더욱이 토끼는 국가 권력의 대행자에게 속아서 함정에 빠졌으므로 윤리적 평가의 잣대를 이미 초월한 상황이라 보는 것이 옳을 것이다. 국가 권력의 거짓말과 국민 개인의 거짓말. 이 두 가지를 동일한 잣대로 평가해서는 안 될 일이다.

▌감상 2 : 토끼라는 문제적 인물

토끼는 지혜로운 민중의 표상으로 이해되기도 하지만, 허영심을 지닌 인물의 전형으로 간주되기도 한다. 과연 그는 다채로운 캐릭터의 소유자이다. 작품의 전반부에서는 어리숙하고 후반부에서는 전략적 거짓말로 위기에서 스스로 탈출한다. 어떤 면에서 일관성이 부족한 캐릭터라 할 수 있다. 그런데 그를 두고 과연 지혜의 소유자라 할 수 있을까?

처음 자라가 토끼를 만났을 때의 모습은 한마디로 경망스러웠다. 방정맞게 촐랑거리며 천지사방을 뛰어다니는 토끼는 용궁에 가면 높은 벼슬을 할 수 있고 예쁜 여자도 가질 수 있다는 자라의 유혹에 쉽게 넘어간다. 토끼가 자신의 삶의 방향과 터전을 바꾸는 문제에 대해, 종합적으로 판단하고 행동했어야 함에도 불구하고, 자라의 유혹에 넘어간 것은 토끼의 허영과 과욕 때문이었다. 현재의 삶이 고난으로 가득하다 하더라도, 자신에게 어떤 유혹이 왔을 때는, 그것이 자신의 능력과 분수에 맞는 것인가를 충분히 고려해야 한다.

더욱이 그에게는 인간은 그 누구나 시련이나 고난을 겪으며 산다는 사실에 대한 통찰이 결여되어 있었다. 인간은 고난을 겪고 이를 극복해가는 시도를 하면서 자아를 실현하게 된다. 현재의 삶에서 겪는 고난을 회피하고 도망가는 것은 자신의 존재 조건 자체를 부정하는 꼴이 된다. 따라서 토끼가 육지의 삶을 버리고 자라를 따라 용궁으로 간 일 자체가 용인되기 어렵다.

물론 토끼의 수궁행을 무턱대고 악평할 수만은 없다. 육지에서 그는 사냥꾼에게, 독수리에게, 사냥개에게, 농부에게 항시적으로 생명을 위협받기 때문이다. 그렇다 하더라도 더 깊이 생각해 보아야 할 것이 있다. 육지에는 이렇게 토끼의 삶을 위협하는 존재만 있는 것이 아니라 위안이 되는 존재도 공존할 것이며, 또 반대로 수궁에도 토끼의 삶을 위협하는 또 다른 존재가 있을 것이라는 점. 경험해보지 않은 세계에 대해 장밋빛 미래만 그리는 것은 그의 통찰력 부족을 증명한다. 여러 인물과의 대화 속에서 토끼는 자신의 지식을 노골적으로 자랑하고 있었다. 하지만 삶에 대한 지혜는 아무래도 많이 부족했던 것이 분명하다. 그런 면에서 토끼를 지혜로운 민중의 표상으로 간주하고 그의 거짓말을 지혜의 반열에 놓는 것은, 지나치게 일면적이고 표층적인 관찰이라 하지 않을 수 없다.

▮ 연습

1. <토끼전>은 매우 다양한 결말 구조를 갖는다. 다음 표를 참조하여 다른 판소리계 소설과 달리 결말이 다양하게 나타나는 이유를 정리해 보자.

대단락	인물	이본별 주요 사건				
토끼 귀환 이후의 운명	토끼	▲그물 위기 극복	▲독수리 위기 극복	▲월궁행	▲신선의 제자가 됨	▲죽음
	별주부	▲도사로부터 신약 입수	▲소상강 피신	▲자살	▲이비에게 원정 올림	
	수궁과 용왕	▲자라 부인의 죽음과 열녀 표창	▲수궁의 토끼 포획론	▲수군의 육지 정벌과 실패	▲토끼 재생포	▲용왕의 죽음	▲용왕의 완쾌

2. <토끼전>은 본래 판소리 <수궁가>에서 파생된 것이다. 앞의 <토의 간>은 판소리 사설이고 다음은 소설로 완전히 정착한 판본의 일부이다. 두 자료를 비교하여 연행물과 독서물의 차이를 문체와 분위기를 기준으로 밝혀 보자.

> 왕이 디로 왈,
> "네 말이 극히 간스호도다. 즉금 간을 너라 호는디 무슴 짠 말롤 호는다."
> 호고 호령이 츄상갓거눌, 톳기 망극호여 방귀를 잘잘 흘니며 안싱이 여상호여 바난 우으며 알오디,
> "셰상 스룸이 소싱등을 맛느면 약의 쓰려호고 간을 달느호기로 소싱이 이로 방구(防口)홀 길이 업셔 간을 너여 유벽(幽僻)호 곳의 감초고 다니더니, 맛츰 별듀부롤 맛느 이리 될 듈 모르고 그져 드러 왓느이다."
> 호고 즈라롤 도라보며 쑤지져 왈,
> "이 투미호 것스, 이제 디왕 긔식을 볼진디 병세 십분 위듕호거눌 그디 엇지 이 말롤 셜푸치 아니 호엿는다?"
> 호거눌, 왕이 익노(益怒) 왈,
> "간이라 호는 거시 오장의 달녓거눌 엇지 임의로 출입호리오? 종시 느롤 업슈히 녀기미로다."
> 호고, 좌우를 명호여,
> "져놈을 밧비 비롤 쓰고 간을 너라."
> 호니, 톳기 망극호여 알외되.
> "지금 비롤 갈으고 보와 만일 간이 업스면 눌더러 달느호며, 스쟈(死者)는 불가부싱(不可復生)이라 후회막급이니 소싱의 명을 빌니시면 간을 갓드가 밧치리이다."
> 왕이 더욱 분노호여 좌우롤 지촉호니 무시 칼롤 들고 드라드러 비롤 갈으려 호거

눌, 톳기 얼골롤 종시 변치 아니ᄒ고 급히 알외되,
　"소싱이 간을 닉여두고 다니는 표젹이 분명ᄒ오니 감ᄒ여 보소셔."
　　　　　　　　　　　　　　　　　　　　　　　　　　　　　　　　　　－〈토생젼〉(경판본)

▌ 연습

권순긍(2005), 『고전 소설의 풍자와 미학』, 박이정.
김대행(1991), 「비꼬기와 비웃기－〈수궁가〉의 웃음에 담긴 인간관」, 『시가시학 연구』,
　　　　이화여대출판부.
김동건(2003), 『토끼전 연구』, 민속원.
인권환(1990), 「토끼전」, 김진세 편, 『한국고전소설작품론』, 집문당.
최광석(2010), 『토끼전의 지평과 변이』, 보고사.

제4장

홍부전

작자 미상

* 출처 : 경판 25장본, 작자 미상, 『홍부전/변강쇠가』, 고려대학교 민족문화연구소, 1995.

만여 명 등짐군이 빗 조흔 누른 농을 지고 쥐역쥐역 나오는지라.

놀뷔 놀ᄂ 묻는 말이,

"그거시 무어시니."

"경이오."

"경이라 ᄒ니 면경과 셕경이냐 쳔니경 만니경이냐. 그 무슨 경이니."

"요지경이오. 얼시고 절시고 요지연을 둘너 보소 니션의 슉향, 당명황의 양귀비오, 항우의 우미인, 녀포의 초션이, 팔션녀롤 둘너 보소 영양공듀·난양공듀·진치봉·가츈운·심요연·빅능파·계셤월·젹경홍 다 둘너 보소."

ᄒ며 집을 쩌이니, 놀뷔 ᄒ일업셔 돈 오빅냥을 듀어 보너고,

(중략)

놀뷔 쏘 비위 동ᄒ여 박을 쓰다가 트고 보니 만여 명 왈ᄌ드리 나오되, 누구 누구 ᄂ오던고 이둑이 져둑이 난둑이 횟둑이 모둑이 부금이 쑉정이 거절이 군평이 털평이 티평이 여슉이 무슉이 팟겁질 나물몽이 뒤여 부드치기 난졍몽동이 아귀쇠 악착이 모로기 변통이 구변이 광면이 잣박쇠 미드니 셥셥이 든든이, 우리 몽슐이 으들늠이 휘모라 나와 차례로 안고, 놀부롤 잡아니여 참보로 찬찬 동혀 남게 것구로 달고, 집장질ᄒ는 놈으로 팔 가라가며 심심치 아니케 죽이며 왈ᄌ들이 공논ᄒ되,

"우리 통문 업시 이갓치 모히미 쉽지 아니한 일이니, 놀부놈은 종츠 발기량으로 슬컷 노니다가 허어지미 엇다ᄒ뇨."

여러 왈ᄌ등이 좃타ᄒ고 좌정훈 후, 털평이 디강장의 안져 말롤 니되,

"우리 잘ᄒᄂ 못ᄒᄂ 단가 ᄒ나식 부듸이쳐 보시. 만일 긔구 못ᄒ는 친구 잇거든 썩메질 ᄒ옵시."

(중략)

"쏘 져 친구는 무슨 성이오."

훈 놈이 답ᄒᆞ되,

"나는 디가리의 종긔 ᄂᆞ던 희의 낫소."

군편이 ᄒᆞ는 말이,

"머리의 종긔 ᄂᆞ시면 병을 더스니 병인성인가."

쏘 훈 놈이 ᄒᆞ는 말이,

"ᄂᆞ는 등창ᄂᆞ던 희오."

군집이 삭이되,

"병을 등의 질머져스니 병진성인가 보외."

쏘 훈 놈이 너다라 ᄒᆞ는 말이,

"ᄂᆞ는 발샷히 종긔 나던 성이오."

듀여 부듸치기 ᄒᆞ는 말이,

"병을 신어스니 병신성인가."

쏘 훈 놈이 디답ᄒᆞ되,

"ᄂᆞ는 힛쌀 머리의 낫 놈이오."

ᄂᆞ돌몽이 ᄒᆞ는 말이,

"힛쌀머리의 나스니 신미성인가."

쏘 훈 놈이 말ᄒᆞ되,

"나는 장의 가셔 송ᄋᆞ지 팔고 오던 눌이오."

굿쇠 너다라 단단히 웃고 ᄒᆞ는 말이,

"장의 가 소롤 ᄑᆞ라스면 갑슬 ᄇᆞ드 지고 와슬 거시니, 갑진성인가 보외."

이럿틋 죽지거리다가, 그 듕의 훈 왈지 너다라 ᄒᆞ는 말이,

"그러치 아니ᄒᆞ다. 놀부놈을 어셔 너여 발기즈."

ᄒᆞ니, 여러 왈지 디답ᄒᆞ되,

"우리가 슈작ᄒᆞ노라고 이쩌가지 두엇지 발셔 찌즐 놈이니라."

ᄒᆞ니, 악착이 너드라 ᄒᆞ는 말이,

"그 말이 올틋."

ᄒᆞ고, 놀부롤 잡ᄋᆞ드려 쑷고 츠고 구울니며, 뒤모르고 잡ᄋ 뜻고 스듀리롤 ᄒᆞ며, 회츠리로 후리며, 다리스북을 도지게 틀며, 북셩화쩌롤 두드리며 용심지롤 하여 발샷츨 단근질ᄒᆞ여 여러 가지 형별노 셜 스이 업시 갈나트려 가며 죽이니, 놀뷔 입으로 토혈ᄒᆞ며 여러 희 묵은 쏭을 쏘고 셰치 네치롤 부르며 익걸ᄒᆞ니, 여러 왈지 훈 번식 두드리고 분부ᄒᆞ되,

"이놈 드르라. 우리가 금강산 귀경 가다가 노지 픱졀ㅎ여스니, 돈 오쳔냥만 니여와야 ㅎ지, 만일 그러치 아니ㅎ면 졀명을 시기리라."

ㅎ니, 놀뷔 오쳔냥을 듀니라.

▌맥락

(1) 서사 단락

① 놀부가 부모 생전에 분재(分財)한 전답을 홀로 차지하고 흥부를 내쫓다.
② 흥부가 곡식을 빌리러 놀부를 찾아갔다가 매질을 당하고 쫓겨나다.
③ 흥부가 이웃의 부자에게 볏짚을 빌려 짚신을 삼아 양식을 마련하다.
④ 흥부 내외가 온갖 품을 팔지만 끼니를 잇지 못하다.
⑤ 매품을 팔러 감영에 가나 사면령이 내려 뜻을 이루지 못하다.
⑥ 흥부의 집에 제비가 찾아와 집을 짓고 새끼를 낳아 기르다.
⑦ 흥부가 다리가 부러진 새끼 제비를 돌보아 주다.
⑧ 이듬해 봄에 제비가 박씨를 물어다주어 흥부가 그 박씨를 심다.
⑨ 흥부 내외가 박을 켜니 안에서 온갖 세간과 재물이 나와 흥부가 큰 부자가 되다.
⑩ 흥부가 부자가 되었다는 소문을 들은 놀부가 흥부를 찾아갔다가 자초지종을 듣다.
⑪ 놀부가 제 집에 있는 새끼 제비의 다리를 일부러 부러뜨린 후 치료해 주다.
⑫ 이듬해 봄에 제비가 박씨를 물어다주어 놀부가 그 박씨를 심다.
⑬ 놀부가 이웃의 째보에게 삯을 주고 박을 타게 하다.
⑭ 박 속에서 시주승, 무당, 초란이, 왈자, 장비 등이 나와 놀부를 꾸짖으며 재물을 빼앗아가고, 끝내 놀부의 집이 똥으로 뒤덮여 놀부가 패가망신하다.

(2) 전승 맥락

<흥부전>은 조선 후기의 대표적인 판소리계 소설 중 하나이면서 오늘날에도 우리에게 친숙한 고전 작품 중 하나이다. <흥부전> 역시 다른 판소리계 소설처럼, 기존 설화로부터 소재를 택했는데 그 설화들로는 방이설화, 혹부리영감 같은 류의 모방담이 거론된다. 이러한 모방담들은 대체로 인물의 선악(善惡)이 원인이 되어 빈부(貧富)의 결과를 낳는다는 내용으로 이루어져 있다. <흥부전>의 표층적 주제를 권선징악 혹은 형제 간 우애라 할 수 있는 바 그것은 이미 근원설화 단계에서 지니

고 있던 것이라 볼 수 있다. <흥보가>는 설화에 담긴, 선악이라는 윤리적 문제와 빈부라는 경제적 문제를 조선 후기의 사회적 맥락 속에 놓아 더욱 입체적으로 조명한 판소리 작품이고, <흥부전>은 판소리 <흥보가>가 기록물로 정착된 소설 작품이다.

후대의 <흥부전> 이본들은 기록 우위의 전승 경향을 보이는 경판본 계열의 이본들과, 주로 창으로 불리어 전승되었으리라 추측되는 신재효본 계열의 이본들로 대별할 수 있다. 경판본 계열의 <흥부전>에서는 대체로 선한 흥부와 악한 놀부의 형상을 유지하면서 궁핍으로부터 벗어나려는 흥부의 노력과 악행을 일삼던 놀부에 대한 징치를 중요하게 다루는 등 민중적인 성격이 두드러진다. 반면 신재효본을 비롯한 창본들은 상품화폐 경제라는 새로운 환경에 적응하지 못하고 일탈해 가는 흥부의 무능을 꼬집는가 하면, 놀부의 일그러진 윤리관과 더불어 선진적인 경제관을 지닌 측면을 제시하는 등 현실적 감각을 중시하고 있는 점이 특징이다. 경판본 계열의 이본들이 놀부의 패망에서 끝나는 반면, 신재효본을 비롯한 창본들에는 대개 형제가 화합하는 결말이 첨가되어 있는 점도 차이점이다.

▌쟁점 : <흥부전>에 나타난 사회적 배경

<흥부전>은 선악과 빈부의 엇갈림을 서사 구조의 근간으로 삼아 가치관이 전혀 다른 두 인물의 삶을 추적하면서 당대의 사회경제적 동향에 대해 예리한 현실 인식을 보여 준 작품이라 할 수 있다. 조선 후기는 신분 외에 경제력이 인간을 평가하는 또다른 한 기준이 되어 간 시대였다. 중하층 출신 중에서도 부를 축적한 이가 나왔으며 상층의 일원이라 하더라도 경제적으로는 몰락한 양반도 있었던 것이다. 농민들 사이에는 물질적 가치를 지상의 가치로 삼아 합리적 경영을 통해 부유한 자가 된 사람도 있었는가 하면, 몇 해에 걸친 흉년으로 인해 자신의 농토를 잃어버리고 소작을 하거나, 수탈 등의 이유로 그마저도 하지 못해 빈민(貧民)으로 추락하는 이들도 나타났다. 작품 속 놀부와 흥부는 각각 전자와 후자를 전형화한 인물이라 할 수 있다.

당위의 논리에 따르면, 선한 사람이 부자가 되어야 하고 악인은 그렇게 되어서는 안 된다. 하지만 현실 속에서는, 선한 사람이 하루의 안녕을 기약할 수 없을 정도로 가난하게 사는 반면 악한 사람은 거부(巨富)가 되어 있는 경우도 얼마든지 있을 수 있다. 특히 부란 그것을 바라보는 인식, 가치관에 따라 달라질 수 있었다. <흥부

전>은 이러한, 선악과 빈부의 어긋난 관계를 통해 당대 현실의 문제적 성격을 폭로하고 있는 작품이다.

그러나 그렇다고 해서 실제 현실 속에서 그 문제를 바로잡을 수 있었던 것은 아니었다. <흥부전> 작자가 제비와 박씨라는 초월적 설정을 통해, 그리고 박 타는 대목에 마련된 환상을 통해 문학적 해결을 시도한 것도 그 때문이다. 당대 하층의 청중 혹은 독자는 흥보박 속에서 나오는 돈, 쌀, 비단 등을 통해 환상 속에서 기본적인 욕구를 충족시켰을 것이고, 박 속에서 나온 존재들에 의해 놀부가 패망을 당하는 장면에서는 쾌재를 불렀을 것이다. 많은 이본들에서 부자가 된 흥부가 가난해진 놀부를 포용하는 것으로 끝맺는데 이는 당대 현실 속의 어긋남을 해소할 수 있는 한 가지 방법이었을 수 있다.

▌꼼꼼히 읽기 : 놀부박 사설에 담긴 의미

<흥부전>의 주인공은 마땅히 흥부이며, 놀부는 타산지석(他山之石)을 삼기 위해 제시된 반동인물로 볼 수 있다. 하지만 경판본을 중심으로 하여 분량 면에서 작품을 살펴보면 놀부가 패망하는 부분이 상당한 비중을 차지한다는 사실을 알 수 있다. 흥부의 박은 4개에 불과한데 비해 놀부의 박은 13개에 이르며 작품에서 차지하는 분량 역시 압도적으로 많다. 놀부박 사설이 다양한 인물들이 등장하여 놀부를 징치하는 대목임을 고려하면, <흥부전>의 내용의 절반 가까이가 '놀부가 어떻게 망해가는가'를 묘사하는 데 할애되고 있는 셈이다. 따라서 놀부박 사설의 성격을 탐구해 보는 것은 <흥부전>의 감상을 위한 중요한 열쇠라고 할 수 있다. 이하에서는 경판본의 놀부박 사설을 대상으로 하여 살핀 결과이다.

첫째, 놀부박 사설은 <흥부전>의 민중적 성격을 잘 보여준다. 당대 판소리 청중들의 대다수는 양반 지주들로부터 억압과 착취를 당한 경험을 공유하고 있었을 것이므로, 악질 지주인 놀부가 패망하는 장면이 청중들에게 열렬한 호응을 받았을 것임을 짐작하기는 어렵지 않다. 따라서 청중의 쾌감을 극대화하기 위해서는 놀부가 고통 받는 모습을 구경거리로 삼아 다채롭게 묘사할 필요가 있었다. 놀부박 사설이 흥부박 사설에 비해 박의 숫자와 사설의 길이가 확장된 것은 이 때문이다. 신재효본이 놀부를 경제적인 면에서 징벌하는 데 그치는 것에 비해, 상대적으로 민중적인 성격이 두드러지는 경판본에서 놀부에 대한 육체적 징벌이 노골적으로 묘사되는 것 역시 이러한 가학적 보상심리의 반영으로 이해할 수 있다.

놀부박 사설에 담긴 민중적 성격은 사설의 풍자 표현에서도 잘 드러난다. 놀부박 사설에는 당대 유한계층의 문화를 유희의 대상으로 삼아 격하시키는 대목이 여러 차례 나온다. 아홉 번째 박에서 나온 왈자들이 주고받는 대화를 살펴보자. 박에서 나온 왈자들은 짐짓 양반들처럼 좌정하고 앉아 단가(短歌)와 시조로 놀이판을 벌이는가 하면 "으희 빈 계집의 빗다기 ㅎ기, 옹긔 장슈의 작댱이 ㅎ기, 불붓는 디 키질 ㅎ기, 희산혼 듸 기잡기" 하는 식으로 엉터리 운(韻)자 놀이를 벌이기도 한다. 이는 당대 양반들의 놀이문화를 희화한 것이다. 뒤이어는 서로 거주지, 성명, 생년을 차례로 묻고 답하는데, 이 역시 "장의 가 소롤 ㅍ라스면 갑슬 ㅂ드 지고 와슬 거시니, 갑진싱(甲辰生)인가 보외." 하는 식의 재담으로 이루어져 있다. 양반들의 언행을 모방하여 출신성분과 나이를 중시하던 당대 조선 사회의 공식문화를 풍자하고 있는 것이다.

둘째, 놀부박 사설은 판소리가 지니고 있던 연행물로서의 입체적 성격을 보여준다. 극적 긴장감은 판소리 연행에 있어서 청중의 관심과 흥미를 집중시키는 필수적인 요소지만, 동시에 적절한 이완을 필요로 한다. 진지함과 극적 긴장으로만 일관해서는 오히려 청중의 흥미를 유지할 수 없기 때문이다. 놀부박 사설은 이러한 이완의 기능을 수행한다. 악인을 징치하는 대목임에도 서사의 진행과는 무관한 유희적 요소를 다양하게 포괄하여 전반적으로 희극적인 분위기를 띠는 것도 이러한 이유 때문이다.

놀부박 사설의 유희적 요소로는 먼저 언어유희를 꼽을 수 있다. 언어유희는 <흥부전> 곳곳에서 찾아볼 수 있지만, 특히 놀부박 사설에서는 "경이라 ㅎ니 면경과 셕경이냐 쳔니경 만니경이냐. 그 무슨 경이니"와 같이 패망의 당사자인 놀부마저도 언어유희에 동참하는 모습을 보인다. 놀부에게는 자신이 봉변을 당하는 절체절명의 순간임을 감안하면 이는 상식적인 서사의 진행과는 거리가 먼, 웃음을 유발하기 위한 설정으로 보아야 할 것이다. 박에서 나온 왈자들도 박에서 나오자마자 놀부를 나무에 거꾸로 메달아 내버려 둔 채, "우리 통문 업시 이갓치 모히미 쉽지 아니한 일이니, 놀부놈은 종츠 발기량으로 슬컷 노니다가 허어지미 엇다ㅎ뇨"라며 한참 동안 다양한 말놀이를 벌인다. 연희패의 등장도 극적 긴장의 이완을 위한 유희적 요소에 해당한다. 놀부박 사설에서는 초라니패, 남사당패, 거사, 각설이패 등 각종 연희패가 등장하여 각종 장르들을 연행하고 재담을 통해 웃음을 유발하는데, 이러한 장면들은 서사의 진행으로부터 거의 독립된 놀이판에 가깝다. 이처럼 다양한 요소들이 서사의 극적 긴장을 이완시킴으로써 연행의 입체성을 확보하는 데 기여했던 것이다.

▌감상 1 : 흥부와 놀부에 대한 평가

　오늘날에도 <흥부전>은 끊임없이 재평가되고 재창작되고 있다. 이 과정에서 가장 큰 쟁점은 흥부와 놀부의 인물 평가 문제일 것이다. <흥부전> 이야기의 근간 틀 차원에서는, 흥부는 긍정적인 인물로 놀부는 부정적인 인물로 규정된다. 하지만 자본주의 논리가 지배하는 사회 속에 두 인물을 놓고 보면 그 평가를 일관되게 내리기 어려워진다. 한 연구자의 언급처럼 이익사회적 능률주의의 편에서 보는가 아니면 공동사회적 정의주의(情誼主義) 편에서 보는가에 따라 평가가 얼마든지 달라질 수 있기 때문이다.

　우선 흥부의 경우부터 살펴 보자. 기본적 설정상 흥부는 선한 인물이다. 제비 다리를 고쳐 준 것은 그 어떤 댓가를 바라지 않은 순수한 동기에 기인한다. 매품을 팔려 한 것은 온 몸을 다해 가족의 생계를 그 나름대로는 책임 지고자 한, 가진 것 없는 자의 최후의 선택이었다. 그러한 선한 인물이 고통스러워 하는 사회는 바람직한 사회인가. 흥부는 화폐 경제 사회로 변화해 가는 상황 속에서도 최소한의 인간적 가치를 잃지 않으려 한 인물의 전형이라 할 수 있다.

　하지만 흥부는 착하기는 하나 의존적 인물이기도 하다. 화폐 경제라는 새로운 환경에 적응하지 못한 무능한 인물이다. 매품을 팔러 가기 전 복색을 차리는 부분에서는 현실적으로 뒷받침되지 않는 체신을 지키려는 허위의식도 엿보인다. 매품을 팔 수밖에 없는 상황은 동정이 가나 스스로 당대의 변모하는 환경에 적응하기 위한 노력을 했어야 한다.

　반면 놀부는 심술궂은 인물이면서 악인으로 설정되어 있다. 아무 이유 없이 동생을 내어 쫓는 사건과 제비 다리를 부러뜨리는 사건에서 그의 악인으로서의 면모가 잘 드러난다. 신재효본에서는 제수상을 아예 돈 꾸러미만 놓는 것으로 바꾸어 놓기도 했는데 이는 그의 금전만능주의적 가치관을 잘 드러낸 변이라 할 수 있다. 부자는 그에 걸맞은 도덕을 갖추어야 한다. 그렇지 않은 부자는 사회적으로 지탄 받아 마땅하다. 놀부가 박을 타다가 패망하는 대목은 그러한 점에서 의의를 지닌다.

　하지만 놀부는 과연 악인이라 할 수 있는가 하는 이의 제기도 가능하다. 이본에 따라 아무 대책 없이 사는 흥부를 세상사의 어려움을 깨닫게 하기 위해 내어쫓는 것으로 설정한 것을 보면 그를 악인이라고만 단정짓기 어렵게 한다. 놀부는 화폐 경제라는 새로운 환경에 잘 적응한 인물이며 당시로서는 선진적 경제관을 지닌 인물이다. 그를 악인으로 형상화한 데에는 그에 대한 왜곡된 시선이 전제된다. 점차 판소리 <흥보가>에서 놀부가 패망하는 대목이 불리지 않게 된 점도 고려할 필요가 있다.

▌감상 2 : 소외가 낳은 욕망, 욕망이 낳은 소외

　〈흥부전〉은 욕망에 관한 이야기이다. 작품에 드러난 것은 흥부와 놀부의 욕망이지만, 당대에 〈흥부전〉이 대중예술로서 지녔던 위상을 생각해보면 두 인물의 욕망은 조선 후기 대중들의 욕망을 문학적으로 재현한 결과물로 볼 수 있다. 후대로 가면서 흥부의 박에서 나오는 재물들이 그저 많기만 한 것에 그치지 않고 교환 가치를 지닌 재화들로 바뀌어 간 점 역시 〈흥부전〉이 변화하는 대중들의 욕망을 충실하게 담아내 왔음을 방증하는 것이다. 우리가 드라마를 볼 때 그러하듯, 〈흥부전〉의 독자와 청자도 작품에 그들의 욕망을 투사하며 대리만족의 쾌감을 느꼈으리라.

　그런데 두 인물의 욕망은 그것이 물질적 부(富)를 지향하고 있다는 점을 제외하고는 사뭇 다르다. 흥부의 욕망이 지향하는 것은 결핍의 충족이다. 작품의 초입에서 청렴하고 물욕이 없는 인물로 설정된 흥부가 실제로는 끊임없이 재화에 대한 욕망을 표출하는 것은 생존을 위해 '결핍'을 채워야만하기 때문이다. 흥부의 아내가 첫 번째와 두 번째 박에서 나온 진귀한 약재와 사치스런 세간살이를 보고도 '밥만 못하다'고 말하는 대목은 흥부의 욕망이 지닌 성격을 잘 보여준다. 흥부의 욕망은 축적이 아닌 원초적 생존을 향해 있다. 또한 그것은 가난이라는 삶의 조건에 의해 사회적으로 강요된 욕망이다. 의식주의 획득만으로도 충족될 수 있는 소박한 욕망이지만, 그래서 더욱 절박한 욕망이다.

　흥부의 가난이 그 자신의 무력함이나 게으름에서 비롯된 것이 아닐 뿐더러 노동이라는 정상적인 방법으로는 결코 벗어날 수 없는 구조적인 것이라는 점에 주목해야 한다. 흥부 부부가 온갖 품팔이를 하면서도 끼니조차 제대로 잇지 못하는 장면은 이러한 현실을 잘 보여준다. 연경도서관본에 등장하는 흥부가 매품을 팔러 가서 다른 빈민들과 가난의 크기를 경합하다가 매품 팔기를 포기하고 마는 장면은, 당대의 빈곤 문제가 개인적 차원을 넘어서는 사회적 문제임을 핍진하게 보여준다. 결국 흥부의 욕망은 구조적 모순에서 비롯된, 경제적 소외가 낳은 욕망이라고 할 수 있다.

　반면 놀부의 욕망은 '더' 큰 향유를 지향한다. 놀부가 지닌 욕망의 크기는, 역설적으로 놀부가 잃는 재화의 크기를 통해 가늠할 수 있다. 경판본을 기준으로 놀부가 박에서 나오는 인물들에게 빼앗기는 재화는 전답문서와 집을 제외해도 3만 냥이 넘는 거액이다. 그처럼 많은 재산을 지니고 있었음에도 제비의 다리를 부러뜨리고, 박을 탈 때마다 재산이 줄어드는 것을 뻔히 보면서까지 박타기를 멈추지 못한 것은 놀부가 이미 자신의 욕망을 제어하지 못하고 있음을 보여준다. 이는 필요에 의한 것이 아니라 '더' 많이 소유하고픈 욕망에 의한 것이기에 결코 충족될 수 없다.

놀부가 아닌 누구라도 '더'를 계속해서 따라잡는 것은 불가능한 일이기 때문이다.

이 끝없는 욕망은 결과적으로 놀부를 소외에 이르게 한다. 흥부의 욕망이 소외의 결과라면, 놀부의 욕망은 소외의 원인이다. 놀부는 곡식을 꾸러 온 흥부에게 '네가 누구냐, 흥부가 뉘집 자식이냐'며 동생과의 혈연을 부정한다. 놀부의 욕망이 인간에게 있어 최후의, 그리고 최소한의 공동체인 혈연을 부정하는 데까지 이른 것이다. 놀부는 그 자신의 탐욕으로 인해 공동체의 연대감을 상실하고 유리됨으로써 인간적 소외에 이르게 된다. 놀부가 벌을 받는 것은 작품의 마지막 부분이지만, 이 시점에서 놀부는 이미 사회적으로는 죽어 있는 것이나 다름없다.

흥부와 놀부가 보여주는 두 종류의 소외는 당대의 사회경제적 변화에서 비롯된 것이다. <흥부전>이 상품화폐경제로의 이행과정에서 나타난 빈부격차와 이를 둘러싼 당대인들의 욕망을 생생하게 반영하고 있다는 사실은, 조선 사회에 자본주의 맹아와 더불어 소외 역시 싹트기 시작했음을 의미하기 때문이다. 이런 점에서 <흥부전>은 우리의 모습을 되돌아보게 한다. 이 욕망과 소외의 문제는 수백 년이 지난 오늘날까지도 극복되지 못하고 있다. 양극화는 여전히 우리 사회의 고질적인 문제이며 오히려 더 심화되어 가고 있다. 한계까지 내몰린 빈곤층의 절망과 공동체적 연대감을 상실한 부유층의 일탈은 그 극단의 모습을 보여준다. <흥부전>에 담긴 소외의 문제는, 오늘날에도 여전히 진행형이다.

▌연습

1. <흥부전>에서 놀부가 박을 타는 대목이 지니는 의미를 서술해 보자.

2. 다음은 경판본 <흥부전>과 신재효본 <박타령>의 장비가 등장하는 대목이다. 두 판본에서 장비의 역할 및 성격의 차이를 작품의 주제의식과 관련지어 설명해 보자.

> (가) 놀부도 홀 일 업스믹 마지 못ᄒ여 마ᄌ 투고 보니 ᄒᆫ 장쉬 나오되 얼골은 검고 구레나로슬 거스리고 골히 눈을 부릅쓰고 봉그린 투구의 룽닌갑을 닙고 장팔ᄉᆞ모를 들고 너드르며 이놈 놀부야 (중략) 장비 호려ᄒᆞ되 이놈 잡말고 고긔어을 발길노 너 등을 찌으라 ᄒᆞ거늘 놀뷔 그 등을 치여다가 본즉 천만 장아ᄂ ᄒᆞ지라 비는 말이 등의 올ᄂ가ᄃ가 만일 밋그러져 낙상ᄒ면 이후의 비러먹을 길도 업스니 덕분의 살거지이다 ᄒᆞ니 장비 호령ᄒᆞ되 졍 올ᄂ가기 어렵거든 ᄉᆞ닥ᄃ리롤 노코 못을 ᄂ갈다 놀

뷔 마지 못ᄒ여 둒을 번 살 번 올ᄂ 가셔 불노 ᄒ참을 쳐더니 쏘 다리 지쳐 꿈젹홀 길 업는지라 쏘 ᄋ걸ᄒ니 장비 호령ᄒ되 느리다가 밋그러져 모져비로 쩌러져 쌤이 스틱ᄂ고 드리 졉질녀 혀롤 쌘자오고 업디여 익걸ᄒ니 장비 이롤 보고 어히업셔 니러안져 ᄒ는 말이 너롤 십분 용셔ᄒ고 가노라 ᄒ더라 　　　　－〈경판본 흥부전〉

(나) 셩은 즁이요 일흠은 비요 ᄌ는 익덕이라 ᄒ는 용밍을 들어나냐 닉 그 즁 군아로드 쳔지의 즁ᄒ 의가 형졔박긔 쏘 잇나냐 ᄒ날 ᄒ시 못 나셔도 ᄒ난 ᄒ시 쥭는 거시 당연ᄒ 도리인더 네놈은 어이ᄒ여 동긔 박더 그리ᄒ며 비금 즁의 스람 쌀코 ᄒ업는 게 졔비로다 (즁략) 네놈의 슘영극악 동셩을 쑈츠니고 졔비 졀각 시킨 죄를 쏙 쥭이즈 나와쩌니 도로여 싱각ᄒ니 ᄉ즈는 불바부싱 형ᄌ는 불가부쇽 네 아모리 회과ᄒ여 형졔 우ᄋ이ᄒᄌ ᄒ들 목슘이 쥭어지면 엇졀 슈가 업썻기예 네 목슘을 빌려 쥬니 이번은 기과ᄒ여 형졔우ᄋ이 ᄒ것는다 　　　　－〈박타령〉

3. 제비의 시각에 초점을 맞추어 〈흥부전〉을 비평적으로 감상해 보시오.

▌참고문헌

정충권(2003), 『흥부전 연구』, 월인.

류수열(2001), 『판소리와 매체언어의 국어교과학』, 역락.

윤경희(1993) 「경판 25장본 흥부전 연구－작가의 세계관을 중심으로－」, 『판소리 연구』 4, 판소리학회.

조동일(1968), 「흥부전의 양면성」, 『계명논총』 5, 계명대학교출판부.

임형택(1969), 「흥부전의 현실성에 관한 연구」, 『문화비평』 1호, 아한학회.

이상택(1986), 「〈흥부전〉의 인물 평가」, 『한국고전소설의 이론』, 새문사.

서대석(1975), 「〈흥부전〉의 민담적 고찰」, 『국어국문학』 67, 국어국문학회.

성현경(1993), 「興夫傳 연구」, 『판소리 연구』 4, 판소리학회.

이상일(2014), 「〈흥부전〉에 나타난 인간 소외의 두 양상－흥부와 놀부의 욕망을 중심으로－」, 『고전문학과 교육』 27, 한국고전문학교육학회.

제 9 부 영웅 · 군담소설

홍길동전

유충렬전

조웅전

박씨전

제1장

홍길동전

허균

길동이 셔당의셔 글을 닑다가 문득 셔안을 밀치고 탄(嘆) 왈,

"대쟝뷔 셰샹의 나미 공밍(孔孟)[1]을 본밧지 못ㅎ면, 찰아리 병법을 외와 대쟝닌(大將印)을 요하(腰下)의 빗기 추고 동졍셔벌(東征西伐)ㅎ여 국가의 디공을 셰우고 일홈을 만디(萬代)의 빗너미 쟝부의 쾌시라. 나는 엇지ㅎ여 일신이 젹막ㅎ고 부형이 이시되 호부호형을 못 ㅎ니 심쟝이 터질리라. 엇지 통한치 아니리오."

ㅎ고 말을 맛츠며 쓸을 나려 검술을 공부ㅎ더니, 맛춤 공이 쏘흔 월식을 구경ㅎ다가 길동 비회ㅎㅁ믈 보고 즉시 불너 문(問) 왈,

"네 무슴 흥이 이셔 야심토록 잠을 즈지 아니ㅎ는다?"

길동이 공경 디 왈,

"쇼인이 맛춤 월식을 사랑ㅎㅁ여니와 대개 하늘이 만물을 니시ㅁ 오직 사롬이 귀ㅎ오나, 쇼인의게 니르러는 귀ㅎ오미 업스오니 엇지 사롬이라 ㅎ오리잇가."

공이 그 말을 짐작ㅎ나 짐즛 칙(責) 왈,

"네 무슴 말인고?"

길동이 지비(再拜) 고 왈,

"쇼인이 평싱 셜운 바는 대감 졍긔로 당당ㅎ온 남지 되여 스오미 부싱모휵지은(父生母慉之恩)[2]이 깁습거눌, 그 부친을 부친이라 못 ㅎ옵고, 그 형을 형이라 못 ㅎ오니 엇지 사롬이라 ㅎ오리잇가."

ㅎ고 눈물을 흘여 단삼(單衫)을 젹시거눌, 공이 쳥파(聽罷)에 비록 측은ㅎ나 만일 그 뜻을 위로ㅎ면 ㅁ음이 방즈(放恣)홀가 져어 크게 쑤지져 왈,

"지상가 쳔비 쇼싱이 비단(非但) 넛분이 아니여든, 네 엇지 방즈ㅎㅁ이 이 ✕ㅎ요 추후(此後) 다시 이런 말이 이시면 안젼(眼前)을 용납지 못ㅎ리라."

ㅎ니, 길동이 감이 일 언을 고(告)치 못ㅎ고 다만 복지유체(伏地流涕)쑨이라. 공이

* 출처 : 경판 24장본, 허균, 성기수·성상혁 역, 『홍길동전』, 글솟대, 2011.

1 공밍(孔孟) : 공자와 맹자.

2 부싱모휵지은(父生母慉之恩) : 아버지가 낳게 해 주시고 어머니가 길러 주신 은혜.

명ᄒᆞ여 물너가라 ᄒᆞ거놀, 길동이 침쇼(寢所)로 도라와 슬허ᄒᆞᄆᆞᆯ 마지아니ᄒᆞ더라.

길동이 본디 지긔 과인ᄒᆞ고 도량이 활달ᄒᆞᆫ지라. ᄆᆞ옴을 진정치 못ᄒᆞ여 밤이면 ᄌᆞᆷ을 닐우지 못ᄒᆞ더니, 일일은 길동이 어미 침쇼의 가 울며 고(告) 왈,

"쇼ᄌᆡ 모친으로 더브러 젼싱년분이 즁ᄒᆞ여 금셰의 모ᄌᆡ 되오니 은혜 망극ᄒᆞ온지라. 그러나 쇼ᄌᆡ의 팔지 긔박(奇薄)ᄒᆞ여 쳔ᄒᆞᆫ 몸이 되오니 품은 한이 깁ᄉᆞ온지라. 쟝뷔 셰상의 쳐ᄒᆞ미 남의 쳔ᄃᆡ 바드미 불가ᄒᆞ온지라, 쇼ᄌᆡ ᄌᆞ연 긔운을 억졔치 못ᄒᆞ여 모친 슬하ᄅᆞᆯ ᄯᅥ나려 ᄒᆞ오니, 복망(伏望) 모친은 쇼ᄌᆞᄅᆞᆯ 념녀치 마르시고 귀쳬ᄅᆞᆯ 보즁ᄒᆞ쇼셔."

그 어미 쳥파의 대경(大驚) 왈,

"지샹가 쳔싱이 너ᄲᅮᆫ이 아니여든 엇지 협(狹)ᄒᆞᆫ 마음을 발ᄒᆞ여 어미 간쟝을 살오ᄂᆞ요"

(중략)

긔ᄉᆞ(記事)의 왈,

≪○사룸이 셰상의 나미 오륜이 읏듬이오 오륜이 이시미 인의녜지(仁義禮智) 분명ᄒᆞ거놀, 이룰 아지 못ᄒᆞ고 군부(君父)의 명을 거역ᄒᆞ여 불츙불효되면 엇지 셰상의 용납ᄒᆞ리오. 우리 아오 길동은 이런 일을 알 거시니 스스로 형을 ᄎᆞᄌᆞ와 사로줍히라. 우리 부친이 널노 말ᄆᆡ암아 병닙골슈(病入骨髓)ᄒᆞ시고, 셩상이 크게 근심ᄒᆞ시니 네 죄악이 관영(貫盈)ᄒᆞᆫ지라. 이러므로 ᄂᆞᆯ 특별이 도빅(道伯)[3]을 졔슈ᄒᆞ샤 너를 줍아드리라 ᄒᆞ시니, 만일 줍지 못ᄒᆞ면 우리 홍문(洪門)의 누ᄃᆡ(累代) 쳥덕(淸德)이 일죠의 멸ᄒᆞ리니, 엇지 슬푸지 아니리오. ᄇᆞ라ᄂᆞ니 아오 길동은 일룰 싱각ᄒᆞ여 일즉 ᄌᆞ현(自現)ᄒᆞ면 너의 죄도 덜닐 거시오, 일문을 보존ᄒᆞ리니 아지 못게라. 너는 만 번 싱각하여 ᄌᆞ현ᄒᆞ라.≫

ᄒᆞ엿더라.

○감시 이 방을 각 읍의 붓치고 공ᄉᆞᄅᆞᆯ 젼폐(全廢)ᄒᆞ여 길동이 ᄌᆞ현ᄒᆞ기만 기다리더니, 일일은 ᄒᆞᆫ 쇼년이 나귀룰 타고 하인 슈십을 거ᄂᆞ리고 원문(轅門) 밧긔 와 뵈오믈 쳥ᄒᆞ다ᄒᆞ거놀, 감시 드러오라 ᄒᆞ니 그 쇼년이 당상의 올나 비알ᄒᆞ거놀, 감시 눈을 드러 ᄌᆞ시 보니 ᄯᅡ로 기다리던 길동이라. ᄃᆡ경대희ᄒᆞ여 좌우룰 물니치고 그 숀을 줍아 오열유쳬(嗚咽流涕)[4] 왈,

"길동아, 네 ᄒᆞᆫ번 문을 나미 사싱존망을 아지 못ᄒᆞ여 부친계셔 병입고황(病入膏肓)[5]ᄒᆞ시거놀, 너는 가지록 불효룰 ᄭᅵ칠 ᄲᅮᆫ 아녀 국가의 큰 근심이 되게 ᄒᆞ니, 네 무슴 ᄆᆞ옴으로 불츙불효룰 ᄒᆡᆼᄒᆞ며, ᄯᅩᄒᆞᆫ 도젹이 되여 셰상의 비(比)치 못홀 죄룰 ᄒᆞ

3 도빅(道伯) : 관찰사.

4 오열유쳬(嗚咽流涕) : 목이 메어 눈물을 흘림.

5 병입고항(病入膏肓) : 고치기 어려운 병이 몸속 깊이 듦.

논다. 이러무로 성상(聖上)이 진노ㅎ샤 날노 ᄒ여곰 너롤 좁아 드리라 ᄒ시니, 이눈 피(避)치 못홀 죄라. 너눈 일즉 경ᄉ(京師)의 나아가 텬명(天命)을 슌슈(順受)ᄒ라."

ᄒ고 말을 맛츠며 눈물이 비오듯 ᄒ거눌, 길동이 머리롤 숙이고 왈,

"쳔셩이 이의 니르믄 **부형의 위틱ᄒ믈 구코져 ᄒ미니**, 엇지 다른 말이 이시리오. **딤져 딤감 계셔 당쵸의 쳔훈 길동을 위ᄒ여 부친을 부친이라 ᄒ고, 형을 형이라 ᄒ여던들 엇이 이의 니르리잇고.** 왕ᄉ(往事)눈 일너쓸딕업거니와 이졔 쇼졔롤 결박 ᄒ여 경ᄉ로 올녀 보닉쇼셔."

하고 다시 말이 업거눌, 감시 이 말을 듯고 일변 슬허하며 일변 장계를 ᄡᅥ 길동 을 황쇄죡쇄(項鎖足鎖)ᄒ고 함거(檻車)의 시러건장훈 장교 십여 인을 ᄲᅡ 압영(押領)[6] ᄒ게 ᄒ고, 쥬야 비도(倍道)ᄒ여 올녀 보닉니, 각 읍 빅셩드리 길동의 지죠롤 드릭눈 지라 좁아오믈 듯고 길이 머여 구경ᄒ더라.

6 압영(押領) : 죄인을 맞아서 데리고 옴.

▌맥락

(1) 서사 단락

① 홍판서가 청룡꿈을 꾸고 시비 춘섬과 동침하여 길동을 낳다.

② **길동이 총명하나 서자라는 이유로 호부호형을 하지 못하고 천대를 받다.**

③ 홍판서의 첩인 곡산모 초란이 길동을 죽이려고 무녀와 함께 위계를 꾸미다.

④ 길동은 도술로 곡산모가 보낸 자객 특재와 관상녀를 죽이다.

⑤ 홍판서와 어머니인 춘섬에게 하직인사를 드리고 집을 떠나다.

⑥ 길동이 도적의 소굴에 들어가 도적들에게 무예를 익히게 하고 군법을 시행하다.

⑦ 길동이 스스로 활빈당(活貧黨)이라 이름하고, 탐관오리의 재물을 탈취하여 가난한 자들에게 나누어주다.

⑧ 길동이 초인(草人)으로 분신을 만들어 팔도에 흩어지게 하여 전국에서 도적질을 하다.

⑨ 조정에서는 길동을 잡기 위하여 우포장 이흡을 보내나 실패하자, 길동의 형 인형을 경상감사로 제수하다.

⑩ **인형이 길동을 두 번 잡아들이나 연이어 도망하다.**

⑪ 길동은 병조판서로 제수하면 잡히겠노라고 하여, 조정에서 길동을 잡기 위해 병조판서로 제수하다.

⑫ 길동이 임금께 사은인사를 드린 뒤 조선을 떠나 제도라는 섬으로 가다.

⑬ 길동이 망당산의 괴물인 울동을 퇴치하고 괴물에게 잡혀있던 두 여인을 부인
으로 맞이하다.

⑭ 홍판서가 숨을 거두자 길동이 좋은 터에 묘를 세우고 삼년상을 치르다.

⑮ 길동이 율도국을 점령하고 왕으로 취임하여 영화롭게 살다 죽다.

(2) 이본 현황

정하영(2009)에 따르면 현재 <홍길동전>에는 수십 종의 이본들이 전해지고 있다
고 한다. 목판본, 필사본, 활자본의 형식을 띠고 나타난 이본들은 대부분 국문으로
되어 있으나 <율도왕전>이란 이름으로 된 한문 필사본도 있다.

<홍길동전> 이본들 중 목판본들은 다른 작품들의 경우와 같이 간행 지역에 따
라 두 계열로 구분된다. 하나는 서울 지역에서 간행된 경판본 계열이고, 다른 하나
는 전주 지역에서 간행된 완판본 계열이다. 두 계열은 기본 줄거리에서는 큰 차이
가 없으나 세부적으로는 약간 다른 모습을 보인다. 경판본에서는 간단히 전하는 태
몽의 내용을 완판본에서는 판소리 사설처럼 장황하게 묘사하고 있다. 또한 길동이
자객을 퇴치하는 장면이나 율도국을 정벌하는 장면 등에서도 경판본에 비하여 완
판본에서는 더 길고 자세하게 서술되어 있다. 두 계열은 의미 구현면에서도 차이를
보인다. 경판본에서는 적서차별을 중심으로 주제의 초점이 모아지는데 반해 완판본
에서는 적서차별의 문제와 함께 탐관오리 척결, 불교의 폐해 같은 사회 부조리 전
반에 대한 비판을 시도하고 있다. 실제로 완판36장본에서는 홍길동의 병조판서 제
수에 반대하는 신하들과 비리를 일삼은 재상가의 자제들을 치죄한 뒤 병조판서 제
수를 받는 삽화가 있어 사회적 문제 제기가 상대적으로 강한 것이 특징이다. 그리고
경판본은 국어, 문학 교과서에 실려 널리 알려진 이본들로서 홍길동의 활동을 영웅
적 능력을 발휘하여 개인의 욕망을 추구하는 관점에서 보는 시각이 두드러진다.

한편 이본들 가운데 대다수를 차지하는 필사본들은 대부분 경판이나 완판을 바
탕으로 하면서 약간의 손질을 가한 것이다. 필사본 가운데 어떤 것은 경판과 완판
의 내용을 조합하여 절충한 내용을 만들기도 하였다. <홍길동전>의 이본 가운데
유일한 한문본 <율도왕전>도 경판과 완판의 내용을 조합하여 한문으로 번역한 것
이다.

▌ 쟁점 : 작자 논란

<홍길동전>의 작자 논의는 크게 세 가지 설로 나뉜다. 일반적으로 알려진 17세기 허균(許筠, 1569~1618) 창작설, 허균 원작 부정설인 18·19세기 작가 창작설, 17세기에 허균이 창작하였으나 현전하는 <홍길동전>이 허균의 원작과는 다른 작품이라는 설이 그것이다.

설성경(2004)은 <홍길동전>의 작가 논의를 크게 17세기 허균 창작설과 18·19세기 작가 창작설로 구별된다고 보았다. 먼저 허균 창작설은 허균이 17세기에 <홍길동전>을 창작했고, 그것이 부분적으로 개작되면서 전해진 것이 현전하는 <홍길동전>이라는 견해이다. 허균 창작설의 가장 확실한 근거는 허균이 <홍길동전>을 지었다는 『택당별집』의 기록이다. 허균과 동시대의 학자인 택당(澤當) 이식(李植, 1584~1647)은 '허균이 또 <홍길동전>을 지어 <수호전>에 비겼는데 그 무리인 서양갑, 심우영들이 몸소 그런 행동을 답습하여 한 마을이 박살이 났다.'와 같이 허균의 행적을 비난하면서 그가 <홍길동전>의 작자라는 사실을 밝혔다. 이후 『택당별집』에 있는 허균과 <홍길동전>의 관련 내용을 『송천필담』, 『조야집요』, 『문견차기』 등에서 전하고 있다.

허균 창작설의 또 하나의 근거는 허균의 '호민론'과 '유재론'의 의식이 <홍길동전>에 잘 나타나 있다는 점이다. 허균은 두 글에서 통치자가 두려워해야 할 대상은 백성이며, 인재의 등용에는 신분의 귀천을 따지지 말고 능력을 본위로 삼아야 한다고 하였다.

이와 같은 근거로 허균이 <홍길동전>을 지었다는 사실을 본격적으로 서술한 이는 김태준이다. 김태준(1933)은 '전하는 말에 허균이가 수호전을 백독하고서 홍길동전을 지엇다고 한다. '許筠作洪吉同傳 以擬水滸(『澤堂雜著』·『松泉筆談』)'라는 문구로써 홍길동전의 저자가 허균임을 알엇다.'라고 주장하였다. <홍길동전>에 대한 연구 초기에는 이러한 견해가 통설로 인정되었다.

<홍길동전>의 작가가 허균이라는 선행하는 통설을 비판하는 주장은 1960년대 들어서 제기되었다. 18, 19세기 작가 창작설은 18세기 말이나 19세기 전반에 이름을 알 수 없는 어떤 작가의 창작물이 현재 전하는 <홍길동전>의 모본이라는 것이다.

김진세(1969)는 <홍길동전>의 기록에 대한 최초의 문헌인 『택당별집』에 의혹을 제기하였다. 『택당별집』은 택당 사후 택당가에 누적되어 있던 가장의 전고(全稿)를 송시열이 교정·편찬한 것이다. 허균의 주변인들의 문집에서는 허균이 <홍길동전>을 썼다는 기록이 전혀 없는데, 택당이 죽은 지 27년이 지난 후에야 뒤늦게 『택당

별집』에 허균이 <홍길동전>을 썼다는 사실이 수록되어 간행되었다는 것은 이해하기 어렵다고 하였다.

허균 원작 부정설이 제기된 이후 허균이 17세기에 <홍길동전>을 지었다고 해도 그 <홍길동전>이 현전하는 것과는 다른 것이며, 현재의 <홍길동전>은 크게 개작된 것이거나 18·19세기의 작가가 지은 것이라는 설이 등장하였다.

백승종(1995)은 <홍길동전>의 저자가 허균이 아니며 이 소설이 쓰인 시기도 통설과는 달리 18세기 후반에서 19세기였으리라고 보았다. 그 이유로 18세기 중엽까지도 <홍길동전>의 존재를 알고 있는 사람이 식자층 가운데 전무하였음을 지적했다. 또한 18세기의 인기 소설 목록에서 <홍길동전>이 제외되었다는 점도 주목하였다. 1794년 대마도(對馬島)에서 서술한 『상서기문(象胥記聞)』 가운데에는 당시 한국에 유행하였던 소설의 제목이 기록되어 있는데, 이에 따르면 <장풍운전>, <소대성전>, <임장군충렬전>, <숙향전>, <최충전> 등이 당대 인기 소설이었다고 한다. <숙향전>을 제외하면 나머지는 모두 군담소설이었는데 <홍길동전>은 그 목록에서 빠져 있어 18세기 중반까지도 창작되지 못하였던 것으로 생각해볼 수 있다고 하였다.

그러나 허균 창작 부정설은 관련 기록의 주변 사실들을 충분히 검토하지 않은 상태에서 비판하는 수준에 머물거나, 왜 18·19세기에 15·16세기의 실존했던 인물인 홍길동을 모델로 한 작품을 창작하였는지 등에 대한 설명을 하지 못하는 등의 문제가 있어 정설로 받아들여지지 못하였다.

하지만 허균이 <홍길동전>을 지었다는 기록이 있는데도 허균 창작설에 의문을 제기하는 것은 의미가 있는 일이다. 허균이 지었다는 <홍길동전>이 과연 현재 전해지는 <홍길동전>과 같은 작품인지 알 수 없기 때문이다. 허균이 작품을 지은 것은 약 1600년 전후의 일인데 간행 시기가 알려진 <홍길동전> 이본은 1890년 것이다. 그러므로 삼백 년이라는 시간 동안 허균의 원작이 어떻게 전해지고 어느 정도의 변이가 이루어졌는지는 알 수가 없다. 따라서 현전하는 작품이 허균의 원작을 어느 정도 포함하고 있으며, 또 어느 정도 새로운 요소들을 수용하고 있는가? 그리고 현전하는 수십 종의 이본 가운데 어떤 것이 원본에 가까운 것인가? 하는 문제는 여전히 남아 있다.

▌꼼꼼히 읽기 : 〈홍길동전〉의 서사적 갈등

〈홍길동전〉은 실제 인물 홍길동을 모델로 한 주인공 홍길동의 영웅적 일대기 구성을 지닌다. 그런데 그 영웅적 행적이 공간적 측면에서 가정, 사회, 국외로 확장 되면서 단절적으로 이어지고 있기 때문에 홍길동의 지향점 및 작품 의미 해석에 있 어 논란이 있다.

"대장뷔 셰샹의 나미 공밍을 본밧지 못ᄒ면 찰아리 병법을 외와 대쟝닌을 요하 의 빗기 츠고 동졍셔벌ᄒ여 국가의 디공을 셰우고 일홈을 만디의 빗ᄂ미 쟝부의 쾌 시라. 나눈 엇지ᄒ여 일신이 격막ᄒ고 부형이 이시되 호부호형을 못ᄒ니 심쟝이 터 질지라 엇지 통한치 아니리오(경판24장본)"라는 말에 담긴 의식은 제도적으로 소외 된 홍길동 자신의 처지에 대한 자각이면서 자신을 차별 대우하는 가문 내 사람들 및 당대 사회에 대한 강력한 문제 제기이다. 이는 중세 질서 자체를 부정하는 의식 이었다. 이러한 서자로서의 신분적 문제 의식이 활빈당으로 표상된 당대 농민들의 저항과 결부됨으로써 당대의 관점에서 볼 때 〈홍길동전〉은 높은 수준의 현실 인식 을 드러내고 있다고 평가할 수 있다.

반면, 공간 확장과 함께 각 공간의 갈등이 잠정적으로 해결되고 다음 공간으로 이어지고 있기 때문에 홍길동이 현실 모순에 대한 인식을 심화해 가는 측면은 약하 다는 견해도 있을 수 있다. 우선, 가정 내의 갈등은 호부호형조차 못하는 서자로서 의 위치를 인식한 길동과, 그러한 인식을 용납 못 하는 가문 간에 존재한다. 길동의 형과 본부인이, 길동을 죽여야 한다는 곡산모 초란의 말에 그것을 허락하는 것도 이러한 갈등을 전제로 한다. 하지만 작품의 실제 대결은 홍길동과 곡산모 초란(쟁 총) 등과의 대결로 나타난다. 가문 내적 대립의 해소도 호부호형을 허락받는 것 정 도로 그친다. 따라서 간접적인 대결을 통한 불완전한 해결을 거쳐 가출 동기만을 마련하고 다음 사건으로 이어진다.

활빈당 활동의 경우도 마찬가지이다. 활빈당 활동은 실재 인물 홍길동의 사적을 바탕으로 한 것이라 할 수 있다. 활빈당 활동은 당대 질서를 근본적으로 뒤흔드는 것으로 중세 지배체제와 모순 관계에 놓인다. 작품 속에서도 함경 감영의 습격, 포 도대장과의 대결 등에서 이러한 모습이 충분히 나타난다. 하지만 작품 속 길동은 자수를 권유하는 형 인형의 글을 보고 스스로 잡혀 간다. 여기서도 길동 개인은 중 세 지배체제와 직접적인 대결을 하는 것이 아니라 이를 대신해 나선 부친, 형과 간 접적인 대립을 한다. 그로 인해 활빈당 활동의 문제적 성격도 약화된다. 홍길동은 다음 단계의 공간으로 나아갈 수밖에 없었다.

율도국은 조선의 당위적 가상 공간이다. 여기는 서자 출신이 왕이 될 수 있고 백성들의 절대적 빈곤도 없어진, 사회 문제가 해결된 곳이다. 따라서 이는 조선 사회의 문제를 극복해 보려는 현실 인식의 한 표현이라 볼 수 있는 측면도 있다. 그러나 율도국은 홍길동이 왕이 되기 이전에도 이미 태평한 곳이었으며 율도국왕도 큰 잘못은 없었다. 율도국은 왕권과의 갈등도 피하고 인륜도 어기지 않으면서 홍길동의 욕구도 충족시킬 수 있는 공간이다. 따라서 율도국은 이상향이기는 하나, 결국에는 체제 안에서의 길동 개인의 성취 공간이라 볼 수 있다.

그러므로 <홍길동전>은 그 서사적 갈등이 불완전하게 해결됨으로써 현실 모순에 대한 항거의 성과가 영웅으로서의 홍길동 '개인'에게 수렴되고 있어, '영웅적 인물의 욕망 실현' 또는 '비극적 영웅의 권력 지향 의지의 구현'이 더 부각되어 있다고 볼 수도 있다.

▌ 감상 : 홍길동의 영웅적 면모에 대한 평가

첫째, 활빈당 활동을 중심으로 할 때 홍길동은 일종의 민중적 영웅이라 할 수 있다. 영웅이란 한 집단을 위기로부터 구원해냄으로써 그 집단으로부터 높이 추앙받는 인물을 말한다. 홍길동은 탐관오리의 재물을 빼앗아 백성들에게 나누어주는 등 질곡에 처한 피지배 집단의 편에 서서 활동했다는 점에서 민중적 영웅이라 할 수 있는 것이다. 다만 이러한 민중적 영웅은 체제의 시각에서 보면 도적일 뿐이어서 비극적인 종말을 맞이할 수밖에 없는 운명에 처해 있다. 하지만 <홍길동전>에서는 율도국을 설정함으로써 이러한 문제를 낭만적으로 해결하고 있다. 율도국에서 왕이 된다는 설정은 조선으로부터의 도피가 아닌, 한 민중적 영웅으로 하여금 비극적 최후를 맞지 않게 하려는 작품 속 서사 장치라 보아야 한다.

둘째, 영웅이란 한 집단을 위기로부터 구원해내어 영속적인 안녕의 길로 이끄는 자를 말한다. 그렇다면 홍길동은 영웅이라 볼 수 없다. 홍길동은 애초에 서자로 태어난 자신의 신세를 한탄하며 가출한 바 있다. 그리고 활빈당 활동시 이 일을 적극적으로 밀어 붙이지 못하고 부형과의 혈연적 정 때문에 포기한다. 더구나 임금 앞에서도 서자 출신이라는 신분적 열등감이 자신을 이곳으로까지 몰아갔다고 변명한다. 수탈당하는 백성들이 있는 조선은 그대로 두고 율도국 왕에 만족하고 있음도, 자신이 걸어 온 길이 결국 신분적 열등감을 보상하기 위한 행위들이었음을 뜻한다.

셋째, 홍길동을 영웅이라는 기존 개념 틀로 규정한다는 것 자체가 문제이다. 홍길동은 영웅이기 이전에 한 인간이다. 홍길동은 남아로 태어나 그 어떤 일도 이룰 수 없음에 통한해 한다. 부친 앞에서도 자신의 신분이 미천함을 서러워하며 눈물을 흘린다. 활빈당 활동시에도 혈연의 정을 끊지 못해 스스로 모습을 드러내는가 하면 부친의 묘도 직접 마련한다. 그러므로 홍길동은 <유충렬전>, <조웅전> 등 영웅소설의 주인공인 영웅과는 다르다. 굳이 영웅이라는 어휘로 표현해야 한다면 고뇌하는 영웅, 인간적 영웅이라고 보아야 한다.

▋ 연습

1. 길동의 신분과 관련하여 나타나는 갈등 양상을 분석하고, 갈등이 어떻게 해소되는지 서술해 보자.

2. <홍길동전>의 '율도국'이 원래부터 사람이 살던 하나의 나라였다는 점과 <허생전>의 '빈 섬'이 사람이 살지 않는 무인도였다는 점에 주목하여, '율도국'과 '빈 섬'이 지니는 의미를 비교하여 서술해 보자.

> 허생은 늙은 사공을 만나 말을 물었다.
> "바다 밖에 혹시 사람이 살 만한 빈 섬이 없던가?"
> "있습지요. 언젠가 풍파를 만나 서쪽으로 줄곧 사흘 동안을 흘러가서 어떤 빈 섬에 닿았습지요. 아마 사문(沙門)과 장기(長崎) 중간쯤 될 겁니다. 꽃과 나무는 제멋대로 무성하여 과일 열매가 절로 익어 있고, 짐승들이 떼지어 놀며, 물고기들이 사람을 보고도 놀라지 않습니다."
> (중략)
> 허생이 군도와 언약하고 내려가자, 군도들은 모두 그를 미친놈이라고 비웃었다. 이튿날, 군도들이 바닷가에 나가 보았더니, 과연 허생이 삼십만 냥의 돈을 싣고 온 것이었다. 모두들 대경(大驚)해서 허생 앞에 줄지어 절했다.
> "오직 장군의 명령을 따르겠소이다."
> "너희들, 힘껏 짊어지고 가거라."
> 이에, 군도들이 다투어 돈을 짊어졌으나, 한 사람이 백 냥 이상을 지지 못했다.
> "너희들, 힘이 한껏 백 냥도 못 지면서 무슨 도둑질을 하겠느냐? 인제 너희들이 양민(良民)이 되려고 해도, 이름이 도둑의 장부에 올랐으니, 갈 곳이 없다. 내가 여기서 너희들을 기다릴 것이니, 한 사람이 백 냥씩 가지고 가서 여자 하나, 소 한 필을 거느리고 오너라."
> 허생의 말에 군도들은 모두 좋다고 흩어져 갔다. 허생은 몸소 이천 명이 일 년 먹을 양식을 준비하고 기다렸다. 군도들이 빠짐없이 모두 돌아왔다. 드디어 다들 배에 싣고 그 빈 섬으로 들어갔다. 허생이 도둑을 몽땅 쓸어 가서 나라 안에 시끄러운 일이 없었다.
> ─박지원, 〈허생전〉

▌참고문헌

김진세(1969), 「洪吉童傳의 作者考 : 하나의 假說提起를 위하여」, 『論文集』 1, 서울대학교 교
　　양과정부.

김태준(1933), 『조선소설사』, 청진서관.

박일용(2003), 『영웅소설의 소설사적 변주』, 월인.

백승종(1995), 「古小說『홍길동전』의 著作에 대한 재검토」, 『진단학보』 80, 진단학회.

설성경(2004), 『홍길동전의 비밀』, 서울대학교 출판부.

허균, 정하영 옮김(2009), 『홍길동전』, 펭귄클래식 코리아.

제 2 장

유충렬전

작자 미상

이쩨 혼담이 원슈를 치우고 졍병만 가리여 급피 도셩의 드니 셩즁의 군사 업고 천자난 원슈의 심만 밋고 잠을 집피 드러짜가 뜻박긔 천병만마 셩문을 씨치고 궐닉의 드러나 흄셩흐난 말리,

"이바 명졔야! 어디로 갈다? 팔낭가비라 비상천하며 뒤지기라 짱으로 들다? 네놈의 옥식 아시라고 하더니 이졔난 어디로 갈다? 밧비 나와 항복흐라."

흐난 소리 궁궐이 문어지며 혼빅이 상쳔흐난지라. 명졔 넉셜 일고 용상의 써러져 옥식를 품의 품고 말 혼 필 자빅 트고 업더지며 잡바지며 북문으로 도망흐야 변슈가의 다다르이 혼담이 궐닉의 달여드러 천자를 차진직 간디 업고 황후 틱후 티자도 도망흐야 나오거늘 호령흐고 달여드러 황후를 잡아 궐문의 나와 호왕의게 맛기고 북문의 나서니, 이쩨 천자 변슈가의 도망커늘 혼담이 디히흐야 쳔동 갓탄 소리하고 순식간의 달여드러 구쳑장검 번듯흐며 천자의 안진 말리 빅사장의 써쑤러지거늘 천자를 자버닉여 다흐의 업지르고 셜리[1] 갓탄 칼노 통쳔관[2]을 씨 턴지며 호통흐난 말리,

"이바 드르라. 흐날이 날 갓탄 영웅을 닉실제는 남경의 천자 시기미라. 네 엇지 천자를 바릴손야. 네 혼 놈을 잡으라고 십년을 공부흐야 변화 무궁흐니 네 엇지 순종치 안이흐고 조고만 츙열을 어더 닉 군사를 침노흐니 네의 죄를 논지컨디 이졔 밧비 죽일 거시로디 옥식를 드리고 항셔를 써서 올이면 죽이지 안이흐련이와 그릿치 안이하면 네놈의 노모 쳐자를 한 칼의 죽이리라."

천자 흐릴업서 흐난 말리,

"항셔를 씨자흔들 지필이 업다."

흐시니 혼담이 분노흐야 창검을 번덕이며 왈,

"용포를 쩨고 손가락을 찌여 항셔를 써지 못흘가?"

* 출처 : 완판본, 작자미상, 최삼룡・이월령・이상구 역주, 『연간학술도서 한국 고전문학전집 24 유충렬전/ 최고운전』, 고려대학교 민족문화연구소, 1996.

[1] 셜리(雪利) : 눈처럼 날카로움.

[2] 통쳔관(通天冠) : 임금이 정사(政事)를 보거나 조칙(詔勅)을 반포할 때 쓰던 관.

천자 용포를 쩨고 손가락을 씨물여 ᄒ니 참마 못홀 지음의 황천인들 무심ᄒ리.

이쩌 원슈 금산셩의 적진 십만 병을 혼 칼의 뭇지르고 바로 호산디의 득달ᄒ야 적진 쳥병을 씨 업시 흠몰코자 힝ᄒᄒ더니 뜻밧긔 월식이 히미ᄒ며 난디업난 비방ᄒ올리 원슈 면상의 너려지거늘 원슈 고히ᄒ야 말를 잠간 머무르고 쳔긔를 살펴보니 도셩의 살긔 가득ᄒ고 쳔자의 자미셩이 쩌러져 번슈가의 빗쳐거늘 디경ᄒ야 발을 구르며 왈,

"이게 웬 변이냐?"

급주 창검 갓초오고 쳔사마상 밧비 올나 산호편을 놉피 드러 말셕을 치질ᄒ며 말다려 졍셜³ 왈,

"쳔사마야 네의 용밍 두어짜가 이런 쩌의 안이 쓰고 어디 쓰리요. 지금 쳔자 도적의게 잡피여 명지경각이라. 순식간의 득달ᄒ야 쳔자를 구원ᄒ라."

쳔사마는 본디 쳔상으셔 타고 온 비룡이라. 치질을 안이ᄒ고 졍셜만 ᄒ되 벼룡의 조화라. 제 가난 디드로 두워도 순식간의 몃쳘이을 갈 줄 모로난디 ᄒ믈며 제 임자 급혼 말로 졍셜ᄒ고 산호치로 치질ᄒ니 엇지 안이 급피 갈가. 눈 혼번 끔작이며 황셩 밧긔 얼는 지너여 번슈가의 다다르니, 잇쩌 쳔자는 빅사장의 업더지고 혼담은 칼을 들고 쳔자를 치랴 ᄒ거늘 원슈 이 쩌를 당ᄒ미 평상의 잇난 긔력과 일셩의 질은 호통을 진력ᄒ여 댜 지르니 쳔사마도 평싱 용밍이 이 쩌예 다 부리니 변화 조흔 장셩검도 삼십삼쳔⁴ 어린 조화 이 쩌예 다 부리고 원슈 닷난 압푸 귀신인들 안이 울며 강산도 문어지고 ᄒ희도 뒤눕난 듯 혼빅인들 안이 울리요. 혼신이 불빗 되야 벽역갓치 소리ᄒ며 왈,

"이 놈 졍혼담아 우리 쳔자 히치 말고 니의 칼을 네 바드라."

ᄒ난 소리의 나난 짐싱도 쩌러지고 강신하빅 넉실 이러 용납지 못ᄒ거든 졍혼담의 혼빅인들 안이 가며 감담이 셩홀손야. 호통소리 지너난 고디 두 눈이 캉캄ᄒ고 두 귀가 먹먹ᄒ야 탓던 말 둘너타고 도망ᄒ야 가랴다가 형산마 썩구러져 빅사장의 쩌러지니 창검을 갈나들고 원슈를 바우거늘⁵ 구만 쳥쳔 구름 속의 번기칼리 언듯ᄒ며 한담의 장창디겸 부셔지니 원슈 달여드러 혼담의 목을 산 치로 자바들고 말게 너려 쳔자 압푸 복지ᄒ니, 이 쩌 쳔자 빅사장의 업더져셔 반승반사 긔졀ᄒ야 누엇거늘 원슈 붓자바 안치고 졍신을 진졍 후의 복지 주왈,

"소장이 도적을 흡몰ᄒ고 혼담을 사로잡아 말게 달고 왓난이다."

쳔자 황망중의 원슈란 말을 듯고 별덕 이러 안져보니 원슈 복지ᄒ야쩌늘 달여들어 목을 안고,

³ 졍셜(丁說) : 단단히 타일러 말함.

⁴ 삼십삼쳔(三十三天) : 불교에서 욕계(欲界)를 33개로 구분하여 이르는 말.

⁵ 바우거늘 : 겨누고 있으니.

"네가 일정 츙열인야? 졍흐담은 어디 가고 네가 엇지 예 왓난야. 나는 죽게 되야 쩌니 네가 와셔 살이도다."

원슈 젼후수말을 아른 후의 한담의 머리를 푸러 손의 가마들고 도셩의 드러오니,

이 씨 오국 군왕이 셩즁의 드럿다가 한담이 사로잡펴단 말을 듯고 황겁흐야 도 셩의 드러 셩즁보화 일등미식을 탈취흐고 황후와 퇴후와 퇴자를 사로잡여 수리 우 의 놉피 실코 본국으로 들어가고 업난지라.

(중략)

이 씨 강승상이 쳐자를 싱각흐야 잠을 못 자니 몸이 곤흐야 조으더니 쯧박기 원 슈 오시란 말의 놀너어 드러오니 원슈 왈,

"이게 강낭자 안이오닛가? 강낭자 살아왓난이다."

승상이 이 말을 듯더니 졍신이 아득흐야 쳔지가 캄캄한지라. 원슈 이별홀 쩌 셔 로 주던 신표를 너여 노코 상고흐니 일호[6]도 의심이 업난지라. 승상이 낭자의 목을 안고 궁글며 왈,

"닉 짤 경화야! 쳥수의 죽엇다더니 혼빅이 사라왓나 쑴이냐 싱시냐 너의 낭군 유 츙열이 와쓰니 소식 듯고 차자왓냐. 우리집이 쏘이 되어 양유쳥쳥 푸린 가지 빈터 만 나마쓰니 실푼 마음 엇지 다 진졍흐리."

원슈 낭자를 보고 흐난 말이며 셰셰졍담을 엇지 다 긔록홀가.

이 씨 장부인이 닉동원의 잇다가 이 기별을 듯고 급피 나와보니 낭자 고부지예 로 문안흐고 살아난 말삼을 자상이 흐니 장부인이 손을 잡고 왈,

"셰상 스룸이 고상이 만튼하나 우리 고부 갓탈손냐."

(중략)

원슈 젼후 사연을 낫낫치 긔록흐야 나라의 장계흐고 길을 쩌나 올식 장부인은 금덩[7]을 타고, 강낭자와 조낭자는 옥교를 타고 좌우로 모시고, 강승상은 수리 타고 오국 사신이 모셔난디, 원슈는 일광주 용인갑의 장셩검을 들고 디완마상 놉피 안자 오마디로 힝군흐야 완완이 나오니 그 거동과 그 영화는 쳔고의 처음이라. 게양역을 지너여 쳥수가의 다다르니 소부인 죽던 고시라. 원슈 승상을 위흐야 영능 티슈 밧 비 불너 제물을 작만흐야 승상을 주인 삼고 조낭자는 집사 되야 원슈는 축관되고 독축흐며 통곡흐난 말리 회슈의 모친 제사홀 쩌와 다름 업더라.

6 일호(一毫) : 한 가닥의 터럭. 아주 조금.

7 덩 : 공주나 옹주가 타던 승교(乘轎)

▌ 맥락

(1) 서사 단락

① 창해국 사신 임경천이 영웅의 출생을 예언하다.

② 정언 주부 유심이 부인 장씨와 함께 남악산에서 기자치성하여 천상에서 적강한 유충렬을 낳다.

③ 토번과 가달의 침입에 대해 유심이 기병을 반대하자 정한담, 최일귀가 유심을 참소하여 유심이 유배되다.

④ 정한담과 최일귀가 충렬 모자를 제거하려 하였으나 장 부인이 꿈에 계시를 받고 도망하다.

⑤ 충렬 모자가 도피하다가 회수에서 사공에게 잡히어 유충렬은 물에 던지어지고 장부인은 사공의 아들 마철에게 잡혀가다.

⑥ 장 부인이 마철을 속여 탈출하여 천신만고 끝에 이 처사의 집에서 거하다.

⑦ 유충렬이 남경 상인들에 의해 구원되어 전(前)승상 강희주가 유충렬을 데리고 가서 자신의 딸 강낭자와 혼례를 치르게 하다.

⑧ 강희주가 유심을 구하기 위해 상소를 했다가 유배되고 유충렬은 강낭자와 헤어지다.

⑨ 강희주의 부인 소씨가 청수에서 투강(投江)하여 죽고 강낭자는 창가(娼家)로 떨어져 기생의 수양딸이 되나 수절하다.

⑩ 유충렬이 현실을 도피하려고 산으로 들어가다가 백룡사의 노승을 만나 수련하다.

⑪ 천자가 기병하였으나 정한담과 최일귀는 적에게 항복하여 도리어 천자를 공격하다.

⑫ 유충렬이 갑주와 창검을 얻고 천사마를 얻어 출전하는데 천자가 정한담에게 항복할 위기를 맞다.

⑬ 유충렬이 출전하여 최일귀를 베고 정한담과 대적하여 정한담의 여러 간교(奸巧)를 극복하다.

⑭ **정한담이 유심을 이용하려 하나 통하지 않자 유충렬을 유인하여 천자를 곤경에 빠뜨리다.**

⑮ **유충렬이 정한담을 사로잡고 호왕이 유심과 태자 등을 잡아 철수하다.**

⑯ 유충렬이 호국을 무찔러 태자와 황후를 구출하고 유심과 상봉하다.

⑰ 유충렬이 강승상 부녀를 구하기 위해 호국으로 출전하여 마철 형제를 베고
　　강승상과 잡혀간 백성들을 구하여 귀환하다가 장 부인과 상봉하다.

⑱ **수절하고 있던 강낭자와 상봉하고 투강(投江)했던 소부인의 제사를 지내다.**

⑲ 유충렬이 부귀영화를 누리다 하늘로 올라가다.

(2) 전승 맥락

　　<유충렬전>의 창작 배경으로는 다음과 같은 사항들을 고려해 볼 수 있다. 첫째,
중세적인 질서의 위기가 심각한 문제로 등장하고 있다는 점이다. 조선 사회는 봉건
적 지배체계를 확립하고 합리화하기 위하여 충(忠), 효(孝), 열(烈)과 같은 주종적(主從
的) 가치규범을 구축하였다. 하지만 임병양란을 통해 지배계층의 현실적 난국 타개
에의 무력성이 폭로되었으며, 서민대중이 자기능력의 가능성을 시험하는 계기가 되
었다. 그러자 군림해오던 정치, 사회, 종교, 윤리적인 카리스마는 이제 그 허상을 차
츰 드러냈다. 이러한 인식은 <유충렬전>에서도 천자의 무능함, 국가의 존립을 위
태롭게 하는 지배층의 당쟁 등으로 나타나고 있다. 둘째, 이원론적(二元論的) 주기론
(主氣論)이 송시열(宋時烈, 1607~1689)의 사상과 연결된다는 점이다. 이이, 송시열
등이 이기 철학에서 '음양의 대립, 군자와 소인의 대립이 필연적이며 그 대립에서
군자가 약해지고 소인이 강해지지만 천리(天理)가 없어질 수 없기 때문에 군자의 정
론이 이기게 된다'라고 주장한 이원론적 사상 구조가 작품에 반영되어 나타난다.
셋째, 전쟁 묘사 수법과 정쟁의 면모 등이 임란 전에 들어온 <삼국지연의>, <설인
귀정동>을 비롯한 중국 소설의 그것과 유사하다는 점이다.

　　<유충렬전>의 창작연대는 구체적인 자료가 발견되지 않는 한 추정의 단계를 벗
어나기 어렵다. 다만 <유충렬전>이 단락소를 완전하게 구비한 영웅소설의 전형적
인 틀을 갖추고 있다는 점, 경판본이 없고 완판본만 존재한다는 점, 현존하는 이본
이 대부분 1900년대 언저리를 벗어나지 않고 있다는 점 등을 추가로 고려해보았을
때, <유충렬전>의 창작 연대는 19세기 중엽을 상회하지 않는 것으로 보는 것이 온
당할 것이다.

　　지금까지 확인된 <유충렬전> 이본은 필사본 45종, 방각본 6종, 활자본 7종 등
총 58종에 이른다. 필사본은 김동욱(27종), 국립도서관(5종), 정문연(8종), 조동일(2
종), 서울대학교(2종), 고려대학교 도서관(2종)에 소장되어 있으며, 방각본은 모두 완
판본으로 국립도서관(4종), 정문연(2종)에 소장되어 있다. 활자본은 1913년 덕흥서림
(德興書林)을 비롯하여 광동서국(光東書局), 경성서적조합(京城書籍組合), 회동서관(匯東
書館), 광한서림(廣漢書林), 대창서원(大昌書院) 등에서 간행되었다. 이 중 덕흥서림에

서는 13판이나 간행하였는 바, 당시 <유충렬전>의 인기가 대단했음을 알 수 있다. 이본 간 내용상의 차이는 거의 없어서 서후대본일수록 극적인 효과를 강조하는 차원에서 약간의 변개가 이루어지고, 천자에 대한 불손한 표현과 잔인한 표현 등이 점차 사라지는 경향이 있다.

▌쟁점 : <유충렬전>의 갈등과 정서 · 의식

영웅소설에는 영웅의 일대기 구성이 이원론적 세계관과 결합되어 나타난다. <유충렬전>에서는 그 결합이 여타 작품에 비해 더 두드러진다. <유충렬전>의 주된 갈등은 유충렬과 정한담 일파의 갈등인데 이는 서두에 있는 유충렬의 탄생을 예고하는 삽화와 유충렬의 태몽을 통해 예비된다. 천상 백옥루 잔치에서 자미원의 대장성과 익성 간에 대결이 벌어졌고 그것이 지상에서 유심 일파와 정한담 일파로, 결국 유충렬과 정한담 일파의 대결로 이어지고 있기 때문이다. 그렇다면 유충렬의 시련과 대결은 이미 천상의 사건에 의해 정해져 있는 것이 된다. 유충렬의 시련이 일방적으로 부과되고 있다는 점과, 대결 구조가 관념성을 띠며 당위적 결과로 이어지고 있는 점도 이와 관련된다.

유심과 정한담의 대결은 조공을 바치지 않는 토번과 가달을 정벌할 것인가의 여부를 놓고 벌이는 대결이다. 병자호란 시의 주전론과 주화론을 연상케 하는 대결이다. 이때 상대 정파를 역심을 품은 자들로 몰아감으로써 결국 한 가문의 몰락을 가져 오게 하는 것은 현실감 있는 설정이라 볼 수도 있다. 상대 정파를 악인으로 몰아가는 논리 전개나 정쟁으로 실세한 계층이 권력 회복에 대해 갖는 꿈 등은 조선후기의 정치 현실에 바탕을 두었을 수 있기 때문이다. 하지만 정한담 일파가 극단적인 반역을 하는 간신으로 설정됨으로써 선악(善惡)이 분명해지고 결국 기존 체제를 복원하는 것으로 작품이 끝이 난다. 그것은 이미 천상에 의해 예비되어 있던 것의 지상적 구현이었던 것이다.

<유충렬전>에는 몰락한 양반층의 의식이 반영되어 있다고 한다. 유심과 정한담이 정책 대결을 벌이는 모습은 병자호란 때의 조정, 나아가 조선 후기 당쟁의 현실을 떠올리게 한다. 또한 정한담이 극단적인 반역을 함으로써 간신으로 규정되기는 하지만 간신을 물리치고 나라의 안정을 되찾아야 한다는 의식은 조정의 신하로서 지녔을 법한 충(忠) 의식에 토대를 둔다. 유충렬이 부친의 이념을 이어받아 가계를 계승하고 입신양명 해야 한다는 강박감 역시 양반층의 의식에 해당한다. 작자는 몰

락한 양반 가문의 일원이었을 가능성이 높은데, 이러한 의식이 상상력을 매개로 하여 작품에 투영되었다는 것이다.

반면, <유충렬전>은 당대 하층의 정서가 담겨 있는 대중적 소설로도 읽을 수 있다. 유심이 정한담의 정벌론을 반대하는 근거로 제시한, 가련한 백성의 삶을 돌아보아야 한다는 말에는 오히려 전쟁에 대한 하층의 소박한 의식이 반영되었다고 볼 수 있기 때문이다. 또한 충과 효는 당대 하층 역시 긍정적으로 인식한 바이다. 특히 유충렬은 지혜나 지식으로 다른 사람을 굴복시키는 것이 아니라 혼자서 용력을 동원하여 저돌적으로 활약한다. 이는 민중적 의식과 더 친연성이 높다. 유충렬과 모친의 고난과 헤어진 가족들의 상봉도 하층의 정서에 입각해 있다. 다만 모친에게 고난이 집중되는 것은 유충렬이 영웅의 형상을 띠고 있기 때문인데 이를 통해 유충렬의 고난을 간접화하여 제시하기 위한 것이라 볼 수 있다. 결국 작품 후반부에서는 헤어졌던 가족들이 모두 재회한다. 강낭자의 모친 소부인에게는 제사를 올린다. 가족의 재회는 조선 후기 여러 전란이나 학정으로 인해 고난에 처했던 당대 하층민의 소망이 반영된 것이기도 했다. 전쟁이나 학정으로 인해 가족 이산을 경험한 그들에게 가족은 삶의 마지막 보루였던 것이다.

■ 꼼꼼히 읽기 : 인기의 비결 — '감성'과 '가족주의'

<유충렬전>은 우리나라 대표적인 영웅소설의 하나로, 조선 후기 소설의 상업화라는 소설 발전의 토대 위에서 독서 대중의 요구에 부응하여 이루어진 통속소설이다. 앞서 언급했다시피 <유충렬전>의 이본은 무려 58종에 이르며, 이는 그만큼 대중들에게 인기가 많았다는 증거가 된다. <유충렬전>의 인기의 비결은 무엇이었을까? 여러 가지 원인을 이야기 할 수 있겠지만, 분명한 것은 작품의 전반에서 끝없이 독자의 '감성'을 자극하고, 우리 민족이라면 지나칠 수 없는 '가족'의 이야기를 애절하게 그리고 있다는 점이다.

작품의 곳곳에서 등장인물들은 대노(大怒)하고 방성통곡(放聲痛哭)한다. 자신의 위치나 상황을 고려하기보다 감정을 앞세우고 있는 것이다. 천자부터 그 지위에 걸맞지 않게 방정맞은 모습을 보인다. 정한담으로부터 목숨을 빼앗길 위기의 순간을 벗어나자 "네가 일정 충열인야? 정훈담은 어디 가고 네가 엇지 예 왓난야. 나는 죽게 되야쩌니 네가 와셔 살이도다."라고 울며불며 신하인 유충렬에게 안긴다. 유충렬은 분노의 화신이다. '혼신이 불빗 되야 벽역갓치 소리흐며 왈, "이 놈 정훈담아 우리

천자 힛치 말고 니의 칼을 네 바드라."라는 그의 호통에 '짐성도 쩌려지고 강신하빅 넉실 이러 용납지 못'한다. 유충렬의 온 몸이 불빛이 되었다는 표현은 사무친 원망과 분노가 활활 타오르는 불빛으로 온 몸을 휘감으며 분출하고 있음을 비유한 것이다. 강 승상과 강 낭자의 상봉 장면은 그야말로 한바탕 울음바다이다. "너 쌀 경화야! 청수의 죽엇다더니 혼빅이 살아왓나 꿈이냐 성시냐 … 실푼 마음 엇지 다 진정하리."라는 강 승상의 탄식에 서술자는 "세세정담을 엇지 다 긔록홀가."라고 응수한다. 서술자는 인물들의 이러한 감정 폭발에 대해 산천초목, 천지귀신까지 공감한다는 식으로 강조하여 말하고 있다. 작품 전체가 한바탕의 화풀이요 통곡이라고 해도 괜찮을 정도이다. 독자는 그러한 탄식에 공감하면서 인물과 함께 분노하고 슬퍼한다. 조선 후기 서민들의 다사다난한 삶 가운데 배출할 도리가 없어 쌓이기만 했던 묵은 감정들이 작품을 따라가며 발산되고 카타르시스와 같은 희열로 바뀌는 것이다.

<유충렬전>의 또 다른 매력은 '가족주의'에 있다. <유충렬전>의 전반부에서는 유충렬의 영웅적인 면모가 부각되며 군담이 주를 이루는 반면, 후반부에서는 헤어졌던 가족을 다시 찾아 나서고 상봉하는 이야기가 주를 이룬다. 상대적으로 박진감 넘치고 화려한 전반부의 내용과 비교하면 다소 지루하게 느껴졌을 법도 한데, 서술자는 공들여 유심과 장 부인, 강 승상과 강 낭자를 모두 만나게 하고, 그 만남의 장면을 상세히 서술한다. 본문에 수록된 강 승상과 강 낭자의 상봉 역시 그 중 하나의 장면이다.

정한담의 최후에서도 가족주의적인 면모를 확인할 수 있다. 정한담을 장안의 거리에서 처형할 때 백성들은 한담의 상투를 잡기도 하고 신짝으로 귀밑을 때리며 "네 이 놈 정한담아, 너 안이면 니 가장이 죽어쓰며 니 자식이 죽을손야."라고 울분을 터뜨린다. 백성들이 정한담을 원수로 여기는 핵심 이유는 그가 가족 이산의 주범이기 때문인 것이다.

유충렬은 영웅으로서 국가적 사업에 종사하면서도 늘 가족을 의식하며 행동하는 특징을 보인다. 영웅의 임무가 가족의 보호와 가계의 계승에 있다는 생각 곧, 영웅주의가 가족주의에 기초하는 동시에 가족주의를 지향하는 것이 작품을 관통하는 내용이다. 가족주의는 작품 처음부터 끝까지 이야기를 이끌어가는 힘이자 일관되게 추구된 가치이다.

부정적 감정이 편만(遍滿)한 세계를 영웅이 헤집고 다니는 모습이 이 작품의 대중성을 집약하고 있다. 이 모습을 통해 가위눌린 현실 상황에서 논리보다는 감정에 휩싸여 있고 가족만이 삶의 마지막 보루라고 생각하며 살아갔던 서민 대중을 떠올릴 수 있다. 요컨대 <유충렬전>은 조선 후기 서민 대중의 허구에 대한 몰입과 억압된 감정의 분출에 호소하여 대중성을 획득한 소설이라 하겠다.

▋ 감상 : 용상(龍床)에서 떨어진 천자(天子)

중세 시대의 '천자(天子)'는 절대적인 권력이었다. 천자라는 이름대로, 그들은 하늘로부터 내려온 존재로 여겨졌다. 따라서 그들의 의지와 생각은 곧 하늘의 것이었으며, 무조건적으로 복종해야 하는 진리였다. 지배세력들은 물론이거니와 백성들 역시 이를 당연하게 여겼다. 순진한 백성들은 풍년마저도 자신들의 노고가 아닌 천자의 은혜로 돌리며 그들의 만수무강을 기원했다. 천자의 명령이라면 국가를 위해 목숨을 내놓기도 했고 간혹 이해가지 않는 일이 있어도 '나라님이 하시는 일이라면…'하고 수긍했다. 하지만 이러한 사고는 서서히 변화하기 시작했다. 그리고 임진왜란과 병자호란이라는 결정적인 사건을 거치면서, 백성들은 천자를 하늘(天)에서 끌어내리기 시작했다.

조선 후기 민중들의 의식을 반영하고 있는 <유충렬전>에서도 천자는 매우 희화화되어 나타난다. 나라를 송두리째 빼앗길 뻔한 위기를 겪고 나서도 유충렬의 힘만 믿고 잠드는 한심한 모습을 보이다가, 정한담이 쳐들어오자 넋을 잃고 용상에서 떨어진다. 그 때부터라도 일어나 저항해도 시원치 않을 판에, 옥새만 겨우 챙겨 도망가다가 붙잡혀 백사장에 거꾸러진다. 정한담이 항서를 쓰라고 윽박지르자 고작 한다는 말이 '항서를 쓰려고 해도 붓이 없다.'라는 구차하고 옹색하기 짝이 없는 변명이다. 만고의 충신이자 영웅인 유충렬에 의해 천자의 나라는 다시 평화를 되찾지만, 천자를 향한 민중들의 불신과 분노는 작품의 결말 이후에도 사그라지지 않았을 것이다.

오늘날 많은 국가는 대의 민주주의를 선택하고 있다. 우리나라를 비롯하여 언론의 자유와 표현의 자유가 보장되는 국가에서는, 국민들이 대통령을 비롯한 정치인들에 대해 비판, 혹은 비난하는 모습을 쉽게 볼 수 있다. 천자는 이미 수 세기 전에 땅으로 떨어졌음에도 불구하고, 여전히 하늘에 있는 것처럼 행동하는 위정자들은 여지없이 민중들의 공격을 받는다. 그들의 본분과 위치를 상기시키며 바르게 나라를 이끌어가도록 하기 위함이다. 이처럼 우리는 <유충렬전>을 통해 영웅을 비추는 화려한 스포트라이트 뒤에서 관객들의 싸늘한 시선을 받고 있는 천자의 모습을 볼 수 있다.

▌ 연습

1. <유충렬전>에 반영된 의식이 몰락양반층의 것인지 하층민의 것인지 각각 근거가 되는 부분을 작품에서 찾아보자.

2. <유충렬전>과 <주몽신화>를 비교할 때, 각각의 작품이 조선 후기 영웅소설과 건국 신화라는 점을 고려하여 '유충렬'과 '주몽'이 어떤 차이점을 보이는지 서술해 보자.

▌ 참고문헌

강상순(1991), 「영웅소설의 형성과 변모 양상연구」, 고려대학교 석사학위논문.
박일용(2003), 『영웅소설의 소설사적 변주』, 월인.
서대석(1985), 『군담소설의 구조와 배경』, 이화여대출판부.
신재홍(2010), 「<유충렬전>의 감성과 가족주의」, 『고전문학과 교육』 20, 한국고전문학교육학회.
조동일(1977), 『한국소설의 이론』, 지식산업사.

제3장

조웅전

작자 미상

* 출처 : 완판 104장본, 작자 미상, 이헌홍 역주, 『한국고전문학전집23 조웅전/적성의전』, 고려대학교 민족문화연구소, 1996.

할 셰 업셔 **혹순**으로 샹ᄒ야 근근니 차즈간니 좌우 산천은 ᄒ눌의 다흔 듯ᄒ고 가온디 광활ᄒ여 열여논디 **슈천 병마진롤 치고 위임이 츙숑갓거롤** 원슈 고리 여겨 은신ᄒ고 살펴보니 남디니로셔 흔 스람을 결박ᄒ야 디흐의 꿀리고 크게 꾸지져 왈,

"너는 송실지죄목[1]이요 셰디식녹지신[2]니라. 쇽젹여손[3]ᄒ고 직겨놀픔[4]ᄒ야 니목지쇼호[5]와 심지지쇼락[6]롤 네 혼자 즐거ᄒ니 너 부족다ᄒ고 억ᄒ심장으로 역젹니 되단말가? … 무지흔 빅셩들도 네 고기를 구ᄒ돈지라."

ᄒ며 슈리 우의 놉피 달고 명픽를 완연리 다라시되 '역젹 니두병'니라 디셔 특즈ᄒ여 박으로 나오거늘 원슈 칼을 들고 쇼위롤 우리갓치 ᄒ며 달려들러 디로 왈,

"역젹 니두병아, 목롤 들의어 니 칼을 바들라."

ᄒ고 친니 목니 마흐의 날려지거늘 비를 질너 허치니 과연 스롬은 안니요 위닌[7] 롤 만들려 셩용 글려논지라. 비록 위닌니라도 쾌낙흔지라. 장젼의 나아가며 왈,

"소장은 **젼죠 츙신 아모의 아들**의옵던니 국오지닌으로 불고니 참셕ᄒ야 쌰온니 죄사무셕이로소리다."

진즁 졔닌니 츠언롤 듯그 닐시예 디경질식ᄒ야 원슈롤 붓거려 당숭의 안치고,

"그디 엇지 잔명롤 보젼ᄒ야스며 틱즈 존망과 쇼식을 아논다."

원슈 답왈,

"두병이 환을 면ᄒ시고 시방 긔체 알영ᄒ시니다."

ᄒ니 만좌 졔닌니 다경 즐식ᄒ시고 일시예 ᄒ당ᄒ여 공즁을 샹ᄒ야 복지스비 왈,

"황쳔니 명감ᄒ야 오늘날 우리 디왕의 알영ᄒ신 소션을 듯스온니 니졔 죽다 무숨 한니 닛스올닛가?"

ᄒ며 무슈리 즐겨ᄒ겨늘 원슈 문왈,

"좌즁 졔공롤 아니 못ᄒ옵건니와 니고디 긔회[8]는 무슴 닐리닛가?"

---

[1] 송실지교목(宋室之喬木) : 송나라의 기둥이 되는 신하.

[2] 세대식녹지신(世代食祿之臣) : 대대로 국가의 녹을 먹은 신하.

[3] 속적여산(粟積如山) : 곡식을 산같이 쌓아놓음.

[4] 직거일품(職居一品) : 직책은 일품에 거함.

[5] 이목지소호(耳目之所好) : 눈과 귀가 좋아하는 것. 좋은 것과 듣기 좋은 소리.

[6] 심지지소락(心志之所樂) : 마음과 뜻이 즐거워하는 것.

[7] 우인(偶人) : 허수아비.

[8] 기회(期會) : 정기적인 모임.

9 불기회자(不期會者) : 약속
않고 모인 사람.

10 기포(棄暴) : 행동을 마
음대로 마구 취하고 스스로
자신을 돌보지 않음.

11 소질(小姪) : '조카'의 겸
사말.

흐디 흐 빅슈 노닌니 원슈의 손룰 잡고 눈물을 흘녀 왈,

"슈라. 네 얼려서 니별하여신니 엇지 알니요! 나는 네 모친의 스촌니요 너의 셩명은 왕티슈라. 네 얼려서 니별ᄒ여신니 엇지 알니요! 우리는 두병의 난을 만나 각긔 도망ᄒ엿던니 슈월 젼의 닐리 긔회홀쏘 피난ᄒ엿쓴 닌민니 우리 소식을 듯고 **불긔회ᄌ**⁹ 오천 닌나라. 예적 쥬무왕니 벌쥬홀 씨여서 달름니 엄는지라. 엇지 반갑지 안니ᄒ니요? 연니나 아직 용병지장도 만나지 못ᄒ고 천시만 질달니던니 금닐 츠스논 모든 츙신니 쥬야 분을 니긔지 못ᄒ여 겨슷 두병의 형용을 그려 위닌를 만들려 우션 분을 덜고ᄌ ᄒ미라. 다시 뭇ᄂ니 너는 어디 가 장셩ᄒ며 틱ᄌ와 네 모친은 어디 져시며 두병의 긔피¹⁰을 엇지잇지 면ᄒ여시며 틱ᄌ롤 엇지 구환ᄒ엿ᄂ요?"

원슈 다시 복지 통곡 왈

"소질¹¹니 살아 다시 만나보오니 니졔 죽다 여ᄒ니 닛스올닛가."

(중략)

니적의 원슈 힝군ᄒ여 셔쥬 짜 졔양슨 ᄒ의 릴은니 졔양슨 집픈 골로 흔 장슈 엄신갑룰 닙고 장충룰 들고 군ᄉ 삼빅 긔룰 거나려 나와 원슈 마ᄒ의 복지 쥬왈,

"소장은 **젼죠 츙신 강글의 아들 빅**리옵던니 니두병의 난룰 만나 부친룰 닐코 쥬야 망극ᄒ외 실허ᄒ옵던니 약간 용망니 닛씁괴로 병셔롤 보와 군ᄉ 슈빅긔룰 어더 천시룰 지달리옵던니 천힝으로 원슈 오시다 ᄒ미 고디ᄒ옵던니 오날날 숭봉ᄒ온니 엇지 반갑지 안리ᄒ리요? 발리옵건디 진즁의 닛습짜가 승격 니두병의 머리룰 베허 디숑룰 회복ᄒ옵고 부친의 웬슈룰 갑풀가 바라난니다."

원슈 디희ᄒ야 강박의 손을 잡고 닐너 왈,

"그디 부친니 졔양되의셔 틱ᄌ룰 모셔 닛거늘 닐니닐니 구ᄒ야 위국으로 모셔 왓난니 긔후는 안령ᄒ신지라. 그디논 조금도 근심치말나."

흐디 빅니 니 말룰 듯고 닐희닐비ᄒ야 실허ᄒ물 마지 안니ᄒ더라. 원슈게 무슈니 치스ᄒ니라.

닐려글려 불긔회ᄌ 십만의 각가온지라. 셔쥬룰 쳐들니 간니 셔쥬 자스 위질더 삼천 졍긔룰 거나리고 진룰 치고 질룰 막건날 원슈 디로ᄒ야 션본장 강빅를 불너,

"그디 나아가 디젼ᄒ면 오날 지조을 시험ᄒ리라."

강빅니 응셩 출마ᄒ야 장충을 놉피 들고 젹진의 나아가 크게 웨여 왈,

"나는 션봉장 강빅니라. 젹장은 빨리 나와 목룰 늘리여 내의 날낸 칼룰 바드라."

(중략)

"죠웅이 일·니·숨디룰 다 버희고 즛쳬 드려오온니 복원 황승은 급흔 환룰 막그쇼셔."

ᄒᆞ여거늘, 황제와 졔신니 황황 질식ᄒᆞ야 황졔 졔신를 도라보와 왈,

"경 등은 비계를 ᄡᅥ 너어 닉의 근심를 덜나."

ᄒᆞ신더 졔신니 흡쥬 왈,

"닐터 등 숨형졔논 출쳔지장[12]니라. 지혜 용믕이 범승치 안니 ᄒᆞ온더 조웅의 숀의 죽여 ᄡᅥ온니 이졔는 무ᄉ 업습고 장양지장니 업ᄉ온니 이졔 황복ᄒᆞ올만 갓지 못ᄒᆞ올가 ᄒᆞᄂᆞ이다."

ᄒᆞ더라.

문득 셔관장니 격셔를 올니거늘 황졔 졔신으로 팅견[13]ᄒᆞ신니 그 셔의 ᄒᆞ엿ᄡᅮ되,

"중국 더ᄉᆞ마 더원슈 겸 의병장 조웅은 격셔를 니두병의겨 부치ᄂᆞ니 하날이 날을 명ᄒᆞᄉᆞ 너를 죽여 만민를 안정ᄒᆞ고 송실를 회복고져 ᄒᆞ엿ᄉᆞ미 마지 못ᄒᆞ야 의병 팔십만를 거ᄂᆞ이고 반격의게 격셔를 젼ᄒᆞᄂᆞ니 족키 당젹 ᄒᆞᆯ가 시푸거든 ᄲᆞᆯ니 나와 더젹ᄒᆞ라. 만일 둘려옵거든 황복ᄒᆞ야 잔명를 보젼ᄒᆞ라."

12 출천지장(出天之將) : 하늘이 배출한 장수.

13 탁견(坼見) : 열어 봄.

▌맥락

(1) 서사 단락

① 조웅이 좌승상 조정인의 유복자로 태어나다.

② 조웅이 나이 7세 때 송 문제가 조웅이 충효를 겸함을 보고 후일에 등용할 것을 약속하고, 이두병은 황제가 조웅을 사랑하심을 보고 근심하다.

③ 송 문제가 붕어(崩御)함에 이두병이 스스로 황제라 칭하고, 태자를 계량도로 유배 보내다.

④ 조웅이 이두병을 비난하는 글을 자신의 이름을 밝힌 채 경화문에 써 붙이다.

⑤ 조 승상이 조웅의 모친인 왕 부인의 꿈에 나타나 조웅 모자가 이두병의 화를 피해 도망하다.

⑥ 조웅 모자가 선동의 도움으로 강을 건너 계량섬 백자촌으로 들어가 계량 태수의 부인 집에서 지내다.

⑦ 이두병의 추적과 도적떼의 침입으로 조웅 모자가 유랑하며 그 고난이 가중되다.

⑧ 조웅이 조 승상과 인연이 있던 월경대사를 만나 대사에게 글과 술법을 배우다.

⑨ 조웅이 15세가 되어 하산하여 세상을 돌아다니다가 화산도사를 만나 삼척검을 얻고, 화산도사의 권유로 철관도사를 만나 술법과 육도삼략을 배우고 용마를 얻다.

⑩ 조웅이 모친을 보러 가던 도중 위나라 장 진사 집에 머물다가 장 소저의 거문고를 통소로 화답한 후 혼약을 정하고 신표를 남기다.

⑪ 철관도사의 지시로 위나라로 향하는 중에 관서장군 황달과 위 부인 월랑의 원혼을 만나 갑주와 칼을 얻다.

⑫ 위나라와 번국과의 싸움에서 위왕을 도와 승리하고, 위기에 처한 송 태자를 구하기 위해 떠나다.

⑬ 위나라로 가는 도중 번왕의 계책으로 위태로워지나 역대 충신들과 송 문제가 현몽하여 위기를 알리다.

⑭ 조웅이 천명도사의 서신으로 위기를 모면하고, 대국으로 가던 중 계량도로 태자의 사약을 들고 가던 사신을 만나 죽이다.

⑮ **조웅이 학산에서 왕렬을 비롯한 전조 충신들을 만나 이두병에 대적할 무리를 모으고, 이두병은 조웅을 잡기 위해 군사를 일으키다.**

⑯ **초야 인민들과 전조 충신의 아들 강백이 조웅을 도와 전쟁에서 승리하다.**

⑰ 위나라에 있던 태자 일행이 황성으로 돌아와 이두병과 다섯 아들, 조정 간신들을 처벌하다.

⑱ 조웅이 번국의 왕에 봉해져 선정을 베풀다.

(2) 이본 현황

<조웅전>은 '영웅의 일생'이라는 전형적인 서사 문법을 따르고 있으면서도, 전체의 내용 중에서 군담 못지않게 애정담이 상당한 비중을 차지하고 있다는 특성으로 인하여 과거 남성 독자층뿐만 아니라 여성 독자층에도 폭넓게 애독되었을 것으로 생각된다. 조웅과 장소저가 부모의 허락 없이 만나 혼전 관계를 맺고 서로의 장래를 약속한다는 점, 부모를 포함한 주변인물들이 이들의 사사로운 결연을 별다른 반대 없이 인정한다는 점 등은 여타의 영웅소설에서는 찾아보기 힘든 내용들이다.

이 작품은 오늘날까지도 매우 많은 이본이 전해온다. 방각본은 완판 16종, 경판 6종, 안성판 1종이 전한다. 완판본 16종은 모두 上·二·三의 세 권으로 이루어져 있는데, 이를 장수(張數) 중심으로 정리해보면 104장본(33·33·38), 88장본(33·33·22), 96장본(36·38·22), 91장본(32·30·29)의 5종으로 구분된다. 경판본은 30장본, 20장본, 17장본, 16장본 등 4종의 판본을 확인할 수 있으며, 그 외에 22장본, 21장본도 있다 한다. 전체적으로 보면 완판본은 경판본에 비해 세부묘사가 풍부하며 삽입 가요 또한 질과 양의 측면에서 더욱 다채롭게 나타난다고 할 수 있다.

이본의 계통을 논하는 데 있어 중요한 참고가 되는 것은 필사본이라 할 수 있다.

<조웅전>의 경우 그 인기도를 반영하듯 필사본이 적잖이 발견된다. 가령 한국정신문화연구원(現 한국학중앙연구원)에서 펴낸 ≪한국고소설목록≫(1983)의 예를 들어 보더라도 30종이 수록되어 있다.

소설의 이본이 이토록 많다는 것은 이 작품의 인기도를 짐작케 해주는 것이라 할 수 있다. 그래서 민간에는 심지어 '일조웅(一趙雄) 이대봉(二大鳳)'이라는 말조차 유전되었을 정도이다. 이는 <조웅전>이 으뜸이요, <이대봉전>이 버금이라는 뜻이다. <조웅전> 이본들에 대하여 앞으로 남겨진 과제는 소재 불명의 판본들의 발굴 및 나아가 아직까지 판본 검토가 전혀 이루어지지 않은 작품군들에 대한 비교 분석 작업이라 하겠다.

▌ 쟁점 : 영웅(군담)소설의 창작 배경과 〈조웅전〉

조윤제(1959)는 『국문학개설』에서 군담을 제재로 한 소설들이 ①임병양란 후에, ②민족적 의기를 고취하고, 적개심을 일으키기 위하여, ③<삼국지연의>의 영향을 받아 창작되었다고 한 바 있다. 그 후 서대석(1971)에서는 이에 대해 다음과 같은 의문점을 제시하였다.

첫째, 임병양란 후 민족적 의기를 고취하고 적개심을 분발하기 위해 군담소설을 창작했다면 왜 충신과 간신의 갈등과 대립이 작품 전개의 중심이 되어야만 하는가, 또한 작품 속에 등장하고 있는 전쟁의 면모가 실전과는 판이하게 다른 까닭은 무엇인가 하는 이의를 제기한 것이다. 그리고 실사(實史)를 허구화한 <임진록>·<임경업전>·<박씨전>과 같은 작품들은, 소설 속의 등장인물들이 실제 역사상에서 활동한 훨씬 후대, 즉 임병양란으로부터 상당한 기간이 경과한 때에, 민중들에 의해서 전설화하고 영웅화되어 이루어진 작품들임도 지적하였다.

둘째, 군담소설과 <삼국지연의>를 대비하면 다음과 같은 차이가 분명히 존재한다는 점이다. 먼저 군담소설은 개인의 일생기적 작품이요 가정 중심이며 남녀 간의 애정이 주요한 주제로 다루어지고, 전쟁이 개인의 초인적 능력에 의하여 좌우된다. 이에 비하여 <삼국지연의>는 국가의 흥망기요 국가 중심이요 연애가 거세되고, 전쟁은 일종의 용병전이요 용장(勇壯)보다는 모사(謀士)가 우위에 선다는 것이다.

기존 견해들을 참조할 때 <조웅전>의 창작 연대 및 그 배경에 대해서는 다음과 같이 추정해 볼 수 있다. <조웅전>은 <유충렬전>과 달리 기자치성 및 태몽 대목이 없다. 그러나 <유충렬전>만큼은 아니지만 천상계와 지상계의 이원론적 구성을 갖추고 있고 서사적 흥미와 긴장감 역시 잘 갖추고 있어서 18세기 초반에 몰락 양반에 의해 창작된 것으로 추정된 바 있기도 하다. 그러나 근래에는 19세기에 창작되었을 가능성이 더 높다고 보고 있다. 이러한 견해는 작품 속에서 조웅이 이두병을 비난하는 괘서를 경화문에 써 붙이는데 이러한 괘서사건은 18세기부터 나타나 19세기에 이르러 집중적으로 증가했다는 점, 조웅이 의병과 함께 활동하는 부분에는 19세기 접어들어 홍경래란과 진주민란과 같은 대규모 전쟁이나 민란의 동향이 반영되었다고 볼 수 있다는 점 등이 그 근거들이다. 여기에다 <조웅전>은 구성에 있어 통속적 창작 기법에 잘 드러나는데 이는 19세기 이후 소설의 상업화와 전문작가의 출현과 관련이 있으리라는 것이다.

▋ 꼼꼼히 읽기 : <조웅전>의 서사적 특성

<조웅전>은 <유충렬전>과 달리 기자치성과 태몽 대목이 없다. 부친 조정인이 이두병의 참소를 받자 자결해버림으로써 조웅은 유복자로 탄생하는 것이다. 이러한 설정은, 유충렬의 경우 부친의 대리 대결적 성격을 지니는 것과 달리, 조웅 스스로의 의지에 의해 정적과 대결하는 양상을 초래한다. 조웅이 정적의 반역성을 인식하고 괘서를 직접 써 붙이는 것도 이와 관련된다. 결국 조웅의 정적인 이두병이 역성혁명을 일으켜 반역적인 인물임이 드러나면서 조웅은 적대자로서 그를 분명히 의식하고 충의의 이념을 더 강하게 밀고 나갈 수 있게 되었다. 조웅이 부친의 죽마고우인 위왕을 돕는 것은 정적이 천자가 되어 있는 상황에서 외적의 편에 설 수도 없고 정적을 도와 외적을 무찌를 수도 없는 서사적 설정상 필요한 것이었다.

조웅의 주체적 영웅으로서의 면모가 강화됨으로써 다음과 같은 현상도 함께 나타났다. 첫째, 여성과의 결연에 있어서 적극적인 태도로 임한다는 점이다. 조웅은 수련을 마치고 돌아오면서 장진사집에 투숙하다가 거문고 곡조를 듣고 직접 장소저의 거처로 들어가 결연을 맺는다. 이는 유충렬이 걸식하며 떠돌다가 강희주를 만나 그 딸과 결연하는 것과는 다른 설정이다. 둘째, 군담의 비중이 높다는 점이다. 3권으로 되어 있는 완판본의 경우 2, 3권에 특히 군담이 많이 등장한다. 이는 현재의 천자가 조웅의 정적으로 설정된 서사구조상의 이유와, 주인공의 호쾌한 승리를 가져다 주는 군담의 흥미를 확장하려는 작자의 의도에 기인한다고 볼 수 있다. 셋째, 조웅 모자의 수난도 <유충렬전>과 달리 혹독하지는 않다. 최소한 모자 간에는 분리되고 있지 않기 때문이다.

하지만 <조웅전>에서 역시 여타 영웅소설처럼 초월적 존재가 개입하고 있다. 꿈 속에서 조승상의 지시로 조웅 모자가 다시 만난다든지, 월경대사와 철관도사가 조웅을 도와 준다든지 하는 설정들이 그러하다. 또한 한 영웅에 의해 현실의 문제가 당위적 차원에서 해결되고 있다는 점 역시 여타 영웅소설과 동일한 설정이다.

▌감상 : 영웅(Hero)을 넘어 리더(Leader)로

영웅의 사전적 의미는 '지혜와 재능이 뛰어나고 용맹하여 보통 사람이 하기 어려운 일을 해내는 사람'이다. 부정적인 현실을 극복하고 이상(理想)을 구현하는 존재가 바로 영웅인 것이다. 조선 후기 영웅소설의 흥행 역시 이와 밀접한 관련이 있다. 민중들은 피폐한 현실 속에서 자신들을 구원해 줄 영웅을 간절히 바랐을 것이고, 그들의 바람이 유충렬로, 소대성으로, 조웅으로 나타났을 것이다.

여러 영웅소설의 주인공 중에서도 조웅은 특이한 성격을 지닌다. 기자치성과 태몽이 없이 태어난 존재이며, 홀로 모든 전쟁을 이겨내는 것이 아니라 민중들과 함께 한다는 점이 그것이다. <조웅전>에는 조웅과 거의 대등하게 활약하는 강백이라는 장수가 함께 등장하기도 하며, 황성에 가까울수록 수많은 민중들이 합류한다. 결코 조웅 혼자만의 힘으로 모든 문제 상황을 타개(打開)할 실력이 없어서가 아니다. 그는 여러 도사를 통해 많은 수련을 쌓았으며 하늘의 보검과 갑주까지 갖춘 영웅이다. 그럼에도 불구하고 조웅이 보여주는 '민중의 대표'로서의 영웅의 모습은, 당시 민중들이 생각하는 진정한 영웅에 대한 생각이 반영된 결과일 것이다.

물론 홀로 모든 난관을 극복하는 영웅의 활약은 멋지다. 보는 이로 하여금 쾌감과 전율을 일게 하며, 대리 체험을 통해 카타르시스를 느끼게 한다. 그러나 조금만 더 현실적으로 생각해 보면, 사실 그러한 영웅은 존재하기 어렵다. 혼자보다 팀을 이루어 행동할 때 더 많은 것을 성취할 수 있고, 더 큰 영향력을 지닐 수 있다. 과거보다 훨씬 더 복잡해지고, 과학기술의 발달로 전 세계가 연결된 현대 사회에서는 더더욱 팀이 필요하다. 이러한 측면에서 생각해 볼 때, 조웅이 갖는 탁월함은 뛰어난 영웅성(hero)보다는 감화력을 지닌 리더(leader)라는 데에 있다.

'리더'는 '목표의 달성이나 방향에 따라 어떤 조직이나 단체를 이끌어 가는 중심적인 위치에 있는 사람'이다. 영웅과 마찬가지로 한 개인을 지칭하는 말이다. 그러나, 리더라는 말에서 우리는 단지 그 한 사람만 떠올리지는 않는다. '중심적인 위치에 있는' 리더의 곁에는 필연적으로 '주변적인 위치'에 있는 사람들이 있기 마련이다. 리더라는 말에는 그와 뜻을 함께 하고 돕는 조력자들의 존재가 느껴진다. 그렇기 때문에 오늘날의 복잡한 사회 속에서도 리더는 막강한 영향력을 행사할 수 있다.

어떤 대학의 슬로건도 '시대의 영웅'을 찾지 않는다. '리더'가 되라고 강조하고, 리더십(leadership)과 멤버십(membership)에 대해 가르친다. 번개의 신도, 천재 과학자도, 세계 최고의 스파이나 막강한 힘의 괴물도, '어벤져스(avengers)'라는 팀을 이루어 활동하는 세상이다. 영웅을 넘어 리더로, 이것이 <조웅전>이 현재를 살아가는 우리에게 주는 메시지가 아닐까 싶다.

▍ 연습

1. <조웅전>에 나타나는 영웅상과 <유충렬전>에 나타나는 영웅상을 비교하여 서술해 보자.

2. <조웅전>이 나타나는 다양한 조력자들을 찾아보고, 그 조력의 양상을 여타 영웅소설의 경우와 비교해 보자.

▍ 참고문헌

박일용(2003), 『영웅소설의 소설사적 변주』, 월인.
서대석(1971), 「군담소설의 출현동인 반성」, 『古典文學硏究』 1, 한국고전문학회.
서대석(1985), 『군담소설의 구조와 배경』, 이화여대출판부.
성현경(1973), 「女傑小說과 『薛仁貴傳』: 그 著作年代와 輸入年代·受容과 變容」, 『국어국문학』 62-63, 국어국문학회.
전성운(2012), 「<조웅전> 형성의 기저와 영웅의 형상」, 『語文硏究』 74, 어문연구학회.
조윤제(1959), 『국문학개설』, 동국문화사.
조희웅(2009), 『조웅전』, 지식을만드는지식.

제 4 장

박씨전(朴氏傳)

작자 미상

* 출처 : 한글 필사본, 김기현 역주, 「박씨전」, 『한국 고전문학전집 15』, 고려대학교 민족문화연구소, 1995.

일일은 승상이 계화다려 무러 왈,

"이스이는 너의 아씨 무슴 일을 ᄒᆞᆫ다?"

계화 엿즈외되,

"ᄂᆞ무를 심으시고, 소비는 물 쥬기예 골몰ᄒᆞᄂᆞ이다."

승상이 구경코져 하여 계화를 짜라 후원 협실의 드러가니, 과연 ᄂᆞ무를 심어 무성ᄒᆞ엿는디, 그 나무가 사면의 버러 용과 범이 슈미를 응ᄒᆞ엿고, 가지와 입흔 비암과 각식 짐싱이 되어 셔로 응ᄒᆞ여 보기 엄숙ᄒᆞ고 운무 즈욱ᄒᆞᆫ 듯ᄒᆞ며, 오리 셔셔 이윽이 보니 그 가온디 풍운조화 잇셔 변화무궁ᄒᆞᆫ지라. 쪼한 협방을 보니 문 우희 현판을 붓쳐시니, 호왈 피화당이라 ᄒᆞ여거ᄂᆞᆯ, 승상이 박씨를 보고 문왈

"져 나무는 무어시며, 피화당이란 말은 웃지헌 말인요?"

박씨 대왈,

"길흉화복은 셰상의 쩟쩟ᄒᆞᆫ 일이요, 일후 불힝헌 ᄍᆡ를 만나면 져 나무로 피화를 면ᄒᆞ올 터이옵기로 당호를 피화당이라 ᄒᆞ엿ᄂᆞ이다."

승상이 그 말을 듯고 놀납고 의시너여 길흉을 므른디, 박씨 디왈

"황송ᄒᆞ오나 뭇줍지 마옵쇼셔. 그 ᄍᆡ를 당ᄒᆞ오면 즈연 알으실이다. 천긔를 누셜치 못ᄒᆞᄂᆞ이다."

(중략)

이윽ᄒᆞ여 그 여인이 줌을 깁히 드니, 두 눈을 쓰니, 쓰는 눈의셔 불썽어리 니다러 방안의 둥굴면셔 슘소리 집안의 가득헌지라.

부인이 이러ᄂᆞ 그 힝장을 펴보니 아모것도 업고, 다만 비슈 ᄒᆞᄂᆞ 잇셔 쥬홍으로 쇠엿시되 비연도[1]라 ᄒᆞ엿더라. 그 칼이 행장 밧게 ᄂᆞ와 졔비 되어 방안의 날며 부인게 침범코져 ᄒᆞ거늘, 부인이 미운 지를 쌱리니 변화치 못ᄒᆞ고 쩌러지거

1 비연도(飛燕刀) : 비수의 일종.

늘, 부인이 그 칼을 들고 그 여인의 비 우의 안즈며 크게 소리하여 왈,

"긔홍디야, 네 좀을 씨여 나를 보라!"

ㅎ는 소리의 긔홍디 놀ㄴ 씨여 눈을 쩌보니 부인이 칼을 들고 빈 우의 안졋는디, 몸을 요동헐 길이 업는지라. 긔홍디 놀ㄴ 디답ㅎ여 왈,

"부인이 엇지 소녀를 아시ㄴ니잇가?"

부인이 칼노 긔홍디의 목을 견우면셔 꾸지져 왈,

"네 호왕놈이 가달의 난을 맛ㄴ 우리 승상이 구ㅎ여 계시미, 은혜 갑기는 시로예 도로혀 우리나라를 도모코자 ㅎ니, 너 갓튼 요피흔[2] 연을 보너여 나를 시험코즈 ㅎ니, 이 칼노 너를 몬져 베혀 분ㅎ물 풀니라."

ㅎ고 호통ㅎ니 위염이 츄상 갓튼지라.

(중략)

이쩌 박씨 일가 친척을 다 모하 피화당의 피란ㅎ는지라. 호장 용골디 졔 아오 율디로 ㅎ여곰

"장안을 직희여 물식을 슈습ㅎ라."

ㅎ고, 군ㅅ를 모라 남한산셩의 에워ㅆ는지라.

용율디 장안을 웅거ㅎ여 물식을 츄심ㅎ니 장안이 물 쓸 틋ㅎ니, 슬기를 도망ㅎ여 죽는 스룸이 무슈ㅎ더라. 피화당의셔 피란흔 사룸들이 이 말을 듯고 도망코즈 ㅎ거늘, 박씨 왈

"이졔 장안 스면을 도젹이 다 직히엿고, 피란코져 헌들 어디로 가리요 이곳에 잇시면 피화헐 도리 잇스리니 염녀 말나."

ㅎ드라.

잇짜 율디 빅여 귀를 거느려 우상의 집을 범ㅎ여 인물을 슈탐ㅎ드니, 니외 젹젹ㅎ여 뷘 집 갓거늘, 츳츳 슈탐ㅎ여 후원의 드러가 술펴보니 왼갓 긔이헌 슈목이 좌우의 버러 무셩ㅎ엿거늘, 율디 고히 역여 주셔이 술펴보니, 나무마다 용과 범이 슈미를 응ㅎ여 가지마다 비암과 짐싱이 되여 쳔지풍운을 일우며, 슬긔 가득ㅎ여 은은헌 고각소리 들니는디, 그 가온디 무슈헌 스룸이 피란ㅎ엿거늘, 율디 의긔양양ㅎ여 피화당을 겁칙ㅎ여 달녀드니, 불의예 하날이 어두우며 흑운이 주옥ㅎ고 뇌졍병녁이 진동ㅎ며, 좌우 젼후의 버렷든 나무 일시의 변ㅎ여 무슈헌 갑옷 입은 군시 되어 졈졈 에워ㅆ고, 가지와 입히 화ㅎ여 긔치창검이 되여 상셜 갓트며, 함셩소리 쳔지 지동ㅎ는지라. 율디 디경ㅎ여 급히 니다라 오랴 흔즉, 발셔 칼 갓튼 바회 놉기는 쳔여 장이ㄴ ㅎ여 압흘 가라와 겹겹이 둘너ㅆ니, 젼여 갈 길이 업는지라.

율디 혼빅을 이러 아모란 줄 모르더니, 방안으로 한 여인이 칼을 들고 나오면셔

쑤지져 왈,

"너는 엇더헌 도젹이완디 이러헌 중지의 드러와 죽기를 지쵹ㅎ는다?"

율디 합장비례 왈,

"귀딕 부인의 뉘신지 아직 못ㅎ거니와, 덕분의 술녀쥬옵소셔."

답왈,

"ᄂᆞ는 박부인의 시비여니와, 우리 아씨 명월부인이 조화를 베푸러 너를 기ᄃᆞ린 지 오린지라. 너는 극흔 도젹이라. 쌜니 목을 느리여 닉 칼을 바드라."

▌ 맥락

(1) 서사 단락

① 박 처사가 이득춘의 아들 이시백과 자신의 딸을 혼인시키고자 이득춘을 통해 청혼하고, 이득춘이 승낙하여 이시백과 박씨가 혼인하다.

② 혼례 후 이시백이 추한 얼굴 때문에 박씨를 박대하다.

③ **박씨는 후원에 피화정을 마련하여 시종 계화와 거처하다.**

④ 박씨가 이득춘의 조복을 뛰어난 솜씨로 지어내어 이득춘이 임금의 칭찬을 받고, 이득춘이 말을 사고 되팔게 하여 많은 돈을 벌게 하다.

⑤ 박씨가 이시백에게 연적을 주어 장원 급제하게 하나 이시백은 여전히 박씨를 박대하다.

⑥ 박씨가 친정인 금강산에 다녀오고, 그간의 액운이 다했다는 박처사의 예언대로 허물을 벗고 미색(美色)이 되어 이시백과 화합하다.

⑦ 이시백이 임경업과 명나라에 가서 가달을 물리치고 환국하다.

⑧ **호왕이 이시백과 임경업을 죽이기 위해 자객 기홍대를 보냈으나 박씨가 물리치다.**

⑨ 박씨의 조언으로 이시백이 호란에 대비할 것을 상소했으나 김자점의 반대로 무산되다.

⑩ 호란이 발발하여 남한산성이 포위되고 세자와 대군이 호국으로 잡혀가게 되다.

⑪ **박씨의 시비인 계화가 피화당에 침범한 용율대를 죽이다.**

⑫ 박씨는 용율대를 뒤따라온 호장들과 용골대의 항복을 받아 내다.

⑬ 임금이 박씨의 조언을 듣지 않은 것을 후회하며 그 공을 치하하고, 이시백 일가는 90세까지 번창하며 부귀영화를 누리다.

(2) 형성 맥락

<박씨전>은 형성 과정에 영향을 준 설화가 있다는 연구가 일반적이며, 작품의 구조와 관련하여 전반부와 후반부에 각각 다른 내용이 합쳐져 창작되었다고 보는 견해와 유기적으로 짜여진 하나의 내용이라고 보는 견해가 있다.

<박씨전>에 영향을 주었다고 논의되는 작품을 내용별로 구분해 보면 추녀 설화, 여장군 설화, 의로운 기녀 설화가 있다. 추녀 설화로는 나씨부인 설화, 경문왕혼인 설화, 녹족부인 설화 등이 있고, 여장군 설화로는 여장군 양씨 설화, 이괄부인 설화 등이 있으며, 의로운 기녀설화로는 논개 설화, 계월향 설화, 김면 설화 등이 있다. 또한 이외에 『삼국사기』의 열전에 나오는 온달이야기, 설씨녀 이야기와 복진 며느리 유형의 민담 등이 거론되기도 했다. 또 『구비문학대계』에 채록된 자료 중 남이 장군, 사명당과 세 여자, 한문단편인 길녀, 검녀 이야기 등이나 남편보다 현명하지만 난관을 지닌 아내인 우부현녀(愚夫賢女) 설화를 소재의 근원으로 보기도 하였다.

한편, <박씨전>의 형성 과정에 있어 작품의 구조에 대한 논의들이 있다. <박씨전>의 구조가 전반부와 후반부로 나누어지는 이질적 관계라는 것에 주목하여 각각 다른 두 이야기가 결합되어 형성된 것으로 보는 연구는 전반부를 추녀박씨탈갑행운담(醜女朴氏脫甲幸運談)이라 하고, 후반부를 병자호란구국영웅담(丙子胡亂救國英雄譚)이라고 소제목을 붙여 구별하였다. 이에 반해 <박씨전>이 전기적(傳記的) 서사양식에 따른 일반적인 단일 소설구조를 가지고 있다고 보는 연구에서는 출생과 혼인, 장원급제, 죽음에 이르기까지 이시백을 중심으로 한 일정한 구조를 찾을 수 있다고 보았다. <박씨전>의 전후반부에서 동일한 구조로 갈등이 반복되고 있으며 작품 전후반부가 박씨가 거처하는 피화당(避禍堂)을 매개로 긴밀한 관련을 가지고 있음을 나타낸다고 보는 것이다.

■ 쟁점 : 반청의식을 야기한 주체

<박씨전>은 박씨라는 여성 영웅을 중심으로 진보한 여성 의식을 드러낸 작품이라는 평가가 일반적이다. 또 전란의 아픔을 상상에서나마 여성의 힘으로 타개한다는 구성은 그 자체로 의미를 지니며, 실제로 많은 연구자들이 이에 대한 분석을 하며 작품의 위상을 보다 공고히 해 왔다. 하지만 이와 같은 기존의 견해들은 주로 텍스트를 통해 드러나 있는 상상되고 기억된, 표면적 요소들에만 관심을 기울인 연구였다는 점에서 한계가 있다는 지적이 있다. 기존 연구자들의 시각에서 연구가 누적되면서 연구 시각의 편향성이 점차 가중되고 있다는 것이다. 이러한 문제점을 극

복하고 텍스트 해석에 새로운 시각을 확보하기 위해서는, 무엇보다 먼저 텍스트를 통해 드러나고 있는 사태나 사건에 대한 해석과 더불어, 당대의 사회 분위기를 고려한 분석이 필요하다.

<박씨전>은 전란의 아픔에 대해 상상적 위안을 도모한 작품이다. 병자호란을 극복하는 영웅으로 박씨라는 허구적 여성 인물을 내세운 점은 기존 연구대로라면 당대 여성의식이 진일보한 결과일 것이다. 당대 민중의 염원을 구현하고 있는 인물을 박씨라고 보는 것이다. 그러나 작품 자체에는 드러나지 않는 당대 상황과 연결지어 이 점을 해석하면, 여성인 박씨를 영웅으로 내세운 점은 새롭게 해석될 수 있다.

전란은 개인은 말할 필요도 없거니와 국가적 차원에 있어서도 가장 심각한 위기 상황 중 하나이다. 그러나 전란이 일어났을 때 위정자들은 영웅을 원하면서도, 동시에 원하지 않는다. 영웅의 출현으로 인해 전란의 위기가 다소 소강상태에 접어들면, 영웅의 비범한 능력이 자칫 자신들의 정치적 입지를 무너뜨리지 않을까 두려워하는 것이다. 오늘날 성웅이라고 칭송되는 이순신의 전란 중 이력을 상기해 보면, 우리는 국가와 영웅 사이에 꽤나 심각한 알력이 존재함을 쉽게 알 수 있다.

병자호란도 비극적 영웅을 탄생시킨다. 바로 역사의 가장 극적인 격변기를 온몸으로 겪어냈던 임경업이다. 사실 그에 대한 평가는 단일하지 않으나, 실록의 기록을 통해 볼 때, 영웅들의 출현을 갈망할 수밖에 없었던 민중들에게 임경업은 자신들을 구원해 줄 영웅이었다. 하지만 조정에서는 반청 의식과 병자호란으로 추락한 조정에 대한 반감을 묶기에 가장 적합한 인물이 임경업이라고 여겼다. 이러한 역사적 정황 속에서 역사적 인물들은 권력과의 갈등 속에 사라지는 경우가 많았다. 이 지점에서 <박씨전>에 등장하는 여성 영웅은 새롭게 의미를 갖는다. 병자호란에서의 굴욕적인 패배로 상상에서나마 그 상황을 설욕하고 위안하고자 했던 <박씨전>에서 여성을 영웅으로 등장시킨 것은 의도적일 수 있기 때문이다. 여성 영웅을 등장시킨 것은 남성보다 권력과의 힘겨루기에서 상대적으로 자유로울 수 있기 때문은 아닐까? 역사적 패배를 상상적인 차원에서나마 극복하기 위해서는 비범한 영웅의 출현이 필수적이므로, 상상적 설욕을 위해 박씨라는 허구적인 여성 주체를 등장시켜 텍스트의 지향을 충족할 수 있는 기반을 확보했던 것이다.

반청의식은 주로 병자호란으로 인해 생긴 민중의 감정으로 해석되어 왔지만, 기존의 민중들이 가졌던 반청의식을 더 강화하는 역할을 허구적 작품인 <박씨전>이 해냈을 수도 있다. 반청의식이 침략에 대한 민족 감정의 표출이라기보다는 오히려 당대의 위정자들이 확산시키고자 했던 일종의 이데올로기적 담론으로도 판단할 수 있는 새로운 시각이 존재하는 것이다.

▌꼼꼼히 읽기 : 구원의 공간인 피화당(避禍堂)

박씨는 남편인 이시백이 자신과 함께 거처하기를 꺼리자, 이득춘에게 부탁해 집안에 자신이 머물 거처를 따로 마련한 뒤 '피화당'이라고 이름 붙인다. '피화당'은 말 그대로 '화'를 피하는 공간이다. 집안 식구들은 '피화당'을 박씨가 온 집안 식구의 냉대와 질시를 피해 잠시 시름을 잊을 수 있는 공간이라고 여겼으나, 사실 '피화당' 그 이상의 의미를 지닌다. '피화당'은 박씨에게 닥친 고난을 극복할 수 있도록 하는 공간이며, 박색을 미색으로 변신시켜 부부의 화합을 도모한 공간이다. 그리고 결말에 이르러서는 호국의 침입을 물리치고 우리 민족을 구원하는 장소로서 기능까지 하고 있다. '피화당'은 박씨에게 일어난 개인적·국가적 고난을 극복할 수 있게 하는 치유의 공간인 것이다.

<박씨전> 속에서 패배한 전쟁인 병자호란의 참상을 극복하는 사람은 허구적 인물인 박씨와 박씨의 시비이다. 영웅적인 능력으로 구원자 역할을 하는 존재가 허구적 존재인 박씨와 그의 시비 계화이듯, 승리와 구원이 이루어지는 것 또한 실제 공간이 아닌 허구적인 공간에서만 가능하기 때문일 것이다. 이 허구적 공간인 피화당은 패배의 기억을 승리의 기억으로 바꾸는 구원의 공간으로서 존재한다.

다음은 박씨가 이득춘에게 이 '피화당'의 의미를 설명하는 부분이다.

> "길흉화복은 세상의 쩟쩟흔 일이요, 일후 불힝헌 씨를 만나면져 나무로 피화를 면흐올 터이옵기로 당호를 피화당이라 흐엿누이다."

피화당은 애초에 병자호란의 화를 피하기 위해 만들어진 공간이다. 박씨는 병자호란이 일어나기도 훨씬 전에 이득춘에게 부탁하여 후원에 피화당을 짓는다. 그리고 온갖 나무를 심어 진을 만든다. 이 별당은 그 설정 자체가 풍운조화를 예견하고 있으며, 박씨의 말대로 피화당은 병자호란이 일어나자 구원의 공간이 되었다.

병자호란이 일어나기 전, 호국에서는 이시백과 임경업을 죽이기 위해 자객 기홍대를 보낸다. 박씨는 기홍대가 올 것을 대비하여, 이시백에게 기홍대를 피화당으로 보낼 것을 부탁한다. 그리고 박씨는 이곳에서 기홍대를 제압한다.

> 부인이 이러느 그 힝장을 펴보니 아모것도 업고, 다만 비슈 흐느 잇셔 쥬홍으로 식엿시되 비연도라 흐엿더라. 그 칼이 행장 밧게 느와 제비 되어 방안의 날며 부인게 침범코져 흐거늘, 부인이 미운 지를 쑤리니 변화치 못흐고 쩌러지거늘, 부인이 그 칼을 들고 그 여인의 비 우의 안즈며 크게 소리하여 왈,

기홍대가 잠입할 것을 천기를 보고 미리 눈치 챈 박씨는 독한 술을 준비해 놓고 그녀를 만취하게 만든다. 기홍대가 잠이 들자 박씨가 행장을 뒤졌는데, 비연도라는 비수가 제비로 변하여 그녀를 공격하였다. 이에 박씨는 매운 재를 뿌려 비수를 땅에 떨어지게 만든 뒤 기홍대 역시 제압한다. 천기를 읽는 능력과 더불어 도술 능력을 발휘한 것이다.

그리고 박씨는 병자호란이 일어나자 호군이 침입하기 전 일가친척을 모아 피화당에 피난했다. 박씨가 피화당을 침범한 호군을 물리치는 데에 이르러서는 그 능력이 더욱 신묘하다. 박씨가 부채를 한번 휘두르자 공중에 무지개가 일어나고 비와 바람이 부는 동시에 눈과 얼음이 날려, 호군이 한 발자국도 움직이지 못한 것이다. 그리고 피화당에 용율대의 무리가 침범하자, 피화당의 수목들은 군사들처럼 적으로부터 박씨 가족을 지켜낸다.

> 불의에 하날이 어두우며 흑운이 주옥하고 뇌정병녁이 진동하며, 좌우 전후의 버렷든 나무 일시의 변하여 무슈헌 갑옷 입은 군시 되어 점점 에워싸고, 가지와 입히 화하여 긔치창검이 되어 상셜 갓트며, 함성소리 천지 지동하는지라. 율디 디경하여 급히 니다라 오랴 혼즉, 발셔 칼 갓튼 바회 놉기는 천여 장이느 하여 압흘 가라와 겹겹이 둘너쌋니, 젼여 갈 길이 업는지라.

율대의 무리가 침범하자, 피화당의 수목들이 모두 진법을 이루어 하늘에도 흑운이 가득하고 뇌성벽력이 진동하며, 좌우에 늘어선 나무들이 모두 갑옷 입은 군사가 되고 가지와 잎이 창검이 되어 함성 소리가 천지에 진동한다. 결국 용율대는 항복하고, 박씨의 시비인 계화에게 목이 잘려 문 밖에 내걸리는 신세가 된다. 이어 용골대가 동생의 복수를 위해 피화당을 침범하지만, 피화당은 수백의 기병은 물론, 불로도 침범할 수 없었다.

허구의 공간인 피화당은 실제 병자호란이 일어났던 강화도와 남한산성의 대척점으로 설정되어 있는데, 이곳은 안전한 피난처로 인식되었다. 기병이 주를 이루는 청군이 강화도까지는 들어오지 못할 것이라고 예상했던 것이다. 그러나 살아남기 위해 피란을 갔던 사람들은 강화도에서 실제로 끔찍한 죽음을 맞이했다. 힘없는 여성들의 순절도 이어졌다. 실제와는 달리 <박씨전>에서는 피화당에서 이렇게 안타깝게 죽어간 여성들을 살려냈다. 그렇기 때문에 피화당을 "상상의 복수가 가능했던 치유의 공간이며 전쟁으로부터 완벽하게 안전한 공간"(조혜란, 2004)으로 볼 수 있는 것이다. 박씨 부인의 개인적 은신처로 시작해 전쟁을 승리로 이끄는 기반으로 거듭나고, 전쟁에서 가장 먼저 버려지는 여성들의 피난처이자 안식처가 된 피화당은 그 당시 전쟁의 고통으로 힘들었던 많은 사람들, 특히 여성의 삶을 치유하는 구원의 공간으로서 의미가 있었을 것이다.

▌ 감상 : 미(美)에 대한 인식

추한 외모의 박씨는 혼인 첫날부터 남편 이시백으로부터 소박을 당하고, 시댁 가족들에게 냉대와 멸시를 받는다. 이러한 이시백에게 이덕춘은 부녀자에게 중요한 것은 외모가 아닌 부덕(婦德)임을 거듭 강조하였다. 조선 시대에 미색(美色)에 대한 남성들의 관심은 일종의 미혹이나 방탕으로까지 치부하는 것이 당시의 일반적인 분위기였다.(이원수, 2000) 이러한 점을 들어 이덕춘이 이시백을 꾸짖었으나, 이시백이 박씨를 대하는 태도는 여전히 냉랭했다.

보통의 남성을 대변하는 인물로서 이시백은 여성이 반드시 갖추어야 할 덕목으로 부덕도 있지만, 원만한 부부관계를 유지하기 위해서는 여성의 미모 또한 갖추어야 할 부분이라고 본다. 박씨가 뛰어난 능력으로 부덕을 행하지만, 허물을 벗고 미색이 되기 전까지 이시백이 박씨를 계속해서 박대한다는 점에서 이 점은 확연히 드러난다. 박씨가 비범하고 신이한 능력으로 주위의 인정을 받았음에도 불구하고, 허물을 벗고 미색이 되기 전까지는 남편과 시댁 가족들과의 관계를 극복하지 못하고 여전히 냉담한 관계를 유지할 수밖에 없었다. 추한 외모는 아무리 능력 있는 여성이어도, 그 능력으로 뜻을 펼치기 힘든 한계로 인식되었던 것이다.

이시백은 박씨가 친정에 다녀온 후, 절대가인(絶代佳人)의 외모로 바뀌자 박씨에게 한눈에 반한다. 그리고 그동안 자신이 박씨를 박대했던 것을 사죄하기 위해, 박씨를 만나고자 계속해서 피화당을 배회하는데 그 장면은 매우 애처롭기까지 하다. 이러한 이시백의 태도에서 겉으로는 부덕을 강조하면서도, 실제로는 여성의 외모를 매우 중요하게 여기고 외모를 통해 사람의 됨됨이까지 파악하는 당대 조선 사회 남성들의 이중적인 허위의식을 짐작할 수 있다.

'아름다운 여성의 외모'가 사회적으로 혹은 남성의 시선에서 중요시되었다는 점은 조선시대 소설에서도 찾아볼 수 있다. <소현성록(蘇賢聖錄)>에는 개용단(改容丹)이라는 약이 등장하는데, 이 약을 먹으면 자기가 되고자 하는 사람의 얼굴이 될 수 있다. <소현성록(蘇賢聖錄)>의 여부인은 남편의 사랑을 받고자 하나, 그 욕망이 충족되지 않는다. 그래서 개용단이라는 약을 이용하여, 남편의 사랑을 받는 부인들로 얼굴을 바꾸고 남편의 사랑을 받고자 한다. 개용단이 아름다움을 위한 도구로 사용되며, 남편의 사랑을 갈구하는 욕망을 채워주는 것이다. 이렇게 소설 속에 개용단이라는 허구의 약이 등장했다는 점은 조선시대의 대중들에게도 아름다운 외모에 대한 욕망, 혹은 자신이 원하는 바대로 변신하고자 하는 욕망이 잠재되어 있었음을 짐작해 볼 수 있게 한다.

현대 사회도 아름다움에 대한 인식이 이전과 크게 다르지 않다. 심지어 지나칠 정도로 아름다움에 대해 집착하는 경향을 보인다. 최근에는 루키즘(lookism)이라는 신조어가 생겼다. 'look'과 'ism'이 합성된 단어로 외모에 대한 집착이 지나쳐, 외모가 개인 간의 우열뿐 아니라 인생의 성패까지 좌우한다고 믿는 경향을 말한다. 외모가 연애·결혼 등과 같은 사생활은 물론 취업·승진 등 사회생활 전반까지 좌우한다고 믿어 많은 현대인들은 외모를 가꾸는 데 많은 시간과 노력을 기울이고 있다.

이러한 아름다움과 변신의 욕망은 어디에서 오는가? 인간의 변신 욕망은 만족하지 못하는 현실의 삶을 초월할 수 있다는 상상력에서 오는 것이다. 그러나 이러한 변신의 요소는 대체로 박씨전의 박씨, 조선시대 소설에서의 개용단, 현대의 루키즘 현상 등을 아울러 고려해 볼 때 여성의 아름다운 외모에 대한 지향에서 두드러지게 나타난다. '변신'을 욕망하고 '아름다움'을 욕망하는 것, 이 자체는 인간이 가진 근원적인 미적 욕구를 드러내는 요소라는 점에서 대중들의 흥미를 이끌어낼 수 있는 소재인 것은 분명하다. 문학 작품 속에서 손쉽게 인물의 변화를 드러낼 수 있는 요소가 외적인 부분임을 감안하면, 창작의 편의성 측면에서도 유용하다. 그래서인지 이 주제는 지금까지 비판을 받으면서도 끈질긴 생명력을 가지고 살아남았고, 앞으로도 이어질 것이다.

최근에 '몸매가 착하다.', '얼굴이 착하다.'와 같이 '신체적 아름다움'을 '정신적 아름다움'과 동일시하는 표현을 사용하는 경우가 있다. 이러한 표현은 은연중 대상에 대한 외적·내적 평가를 동시에 내포하게 되며, 의미를 받아들이는 쪽은 의도하지 않더라도 중의적 의미로 대상을 해석하게 된다. '몸매가 착하다.', '얼굴이 착하다.'라고 표현하는 동시에, 그 대상의 정신적 측면까지 아울러 평가하게 될 수 있는 것이다.

문학 작품 속에 표현되는 '아름다운 여성의 외모'에 대한 지향도 마찬가지이다. 박씨가 박색(薄色)이었을 때나, 미색으로 변했을 때나 겉모습을 제외하고는 변한 것이 없었다. 그러나 이시백은 박씨가 박색이었을 때는 박씨를 부인으로 인정하지 않았으나, 미색으로 변하자 부인으로 함께하기를 원한다. 이시백에게 박씨는 '얼굴이 착하지 않았다.'가 '얼굴이 착해진 것'이다. 이렇게 '변신'이 '아름다운 외모'로만 귀결되고, 외적인 부분과 동시에 정신적 측면까지 동일시하게 되는 형상화는 독자들에게 자칫 왜곡된 미(美) 의식을 은연중 심어줄 수 있다. 또 삶의 다양한 양상과 측면을 고려한 허구적 형상화가 아닌, 단선적 전개와 결말로 이어지는 구성도 독자의 상상력을 제한하기도 한다. 아름다움을 추구하는 인간의 욕망을 단순하게 '옳다' 혹은 '그르다'로 재단하기는 사실 쉽지 않다. 그러나 이러한 미적 욕구를 문화적으로, 혹은 풍부한 문학적 형상화로 구현해 내는 것은 확실하지 않은가? 단편적인 시각으로 편향되지 않고, 다양한 개성을 두루 기준으로 삼으며 대상을 판단하고 표현하기를 기대해 본다.

▌연습

1. 윗글에 나타난 '피화당(避禍堂)'의 공간적 의미를 서술해 보자.

2. '병자호란'이라는 역사적 사건을 소재로 하고 있는 <박씨전>과 <보기>의 내용상 공통점과 차이점을 서술해 보자.

〈보기〉

또한 강도(江都)의 풍우(風雨) 속에 큰 굴에 해가 쨍쨍하니, 많은 사람들이 절개를 꺾고 제 삶을 도모했거늘, 유독 너는 여자의 몸으로 그 욕을 당함을 부끄럽게 여겨 기꺼이 죽음으로 나아갔으니, 할아버지와 손녀의 절개가 어찌 앞뒤와 남녀 간에 다르리오. 앞에는 그 할아버지가 있고, 그를 이어 이 고자(孤子)[1]가 있으니, 어찌 아름답지 않을까 보냐. 이러므로 너를 천당에 들어가서 만세토록 길이 즐기도록 명하노라.' 했습니다. 그러니 젊은 나이에 혼이 되었다 한들 어찌 한이 되겠습니까? 다만 한스럽게도 백발의 양친과 어린 낭군이 간신히 고기밥을 면하고 풍진 속에 살아남아, 소리는 금슬(琴瑟)처럼 구슬프고 희망은 아침저녁으로 끊어지니, 꽃 지는 봄바람과 오동나무 내리는 가랑비에 이별의 눈물이 언제 마를 것이며 이별의 한은 갑절로 늘어납니다. 그러니 부모를 잊고 자결하는 것은 불효라 말할 수 있고, 낭군을 속이고 먼저 죽은 것은 어질지 못하다 하겠습니다. 아, 내가 지은 죄와 한을 어찌 다 말할 수 있겠습니까?" 하고 울었다.

그 자리의 모든 부인들은 각각의 생각을 펼치지 못하자 어떤 이는 탄식하고, 어떤 이는 눈물을 흘리며, 어떤 이는 통곡하기도 했다. 그 탄식하고 통곡하는 것을 이루 적을 수 없다.

—〈강도몽유록(江都夢遊錄)〉

---

[1] 고자(孤子) : 예전에, 아버지의 상중(喪中)에 있는 사람이 자기를 이르던 일인칭 대명사.

▌ 참고문헌

박송희(2014), 「朝鮮 後期 女性 主導 苦難 克復 古小說 研究」, 경희대학교 국제한국언어문화
　　　　학과 박사학위 논문.

박양리(2015), 「병자호란의 기억, 그 서사적 형상과 그 의미」, 부산대학교 국어국문학과
　　　　박사학위 논문.

서혜은(2010), 「<박씨전>의 통속화 양상과 그 사회적 의미」, 『한국고전여성문학연구』
　　　　20, 한국고전여성문학회.

윤보윤(2013), 「古典小說에 나타난 英雄人物의 類型과 形象化 研究」, 충남대학교 국어국문학
　　　　과 박사학위 논문.

이연화(2011), 「『박씨전』에 나타난 여성의식 고찰」, 『국학연구론총』 8, 택민국학연구원.

이원수(2000), 「박씨전에 나타난 여성관」, 『어문학』 71, 한국어문학회.

이종필(2013), 「朝鮮中期 戰亂의 小說化 樣相과 17세기 小說史」, 고려대학교 국어국문학과
　　　　박사학위 논문.

조은희(2005), 「고전 여성영웅소설의 여성주의적 연구」, 대구대학교 국어국문학과 박사학
　　　　위 논문.

조혜란(2004), 「여성, 전쟁, 기억, 그리고 <박씨전>」, 『한국고전여성문학연구』 9, 한국고
　　　　전여성학회.

제10부 연암소설

광문자전

열녀함양박씨전 병서

호질

제1장

광문자전

박지원

* 출처 : 박지원, 신호열 역, 『연암집』 하, 돌베개, 2007.

광문(廣文)이라는 자는 거지였다. 일찍이 종루의 저잣거리에서 빌어먹고 다녔는데, 거지 아이들이 광문을 추대하여 패거리의 우두머리로 삼고, 소굴을 지키게 한 적이 있었다.

(중략)

집 주인이 광문을 잡아다 꽁꽁 묶으니, 광문이 외치며 하는 말이, "나는 원수를 피해 온 것이지 감히 도적질을 하러 온 것이 아닙니다. 영감이 믿지 못하신다면 내일 아침에 저자에 나가 알아보십시오." 하는데, 말이 몹시 순박하므로 집주인이 내심 광문이 도적이 아닌 줄을 알고서 새벽녘에 풀어 주었다. 광문이 고맙다는 인사를 하고는, 떨어진 거적을 달라 하여 가지고 떠났다. 집주인이 끝내 몹시 이상히 여겨 그 뒤를 밟아 멀찍이서 바라보니, 거지 아이들이 시체 하나를 끌고 수표교에 와서 그 시체를 다리 밑으로 던져 버리는데, 광문이 다리 속에 숨어 있다가 떨어진 거적으로 그 시체를 싸서 가만히 짊어지고 가, 서쪽 교외 공동묘지에다 묻고서 울다가 중얼거리다가 하는 것이었다.

이에 집주인이 광문을 붙들고 사유를 물으니, 광문이 그제야 그전에 한 일과 어제 그렇게 된 상황을 낱낱이 고하였다. 집주인이 내심 광문을 의롭게 여겨, 데리고 집에 돌아와 의복을 주며 후히 대우하였다. 그리고 마침내 광문을 약국을 운영하는 어느 부자에게 천거하여 고용인을 삼게 하였다.

오랜 후 어느 날 그 부자가 문을 나서다 말고 자주자주 뒤를 돌아보다, 도로 다시 방으로 들어가서 자물쇠가 걸렸나 안 걸렸나를 살펴본 다음 문을 나서는데, 마음이 몹시 미심쩍은 눈치였다. 얼마 후 돌아와 깜짝 놀라며, 광문을 물끄러미 살펴보면서 무슨 말을 하고자 하다가, 안색이 달라지면서 그만두었다. 광문은 실로 무슨 영문인지 몰라서 날마다 아무 말도 못하고 지냈으며, 그렇다고 그만두겠다고 말할 수도 없었다.

그 후 며칠이 지나, 부자의 처조카가 돈을 가지고 와 부자에게 돌려주며,

"얼마 전 제가 아저씨 돈을 빌리러 왔다가, 마침 아저씨가 계시지 않아서 제멋대로 방에 들어가 가져갔는데, 아마도 아저씨는 모르셨을 것입니다."

하는 것이었다. 이에 부자는 광문에게 너무도 부끄러워서 그에게,

"나는 소인이다. 장자의 마음에 상처를 주었으니 나는 앞으로 너를 볼 낯이 없다." 하고 사죄하였다. 그러고는 알고 지내는 여러 사람들과 다른 부자와 큰 장사치들에게 광문을 의로운 사람이라고 두루 칭찬을 하고, 또 여러 종실의 빈객들과 공경 문하의 측근들에게도 지나치리만큼 칭찬을 해 대니, 공경 문하의 측근들과 종신의 빈객들이 모두 이야깃거리를 만들어 자기네가 섬기는 분들이 잠을 청할 적에 들려주었다. 그래서 두어 달이 지나는 사이에 사대부들까지도 모두 광문이 옛날의 훌륭한 사람들과 같다는 이야기를 듣게 되었다. 그 당시에 서울 안에서는 모두, 전날 광문을 후하게 대우한 집주인이 현명하여 사람을 알아본 것을 칭송함과 아울러, 약국의 부자를 장자라고 더욱 칭찬하였다.

이때 돈놀이 하는 자들이 대체로 머리꽂이, 옥과 비취, 의복, 가재도구 및 가옥·전장(田庄)·노복 등의 문서를 저당잡고서 본값의 십 분의 삼이나 십 분의 오를 쳐서 돈을 내주게 마련이었다. 그러나 광문이 빚보증을 서 주는 경우에는 담보를 따지지 아니하고 천 냥이라도 당상에 내주곤 하였다.

광문은 사람됨이 외모는 극히 추악하고, 말솜씨도 남을 감동시킬 만하지 못하며, 입은 커서 두 주먹이 들락날락하고, 만석희(曼碩戲)[1]를 잘하고 철괴무(鐵拐舞)[2]를 잘 추었다. 우리나라 아이들이 서로 욕을 할 때면, "니 형은 달문(達文)이다"라고 놀려 댔는데, 달문은 광문의 또 다른 이름이었다.

광문이 길을 가다가 싸우는 사람을 만나면 그도 역시 옷을 홀랑 벗고 싸움판에 뛰어들어, 뭐라고 시부렁대면서 땅에 금을 그어 마치 누가 바르고 누가 틀리다는 것을 판정이라도 하는 듯한 시늉을 하니, 온 저자 사람들이 다 웃어 대고 싸우던 자도 웃음이 터져, 어느새 싸움을 풀고 가 버렸다.

광문은 나이 마흔이 넘어서도 머리를 땋고 다녔다. 남들이 장가가라고 권하면, 하는 말이,

"잘생긴 얼굴은 누구나 좋아하는 법이다. 그러나 사내만 그런 것이 아니라 비록 여자라도 역시 마찬가지다. 그러기에 나는 본래 못생겨서 아예 용모를 꾸밀 생각을 하지 않는다."

"나는 부모도 형제도 처자도 없는데 집을 가져 무엇 하리. 더구나 나는 아침이면

1 만석회(曼碩戲) : 개성 지방에서 음력 4월 8일에 연희되던 무언 인형극.

2 철괴무(鐵拐舞) : 중국 전설상의 팔선(八仙) 중의 하나인 이철괴(李鐵拐)의 모습을 흉내 내어 추는 춤.

소리 높여 노래를 부르며 저자에 들어갔다가, 저물면 부귀한 집 문간에서 자는 게 보통인데, 서울 안에 집 호수가 자그마치 팔만 호다. 내가 날마다 자리를 바꾼다 해도 내 평생에는 다 못 자게 된다."

고 사양하였다.

서울 안에 명기들이 아무리 곱고 아름다워도, 광문이 성원해 주지 않으면 그 값이 한 푼어치도 못 나갔다.

예전에 궁중의 우림아(羽林兒), 각 전의 별감, 부마도위(駙馬都尉)의 청지기들이 옷소매를 늘어뜨리고 운심의 집을 찾아간 적이 있다. 운심은 유명한 기생이다. **대청에서 술자리를 벌이고 가야금을 타면서 운심더러 춤을 추라고 재촉해도, 운심은 일부러 느리대며 선뜻 추지를 않았다.** 광문이 밤에 그 집으로 가서 대청 아래에서 어슬렁거리다가, 마침내 자리에 들어가 스스로 상좌에 앉았다. 광문이 비록 해진 옷을 입었으나 행동에는 조금의 거리낌도 없이 의기가 양양하였다. 눈가는 짓무르고 눈곱이 끼었으며 취한 척 게욱질을 해 대고, 헝클어진 머리로 북상투를 튼 채였다. **광문이 더욱 앞으로 나아가 무릎을 치며 곡조에 맞춰 높으락나지락 콧노래를 부르자, 운심이 곧바로 일어나 옷을 바꿔 입고 광문을 위하여 칼춤을 한바탕 추었다.** 그리하여 온 좌상이 모두 즐겁게 놀았을 뿐 아니라, 또한 광문과 벗을 맺고 헤어졌다.

▌맥락

(1) 서사 단락

① 거지인 광문은 동료를 죽였다는 의심을 받고 어느 집으로 도망하다.

② 집주인은 광문이 동료의 시신을 장사지내는 것을 보고 약국 주인에게 소개하다.

③ 어느 날 약국 주인의 돈이 없어져 광문이 의심을 받는데, 며칠 후 약국 주인의 처조카에 의해 오해가 풀리고, 약국 주인은 광문의 인품을 칭찬하여 그의 이름이 널리 알려지다.

④ 광문은 싸우는 사람을 보면 옷을 벗고 같이 싸우는 체하며 싸움을 말리다.

⑤ 광문은 40세가 넘도록 장가도 가지 않고 분수를 지키면서 물욕 없는 생활을 하다.

⑥ 광문이 기생집에 갔을 때, 세도가 앞에서 도도한 기생 운심이 광문의 장단에 춤을 추면서 함께 어울리다.

(2) 형성 맥락

역사적으로 광문은 1707년 서울에서 국족(이씨)으로 태어났는데, 3차례의 상을 거듭 당하면서 가문이 몰락하여 거지가 되었다. 광문은 외모가 못 생기고 어리석게 보였으나 신의와 의협심이 있고 남을 배려할 줄 알았다. 그는 남의 집에서 사환노릇으로 생계를 유지하기도 하고, 기생들과도 신의를 둔 인간관계를 맺었다. 그런 광문은 51세가 되던 해 삶에 회의를 느껴 서울을 떠나 영남으로 내려갔다가 전국을 유랑하였는데, 7년 동안에 새로운 명성을 얻게 되었다. 광문은 1764년 명성 때문에 이태정의 역모사건에 연루가 되었다. 그는 그의 아들로 사칭한 자근만이나 동생으로 사칭한 달손(이태정) 때문에 함경도 경성으로 귀양을 가게 되었다.

이러한 광문이라는 인물을 다룬 연암의 <광문자전(廣文者傳)>은 『방경각외전(放璚閣外傳)』<자서(自序)>에서 집필동기에 대해 언급하였다. '광문은 궁한 거지였다. 명성이 사실보다 지나쳤던 감이 없지 않았지만 그는 세상의 명성을 좋아하는 사람이 아니었다. 그럼에도 불구하고 형벌을 면할 수 없었다. 하물며 도둑질로 명성을 훔치고, 돈으로 산 가짜 명성을 가지고 다툴 일인가. 이에 광문의 전을 쓴다.'라고 되어 있다. 그런데 이 <자서>는 <광문자전>의 내용만을 대상으로 한 것이 아니라 그 후에 쓰여진 <서광문전후(書廣文傳後)>의 내용도 포함하고 있다.

이가원(1965)은 <서광문전후> 서두에 "내가 18세 때 병이 심하여 밤이면 늘 문하(門下)의 옛 겸인(傔人)들을 불러 여염(閭閻)에 떠도는 기이한 이야기를 채근해 듣곤 하였는데"로 보아 <광문자전>의 소재를 얻게 된 과정이고, 저작 시기는 박기석(2008)이 『과정록』의 근거를 통해 연암이 문장공부에 주력한 20세 이후를 집필 시기로 보고 있다. <서광문전후>는 『방경각외전』의 배열순서로 보았을 때, <광문자전>과 10년 정도 차이가 난다. 즉 <서광문전후>는 <광문자전>이 저술된 수십 년 후에 지어진 것이고, 『방경각외전』의 <자서>도 <서광문전후>를 집필한 뒤에 이루어진 것을 알 수 있다.

<서광문전후>의 내용은 광문이 석방된 후 광문이가 젊었을 때 주먹을 잘 휘둘렀던 '표철주'라는 인물을 만나 과거를 회상하며, 예전에 광문이가 한양의 한량들과 어울리며 기방에 얽힌 일화들이나 서민들의 삶의 모습이다. 또한 <서광문전후>의 종결은 '그 후 광문이 어떻게 되었는지 알 수 없었다고 한다.'라고 되어 있다. 따라서 <광문자전>은 광문의 후일담을 적은 <서광문전후>가 집필됨으로써 한 편의 작품으로 완성된 것이다.

▌쟁점 : 〈광문자전〉은 소설인가?

흔히 연암의 『방경각외전』을 한문단편소설이라 일컫는다. 그 시작은 김태준 (1932)이 경세가인 연암을 문장가, 소설가로 보면서 『열하일기』 속에 있는 〈호질〉 〈허생원전〉, 『연암외전』 속에 있는 〈마장〉 〈민옹〉 〈김신선〉 〈예덕〉 〈양반〉 〈광문〉 〈우상〉 제 편과 기타 〈열녀함양박씨전〉 등을 연암 '소설'로 규정해 놓았 다. 그 이후로 김승호(1999)는 서사성 위주로 삽화를 선별하고 확대할뿐더러 치밀하 나 묘사와 적절한 설명을 통해 연암의 〈광문자전〉을 소설의 영역에 놓았다.

하지만 김일근(1999)은 연암의 단편들이 소설인지 비소설인지에 대한 문제를 제 기했다. '소설'과 '수필(비소설)'이란 대립관계로 즉 Fiction(虛構)과 Non-fiction(事實)의 구분으로 작품의 장르를 구분하였다. 이러한 기준으로 〈광문자전〉은 실존하는 주 인공의 전기를 위주로 서술한 것이어서 문학상 장르를 비허구서사체로 보아 수필 적 장르로 규정하는 견해인 것이다.

이상택(2005)은 한문 단편은 조선 후기의 문헌설화인 야담 가운데 소설에 가까운 작품들을 가리킨다고 했다. 사대부들 사이에서 전해지던 일화를 한문으로 기록한 것이지만, 그 가운데 짜임새 있는 소설적 구성을 갖추고 있는 작품들을 일반적으로 한문 단편이라 부르는 것이다. 이에 연암의 소설은 여기에 해당한다고 볼 수 있다. 연암 자신이 체험한 사실뿐 아니라 세간에 떠돌아다니는 이야기들에서 소재를 취하 여 작품화하였으며, 이것이 다시 유포되어 야담집에 기록되기도 하였기 때문이다.

특히 〈광문자전〉은 '전(傳)'의 형식을 갖추었다. 전은 한 인물의 행적을 짤막하 게 서술한 전통적인 글쓰기 양식이다. 대개 인물 소개−주요행적−인물평의 순서로 구성된다. 서술대상은 주로 충신, 효자 등 모범적인 덕목을 지닌 인물이었다. 전의 중요한 특징 중 하나는 인물평인데, 인물의 행적 요약, 본받을 만한 덕목 제시, 작 가의 최종 평가 등으로 구성된다. 이 과정에서 세상에 대한 작가의 판단이 덧붙여 지곤 한다. 〈광문자전〉은 광문의 외모에 대한 언급, 광문의 일화(운심과의 일화도 포함), 광문의 의로움, 지혜, 평등한 사고 등을 지닌 인물이 서민사회의 최하층에 있 음을 보여주기 위해 서술대상으로 삼았을 것이다. 광문에 대한 인물평은 직접적으 로 드러나지 않지만, 광문의 인물됨을 부각하여 상대적으로 그렇지 못한 양반 사대 부의 각성을 촉구하고자 한 작가의 의도가 보인다.

결론적으로 연암의 한문단편소설은 전을 형식의 기반으로, 야담을 내용의 기반 으로 해서 한문 소설의 수법과 사상을 발전시켰다고 볼 수 있다.

■ 꼼꼼히 읽기 : 인물로 본 연암의 여성인식

소설 속 인물은 이야기를 주도해 나가기 때문에 작가는 인물을 통해 자신의 소설 세계를 펼친다. 인물이 곧 자기 자신은 아니지만 많은 경우에 작가의 대리인이 된다. 연암은 <광문자전>의 광문과 운심에게 자신의 가치를 부여함으로 간접적으로 이들을 통해 연암의 여성에 대한 인식을 알 수 있다.

광문에게 장가들고 가정 갖기를 권하는 사람에게 "잘생긴 얼굴은 누구나 좋아하는 법이다. 그러나 사내만 그런 것이 아니라 비록 여자라도 역시 마찬가지다."라며 광문은 당시 사회에서 여자도 남자와 동등한 감정을 가진 존재로 여성의 인격을 존중하고 있다. 여성은 독립적인 인간이라기보다 남자의 종속물에 지나지 않았고, 모든 제도나 규범들이 여성들을 규제하고 있었던 시대에 광문의 위와 같은 발언은 '파격적'이라 할 수 있고 이는 곧 연암의 여성에 대한 인식인 것이다.

또한 <광문자전>의 운심은 연암의 한문단편에 등장하는 여성들 중 대단히 주체적이고 독특한 인물이다. '대청에서 술자리를 벌이고 가야금을 타면서 운심더러 춤을 추라고 재촉해도, 운심은 일부러 느리대며 선뜻 추지를 않았다.'에서 보듯 기생이라는 신분임에도 불구하고 양반들 앞에서 춤추기를 선뜻 내켜하지 않을 뿐만 아니라 고의로 지체하는 인물이다. 운심은 그녀의 기분은 생각지 않고 자기들 멋대로 행동하는 양반을 위해서 춤을 추지 않을 만큼 의지가 강한 인물로, 자신을 하나의 인간으로 대우해 주길 원하고 있다. 그러나 양반으로 대표되는 별감들과 부마도위는 운심에게 춤을 부탁하거나 권유하는 방법 대신 춤을 명령하고 있다. 즉 그들은 다른 사람의 가치를 중시여기지 않고 춤을 그저 오락의 대상으로만 인정하기에 춤을 추어야 하는 운심의 입장을 배려하지 않고 있는 것이다.

운심의 집에 도착한 광문은 별감이나 부마도위를 아랑곳하지 않고 스스로 상좌에 앉으며, 남루하게 입고도 행동은 내키는 대로 자유롭게 행동한다. 이런 광문을 본 운심은 '광문이 더욱 앞으로 나아가 무릎을 치며 곡조에 맞춰 높으락나지락 콧노래를 부르자, 운심이 곧바로 일어나 옷을 바꿔 입고 광문을 위하여 칼춤을 한바탕 추었다.'처럼 광문을 위해, 광문과 함께 춤을 춘다. 광문은 다른 사람들과는 달리 신분과 돈으로 운심의 춤을 강요한 게 아니라 무릎장단과 콧노래로 운심의 노래를 즐긴다. 즉 광문은 즐거운 노래를 즐길 줄 아는 존재이며 기생이라는 소외계층의 생활세계를 이해하는 존재인 것이다. 용모와 재능이 빼어난 운심은 자신의 가치를 알아주는 상대를 위해 자신의 재능을 보여주고, 지위나 겉모습으로 판단하지 않고 기생일지라도 '사람다움'으로 사람을 판단할 줄 아는 인물이다.

만약 운심이라는 인물 없이 광문만이 등장했다면 <광문자전>은 광문의 독특함, 사람다움을 나열하는 전에 그쳤을 것이다. 그러나 운심이 등장함으로써 작품의 흥미로움과 함께 광문의 가치가 더욱 부각되어 연암이 드러내는 주제 의식을 확고히 전달하고 있는 것이다. 연암은 광문과 운심이라는 보잘것없는 신분의 사람들을 등장시켜 여성을 존중하고, 남녀 구분의 무의미함을 보여 주면서 나아가 진실한 사람의 모습, 사람다움의 중요성을 다시금 찾아보게 하는 역할을 하고 있다.

■ 감상 : 광문의 신의(信義)

연암이 20세 전후~30세 초반에 쓴 『방경각외전』은 이용후생의 실학사상보다는 인간사회의 윤리, 도덕적 측면에 더 큰 관심을 보였다. 『방경각외전』의 <자서> 첫머리에 『방경각외전』에 수록된 구전(九傳) 전편(全遍)의 내용을 포괄할 수 있는 오륜(五輪)에 대한 견해가 제시되어 있다. <자서>에서 연암이 강조하고자 한 것은 신의(信義)의 문제였다. 신의가 없다면 부자·군신·장유·부부 그리고 붕우의 관계는 건전할 수 없다는 것이다. 이 중에서도 그가 특히 관심을 보인 것은 우도(友道), 즉 교우의 문제였다. 부자·군신·장유·부부의 관계는 태어날 때부터, 또는 명분에 의해 한번 맺어진 다음엔 쉽게 그 관계를 끊을 수 없음에 비해, 교우의 관계는 다분히 선택적이고 가변성을 지닌다는 것이다. 그러므로 복잡한 인간관계는 교우로 이루어지며 이것은 신의를 그 바탕으로 할 때야 참다운 인간관계가 성립할 수 있다고 보았다.

『방경각외전』에는 당시 사회의 전 계층이 등장한다. 그러나 양반 사대부에 속할 수 없는 다양한 인물들을 등장시켜 이들로 하여금 양반 사회의 타락상을 고발하게 하고, 비천하고 별 볼일 없는 주인공들이 훌륭한 미덕 혹은 뛰어난 재능을 지닌 인물임을 알리면서, 그들과의 참다운 우정을 실현하기를 기대하고 있다.

특히 <광문자전>의 광문은 사회의 최하층인 거지이지만, 신의를 대표하는 인물이다. 누명을 쓰고 거지 사회에서 쫓겨났으나, 다리에 버려진 거지의 시체를 묻어 준 일, 그리고 약방 부자에게 고용되어 도둑 혐의를 받았으나 변명하지 않고 묵묵히 일한 두 가지 사건에서 광문의 신의를 발견할 수 있다. 이러한 신의는 상업적 거래관계에 적용되는 신용으로까지 확산되어 무담보로 천 냥을 빌려 줄 정도로 대단했다. 이 작품은 점잖고 신의 있는 인간을 서민사회의 최하층에서 발견할 수 있음을 보여줌으로써, 상대적으로 그렇지 못한 양반 사대부의 각성을 촉구하고 있다.

시대가 변할수록 더 많은 리더와 다양한 사람들의 모습이 나타난다. 광문이 우리에게 주는 메시지는 너무도 뻔하지만, 너무나 뻔해서 지나치고 있는 인간 성품의 문제이다. 연암이 거지 광문을 통해서 양반들에게 신의 있는 삶에 태도를 갖기를 바라는 것처럼 오늘날의 사회지도층에게도 연암의 메시지를 보내본다. 사회지도층에서 나아가 인간 모두의 출발은 신의인 것이다. 겸손하고, 정직하고, 의롭고, 재치 있는 방법으로 남의 분쟁을 해결하는 지혜로운 사람, 남녀가 대등한 인간의 권리를 가진다고 생각하는 공평한 의식을 지닌 사람, 성별과 신분에 구애받지 않고 자유롭게 어울려 하나가 되는 원만한 사람이 오늘날에도 신의를 얻고 인정받아야 할 것이다.

▌연습

1. 광문을 통해서 작가가 제시하고자 하는 인물형은 무엇인지 서술해 보자.

2. 『방경각외전』 <자서>의 일부와 관련하여 『방경각외전』에 수록된 각 작품의 주제를 서술해 보자.

『방경각외전』 <자서>

우도(友道)가 오륜(五倫)의 끝에 놓인 건 박대해서 그런게 아니라네
마치 오행 중에서 사가 사계절에 다 왕성한 것과 같다네
부자유친, 군신유의, 부부유별, 장유유서도 信이 아니면 어찌하리오
五常이 정상에서 벗어나면 벗이 즉시 바로잡네
우도가 뒤에 놓인 까닭은 최후방에서 통솔하기 위함이네

『방경각외전』 수록 작품

<마장전 馬駔傳>·<예덕선생전 穢德先生傳>·<민옹전 閔翁傳>·<광문자전 廣文者傳>·<양반전>·<김신선전 金神仙傳>·<우상전 虞裳傳>·<역학대도전 易學大盜傳>·<봉산학자전 鳳山學者傳>

▌참고문헌

강현모(2012), 「광문전승에 나타난 형상화의 양상」, 『한민족문화연구』 41, 한민족문화학회.
김승호(1999), 「<달문가> <광문자전> <달문> 각 편의 서사유형적 연구」, 『한국문학연구』 21, 동국대학교 한국문학연구소

김일근(1999), 「수필적 시각에서 본 박연암의 산문학」, 『겨레어문학』 23, 겨레어문학회.

박기석(1987), 「연암 한문단편소설의 현실인식－<방경각외전>을 중심으로」, 『국어교육』 61, 한국국어교육연구회.

이가원(1965), 『연암소설연구』, 을유문화사.

이상택 외(2005), 『한국 고전소설의 세계』, 돌베개.

제 2 장

열녀함양박씨전 병서

박지원

*출처 : 신호열 · 김명호 옮김, 『연암집(상)』, 돌베개, 2007.

제(齊)나라 사람의 말에, "열녀는 지아비를 두 번 얻지 않는다." 하였으니,[1] 이를테면 『시경』 용풍(鄘風) 「백주(柏舟)」편의 시가 바로 이것이다. 그러나 『경국대전(經國大典)』에 "개가(改嫁)한 여자의 자손은 정직(正職)에는 서용(敍用)하지 말라."고 하였으니, 이것이 어찌 일반 백성과 무지한 평민들을 위하여 만들어 놓은 것이랴.

마침내 우리 왕조 400년 동안 백성들이 오랫동안 앞장서 이끄신 임금님들의 교화에 이미 젖어, 여자는 귀하든 천하든 간에, 또 그 일족이 미천하거나 현달했거나 간에 **과부로 수절하지 않음이 없어 드디어 이로써 풍속을 이루었으니**, 옛날에 칭송했던 열녀는 오늘날 도처에 있는 과부들인 것이다.

심지어 촌구석의 어린 아낙이나 여염의 젊은 과부와 같은 경우는 친정 부모가 과부의 속을 헤아리지 못하고 개가하라며 핍박하는 일도 있지 않고 자손이 정직에 서용되지 못하는 수치를 당하는 것도 아니건만, 한갓 과부로 지내는 것만으로는 절개가 되기에 부족하다 생각하여, 왕왕 한낮의 촛불[2]처럼 **무의미한 여생을 스스로 끝내 버리고** 남편을 따라 죽기를 빌며 물에 빠져 죽거나 불에 뛰어들어 죽거나 독약을 먹고 죽거나 목매달아 죽기를 마치 낙토를 밟듯이 하니, 열녀는 열녀지만 **어찌 지나치지 않은가!**

예전에 이름난 벼슬아치 형제가 있었다. 장차 남의 청환(淸宦)[3]의 길을 막으려 하면서 어머니 앞에서 이를 의논하자, 어머니는

"그 사람에게 무슨 허물이 있기에 이를 막으려 하느냐?"

하고 물었다. 아들들이 대답하기를,

"그 윗대에 과부된 이가 있었는데 그에 대한 바깥의 논의가 자못 시끄럽기 때문입니다."

하였다. 어머니가 깜짝 놀라며,

1 제나라 사람의 말에 "열녀는 지아비를 두 번 얻지 않는다."하였으니 : 제나라 현자 왕촉(王蠋)이 제나라를 침략한 연(燕)나라가 자신을 장수로 기용하겠다는 제안을 거부하면서 한 말이다. 그는 "충신은 두 임금을 섬기지 않고 정숙한 여자는 지아비를 두 번 얻지 않는다"(忠臣不事二君, 貞女不更二夫)는 말을 남기고 자결했다.

2 한낮의 촛불 : 과부의 신세를 흔히 '한낮의 촛불'에 비겼다. 한낮에 켠 촛불이 희미하여 빛을 발휘하지 못하듯이, 과부의 여생이란 외롭고 고달프기만 하고 아무런 의미가 없음을 말한다.

3 청환(淸宦) : 봉록은 많지 않으나 명예롭게 여겨졌던 홍문관, 예문관, 규장각 등의 하위 관직을 가리킨다. 학식과 문벌을 갖춘 인물에 한하여 허용되었다.

"그 일은 규방의 일인데 어떻게 알았단 말이냐?"

하자, 아들들이 대답하기를,

"풍문(風聞)이 그렇습니다."

하였다. 어머니는 말하였다.

"바람이란 소리는 있으되 형체가 없다. 눈으로 보자 해도 보이는 것이 없고, 손으로 잡아 봐도 잡히는 것이 없으며, 허공에서 일어나서 능히 만물을 들뜨게 하는 것이다. 어찌 무형(無形)의 일을 가지고 들뜬 가운데서 사람을 논하려 하느냐? 더구나 너희는 과부의 자식이다. 과부의 자식이 오히려 과부를 논할 수 있단 말이냐? 앉거라. 내가 너희에게 보여 줄 게 있다."

하고는 품고 있던 엽전 한 닢을 꺼내며 말하였다.

"이것에 테두리가 있느냐?"

"없습니다."

"이것에 글자가 있느냐?"

"없습니다."

어머니는 눈물을 드리우며 말하였다.

"이것은 너희 어미가 죽음을 참아 낸 부적이다. 10년을 손으로 만졌더니 다 닳아 없어진 것이다. 무릇 사람의 혈기는 음양에 뿌리를 두고, 정욕은 혈기에 모이며, 그리운 생각은 고독한 데서 생겨나고, 슬픔은 그리운 생각에 기인하는 것이다. 과부란 고독한 처지에 놓여 슬픔이 지극한 사람이다. **혈기가 때로 왕성해지면 어찌 혹 과부라고 해서 감정이 없을 수 있겠느냐?**

가물거리는 등잔불에 제 그림자 위로하며[4] 홀로 지내는 밤은 지새기도 어렵더라. 만약에 또 처마 끝에서 빗물이 똑똑 떨어지거나 창에 비친 달빛이 하얗게 흘러들며, 낙엽 하나가 뜰에 지고 외기러기 하늘을 울고 가며, 멀리서 닭 울음소리도 들리지 않고 어린 종년은 세상 모르고 코를 골면 이런저런 근심으로 잠 못 이루니 이 고충을 누구에게 호소하랴.

그럴 때면 나는 이 엽전을 꺼내 굴려서 온 방을 더듬고 다니는데 둥근 것이라 잘 달아나다가도 턱진 데를 만나면 주저앉는다. 그러면 내가 찾아서 또 굴리곤 한다. 밤마다 늘상 대여섯 번을 굴리면 먼동이 트더구나. 10년 사이에 해마다 그 횟수가 점차 줄어서 10년이 지난 이후에는 때로는 닷새 밤에 한 번 굴리고 때로는 열흘 밤에 한 번 굴렸는데, 혈기가 쇠해진 뒤로는 더 이상 엽전을 굴리지 않게 되었다. 그런데도 내가 이것을 열 겹이나 싸서 20여 년 동안이나 간직해 온 것은 엽전의 공로를 잊지 않으며 때로는 스스로를 경계하기 위해서였다."

4 가물거리는 등잔불에 제 그림자 위로하며 : 아무도 없고 자신의 몸과 그림자만이 서로를 위로한다는 뜻으로 의지할 데 없는 외톨이 신세를 표현한 말이다.

말을 마치고서 모자는 서로 붙들고 울었다. 당시의 식자(識者)들은 이 이야기를 들고서 "이야말로 열녀라고 **이를 만하다.**"라고 했다.

아! 그 모진 절개와 맑은 행실이 이와 같은데도 당시 세상에 알려지지 않고 이름이 묻혀 후세에도 전해지지 않은 것은 무엇 때문인가? 과부가 의를 지켜 개가하지 않는 것이 마침내 온 나라의 상법(常法)이 되었으므로, 한번 죽지 않으면 과부의 집안에서 남다른 절개를 보일 **길이 없기 때문이다.**[5]

내가 안의현감으로 정사를 보던 이듬해 계축년(1793, 정조 17)의 어느 달 어느 날이었다. 밤이 새려 할 무렵 내가 잠이 살짝 깼을 때, 마루 앞에서 몇 사람이 낮은 목소리로 소곤거리다가 또 탄식하고 슬퍼하는 소리를 들었다. 무슨 급히 알릴 일이 있는 모양인데, 내 잠을 깨울까 두려워하는 듯하였다. 그래서 내가 목소리를 높여,

"닭이 울었느냐?"

하고 묻자 좌우에서,

"이미 서너 마리 울었습니다."

라고 대답했다.

"밖에 무슨 일이 있느냐?"

"통인(通引)[6] 박상효(朴相孝)의 조카딸로서 함양(咸陽)으로 출가하여 일찍 홀로 된 이가 그 남편의 삼년상을 마치고 약을 먹어 숨이 끊어지려 하니, 와서 구환해 달라고 급히 연락이 왔사옵니다. 그런데 상효가 마침 숙직 당번이라 황공하여 감히 사사로이 가지 못하고 있습니다."

나는 빨리 가보라고 명하고, 늦을 녘에 미쳐서,

"함양의 과부가 소생했느냐?"

고 물었더니, 좌우에서

"이미 죽었다고 들었습니다."

하는 것이었다. **나는 길게 탄식하며**

"열녀로다, 그 사람이여!"

라고 하고 나서 뭇 아전들을 불러 놓고 물었다.

"함양에 열녀가 났는데, 본시 안의 출신이라니 그 여자의 나이가 방금 몇 살이나 되고, 함양의 뉘 집에 시집갔으며, 어려서부터 심지와 행실은 어떠했는지 너희들 중에 아는 자가 있느냐?"

그러자 뭇 아전들이 한숨지으며 나아와 아뢰었다.

"박녀(朴女)의 집안은 대대로 이 고을 아전입니다. 그 아비 이름은 상일(相一)인데,

[5] 이 부분까지가 「열녀함양박씨전」의 서문에 해당한다.

[6] 통인(通引) : 수령의 잔심부름을 하던 아전.

일찍 죽었고 이 외동딸만을 두었습니다. 어미 역시 일찍 죽어서 어려서부터 그 조부모에게서 자랐사온데 자식 된 도리를 다하였습니다.

열아홉 살이 되자 출가하여 함양 임술증(林述曾)의 처가 되었는데, 그 시댁 역시 대대로 고을 아전입니다. 술증이 본디 약하여 한 번 초례(醮禮)를 치르고 돌아간 지 반년이 채 못 되어 죽었습니다. 박녀는 지아비 상을 치르면서 예(禮)를 극진히 하였고, 시부모를 섬기는 데도 며느리 된 도리를 다해 두 고을의 친척과 이웃들이 그 어짊을 칭찬하지 않는 이가 없었는데, 오늘 이러한 일이 있고 보니 과연 그 말이 맞습니다."

어느 늙은 아전이 감개하여 말하였다.

"박녀가 아직 시집가기 몇 달 전에 '술증의 병이 이미 골수에 들어 부부 관계를 맺을 가망이 만무하다 하니 어찌 혼인 약속을 물리지 않느냐.'는 말이 있었습니다. 그 조부모가 넌지시 박녀에게 일러 주었으나 박녀는 잠자코 대답하지 않았습니다. 혼인 날짜가 박두하여 여자의 집에서 사람을 시켜 술증의 상태를 엿보게 하였더니, 술증이 비록 용모는 아름다우나 노점(勞漸, 폐결핵)에 걸려 콜록콜록거리며 버섯이 서 있는 듯하고 그림자가 걸어다니는 것 같았으므로, 집안에서는 모두 크게 두려워하여 다른 중매쟁이를 부르려고 하였습니다. 그러자 박녀가 정색을 하고 말하기를 '전날 재봉한 옷들은 누구의 몸에 맞게 한 것이며, 누구의 옷이라 불렀던 것입니까? 저는 처음 지은 옷을 지키기를 원합니다.' 하기에 집안에서는 그 뜻을 알고 마침내 기일을 정한 대로 사위를 맞이했으니, 비록 명색은 혼례식을 치렀다 하나 사실은 끝내 입혀 보지 못한 옷만 지켰다고 합니다."

얼마 후 함양군수인 윤광석(尹光碩) 사또가 밤에 이상한 꿈을 꾸고 느낀 바가 있어 열부전(烈婦傳)을 지었고, 산청현감(山淸縣監) 이면제(李勉齊) 사또도 박녀를 위해 전(傳)을 지었으며, 거창(居昌)의 신돈항(愼敦恒)은 후세에 훌륭한 글을 남기고자 하는 선비였는데, 박씨를 위하여 그 **절의의 전말을 엮었다.**

생각하면 박녀의 마음이 어찌 이렇지 않았으랴! 나이 젊은 과부가 오래 세상에 남아 있으면 **친척들이 불쌍히 여기는 신세가 되고 동리 사람들이 함부로 추측하는 대상이 됨**을 면치 못하니 속히 이 몸이 없어지는 것만 못하다고.

아! 슬프구나! 성복(成服)을 하고도 죽음을 참은 것은 장사 지내는 일이 남아 있었기 때문이요, 장사를 지내고도 죽음을 참은 것은 소상(小祥)이 있었기 때문이요, 소상을 지내고도 죽음을 참은 것은 대상(大祥)이 있었기 때문이었다. 대상이 끝이 났으니 상기(喪期)가 다한 것이요, 한날한시에 따라죽어 마침내 처음 뜻을 완수했으니 **어찌 열녀라 아니할 수 있겠는가.**

▌ 맥락

(1) 서사 단락

① 여자들이 귀천을 막론하고 과부로 수절을 하는 것이 시대의 풍조가 되다.
② 수절로는 부족하다 생각하여 남편을 따라 죽는 것은 지나치다고 개탄하다.
③ 예전에 이름난 벼슬아치 형제가 윗대 과부의 일로 남의 벼슬길을 막으려 하다.
④ 그들의 어머니가 깜짝 놀라 엽전을 통해 인간의 감정과 본능을 이야기하다.
⑤ 연암이 안의 현감이었을 때 아전의 조카딸인 박씨의 순절(殉節) 이야기를 듣다.
⑥ 함양 군수인 윤광석 등이 박씨를 위해 열부전을 지어 그 전말을 엮다.
⑦ 박씨가 죽음을 택한 이유가 사회적 분위기에 있었을 것이라 추측하다.

(2) 창작 맥락

<열녀함양박씨전(烈女咸陽朴氏傳)>의 창작 배경은 조선 후기의 열녀 이데올로기와 밀접하게 관련되어 있다. 『고려사』 목종 때의 기록을 살펴보면 '개경의 문무관 삼품 이상의 처가 과부로 수절하면 작위를 준다'라고 되어 있다. 개가문제가 수절을 장려하는 선에서 그쳤음을 알 수 있다. 당시에는 오히려 방종한 여자의 명단을 기록하는 '자녀안(恣女案)'을 통해 유부녀의 훼절(毁節)에 더 많은 관심을 가졌다. 그러나 고려 말 공양왕 원년 때의 기록을 보면 정삼품 이상의 아내로서 작위를 받은 자는 재가를 못하게 하고 판사 이하 6품까지는 삼년상을 마친 다음에 재가를 허락했음을 알 수 있다. 개가문제에 국가가 직접 제재를 가하기 시작한 것이다.

고려 말의 분위기는 그대로 조선에 이어졌다. 조선 초 태종 6년 대사헌 허응 등이 올린 '시무 7조'에는 개가문제가 다루어졌다. '부디 크고 작은 양반의 정처로서 세 번 남편을 얻는 경우는 고려조의 법에 따라 자녀안(恣女案)에 기록함으로써 부녀자의 도리를 바로잡게 하십시오.'라고 기록되어 있다. 아직까지 개가는 자손에게까지 영향을 미치지 않았다. 그러나 태종 8년에 예조에 하교하길 '개가한 여인의 자손은 벼슬아치의 명부에 두지 말도록 하여 풍속을 바로잡게 하라'라고 하여 자손에게 불이익을 주었다. 세조 12년 여성의 개가는 기어이 법전에까지 올랐다. '개가한 여자의 소생은 문무반의 직책에 임용하지 말라'라는 내용이 『경국대전』에 실린 것이다. 이와 더불어 수절할 경우 정문을 내리거나 경제적 이익을 주는 등의 방식도 동원되었다. 이러하니 양반 가문의 여자들은 수절을 하지 않을 수가 없었다.

이러한 제도적 장치 외에 여성의 교화를 목적으로 언해 및 번역, 편찬사업이 시행되었다. 『소학』, 『내훈』 등의 여성교육서들이 여성 스스로가 자신을 종속적인 존재로 규정하도록 의식화하는 역할을 담당하였다. 열(烈)의 윤리는 이렇게 국가의 주도하에 여성들의 머릿속에 자연스럽게 자리 잡았으며 일반 평민 혹은 천민까지도 재가를 비윤리적인 행위로 보게 되었다. 이제 수절은 당연한 것이 되었으므로 목숨을 끊는 극단적인 행위를 해야 열녀로 칭송받을 수 있었다. 남편을 따라 죽음을 결행하는 여성들이 눈에 띄게 증가하였으며 이런 상황에서 <열녀함양박씨전>이 창작된 것이다.

『연암집』에는 김택영본과 박영철본이 있으며 박영철본은 수집 가능한 것들을 모두 모았기 때문에 '연암전집'이라 이르기도 한다. 그런데 박영철(朴榮喆) 간행(1932)의 『연암집』 목차에 적힌 제목은 본문 앞의 제목과 다르게 표기되어 있다. 전체 목차에는 '열녀함양박씨전(烈女咸陽朴氏傳)'이라고 적혀 있지만 본문 앞의 제목은 '열녀함양박씨전 병서(烈女咸陽朴氏傳 竝序)'로 되어 있으며 병서(竝序)라는 글자는 열녀함양박씨전의 글자보다 작은 글씨로 부기(附記)되어 있다. '서(序)'는 어떤 저술에 대해 자신의 견해를 피력한 글을 의미한다. 자신의 글을 대상으로 하여 그 글을 쓰게 된 동기나 글의 주제 등을 기술하는 '자서(自序)'가 있고 다른 사람의 글에 대한 자신의 견해를 적은 것이 있다. 연암은 <열녀함양박씨전>에서 '서'를 분문 속에 포함하여 서술하는, 다소 특별한 서술 방식을 채택함으로써 함양 박씨라는 인물의 행적을 다루기에 앞서 자신의 창작 의도를 명확히 드러내고 있다.

▌쟁점 : 갈래 구분

<열녀함양박씨전>에 대한 중요 쟁점은 갈래에 있다. 여러 가지 견해가 있지만 여기에서는 이 작품을 소설로 보는 경우와 전으로 보는 경우 두 가지를 소개하기로 한다.

김영동(1998)은 '전'이 사마천의 『사기(史記)』 열전(列傳)에서 출발하였기 때문에 사실성을 전제로 하고 있음을 지적하였다. 그러다 당대(唐代)에 전기성, 허구성을 지닌 작품들이 나왔고 우리나라에서도 이러한 성격을 지닌 전이 나오기 시작하였다. 이러한 변모가 '전'의 소설로의 이행을 수월하게 한 것으로 파악할 수 있다. 소설로서의 '전'의 선정에서 유의할 점은 소설이 '전'의 표제(表題)를 차용한 것을 어떻게 바라볼 것인가이다. 김영동(1998)은 '전'이라는 제목 명에 현혹되지 말고 소설인가 아닌가의 판단 기준을 실전(實傳) 여부에 두어야 한다고 주장했다. 소설의 제목에 전이라는 명칭을 쓴 것은 주인공의 생애를 다루었다는 이유 외에도 허구를 사실로 위장하기 위한 작가의 의도로 풀이할 수 있다는 것이다. <열녀함양박씨전>에서

'전'을 표제로 사용한 것은 정조의 문체반정 정책과 관련시킬 수 있다. 안의현감 시절은 연암이 패관소품류의 문체를 유행시킨 일을 속죄하라는 어명을 받은 이후였기 때문에 드러내놓고 소설을 쓸 처지가 아니었다. 그리하여 함양 박씨의 실전(實傳)에 의지하여 허구로 된 수절과부의 이야기를 삽입하고 제목에 '병서'를 추가하여 고문투로 위장하였다는 것이다. 따라서 <열녀함양박씨전>이 소설인 이유는 도입부의 예화에 있다. 예화는 허구이며 박씨의 죽음은 도입부의 과부 이야기를 창작하게 된 계기로 이해할 수 있다.

김명호(2001)는 <열녀함양박씨전>을 '전'으로 파악하였다. '전'은 실재했던 한 인물의 생애를 객관적 사실을 바탕으로 서술하되, 인물이 지닌 개성과 그 생애가 시사하는 도덕적 교훈을 전달하는 양식이다. 따라서 허구적 진실을 탐구하는 소설과는 차이가 있다. 전은 어디까지나 윤리적 교훈을 제시하는 데 그친다. 다시 말해 그것은 봉건적 이념에 비추어 현실을 비판하고자 하는 경우에는 적합한 양식일 수 있으나 현실을 넘어선 유토피아적 이상을 구체화하는 데에는 부적합한 것이다. 이러한 한계를 극복하기 위해 연암은 '전' 속에 허구를 수용하였다. 하지만 연암의 '전'이 이러한 성격을 지녔다고 하여 그것을 바로 소설로 보기는 어렵다. 전형적인 '전'의 규범에 합치되는 측면을 분명히 갖추고 있을 뿐만 아니라 작품에 담긴 연암의 사상이 그 진보성에도 불구하고 봉건사회 전반의 근본적인 변혁을 요구하는 것에까지는 이르지 못하고 있기 때문이다. 따라서 본격적인 소설이라기보다는 소설화 경향을 보여주는 '전'이라고 이해한다. <열녀함양박씨전>은 당시에 흔히 볼 수 있던 열녀전에 속하는 것이다. 하지만 박씨의 지극한 절개를 그리는 본전(本傳) 앞에 서문을 병설(竝設)하는 특이한 방식을 채택하고 있다. 이는 박씨의 이야기만으로는 정절에 대한 자신의 견해를 충분히 표현할 수 없다고 보아, 구전 설화를 소재로 한 서문을 첨부하여 전 양식의 한계를 극복한 것이라 풀이된다. 이렇게 볼 때 <열녀함양박씨전>도 연암의 후기작인 <옥갑야화>에 나오는 작품들처럼 '전'의 소설화 경향을 보여주고 있다고 할 수 있다.

▌ 꼼꼼히 읽기 : 연암의 열녀관

박기석(2008)은 <열녀함양박씨전>의 내용을 다섯 단락으로 나누었다. 앞의 세 단락은 서(序)로 파악한다. '서'는 '제나라 사람의 말에~어찌 지나치지 않은가!', '예전에 이름난 벼슬아치~이를 만하다."라고 했다.', '아! 그 모진 절개와~ 길이 없기 때문이다.'의 세 단락을 가리킨다. '서'는 어떤 글을 대상으로 삼아야 하는데 뒤의 단락 두 개가 그 대상이 되는 박씨전이기 때문이다. 만약 첫 번째 단락만을 '서'로 본다면 구태여 '병서'라는 문구를 넣을 필요가 없었을 것이며 앞 단락 세 개를 모두 '서'로 보아야 하나의 완성된 글이 되기 때문이다. 네 번째 단락은 '내가 안의현 감으로 정사를~절의의 전말을 엮었다.'이며 '생각하면 박녀의 마음이'부터 끝까지는 다섯 번째 단락이다.

연암은 서두에서 『경국대전』에 기록된 재가 문제가 오직 양반가의 부녀자들에게만 해당되는 일임을 밝혔다. 하지만 당시의 조선은 '과부로 수절하지 않음이 없어 드디어 이로써 풍속을 이루었으니'라고 할 만큼 국가가 강제한 열의 윤리가 모든 여자들에게 당연시되어 있었으며, 종국에는 '무의미한 여생을 스스로 끝내 버리는' 일까지 아무렇지 않게 여기게 된 사회였다. 연암은 이것이 지나치다고 개탄하였다.

그리고 일생을 고통스럽게 수절하며 두 아들을 길러 낸 양반가 부녀의 이야기를 제시하였다. 연암은 '혈기가 때로 왕성해지면 어찌 혹 과부라고 해서 감정이 없을 수 있겠느냐?'라고 하여 여성이 지닌 인간으로서의 자연스러운 본능을 인정하였다. 그리고 그 고통을 참고 견딘 여인이야말로 '모진 절개와 맑은 행실'을 지닌 참다운 열녀로 보았다. 연암이 지닌 생각은 당대의 맥락에서 보면 파격적인 것이었다. 하지만 그럼에도 불구하고 조선사회 가부장제의 한계를 뛰어넘지는 못한다. 열행을 실천하기 위한 죽음을 비판하였을 뿐이지 여성이 개가해야 한다거나 본능을 충족시키라거나 하지는 않기 때문이다. 죽음을 선택하지 않아도 충분히 열행이 될 수 있다는 것을 수절과부에 대한 찬미를 통해 보여주고 있을 뿐이다.

함양 박씨는 남편의 삼년상을 마치고 죽었다. 아전의 집안이라 개가를 한다고 해서 자손에게 불이익이 돌아가는 것도 아닌데 그녀는 열녀가 되기로 작정한다. 연암이 앞서 얘기한 지나친 열행의 사례인 것이다. 연암은 '나는 길게 탄식하며', '아! 슬프구나'에서처럼 박씨의 자살에 연민과 슬픔을 느낀다. 그런데 '어찌 열녀라 아니할 수 있겠는가'라고 한다. 이것은 도입부에서 드러난 주제의식과 상반되는 내용이다. 김혈조(2002)는 이를 연암이 당대 현실의 벽을 의식하여, 자신의 견해를 정면으로 제시하지 않은 것으로 풀이한다. 박씨가 칭송되어도 좋고 연암은 연암대로 편하게 자신의 생각을 밝힐 수 있기 때문이다. 따라서 박씨의 행적을 그린 다른 글을 소개한 의도는 그녀에 대한 상세한 사적과 미화를 읽고 싶다면 그러한 글을 읽으라는 뜻으로 이해할 수 있다. 연암은 박씨가 자살한 원인을 '친척들이 불쌍히 여기는 신세가 되고 동리 사람들이 함부로 추측하는 대상이 됨' 때문이라고 하였다. 글의 서두에서 밝힌 극단적 방식의 열행이 법전의 개가 금지에서 야기된 것임을 드러낸 연암은 글을 끝맺는 부분에서 박씨가 자살한 원인을 견디기 어려운 주변의 시선으로 돌려 버린다.

▌감상 : 주입된 여성상

<열녀함양박씨전>에는 깊은 병이 있음을 알고도 혼인한 후 남편의 삼년상을 치르고 자살한 여성이 등장한다. 그녀는 개가를 한다고 해서 자신이나 그의 자손에게 불이익이 될 것이 전혀 없는 아전계층이었다. 하지만 박씨는 가부장제에 완벽하게 포섭되어 죽음을 결행하였다.

조선의 지배계층은 가부장제 사회를 공고히 유지하기 위해 남편에 대한 '열'의 윤리를 여성에게 내면화시키려고 하였다. 법과 제도로서 수절한 여인에게 상을 내리고 개가한 여성에게는 그 자손에게까지 엄한 벌을 내렸다. 열행을 한 여성의 이야기를 책으로 담아 여인들의 교육서로 사용한 것도 큰 몫을 담당하였다. 이러한 방법을 통해 국가가 요구하는 모범적인 여성상은 여인들의 머릿속에 자연스럽게 들어가 자리 잡았다. 이상적인 여성상을 어린 시절부터 주입시키고 그것과 가까이 다가가려는 욕망을 가지도록 한 것은 다른 어떤 훈육보다 강력한 방식의 사회화였다. 여성은 남편의 죽음 이후 다시 혼인하지 않고 사는 것에서 더 나아가 남편의 죽음 이후에도 살아있는 자신을 죄인으로 인식하고 스스로 목숨을 끊는 일마저 윤리적이라고 여기게 되었다.

이상적인 이미지를 주입하는 방식은 오늘날이 더더욱 교묘할 수 있다. 정보가 소리와 이미지, 영상의 복합 언어를 통해 감각적으로 주입되는 시대다. 국가와 자본은 교육과 미디어를 통해 개개인의 의식에 노골적이지 않은 방식으로 특정한 이미지를 전달하려고 한다. 따라서 우리는 어떤 사람이 되고 싶고, 무엇을 가지고 싶다는 개개인의 욕망이 완벽하게 주체적인 것이라고 선뜻 단언할 수 없다. 인간의 존엄성을 침해하는 제도와 교묘한 방식으로 주입된 허상을 가려내는 능력이 어느 때보다 필요한 시대이다. 당대의 시대 분위기 속에서 <열녀함양박씨전>에 드러난 연암의 비판은 매우 희귀한 것이었다. 여성의 본능적 욕망을 이해하였으며 개가한 여성의 자손이 관로에 진출하는 것을 막지 말라고 하였다. 또한 남편을 따라 죽는 순절이 지나치다고 비판하였다. 하지만 그의 생각은 거기에서 멈춘다. 가부장제와 '열'의 윤리 자체를 부정하지는 않는다. 어떤 사건을 해석하는 틀이 바뀌면 출구가 열릴 테지만 우리가 연암만큼이라도 할 수 있을지는 알 수 없다.

▊ 연습

1. 전반부의 과부 이야기에 담긴 주제의식을 바탕으로 박씨의 순절을 평가해 보자.

2. 위 글과 <보기>에 공통적으로 나타난 연암의 열녀관을 서술하여 보자.

> ───── 〈보 기〉 ─────
> 그리고 그 고을 동쪽에는 동리자라는 얼굴 예쁜 청춘과부 하나가 살고 있었다. 천자는 그의 절조(節操)를 가상히 여기고 제후(諸侯)들은 그의 어짊을 연모하여 그 고을 사방 몇 리의 땅을 (封)하여 '동리과부지려(東里寡婦之閭)'라 하였다. 동리자가 이렇게 수절(守節)하는 과부였으나 다섯 아들을 두었는데 각기 다른 성(姓)을 지녔다.
> ─ 박지원, 〈호질(虎叱)〉

▊ 참고문헌

박기석(2008), 『연암소설의 심층적 이해』, 집문당.

김혈조(2002), 『박지원의 산문문학』, 성균관대학교 대동문화연구원.

김명호(2001), 『박지원 문학 연구』, 성균관대학교 대동문화연구원.

김영동(1988), 『박지원소설연구』, 태학사.

강명관((2009), 『열녀의 탄생』, 돌베개.

강명관(2011), 「『열녀함양박씨전』재론」, 『동양한문학연구』 제32호, 동양한문학회.

제 3 장

호질

박지원

* 출처 : 박지원, 김혈조, 『열하일기』, 돌베개, 2009.

정(鄭)나라의 어떤 고을에 벼슬하기를 달갑게 여기지 않는 선비가 있었으니, 이름을 북곽(北郭) 선생이라고 부른다. 나이 마흔에 자신의 손으로 교정한 책이 만 권이고, 아홉 가지 유교 경전을 부연 설명하여 다시 책으로 지은 것이 일만 오천 권이나 된다. 천자는 그 의리를 가상하게 여기고, 제후는 그 명성을 사모하였다.

같은 읍의 동쪽에는 일찍 과부가 된 미모의 여자가 있는데, 동리자(東里子)라고 부른다. 천자가 그 절개를 가상하게 여기고, 제후가 그의 현숙함을 사모하여 그가 사는 읍 둘레 몇 리를 동리자 과부가 사는 마을이라는 뜻의 '동리과부지려'(東里寡婦之閭)라고 봉하였다. 동리자는 수절을 잘한다지만 사실 자식 다섯이 각기 성씨가 달랐다.

다섯 아들이 서로 하는 말이,

"냇물 북쪽에는 닭 우는 소리가 나고, 냇물 남쪽에는 별이 반짝이는데 우리 집 방에서는 사람 소리가 나니, 어쩌면 북곽 선생의 목소리를 저토록 닮았더냐?"

하고는 형제들이 번갈아 방문 틈으로 방 안을 훔쳐보았다. 어머니 동리자가 북곽 선생에게,

"오랫동안 선생님의 덕을 사모해 왔더니, 오늘 밤에는 선생님의 책 읽는 소리를 듣고 싶사옵니다."

하고 청한다. 북곽 선생은 옷깃을 여미고 똑바로 앉아서 시를 짓기를,

"원앙새는 병풍에 있고   鴛鴦在屛
반딧불은 반짝반짝 빛나네.   耿耿流螢
각기 다른 가마솥, 세발솥을   維鬵維錡
누가 저리 본떠 만들었나.   云誰之型

이 시는 다른 사물을 빌려 자신의 뜻을 나타내는 흥(興)이라는 수법의 시이지요."
라고 하였다. 다섯 아들이 서로 의논하기를,

"예법에 과부가 사는 대문에는 함부로 들어가지 않는다고 했거늘, 북곽 선생은 어진 선비이니 그런 짓을 하지 않을 거야."

"내 들으니 이 고을 성문이 무너져, 여우가 거기에 산다더라."

"내가 알기로 여우가 천 년을 묵으면 능히 요술을 부려 사람 모양으로 둔갑한다던데, 이게 북곽 선생으로 둔갑한 거야."

하더니 서로 꾀를 내서,

"내가 알기로 여우의 갓을 얻으면 일확천금의 부자가 될 수 있고, 여우의 신발을 얻으면 대낮에도 능히 자신의 그림자를 감출 수 있으며, 여우의 꼬리를 얻으면 잘 홀려서 남을 기쁘게 만들 수 있다 하니, 어찌 저놈의 여우를 잡아 죽여서 나누어 갖지 않을 수 있겠는가?"

하고는, 다섯 아들이 함께 포위하고 여우를 잡기 위해 들이쳤다.

북곽 선생이 소스라치게 놀라 달아나는데, 혹 사람들이 자기를 알아볼까 겁을 먹고는 한 다리를 목에 걸어 귀신 춤을 추고 귀신 웃음소리를 내었다. 문을 박차고 달아나다가 그만 들판의 움속에 빠졌는데, 그 안에는 똥이 그득 차 있었다. 겨우 버둥거리며 붙잡고 나와 머리를 내밀고 살펴보니 이번엔 범이 앞길을 막고 떡 버티고 서 있다. 범이 얼굴을 찌푸리며 구역질을 하고, 코를 가리고 머리를 돌리면서 한숨을 쉬며,

"선비, 어이구. 지독한 냄새로다."

하였다. 북곽 선생은 머리를 조아리고 엉금엉금 기어서 앞으로 나가 세 번 절하고 꿇어앉아 머리를 들며,

"범님의 덕이야말로 참으로 지극합니다. 군자들은 범의 빠른 변화를 본받고, 제왕은 범의 걸음걸이를 배우며, 사람의 자제들은 범의 효성을 본받고, 장수들은 범의 위엄을 취합니다. 범의 이름은 신령한 용과 함께 나란하여, 구름은 용을 따르고 바람은 범을 따릅니다. 인간 세상의 천한 사람이 감히 범님의 영향 아래에 있습니다."

하니 범이 호통을 치며,

"가까이 오지도 마라. 내 일찍이 들으매 선비 유(儒) 자는 아첨 유(諛) 자로 통한다더니 과연 그렇구나. 네가 평소에는 천하의 나쁜 이름이란 이름은 모두 끌어모으다가 함부로 우리 범에게 덮어씌우더니, 이제 사정이 급해지니까 면전에서 낯 간지러운 아첨을 하는구나. 그래 누가 네 말을 곧이듣겠느냐?

대저 천하에 이치는 하나뿐이다! 범의 성품이 악하다면 사람의 성품 역시 악할 것이요, 사람의 성품이 선하다면 범의 성품 역시 선할 것이다. 네가 말하는 천만 마디 말이 오륜을 벗어나지 않고, 남을 훈계하고 권면할 때는 으레 예의염치(禮義廉恥)를 들추어대지만, 도성의 거리에는 형벌을 받아 코 떨어진 놈, 발뒤꿈치 없는 놈, 이마에 문신을 하고 돌아다니는 놈 들이 있으니, 이들은 모두 **오륜을 지키지 못한 망나니**가 아니더냐.

(중략)

대저 제 것 아닌 물건에 손을 대는 놈을 일러 도적놈이라 하고, 살아 있는 것을 잔인하게 대하고 사물에 해를 끼치는 놈을 화적놈이라고 하느니라. 네놈들은 밤낮을 쏘다니며 분주하게 팔뚝을 걷어붙이고 눈을 부릅뜨고 남의 것을 훔치고 낚아채려 하면서도 부끄러운 줄을 모른다. 심한 놈은 돈을 형님이라고 부르고, 장수가 되겠다고 제 아내조차 죽이는 판인데 **삼강오륜을 더 이야기할 나위가 있겠느냐?**

어디 그뿐인가. 메뚜기의 식량을 가로채고, 누에의 옷을 빼앗고, 벌 때를 쫓아내고 꿀을 도적질하고, 더 심한 놈은 개미 새끼로 젓갈을 담아 제 조상의 제사를 지내기까지 하니, 잔인하고 혹독하며 경박한 행동을 하는 것이 너희 인간보다 심한 것이 또 어디 있단 말인가?

너희 인간들이 이치를 말하고 성(性)을 논할 때 걸핏하면 하늘을 들먹거리지만, 하늘이 명한 입장에서 본다면 범이나 사람이나 다같이 만물 중 하나이다. 천지가 만물을 낳는 인(仁)의 관점에서 본다면, 범이나 메뚜기나 누에나 벌이나 개미나 사람이나 모두 함께 살게 마련이지, 서로 해치고 어그러질 관계가 아니다. 또 선과 악으로 구별한다면 공공연히 벌과 개미집을 터는 놈이야말로 천지의 큰 도적놈이 아니겠느냐. 제 마음대로 메뚜기와 누에의 밑천을 훔치는 놈이야말로 인의(人義)를 해치는 큰 화적놈이 아니고 무엇이냐.

우리 범이 지금까지 표범을 잡아먹지 않은 까닭은 제 동류에게는 차마 손을 대지 못하기 때문이다. 우리가 노루나 사슴을 잡아먹는 숫자는 사람이 잡아먹는 수효만큼 많지 않고, 우리가 마소를 잡아먹는 숫자도 사람만큼은 많지 않으며, 우리가 사람을 잡아먹는 숫자도 사람끼리 서로 잡아먹는 숫자만큼은 안 된다.

그런데 지난 해 섬서성 관중(關中) 지방에 큰 가뭄이 들었을 적에 사람들끼리 서로 잡아먹은 수효가 수만 명이요, 몇 해 전에 산동(山東)에서 큰 홍수가 났을 때도 사람들끼리 서로 잡아먹은 수효가 수만 명이었다.

비록 그렇기는 하여도 사람들끼리 서로 잡아먹은 숫자가 많기로 어디 춘추시대만큼 많은 적이 또 언제 있었던가. 춘추시대에는 덕을 세우겠다고 싸운 전쟁이 열

일곱 번이요, 원수 갚는다고 일으킨 전쟁이 서른 번이니, 피가 천 리 사이에 흐르고 널브러진 시신이 백만이나 되었다.

그러나 범의 세계에서는 홍수나 가뭄을 모르기 때문에 하늘을 원망할 리 없고, 덕이고 원수고 다 잊어버리고 사는지라 남과 어긋나는 일이 없다. (중략)"

하였다.

북곽 선생은 자리를 옮겨 엎드리고 엉거주춤 절을 두 번 하고는 머리를 거듭 조아리며,

"옛글에 이르기를, '비록 악한 사람이라도 목욕재계하면 하느님도 섬길 수 있다'라고 했으니, 인간 세상의 천한 사람에게 범님의 가르침을 감히 받들겠습니다."

하고는 숨을 죽이고 가만히 들어 보나, 오래도록 범의 분부가 없었다. 두렵기도 하고 황송하기도 하여 손을 맞잡고 머리를 조아리며 우러러 살펴보니, 날이 밝았고 범은 이미 가 버렸다.

아침에 김을 매러 가는 농부가 있어서,

"북곽 선생께서 어찌하여 이른 아침부터 들판에 절을 하고 계십니까?"

하고 물으니 북곽 선생은,

"내가 『시경』에 있는 말을 들었으니,

하늘이 높다 이르지만	謂天蓋高
감히 등을 굽히지 않을 수 없고	不敢不跼
땅이 두텁다 이르지만	謂地蓋厚
살금살금 걷지 않을 수 없네.	不敢不蹐

하였다네."

라며 대꾸했다.

▌ 맥락

(1) 서사 단락

① 범이 세 창귀를 불러 무엇을 먹을지 논하다.

② 범이 세 창귀로부터 추천받은 의원과 무당, 유자(儒者)를 비판하다.

③ 북곽선생이 정(鄭)나라의 어느 고을에서 절개 높은 과부로 소문난 동리자

와 밀회를 하다.

④ 북곽선생이 동리자의 다섯 아들들에게 여우귀신으로 몰려 달아나다.

⑤ 북곽선생이 똥구덩이에 빠져 범과 만나다.

⑥ 북곽선생이 범에게 꾸지람을 듣다.

⑦ 북곽선생이 범에게 아부하고 범의 명령을 기다리나 범이 사라지다.

⑧ 북곽선생이 새벽 일찍 밭을 갈러 나온 농부에게 위선을 부리다.

⑨ 연암이 근세의 중국 사람이 비분강개하여 지은 이야기임을 밝히다.

⑩ 연암이 중국의 현실이 <호질>과 같음을 밝히고 중국이 맑아지기를 바라다.

(2) 전승 맥락

열하일기는 조선 정조 4년(1780년)에 박지원이 건륭(乾隆)황제의 70세 생일을 축하하는 사절로 청나라로 가면서 쓴 연행록(燕行錄)이다. 만리장성 너머 열하(熱河)지방에 있는 피서산장(避暑山莊)으로 걸음을 옮겼기에 열하일기(熱河日記)란 이름이 붙었다.

열하일기는 박지원이 한양에서 요동을 거쳐 북경, 열하에 이르는 여행 동안 보고 들은 것을 바탕으로 기술되었기에 이 책 안에는 당대 청나라의 잡다한 풍경들이 고스란히 들어가 있다. 중국인들과 나눈 필담(筆談)에서부터 청나라의 공문서나 비문(碑文), 새로운 서적 소개 등이 그것이다. 이를 통해 당시 청나라를 방문할 수 없었던 조선 학자들에게 청나라의 실정과 학문을 간접적으로나마 전달할 수 있었던 것으로 보인다.

박지원은 열하일기 곳곳에서 청나라의 번성한 모습을 자세히 관찰하고 분석하여 서술함으로써 자신의 실학적 태도를 여지없이 드러내고 있다. 예컨대 도시마다 시장이 번화하였고, 도로가 잘 정비되어 있고 수레를 사용하며, 집들은 벽돌을 사용하여 견고하다는 식이다. 이러한 실학사상을 통해 박지원은 정체된 조선사회에 발전을 꾀할 수 있다고 보았다.

열하일기가 연행록이라 할지라도, 이처럼 작품 곳곳에 박지원의 실학사상이 녹아나 있을 뿐 아니라 각각의 내용이 소품으로 단락짓기가 되어 있기 때문에 그 내용과 환경, 작자의 관심, 소재 등에 따라 다양하게 서술되어 있다. 또한 열하일기 안에 수록된 <호질>이나 <허생전>은 열하일기가 단순한 연행록의 단계를 넘어 하나의 사상서(思想書)이자 문학서(文學書)로 평가될 수 있다는 것을 보여준다.

▮ 쟁점 : 작자 논란

<호질>은 연암 박지원의 대표작이자 그 내용에 있어 다분한 풍자적 요소를 이유삼아 우리나라의 풍자 문학을 대표하는 고전으로 평가된다. 국어교육에서도 꾸준히 다루어진 만큼 많은 이들에게 친숙한 작품이기도 하다. 그러나 응당 연암의 작품으로 널리 알려졌음에도 불구하고 <호질>의 원작자가 누구인가에 대해서 여러 의견이 제시되어 왔다.

이 논란은 <호질>의 도입부와 후반부[後識]에서 연암 스스로 <호질>을 자신이 쓰지 않았다고 기술함으로써 시작되었다. <호질>의 도입부를 살펴보면 <호질>은 어떤 가게에 걸려 있던 출처불명의 이야기라 밝혀두고 있다. 또한 후반부에서는 "이 글은 비록 지은 사람의 성명은 없으나, 아마도 근세의 중국 사람이 비분강개하여 지은 것으로 생각된다."라고 하여 연암 자신이 쓴 글이 아님을 밝히고 있다. 이상으로 미루어 <호질>의 원작자를 중국인(漢人)이라고 보는 견해가 제시되었다. [중국인 원작설]

그러나 <호질>의 도입부에 어느 가게에 걸려있던 출처불명의 이야기를 일행이 베끼면서 연암이 개작하였다는 기술("정 진사가 베낀 곳은 잘못 쓴 글자와 빠진 글귀가 수도 없이 많아서 도무지 문장이 되질 않았다. 때문에 대략 내 생각으로 띄엄띄엄 땜질해서 글 한 편을 만들었다.")로 미루어 <호질>이 중국인에 의해서 창작되었고 연암에 의해서 개작되었다고 보는 견해도 있다. [연암 개작설]

그런데 <호질>이 담고 있는 내용이 연암의 사상과 닿아 있고, 그 문장 역시 여타의 연암 문학과 다를 바가 없다는 데에서 연암 본인이 창작한 것을 어디에서 베껴왔다는 식으로 표현한 것이 아니냐는 견해도 힘을 얻고 있다. [연암 창작설]

이상의 여러 견해들에 대해 박수밀(2012b)은 "각각의 입장은 그 논거들이 일정한 설득력을 갖고 있는 까닭에 어느 한쪽의 주장이 일방적으로 옳다고 단정하기가 어렵다"며 "중국인 원작이든 연암 창작이든 <호질>의 내용이 연암의 사상을 잘 보여준다는 점에서는 일치된 견해를 보인다는 점을 감안한다면, 더 이상의 작가 논쟁은 소모적인 듯 보이며 작품의 미적 성취도에 주목하는 것이 나아 보인다."고 진단하면서 작가 논란에서 벗어나 <호질>의 참 가치를 분석하는 것에 주목해야 한다고 지적하였다.

■ 꼼꼼히 읽기 : 풍자의 대상

　<호질>이라는 제목에서도 알 수 있듯이 <호질>에서 풍자를 하는 주체는 범이다. 범은 북곽선생을 꾸짖으며 북곽으로 대표되는 유자들을 비판한다. 즉, 작자는 범의 입장에서 유자들을 꾸짖고 있는 것이다. 그러나 <호질>을 자세히 살펴보면 이 같은 구도는 범으로 대표되는 청나라와 북곽선생으로 대표되는 한족의 대립으로도 볼 수 있다.

　"근세의 중국 사람이 비분강개하여" 지었다는 후지의 내용을 참고해 보면 범은 한인의 입장에서 제구실을 하지 못해 청에게 복속당한 유자들에 대한 신랄한 비판을 하는 주체로 해석된다. 즉 한인들로 대변되는 범이 북곽으로 대변되는, 곡학아세에 물든 유자들을 비판하고 있다고 보는 것이다.

　그러나 호질 본문의 내용을 따르면, 범이 인간보다 나음을 드러내고 당대 유자를 비판하는 대목은 범의 나라인 청나라가 북곽(인간)의 나라인 한족의 나라(명나라)보다 낫다는 점을 비유한다고 볼 수 있다. 인간을 두고 '오륜을 지키지 못한 망나니'라고 하거나 '인의(人義)를 해치는 큰 화적놈'이라고 꾸짖는 대목, '삼강오륜을 더 이야기할 나위가 있겠느냐?' 하는 일련의 발화들은 춘추대의(春秋大義)로 대표되는 한족의 가치를 한족 스스로가 지키지 못하고 있음을 청의 입장에서 꾸짖고 있는 대목이라 할 수 있는 것이다.

　이처럼 <호질>이 이중적인 풍자 구조를 가진다고 볼 때 애매한 위치에 서게 되는 인물이 바로 풍자의 대상으로 나타난 북곽선생이다. 북곽은 작중에서 다음과 같은 설명으로 이해된다.

　　정(鄭)나라의 어떤 고을에 벼슬하기를 달갑게 여기지 않는 선비가 있었으니, 이름을 북곽(北郭) 선생이라고 부른다. 나이 마흔에 자신의 손으로 교정한 책이 만 권이고, 아홉 가지 유교 경전을 부연 설명하여 다시 책으로 지은 것이 일만 오천 권이나 된다. 천자는 그 의리를 가상하게 여기고, 제후는 그 명성을 사모하였다.

　한족의 입장에서는 청나라 천자의 눈에 들고, 각 제후들에게 존경을 받는 인물인 북곽이 '변절자'일 수밖에 없다. 청나라의 지배 하에서 그 체제를 수용하고 명망을 쌓은 북곽은 한족에게 있어 그 비판의 대상이 되기에 충분하다.

　또한 청나라 입장에서도 '벼슬하기를 달갑지 않게 여기지 않는' 행동은 북곽선생이 청 체제에 완전히 순응하지 않고 있다는 것을 의미한다. 이렇게 풍자의 내용과 그 대상을 면밀히 관찰해 보면 이중적인 모습을 보이는 북곽이 과연 진정한 풍자의 대상인가 하는 문제가 대두된다. 또한 앞선 논의를 살펴볼 때 풍자의 주체 역시 막연히 '범'으로 상정하기에는 무리가 따른다.

그럼에도 불구하고 이렇듯 복잡한 풍자 구도를 가진 <호질>을 국어교육에서는 단순히 '당대 양반들에 대한 풍자'라고만 제시하여, 연암이 <호질>을 지었다는 관점에서 피상적인 주제만을 언급하였다. 교육에 사용할 텍스트의 선정과 그 내용의 설계가 일정한 함의를 이루어야 하는 것은 옳으나 '후지' 부분을 과감히 생략함으로써 해석의 풍부함을 배격하고 <호질>의 심층적 이해의 길을 막는 것은 지양해야 할 것이다.

▌ 감상 : 易地思之의 꾸지람

<호질>은 제목을 따라 범의 꾸짖음으로 그 내용을 요약할 수 있다. 삼강오륜을 실천하지 못하는 인간들의 행태는 우화적으로 재현된 범에 의해 그 실상이 낱낱이 파헤쳐지면서 독자들로 하여금 교훈을 얻게 한다. 이때 꾸짖음의 주체로 전면에 등장하는 범은 상대적으로 꾸짖음을 받는 대상보다 꾸짖음의 내용에 있어 비판받을 사항이 없어야 한다.

그러나 <호질>의 내용을 면밀히 살펴보면 꾸지람을 내리는 범이 과연 이 같은 꾸짖음에 당당한 인물인가 하는 의문을 지울 수 없다. <호질>의 앞부분에 제시된 범과 창귀들 사이의 대화에서는 우화적 장치에 가려진 범의 부도덕성이 나타난다. 범이 잡아먹은 인간들의 혼인 창귀들을 계속해서 부리고 있는 범의 모습에서 범의 그로테스크하면서도 부도덕한 면을 엿볼 수 있는 것이다. 또한 북곽을 놓고 조목조목 꾸짖는 장면에서 기묘하게 '범은 그렇지 않다'는 식으로 내용을 눙처 전개해 나가는 모습도 언뜻 문제가 있어 보인다. 잘못한 대상(북곽)을 놓고 꾸지람을 주는 구조 속에서 범의 말은 전적으로 옳은 것처럼 포장되어 드러나 있지만 실상은 그렇지 않은 것이다.

우리는 살아가면서 많은 꾸지람을 듣고 또 꾸지람을 하기도 한다. 특히 교육현장에서는 학생들에게 훈계(訓戒)의 명목으로 많은 꾸지람을 준다. 그러나 꾸지람을 듣는 사람의 입장에서는 꾸지람을 하는 사람이 이런 꾸지람을 할 만큼 당당한 인물인가 하는 의문이 들 수 있다. '선생님은 교실 청소를 하지도 않으면서 매번 교실 청소 상태를 지적한다.' 등의 생각이 들 수밖에 없는 것이다.

이렇듯 우리가 당연하다고 생각하는 일련의 꾸지람들은 그 당위성에 가리어 우리의 모습을 감추어버리는 구조 속에 자리하고 있다. '교실 청소는 학생이 해야 한다'는 전제에는 '선생님은 교실 청소를 하지 않아도 된다'는 알 수 없는 명제가 깔려 있는 것이다.

꾸지람은 '아랫사람의 잘못을 꾸짖는 말'이다. 아랫사람의 잘못을 꾸짖으려면 꾸짖는 '나'는 그러한 잘못이 없어야 한다. 우리는 꾸지람의 표면적 구조 속에서 우리 스스로의 잘못에 대해서는 관대한 자세로 상대를 꾸짖고 있는 것은 아닌지 생각해 보아야 한다.

▌연습

1. 범이 말한 바를 바탕으로 비판의 대상이 되는 인간의 속성을 추론하여 정리해 보자.

범의 말	인간의 속성
마소의 고마움을 생각하지 않고 뿔과 갈기도 남기지 않고 다 먹는다.	
인간은 타인을 협박하거나 타인의 것을 빼앗거나 훔쳐도 부끄러운 줄 모르고, 돈을 형이라 부를 정도이며, 장수가 되기 위해 아내를 죽인다.	
너희는 덫과 함정으로도 모자라 수많은 그물과 무기와 화포를 만들었다. 그것으로도 모자라서 붓을 만들어 사람들을 죽게 만든다.	

2. 다음은 <호질>의 전반부에서 범이 한 말의 일부이다. 이에 대한 설명을 참조하여 "'유(儒)'는 '유(諛)'"에 담긴 의미와 의도를 추론하여 빈칸을 채워 보자.

> '의(醫)'란 것은 '의(疑)'인만큼 저도 의심나는 바를 모든 사람들에게 시험해서 해마다 남의 목숨을 끊은 것이 몇 만 명으로 셀 수 있고, '무(巫)'란 '무(誣)'인만큼 귀신을 속이고 인민들을 유혹하여 해마다 남의 목숨을 끊은 것이 몇 만 명으로 셀 수 있는 것이다.

구절	의미	의도
'의(醫)'란 '의(疑)'	'의원(醫員)'은 '의심(疑心)'하는 존재	무책임한 행동에 대한 풍자
'무(巫)'란 '무(誣)'	'무당(巫堂)'은 '무고(誣告)'하는 존재	
'유(儒)'는 '유(諛)'	'유생(儒生)'은 '아유(阿諛)'하는 존재	

▌참고문헌

박기석(2012), 「호질의 작자」, 『한국문학사의 쟁점』, 집문당.

박수밀(2012a), 「朴趾源의 虎叱 구성과 표현 방식」, 『어문연구』 40, 한국어문교육연구회.

박수밀(2012b), 「호질의 원작자, 맥락으로 다시 읽기」, 『고전문학과 교육』 23, 한국고전문학교육학회.

정학성(2007), 「호질에 대한 재성찰」, 『한국한문학연구』 40, 한국한문학회.

이주영(2012), 「의사소통의 맥락에서 본 호질의 풍자성」, 『고전문학과 교육』 24, 한국고전문학교육학회.

이지선(2014), 「고전 교술 산문의 추론적 이해 방법 연구」, 『독서연구』 33, 한국독서학회.

이현식(2005), 「虎叱, 청나라 인식에 관한 우언」, 『한국한문학연구』 35, 한국한문학회.

최천집(2009), 「호질의 사상적 기반」, 『어문학』 106, 한국어문학회.

제11부　전·가전·실기류

온달전
공방전
국선생전
한중록
계축일기

제 1 장

온달전(溫達傳)

김부식 편

* 출처 : 박장렬 외 5인 옮김, 『원문과 함께 읽는 삼국사기』 Ⅲ, 한국인문고전연구소, 2012.

온달(溫達)은 고구려 평강왕(平岡王) 때 사람이다. 용모는 구부정하고 우스꽝스럽게 생겼지만 마음씨는 빛이 났다. 집안이 몹시 가난하여 항상 밥을 빌어 어머니를 봉양하였다. 떨어진 옷을 걸치고 해진 신발을 신고 시정(市井) 사이를 왕래하니, 당시 사람들이 그를 '바보 온달'이라고 불렀다.

평강왕의 어린 딸이 울기를 잘하니 왕이 놀리며 말했다.

"네가 항상 울어서 내 귀를 시끄럽게 하니, 자라면 틀림없이 사대부의 아내가 못 되고 바보 온달에게나 시집을 가야 되겠다."

왕은 매번 이런 말을 하였다.

딸의 나이 16세가 되어 왕이 딸을 상부(上部, 동부) 고씨에게 시집보내고자 하니, 공주가 왕에게 말하였다.

"대왕께서 항상 말씀하시기를 '너는 반드시 온달의 아내가 되리라.'라고 하셨는데, 이제 무슨 까닭으로 전날의 말씀을 바꾸십니까? 필부도 거짓말을 하려 하지 않는데 하물며 지존께서야 더 말할 나위가 있겠습니까? 그러므로 '왕노릇하는 이는 실없는 소리를 하지 않는다.'라고 하는 것입니다. 지금 대왕의 명이 잘못되었으니 소녀는 감히 받들지 못하겠습니다."

왕이 노하여 말했다.

"네가 나의 가르침을 따르지 않는다면 진정 내 딸이 될 수 없다. 어찌 함께 살 수 있겠느냐? 너는 네 갈 데로 가거라."

이에 공주는 보석 팔찌 수십 개를 팔꿈치에 걸고 궁궐을 나와 혼자 길을 떠났다. 길에서 어떤 사람을 만나 온달의 집을 물었다. 그의 집에 이르러 눈먼 노모를 보고 가까이 다가가 인사하며 아들이 있는 곳을 여쭈었다. 늙은 어머니가 대답하였다.

"내 아들은 가난하고 보잘것없으니 귀인이 가까이 할 만한 사람이 못됩니다. 지금 그대의 냄새를 맡아보니 향내가 보통이 아니고, 그대의 손을 만져보니 부드럽기가 솜과 같으니, 필시 천하의 귀인인 듯합니다. 누구의 꾐에 빠져 이곳까지 오게 되었습니까? 내 자식은 굶주림을 참다못해 산 속에 느릅나무 껍질을 벗기러 간 지 오래되었는데 아직 돌아오지 않고 있습니다."

공주가 그 집을 나와 산 밑에 이르렀을 때, 온달이 느릅나무 껍질을 지고 오는 것을 보았다. 공주가 그에게 자기의 생각을 이야기하였다. 온달이 불끈 화를 내며 말했다.

"이는 어린 여자가 하기에 마땅한 행동이 아니니, 필시 너는 사람이 아니라 여우나 귀신일 것이다. 나에게 가까이 오지 말라!"

온달은 마침내 돌아보지도 않고 가버렸다. 공주는 혼자 돌아와 사립문 밖에서 자고, 이튿날 아침에 다시 들어가서 모자에게 자세한 사정을 이야기하였다. 온달이 우물쭈물하며 결정을 내리지 못하자 그의 어머니가 말하였다.

"내 자식은 지극히 비루하여 귀인의 짝이 될 수 없고, 우리 집은 몹시 가난하여 진실로 귀인이 살기에 적당하지 않습니다."

공주가 대답하였다.

"옛 사람의 말에 '한 말의 곡식도 방아를 찧을 수 있고, 한 자의 베도 바느질할 수 있다.'라고 하였으니, 단지 마음만 맞으면 되지 어찌 꼭 부귀한 다음에라야 함께 할 수 있는 것이겠습니까?"

이윽고 공주가 금팔찌를 팔아 밭과 집, 노비와 소, 말과 기물 등을 사니 살림살이가 모두 갖춰졌다.

처음 말을 살 때 공주가 온달에게 말했다.

"부디 시장 사람의 말을 사지 마시고, 나라에서 키우던 말 중에서 병들고 파리해져 쫓겨난 말을 골라 사십시오."

온달이 그 말대로 하였다. 공주가 부지런히 기르고 먹이니, 말은 날로 살찌고 건강해졌다. 고구려에서는 해마다 봄 3월 3일이면 낙랑(樂浪) 언덕에 모여 사냥해서, 잡은 돼지와 사슴으로 하늘과 산천의 신령께 제사를 지냈다. 그 날이 되어 왕이 사냥을 나가는데 여러 신하와 5부의 병사들이 모두 따라갔다. 이때 온달도 자기가 기른 말을 타고 수행하였는데, 그의 말달리는 게 항상 앞서고, 잡은 짐승 또한 많아서 **다른 사람이 그만한 자가 없었다.** 왕이 불러서 성명을 묻고는 놀라며 기이하게 여겼다.

이때 후주(後周)의 무제가 군사를 내어 요동에 쳐들어오자, 왕은 군대를 거느리고 배산(拜山)의 들에서 맞아 싸웠다. 온달이 선봉이 되어 날래게 싸워 수십여 명의 목을 베니, 모든 군사들이 승세를 타고 떨쳐 공격하여 크게 이겼다.

공로를 논할 때 **온달이 제일이라고 하지 않는 사람이 없었다.** 왕이 그를 가상히 여기어 감탄하며 **"이야말로 내 사위다."**라 하고, 예를 갖추어 그를 영접하고 **벼슬을 주어 대형(大兄)으로 삼았다.** 이로부터 왕의 총애가 더욱 두터워졌으며, 위엄과 권세가 날로 융성해졌다.

양강왕(陽岡王)이 즉위하자 온달이 아뢰었다.

"지금 신라가 우리의 한수 이북의 땅을 차지하여 자기들의 군현으로 삼으니, 그곳의 백성들이 애통하고 한스럽게 여겨 한시도 부모의 나라를 잊은 적이 없사옵니다. 바로옵건대 대왕께서 저를 어리석고 불초하다 여기지 마시고 병사를 주신다면 한번 쳐들어가 반드시 우리 땅을 도로 찾아오겠나이다."

왕이 이를 허락하였다.

온달이 길을 떠날 때 맹세하며 말했다.

"계립현(鷄立峴)과 죽령(竹嶺) 서쪽의 땅을 우리에게 되돌리지 못한다면 돌아오지 않으리라!"

마침내 떠나가 아단성(阿旦城) 밑에서 신라군과 싸우다가 날아오는 화살에 맞아서 죽고 말았다. 장사를 지내려 하는데 관이 움직이지 않았다.

공주가 와서 관을 어루만지면서 말했다.

"죽고 사는 것이 이미 결정되었으니, 아아! 돌아가십시다."

드디어 관을 들어 묻을 수 있었다. 대왕이 이를 듣고 비통해하였다.

▌ 맥락

(1) 서사 단락

① 고구려 평강왕(559~590) 때 바보 온달이라는 거지가 살다.

② 평강왕은 울보인 딸을 바보 온달에게 시집보내겠다고 말하다.

③ 성장한 공주는 아비가 상부 고씨에게 시집보내려 하자 왕은 식언을 하지 않는 법이라고 하면서 온달에게 시집가려 하다.

④ 화가 난 왕이 공주를 내쫓다.

⑤ 공주가 팔찌 수십 개를 가지고 온달을 찾아가다.

⑥ 온달 모자는 공주를 거부하지만 공주의 설득으로 함께 살다.

⑦ 공주는 가지고 온 금붙이를 팔아 살림을 일으키고, 온달에게 국마(國馬)를 사

오게 한 뒤 튼튼하게 키우다.

⑧ 온달이 기른 말을 타고 사냥에 나가 기량을 발휘하여 임금을 놀라게 하다.

⑨ 온달이 후주(後周)와의 전쟁에서 큰 공을 세우니, 왕이 온달을 사위로 맞이하고 대형(大兄) 벼슬을 주다.

⑩ 신라에게 빼앗긴 계립현과 죽령 서쪽의 땅을 회복하기 위해 온달이 전쟁에 나섰다가 화살을 맞고 전사하다.

⑪ 온달의 관이 움직이지 않아, 공주가 관을 어루만지며 위로하여 장사지내다.

⑵ 전승 맥락

온달전은 고구려 평강왕의 공주가 스스로 집을 나가 바보 온달의 아내가 된 뒤에 내조를 잘하여 온달로 하여금 훌륭한 장수가 되게 하였다는 이야기이다. 이 이야기는 『삼국사기』를 비롯하여 『신증 동국여지승람』, 『명심보감』 등의 문헌에 실려 전해 오며, 구전되어 오다가 채록된 온달설화는 『한국구비문학대계』에 실려 있는 4편과 최운식이 채록한 자료 2편이 있다.

온달설화를 기록한 세 문헌 중 가장 오래된 것은 『삼국사기』이다. 역사적 인물인 온달과 평강공주를 문학적으로 형상화하여 꾸민 이야기로, 장면·성격·심리 묘사가 잘 되어 있다. 『신증 동국여지승람』과 『명심보감』에 수록되어 있는 온달설화의 내용은 『삼국사기』, <온달전>의 내용을 근간으로 하여 기록하였으나, 차이를 보인다. 구전되는 온달설화 중 A·B·C·D는 <온달전>의 내용을 첨삭하여 윤색한 것이고, E와 F는 <온달전>의 내용과는 다르게 변이된 것이다. 온달설화를 비교하는 단락의 요지는 다음과 같다.

㉠ 바보 온달이 살았다.

㉡ 아버지가 잘 우는 공주에게 '바보 온달에게 시집보내겠다.'고 하였다.

㉢ 공주가 다른 사람에게 시집가라는 아버지의 말을 거역하고 집을 나왔다.

㉣ 공주가 온달을 찾아가 함께 살았다.

㉤ 공주가 살림을 일으키고, 온달에게 많은 것을 가르쳤다.

㉥ 온달이 사냥 대회에 나가 기량을 발휘하여 칭찬을 받았다.

㉦ 온달이 외적이 쳐들어왔을 때 공을 세우고, 벼슬을 얻어 잘 살았다.

㉧ 온달이 외적과 싸우다가 전사하였다.

㉨ 땅에 붙었던 온달의 시신이 공주의 위로를 받고 움직여 장사하였다.

㉩ 온달의 공깃돌, 말 무덤이 전해 온다.

『신증 동국여지승람』은 <온달전>의 ⓛ·ⓒ·ⓜ·ⓗ단락을 생략하거나 축약하고, ⓢ·ⓞ·ⓩ단락은 비교적 상세히 기술하였다. 이것은 온달의 업적을 개략적으로 설명하면서 온달의 용감성과 충성심을 강조하려는 의도에서 나온 것으로 볼 수 있다.

『명심보감』은 <온달전>의 ⓗ·ⓞ·ⓩ단락을 생략하고, ⓢ단락은 '온달이 공주의 도움으로 영달하였다'라고 간략하게 표현하였다. 왕의 식언(食言)을 비판하면서 미천한 남편 온달을 내조하여 영달하게 한 공주의 행동을 은근히 찬양하고 있다.

구전자료 A·B·D·F는 『한국구비문학대계』에 실려 있는 4편이며, 구전자료 C, E는 최운식이 채록한 이야기이다. 구전자료 A·B·C·D 4편은 <온달전>의 내용을 바탕으로 하여 구성되었지만, 공주와 관련된 정보, 온달과 관련된 정보가 구체적으로 제시되지 않는다. 이것은 구전 자료의 전승자들이 역사적 지식을 필요로 하는 왕의 이름이나 주인공의 이름, 전쟁의 이유와 장소 등에 관해서는 깊은 관심을 기울이지 않으면서 흥미 위주로 전파·전승하여 왔음을 말해 준다. 그 중 C의 ⓩ은 충주 지역에 있는 '온달 장군의 공깃돌'과 '말 무덤'의 유래를 설명해 준다.

구전 자료 E와 F는 재상의 딸이 숯을 굽는 온달과 혼인하고, 금괴를 발견하여 잘 살았다는 내용이다. 두 이야기는 고귀한 신분의 여주인공이 미천한 신분의 남주인공과 혼인하고, 내조하여 행복하게 살았다는 점에서 <온달전>의 내용과 일치하나, 구성 면에서 변이를 일으킨 변이된 설화라 할 수 있다(최운식, 1998).

■ 쟁점 : 평강공주의 영웅성

평강공주의 성격에 국한한 연구들은 평강공주의 여성영웅성과 후대 여성영웅소설과의 관계에서 주로 논의되었다. 이러한 논의들은 다음 세 가지로 유형화하여 정리할 수 있다.

먼저 평강공주가 여성우위형의 인물이면서 동시에 후대 여성영웅소설에 영향을 주었다고 보는 견해이다. 이 견해를 취하고 있는 연구들은 대개 평강공주가 보여주고 있는 여성 우위적 성격이 후대 여성영웅소설의 인물 형성화에 일정 부분 기여를 했다고 보는 입장을 취하고 있다는 점에서 의미가 있다. 이것은 평강공주에게서 발견되는 주체적이고 여성 주도적인 면이 후대 여성영웅소설의 주인공과 많이 닮았다고 생각한 것에서 기인한 것이다. 그리고 우리 서사문학에서 쉽게 목도할 수 있는 우부현부형(愚夫賢婦) 유형의 설화들이 <온달전>과 조선시대 여성영웅소설 사이에서 풍부한 매개 작용을 함으로써 그러한 생각이 더욱 강화되었다고 판단할 수 있다.
  평강공주의 영웅성은 인정하면서 후대 여성영웅소설과의 관계에서는 부정적인 입장을 취하는 견해도 있다. 이 견해를 취하고 있는 연구들은 '온달'이나 '서동' 전승에 나타나는 여성우위의 성격이 후대 여성영웅소설의 그것과 질적인 차이가 있다고 보는 입장이다. 그래서 평강공주의 영웅성은 인정하면서도 후대 여성영웅소설과는 직접적으로 관련이 없는 것으로 보고 있다. 평강공주의 영웅성은 조선시대 여성영웅이 보여주고 있는 여장군과 같은 무인적 성격과는 거리가 있다는 것이다. 이들은 여성영웅소설이 형성될 수밖에 없었던 사회적 동인에 많은 관심을 두고 있다. 그렇기 때문에 평강공주의 영웅적 성격은 여성영웅소설이 대량으로 양산되었던 당대의 문학적 현실을 설명하기에는 너무나 먼 시대의 이야기로 인식되는 것이다. 따라서 이 견해는 <온달전>과 같은 설화 문학 속에서 발견되는 '여성영웅적 성격'과 시대적 현실을 담보하고 있는 여성영웅소설 속의 '여성영웅'을 어느 정도 구분하였다는 점에서 일정 부분 의미를 찾을 수 있다.
  마지막 견해는 평강공주는 내조형의 인물로서 후대 서사문학에 일정부분 영향을 주었다고 보는 경우이다. 이 경우는 평강공주의 영웅성이 후대 서사문학과 영향관계를 맺을 수 있다고 본 점에서는 첫 번째 견해와 같은 선상에 있다고 할 수 있다. 그러나 평강공주의 성격을 여성우위가 아닌 내조형의 성격을 가진 것으로 파악하고 있다는 점에서 차별성이 인정된다. 이 관점은 평강공주의 성격을 단순히 물리적, 환경적, 부분적 측면에서만 고려하지 않고, 평강공주의 의지와 행위의 결과를 고려하여 인물의 성격을 규정하였다.
  이러한 연구는 <온달전>의 텍스트에서 평강공주의 어떠한 면을 얼마만큼 확장하는가의 정도에 따라 제기될 수 있는 주장들이다. <온달전>의 평강공주 서사의 흐름에서 발견되는 특성들을 정리함으로써 연구들의 타당성에 대해 자세히 살펴볼 수 있을 것이다(김용기, 2010).

■ 꼼꼼히 읽기 : 편법(篇法)과 장법(章法)으로 보기

  편법이란 전체 글을 조직하는 것이다. 처음과 끝이 잘 아물려져 조응하며, 중간의 단락들은 조리가 있고 맥락이 통하도록 배치해야 한다. 편법은 일괄하여 말하기 어려우나 논설문에서는 크게 나누고 기사문에서는 잘게 나눈다.
  <온달전>의 기승전결의 구조에 따라 편법과 장법을 살펴보자.

기(起)에서는 쌍관법(雙關法)과 복필법(伏筆法)을 썼다. 쌍관법은 마치 문에 두 개의 문짝이 있어 차례차례 열리는 것처럼 두 가지 사실을 병진하여 제시하는 방식을 말한다. 먼저 온달의 외모와 그의 행색을 묘사한 뒤, 평원왕과 공주 사이의 일을 다시 이어 장차 두 사람 사이에 일어날 사건을 암시하였다. 기와 승에서는 공주가 주동적 역할을 하는데 반해, 전과 결에서는 온달이 중심에 부각되고, 공주는 보조적 역할을 감당하는 것으로 서술 초점에 변화가 온다. 또 복필법은 서두에 한두 마디 말을 미리 암시해 둔 후, 중간과 결말에서 이것과 조응시킴으로써 맥락을 살아나게 하는 방법이다. 처음 온달의 용모를 설명하면서 현재 온달이 비록 꾀죄죄한 용모를 지녔어도 맑은 속마음을 지녔으므로 뒷날 훌륭한 인물로 성장할 것임을 암시하였다. 승(承)에서는 빈주법(賓主法)과 층첩법(層疊法), 조응법(照應法)을 사용하였다. 빈주법은 갑의 일을 설명하기 위해 을의 일을 끌어오거나, 또는 두 가지의 일을 엮어 나가면서 어느 한 편에 초점을 두어 전개하는 방법을 말한다. 승에서는 공주가 행위의 주체로 나타나고, 온달의 오히려 빈(賓)으로 나오며, 온달의 어머니는 빈중지빈(賓中之賓)으로 등장한다. 층첩법은 한층 한층 전개에 따라 서사의 긴장을 고조시키는 방법으로 많이 쓰인다. 문장의 기세가 봉우리가 솟고 파도가 잇달아 일어나듯 하여 변화로운 가운데 번다함을 느끼지 않게 해 준다. 승은 모두 세 개의 단락으로 이루어졌다. 첫 번째 단락에서는 공주와 온달 어머니와의 만남이, 두 번째 단락에서는 온달과 공주의 만남이, 세 번째 단락에서는 공주와 모녀와의 만남이 각각 층차적으로 그려지고 있다. 온달의 어머니는 곰살궂고 다정한 성격인데 반해 온달은 직선적이고 불같은 성격이어서 서사 단락간의 긴장을 고조시킨다. 첫 번째 온달 어머니와의 만남에서 긴장을 이완시켰다가, 온달과의 만남에서 돌연 긴장을 고조시키고, 다시 삼자대면을 잇달아 배치하여 갈등을 해소시켰다. 조응법은 앞에서 말을 던져 놓고 뒤에서 이와 호응시키는 것이다. '이에 공주는 보석 팔찌 수십 개를 팔꿈치에 걸고 궁궐을 나와 혼자 길을 떠났다.'라 할 때는 특별한 의미를 느끼지 못하다가, '이윽고 공주가 금팔찌를 팔아 밭과 집, 노비와 소, 말과 기물 등을 사니 살림살이가 모두 갖춰졌다.'라 하는 대목과 조응되는 순간, 앞에서 미리 베풀어 놓은 한 구절이 갑자기 도약하여 정체를 발함을 느낄 수 있다.

전에서는 층첩법과 조응법을 쓰고 있으며, 세 단락으로 이루어졌다. 처음은 온달이 공주의 지시에 따라 말을 사와 기르는 일을 적었고, 두 번째는 온달이 그 말을 타고 나가 국중 사냥대회에서 1등한 일을 적었으며, 세 번째는 온달이 국가의 위기를 맞아 선봉이 되어 큰 공을 세우고, 마침내 왕의 사위로 인정받아 높은 벼슬에 이르는 과정을 적었다. 각 단락이 단계에 따라 뒤섞임 없이 정연한 배치를 이루고 있다. 사냥대회에서 1등한 공은 개인적인 일이고, 전쟁에서 공을 세운 것은 국가적인 일이므로, 이 또한 서로 층차를 두었다. 이러한 각각의 층위는 꾀죄죄한 용모로 저자 거리에서 걸식하며 놀림의 대상이 되었던 온달이 공주의 도움으로 자신 안에 감춰진 역량을 발휘하여 상승 발전해 가는 과정과 일치하며, 읽는 이의 마음을 격동시키는 파란곡절(波瀾曲折)효과를 잘 거두고 있다. 조응법의 사용을 보면 '다른 사람이 그만한 자가 없었다.'라고만 한 것을 '온달이 제일이라고 하지 않는 사람이 없었다.'라고 강화시켰고, "이야말로 내 사위다."라 하고, 예를 갖추어 그를 영접하고 벼슬을 주어 대형(大兄)으로 삼았다.'라 하여 사회적 공인의 절차를 더하여, 단순한 반복이 아닌 점층적 구조로 배치하였다.

결에서는 종금법(縱擒法)과 완급법(緩急法)을 사용하였다. 종금법은 앞에서 풀어 놓고 뒤에서 낚아채는 수법, 죽 뜻을 펼쳤다가 다시 거두어 들여 길게 여운을 남기는 수사법이다. 온달은 신라에게 빼앗긴 고토의 회복을 자청하고 나선다. 그는 땅을 회복하지 않고는 절대 돌아오지 않겠다고 맹서한다. 이 맹서 대목까지가 일종(一縱)이 된다. 그리고는 짧은 단문으로 다른 군더더기를 덧붙이지 않고, 바로 그의 죽음 덧대어 서사적으로 흘러오던 문장은 긴 여운을 남기며 급속도로 마무리된다. 이것이 다시 일금(一擒)이다. 완급법은 때로 느리게 때로 빠르게 문장의 호흡을 조절하여 기맥에 활기를 불어 넣는 수사법이다. 앞에서 두 차례의 직접화법으로 온달의 비장한 결의를 생생하게 부각시키면서 문장의 호흡을 다소 완만하고 유장하게 해 놓고서 후반에서 '마침내 떠나가 아단성(阿旦城) 밑에서 신라군과 싸우다가 날아오는 화살에 맞아서 죽고 말았다.'로 급하게 맺음으로써 온달의 죽음이 주는 비장미를 한껏 고조시켰다. 즉 '갔다, 싸웠다, 맞았다, 죽었다'는 동사의 잇단 배치로, 쌍방의 싸움이 어떠했고, 군사는 어떠했으며, 그 결과는 어떠하였는지에 대한 배려는 조금도 할애하지 않았다. 초점이 흩어짐을 염려한 것이다.(정민, 2000)

■ 감상 : 역할의 조화

작품의 형식과 내용으로 볼 때, 온달과 평강이 <온달전>을 이해하는 데 중요한 인물임은 분명하다. 하지만 온달과 평강 외의 다른 인물들이 역할을 제대로 수행하지 않았다면 완성도 높은 작품이 되기 어려웠을 것이다. 주요인물 못지않게 주변인물들이 작품 전체에서 결정적인 역할을 수행할 때도 많다. 평강왕과 온달모는 작품 전체에서 결정적인 역할을 수행하는 주변인물로 등장한다.

평강이 어릴 적부터 반복적으로 들려준 평강왕의 말은 평강과 온달의 결연에 결정적 역할을 한다. 평강왕의 말이 평강에게 자신의 배필로서 온달을 각인시켰다고 볼 수 있다. 정해준 배필과 혼인하지 않겠다는 평강을 내쫓는 평강왕의 행동은 온달과 평강의 만남에 결정적 역할을 한다.

온달모는 평강이 찾아왔을 때 강하게 거절하지만, 평강의 사정을 들은 후에는 자신의 아들이 볼품없어 어울리지 않는다는 말을 할 뿐 강하게 내치지는 않는다. 이러한 온달모의 자세는 어리둥절해 하는 온달과 강한 집념의 평강을 이어준다.

사회를 살아가는 우리에게는 어떤 식으로든 역할이 주어진다. 주도적 역할이 주어질 때도 있고, 주변적 역할이 주어질 때도 있다. 중요한 것은 이러한 역할들이 나름의 필요성을 지니고 있다는 것이다. 사회는 주도적 역할만으로도, 주변적 역할만으로도 완성되지는 않는다. 주도적 역할과 주변적 역할이 조화를 이룰 때 사회가 구성되고 나름의 운영이 이루어진다.

사회적 재난이 일어났을 때 그 역할의 중요성은 더해진다. 주도적 역할을 수행하는 사람들과 주변적 역할을 수행하는 사람 간의 조화 여부에 따라 극복의 시간이 단축되기도 하며, 사회적 상처의 회복 정도가 달라지기 때문이다. 우리 사회가 국가적 어려움을 슬기롭게 대처한 일련의 과정들이 역할 조화의 중요성을 말해준다.

일이 잘 되어 갈 때 우리는 종종 착각을 한다. 이 일의 공(功)이 주도적 역할을 수행한 나에게 전적으로 있다고 생각하는 것이다. 주도적 역할을 수행한 이의 공을 부정하고자 하는 것은 아니다. 다만, 나를 둘러싸고 있는 주변 인물들의 공이 작지 않음을 분명히 인식해야 한다는 것이다. 때로는 주변적 인물로서의 역할을 수행할 수도 있으며, 주도적 인물로서의 역할을 수행할 수도 있다. 중요한 것은 나의 역할이 다른 이의 역할과 조화를 이루어 일을 이루어 낸다는 것이다.

우리를 둘러싼 문제들은 개인의 노력만으로 극복될 수 없는 것들이 많다. 역할의 조화를 추구할 때 우리 사회의 문제들로부터 한 걸음 더 나아갈 수 있지 않을까.

▌연습

1. <온달전>을 편법(篇法)과 장법(章法)으로 살펴보았다. 다음 표를 완성해 보자.

구성	수사법	수사법이 사용된 문장
기	쌍관법	
	복필법	

구성	수사법	수사법이 사용된 문장
승	빈주법	
	층첩법	
	조응법	
전	층첩법	
	조응법	
결	종금법	
	완급법	

2. <보기>는 발복(發福)설화의 구조이다. <온달전>의 구조와 비교해 보자.

<보기>

오늘날 구전되는 민담에는 아버지와 다투고 집에서 쫓겨난 딸이 숯구이 총각을 만나서 생금장(生金藏)을 발견해 부자가 되는 이야기들이 있다. "숯구이 총각의 생금장", "내복에 산다." 등의 제목이 붙은 이 구전민담은 삼국사기의 온달전, 삼국유사의 무왕설화 등과 함께 "쫓겨난 여인 발복(發福)"설화라는 한 유형으로 묶일 수 있다. 『한국구비문학대계』를 비롯한 설화집에서 44편을 수집해서 유형구조를 정리하면 다음과 같다.

㉠ 옛날 어느 곳에 부유한 한 집에 아버지와 세 딸이 살고 있었다.
㉡ 아버지와 딸들이 문답을 주고받고 셋째 딸이 미움을 산다.
㉢ 셋째 딸이 집에서 쫓겨난다.
㉣ 셋째 딸이 숯구이 총각을 만난다.
㉤ 여자가 금을 발견한다.
㉥ 아내의 지시로 금을 처분하고 부부는 부자가 된다.
㉦ 친정은 셋째 딸을 내쫓은 후 몰락한다.
㉧ 셋째 딸은 부친과의 상봉을 예견하고 준비한다.
㉨ 셋째 딸이 부친을 만나고 효도한다.

▌참고문헌

김대숙(1989), 「溫達傳의 口碑文學的 理解」, 『이화어문논집』 10, 이화어문학회.

김용기(2010), 「<온달전>의 인물 서사와 정서에 대한 탐색」, 『고전문학과 교육』 20, 한국고전문학교육학회.

정규식(2002), 「한국 여성주의 설화 연구—온달·서동, "내 복에 산다" 설화를 중심으로—」, 『동남어문논집』 14, 동남어문학회.

정규식(2007), 「평강왕과 온달모를 중심으로 본 <溫達傳>」, 『한국문학논총』 46, 한국문학회.

정　민(2000), 「고전문장이론상의 篇章字句法으로 본 <온달전>의 텍스트 분석」, 『텍스트
　　　　언어학』 9, 한국텍스트언어학회.
최운식(1998), 「온달설화의 전승 양상」, 『청람어문교육』 20, 청람어문교육학회.

제 2 장

공방전

임춘

　　공방(孔方)의 자(字)는 관지(貫之)이다. 그의 선조는 옛날에 수양산에 은거하여 동굴에서 살았는데, 일찍 세상으로 나왔지만 쓰이지 못했다. **비로소 황제(黃帝) 때에 조금씩 쓰였으나, 성질이 강경하여 세상일에 매우 단련되지 못했다.** 황제가 관상을 보는 사람을 불러 그를 살피게 하니, 관상 보는 사람이 자세히 보고 천천히 말하기를 "산야(山野)에서 이루어졌기 때문에 거칠어서 사용할 수 없지마는 **만약 임금님의 쇠를 녹이는 용광로에서 갈고 닦으면 그 자질은 점점 드러나게 될 것입니다.** 임금이란 사람을 사용할 수 있는 그릇이 되도록 만드는 자리이니, 임금님께서 완고한 구리와 함께 버리지 마십시오."라고 했다. 이로부터 세상에 나타나게 되었다. 이후 난리를 피하여, 강가의 숯 화로로 이사를 해 가족을 이루고 살았다.

　　공방의 아버지인 천(泉)은 주나라의 태재(太宰)로, 나라의 세금을 담당했다. 공방의 사람됨은 겉은 둥그렇고 가운데는 네모나며, 세상의 변화에 잘 대응했다. 공방은 한나라에서 벼슬하여 홍려경(鴻臚卿)[1]이 되었다. 당시에 오나라 임금인 비(濞)가 교만하고 참람하여 권력을 마음대로 행사했는데, 공방이 비를 도와 이익을 취했다. 호제(虎帝)[2] 때에 나라가 텅 비고 창고가 텅 비게 되었는데, 호제가 이를 걱정하여 공방을 부민후(富民侯)로 임명했다. 그 무리인 염철승(鹽鐵丞)[3] 근(僅)과 함께 조정에 있었는데, 근이 항상 공방을 가형(家兄)이라고 부르고 이름을 부르지 않았다. 공방은 성질이 탐욕스럽고 염치가 없었는데, 이미 국가의 재산을 총괄하면서 자모(子母)[4]의 경중을 저울질하는 것을 좋아했다. 공방은 국가를 이롭게 하는 것에는 도자기와 철을 주조하는 것만 있는 것이 아니라면서, 백성들과 함께 조그만 이익을 다투고, 물가를 올리고 내리고, 곡식을 천대하고, 화폐를 귀중하게 여겼다. 그리하여 백성들이 근본을 버리고 끝을 좇도록 하고, 농사짓는 것을 방해했다. 당시에 간관들이 자주 상소를 올려 공방을 비판했지만, 호제가 이를 받아들이지 않았다. 공방은 교묘하게

* 출처 : 임춘, 이정훈 역, 『서하집(西河集)』, 지식을만드는지식, 2008.

1 홍려경(鴻臚卿) : 외국에서 방문한 사신을 접대하는 관직.

2 호제(虎帝) : 한나라 광무제를 말함. 고려의 임금 왕무(王武)의 이름의 한자를 피하기 위해[避諱] 무(武) 대신에 호(虎) 자를 사용한 것임.

3 염철승(鹽鐵丞) : 국가가 전매하는 소금과 철을 담당하는 관료.

4 자모(子母) : 원금과 이자.

권세 있는 귀족들을 섬겨, 그 집을 드나들면서 권세를 부리고 관직을 팔아 관직을 올리고 내리는 것이 그의 손바닥 안에 있었다. 공경들이 절개를 꺾고 공방을 섬기니, 곡식을 쌓고 뇌물을 거두어 문권과 서류가 산과 같이 쌓여 가히 셀 수가 없었다. 공방은 사람을 대하고 물건을 대할 때 현인과 불초한 것을 가리지 않고, 비록 시장 사람이라고 하더라도 재산이 많으면 그와 사귀었으니, 소위 시장 바닥 사귐이란 이런 것을 말한다. 공방은 때로는 동네의 나쁜 소년들을 따라다니면서 바둑을 두고 격오(格五)[5]를 일삼았다. 그러나 승낙을 잘했기 때문에, 당시 사람들이 이를 두고 "공방의 말 한마디는 무게가 금 백 근과 같다."고 했다.

원제(元帝)가 즉위하자 **공우(貢禹)**가 글을 올려 "공방이 오랫동안 바쁜 업무에 매달려 농사의 중요한 근본에는 힘쓰지 않고 다만 전매의 이익에만 힘을 썼습니다. 그리하여 나라를 좀먹고 백성들에게 해를 입혀 공사가 모두 피곤하게 되었으며, 뇌물이 난무하고 공적인 일도 청탁이 있어야만 처리됩니다. '지고 **또 탄다. 그러면 도둑이 온다.**'라고 한 『주역(周易)』의 명확한 가르침도 있으니, 바라건대 공방의 관직을 파면해 탐욕과 비루함을 징계하십시오."라고 했다. 그때 마침 권력을 잡은 사람 중 곡량학(穀梁學)[6]으로 관료가 된 사람이 있었는데, 변방에 대한 대비책을 세우는 데 군비가 부족했기 때문에 공방의 일을 미워하여 공우의 편을 들었다. 그러자 원제가 공우의 요청을 받아들였다. 그리하여 공방은 관직에서 쫓겨났다.

공방이 문하의 사람들에게 말하기를 "나는 전에 임금님을 만나, 임금님이 나라를 잘 다스리도록 교화하여 장차 국용이 넉넉해지고 백성들의 재산이 풍부해지도록 했다. 이제 조그마한 죄로 내쫓김을 당했다. 그러나 등용되고 쫓겨나는 것은 나에게는 이익도 손해도 없다. 다행스럽게도 남은 목숨이 끊어지지 않고 실오라기처럼 살았으니, 앞으로 입이 묶여 말을 하지 못해도 세상에 몸을 붙이고 살아갈 것이다. 부평초처럼 이리저리 떠돌면서 강회(江淮)의 별장으로 되돌아가 약야계(若冶溪) 위에서 낚싯대를 드리우고, 고기를 잡고 술을 사서 민상(緡商),[7] 해고(海賈)[8]와 함께 술배를 타고 떠다니면서 남은 생애를 마칠 것이다. 비록 천종록(千種祿)과 오정(五鼎)[9]의 음식이 있다고 해도, 내가 어찌 그것 때문에 이러한 삶과 바꾸겠는가? 그렇지만 시간이 지나면, 나의 계책은 반드시 다시 일어날 것이다."라고 했다.

진나라 **화교(和嶠)**가 그의 가르침을 듣고 그것을 좋아하여 많은 재산을 모았으나, 그것[돈]을 너무나 아껴 병적이 되었다. 그리하여 노포(魯褒)가 『전신론(錢神論)』을 지어 돈을 비난하여, (돈을 좋아하는) 풍속을 바로잡았다. 오직 완선자(阮宣子)만은 마음이 활달하여 남에게 구속을 받지 않았기 때문에, 속물에 구애를 받지 않고

5 격오(格五) : 지금의 주사위 놀이와 같은 옛날 놀이의 한 종류

6 곡량학(穀梁學) : 『춘추곡량전(春秋穀梁傳)』에 대한 해설서로, 역사적 사실에 대해 공자가 내린 가치판단의 참뜻을 규명하는 데 초점을 두었다고 함.

7 민상(緡商) : 중국 복건성 지역의 상인. 복건성이 바다와 인접해 있어, 이 지역에는 바다를 무대로 활동하는 상인이 많다고 함.

8 해고(海賈) : 바다를 무대로 상업을 하는 장사꾼.

9 오정(五鼎) : 원래 소, 양, 돼지, 물고기, 순록을 담아 제사 지내는 다섯 개의 솥을 의미하지만, 본문에서는 아주 맛있는 음식을 뜻함.

공방의 무리와 더불어 말을 채찍질하면서 나가 놀고, 주점에 가서 술을 마시며 놀았다. **왕이보(王夷甫)**는 입으로 공방의 이름을 말하지 않고 다만 '아도(阿堵, 저것)'라고 불렀을 뿐이니, 높고 깨끗한 것을 말하는 사람들에게 공방은 이같이 더럽게 보였다.

당나라가 흥기하자 **유연(劉晏)**이 탁지판관(度支判官)이 되었는데, 당시 국가의 재정이 넉넉하지 못했다. 그리하여 유연이 공방의 계책을 사용하여 국가 재정을 이롭게 하도록 하자고 건의했다. 이에 관한 내용은 『당서(唐書)』 「식화지(食貨志)」에 실려 있다. 그런데 공방이 죽은 지 오래되어, 그의 문도들도 사방으로 흩어졌다. 그리하여 공방의 문도들을 수소문하고 일으켜 다시 기용했다. 그 결과 공방의 계책이 개원(開元)·천보(天寶)[10] 연간에 크게 실시되었고, 공방에게는 조의대부 소부승(朝議大夫少府丞)이라는 벼슬이 추증되었다.

송나라 신종(神宗) 때에 왕안석(王安石)이 국정을 담당하면서, 여혜경(呂惠卿)을 끌어들여 정치를 보좌하도록 하고 청묘법(靑苗法)을 사용했다. 그리하여 세상이 소란해지고 크게 곤궁해졌다. 소식(蘇軾)이 청묘법의 폐단을 적극적으로 비판하고 그 법을 모두 배척하려고 하다가, 오히려 모함에 빠져 쫓겨나게 되었다. 이런 일이 있은 뒤, 조정의 선비들은 감히 말을 하지 않았다. **오직 사마광(司馬光)이 재상이 되어 청묘법을 폐지하자고 요청하고 소식을 천거해 발탁하니, 공방의 무리들이 점점 쇠퇴하고 다시는 융성해지지 못했다.** 공방의 아들 윤(輪)은 됨됨이가 경박하여 세상 사람들로부터 비난을 받았다. 뒤에 윤이 수형령(水衡令)[11]이 되었지만, 불법으로 물건을 취득한 것이 발각되어 죽임을 당했다.

사신(史臣)은 다음과 같이 논평한다. "다른 사람의 신하가 된 사람이 두 마음을 품고 큰 이익을 좇는다면 이 사람은 과연 충신인가? 공방이 때를 잘 만나고 좋은 주인을 만나 정신을 모아서 정중한 약속을 맺었고, 생각지도 못한 사랑을 받았다. 당연히 이로운 일을 생기게 하고 해로운 것을 제거하여 은덕을 갚아야 하지만, 비(濞)를 도와 권력을 마음대로 하고 마침내 자신의 무리들을 심었다. 공방의 이러한 행동은 충신은 경계 바깥의 사귐은 없다는 말에 위배되는 것이다. 공방이 죽고 그의 무리들이 다시 송나라에서 기용되어 권력자에게 아부하고 올바른 사람들을 모함했었다. 비록 길고 짧은 이치가 하늘에 있다고 해도 원제(元帝)가 공우(貢禹)의 말을 받아들여 한꺼번에 공방의 무리들을 죽였다면, 뒷날의 근심을 모두 없앨 수 있었을 것이다. 다만 공방의 무리들을 억제하기만 하여 후세까지 그 폐단을 미치게 했으니, 어찌 일보다 말이 앞서는 사람은 항상 믿지 못할까를 근심하지 않겠는가?"

10 개원(開元)·천보(天寶): 개원과 천보는 당나라 현종 때의 연호

11 수형령(水衡令): 중국 한나라 때의 관직으로 세금 관계 업무를 담당함.

(1) 서사 단락

① 공방의 조상은 수양산에 숨어 살면서 세상에 쓰인 일이 없다가, 황제 시절부터 조금씩 쓰이기 시작하다.

② 공방의 아버지 천(泉)은 주나라에서 조세를 담당하다.

③ 공방은 한나라에서 벼슬을 하고, 오나라 왕에 붙어 많은 이익을 얻다.

④ 호제 때 나라 경제가 어려워지자 부민후가 되어 나라의 재물을 맡아 관리하다.

⑤ 공방은 탐욕을 부리며 나라 경제를 어지럽히고, 매관매직을 일삼다가 벼슬에서 쫓겨나다.

⑥ 당나라 때 나라 경제가 어려워지자 다시 공방을 등용하고자 하지만 공방이 이미 죽은 뒤라 공방의 제자들을 등용하다.

⑦ 송나라 신종 때에 왕안석이 국정을 담당하면서 청묘법을 시행하다.

⑧ 사마광이 재상이 되어 청묘법이 폐지되고, 공방의 무리들이 점차 쇠퇴하다.

⑨ 공방의 아들 윤(輪)은 수형령이 되나 장물이 발각되어 세상의 비난을 받고 죽임을 당하다.

⑩ 사신(史臣)은 공방에 대해 부정적 평가를 내리고, 돈을 없애지 않은 후환과 폐단에 대해 지적하다.

(2) 작가 맥락

임춘(林椿)은 고려 무인 집권기를 살았던 인물로, 당대를 대표하는 문장가였다. 자는 기지(耆之), 호는 서하(西河)다. 그의 출생 및 사망 연도는 명확하지 않다. 여러 기록을 종합하면, 의종 대에 태어나서 30대 후반 또는 40대까지 살았던 것으로 보인다. 그의 집안은 문신 귀족 가문이었으며, 그러한 배경을 바탕으로 임춘은 상당한 문장력을 구사하였다.

임춘은 7세에 경서에 통달했다고 할 정도로 신동이었으며, 어렸을 때부터 문장을 잘 짓기로 명성이 났었다. 그 시대를 살았던 다른 귀족들과 마찬가지로 그 역시 과거를 통해 입신하기를 원했다.

그러나 나이 20세를 전후하여 무신 정변이 발발하면서, 그의 삶은 일대 전환을 맞았다. 무신 정변으로 가문 전체가 화를 입었다. 조상 대대로 내려왔던 공음전(功蔭田)까지 탈취당하여 경제적으로 매우 궁핍해졌으며, 친지들로부터 멸시를 당했다. 그리하여 그는 개경에서 5년간 은신하다가 가족을 이끌고 영남 지방으로 피신하여

7년간 타향살이를 했다.

그 와중에도 임춘은 글을 짓는 노력을 게을리 하지 않았으며, 관료가 되겠다는 의지를 꺾지 않았다. 당시 정권에 참여한 인사들에게 관직을 구하는 편지를 여러 차례 쓰기도 했고, 다시 개경으로 돌아온 뒤에도 과거에 응시했다. 그러나 뜻을 이루지 못하였고, 얼마 뒤 경기도 장단으로 내려가 실의와 곤궁 속에서 방황하다가 요절했다.

이와 같이 난세를 만나 참담한 가난 속에서 지냈던 임춘의 개인적 삶은, 그가 지은 <공방전>이라는 작품과 연관성이 깊다. <공방전>에는 돈이 생겨나게 된 유래와 돈이 생활에 미치는 부정적 영향이 제시되어 있다. 그리고 임춘은 '사신 왈(史臣曰)' 이후 부분을 통해 공방의 존재가 삶을 그릇되게 하므로 후환을 막으려면 없애야 한다는 결론을 내린다. 임춘의 삶을 고려하여 <공방전>을 읽어보면, 임춘은 노력했음에도 가질 수 없었던 돈과, 자신에게 기회를 주지 않았던 불공정한 사회에 대한 원망(怨望)을 바탕으로 <공방전>을 저술했다고 이해할 수 있다. 다시 말해 <공방전>에는 작가 임춘의 돈의 폐단과 불합리한 사회에 대한 비판적 인식이 담겨 있는 것이다.

▌쟁점 : 〈공방전〉의 주제

가전은 크게 '본 이야기'('본 이야기'는 다시 가문의 내력을 서술하는 '家系'와 주인공의 행적을 서술하는 '행적' 부분으로 나눌 수 있다)와 '사신의 평'으로 구성되어 있다. <공방전>에서는 '사신 왈(史臣曰)' 이전의 내용이 본 이야기이고 이후의 내용이 사신의 평에 해당한다. 그런데 <공방전>은 본 이야기만을 보고 파악한 주제 의식과 사신의 평까지 고려하여 파악한 주제 의식 간의 괴리가 있다. 그렇다면 <공방전>의 진정한 주제는 무엇일까?

본 이야기만을 보고 파악한 <공방전>의 일반적인 주제는 '돈을 향한 탐욕에 대한 비판, 돈의 폐해에 대한 경계' 정도이다. 돈을 의인화한 인물인 공방이 저지르는 부정부패를 돈에 의해서 발생한 폐해로 파악한 것이다.

그런데 곽정식(1996)은 가전체 소설에서 사신의 평은 본문에 비해서 보다 중심적인 의의를 지닌다고 하였다. 가전의 작자는 창작을 할 때, 먼저 사신의 평에 해당하는 개인적이고 주관적인 견해가 있고, 이를 구체화하기 위해서 사람이 아닌 어떤 사물을 선택한다. 그리고 그 사물과 관련된 고사 등을 찾아서 의인화의 과정을 거쳐 일대기로 구성하는 작업을 한다. 이것이 일반적인 가전의 창작방법이다.

<공방전>의 후반부에 나와 있는 사신의 평에서 사신[작자]은 "공방이 때를 잘 만나고 좋은 주인을 만나 정신을 모아서 정중한 약속을 맺었고, 생각지도 못한 사랑을 받았다. 당연히 이로운 일을 생기게 하고 해로운 것을 제거하여 은덕을 갚아야 하지만, 비(濞)를 도와 권력을 마음대로 하고 마침내 자신의 무리들을 심었다. 공방의 이러한 행동은 충신은 경계 바깥의 사귐은 없다는 말에 위배되는 것이다."라고 말한다. 이로 보아 <공방전>의 작자가 비판하고자 한 대상은 돈이 아니라, 신하로서의 본분을 저버린 채 물질적 탐욕에 빠져 국정을 어지럽히고 민생을 도탄에 빠뜨렸던 당시의 부패한 관리들이었음을 알 수 있다. 그러므로 사신의 평까지 고려하여 파악한 <공방전>의 주제는 '부정부패한 관리들에 대한 비판'이라 할 수 있다.

그런데 여전히 많은 참고서에서는 <공방전>의 주제를 '돈의 폐해에 대한 경계' 정도로 설명하고 있다. 이는 사신의 평을 제외한 전(前)부분만을 발췌하여 수록하는 경우에 수록한 부분에 한하여 주제를 해석해낸 것일 수 있고, 또는 사신의 평이 작품 전체에서 하는 역할과 기능을 크게 인정하지 않아 주제를 한정한 것일 수도 있다. 물론 <공방전>의 주제를 '돈의 폐해에 대한 비판'으로 읽어내는 것이 잘못되었다고 할 수는 없으나, 정확하다고 하기도 어렵다는 점에서 문제가 있다.

정리하자면 일반적으로 <공방전>의 본 이야기에만 집중하여 '돈의 폐해에 대한 경계'를 그 주제로 이해하지만, 사신의 평까지 고려할 때 작자가 의도했던 진정한 주제는 '부정부패한 관리들에 대한 비판'이었음을 파악할 수 있는 것이다.

▌꼼꼼히 읽기 : 전고(典故)와 고사(故事)

<공방전>은 엽전을 의인화한 가전으로서 엽전의 제조 및 활용 과정을 사실(史實)에 가탁시켜 당시의 경제 상황을 풍자하였다. 공방의 조상은 세상에 쓰인 적이 없었는데, '비로소 황제(黃帝) 때에 조금씩 쓰였으나, 성질이 강경하여 세상일에 매우 단련되지 못했다.'고 한다. 이때 '황제'는 중국의 전설상의 제왕을 지칭하는 것으로, '황제 때'까지의 시기는 아직 돈이 필요하지 않았던 시대를 의미한다. 이후 임금이 관상 보는 사람을 불러 보이자 '만약 임금님의 쇠를 녹이는 용광로에서 갈고 닦으면 그 자질은 점점 드러나게 될 것입니다.'이라고 말하는 대목은 철을 달구어 다듬으면 쓸모 있게 된다는 의미로 엽전의 주조 과정을 설명한 것이다. 공방의 아버지 '천(泉)'은 '화천(貨泉)'을 가리키는 것이다. 화천이란 고대 중국 신나라 때 왕

망이 발행한 엽전으로, 둥근 바탕에 네모난 구멍이 있고, 겉면에 '화천'이라는 글자가 새겨져 있었다고 한다.

한편 <공방전>에는 역사 속 실존 인물을 등장시키거나 전고를 활용하여 가전의 묘미를 살린 대목이 많다. 실존 인물로는 '공우(貢禹)', '화교(和嶠)', '왕이보(王夷甫)' 등이 등장하여 작품에 사실성을 더하고 있다. 먼저 공방을 비판하는 인물로 등장하는 '공우(貢禹)'는 중국 한나라 때 사람으로 원제가 즉위하자, 간의대부가 되어 어진 사람을 등용하고 간사한 사람을 물리쳤다고 한다. 그리고 '화교(和嶠)'는 진나라 때 인물로 집안이 매우 부유했으나 너무나 인색했다고 알려져 있다. 그리하여 두예가 그를 전벽(錢癖)이 있다고 비난했다고 한다. '왕이보(王夷甫)'는 진나라 때 '왕연(王衍)'이라는 인물로 재주가 뛰어나고 청담(淸談)을 좋아했던 것으로 알려져 있다. '이보(夷甫)'는 왕연의 자이다. '유연(劉晏)'은 당나라 때 인물은 국가의 재용을 관리하고 백성을 사랑하는 데 힘썼다고 한다.

<공방전>의 후반부에는 '왕안석(王安石)', '여혜경(呂惠卿)', '사마광(司馬光)'이라는 같은 시기의 인물들을 등장할 뿐만 아니라, 세 인물과 관련된 실제 일화를 재구성하여 본 내용으로 삼고 있다. '송나라 신종(神宗) 때에 왕안석(王安石)이 국정을 담당하면서, 여혜경(呂惠卿)을 끌어들여 정치를 보좌하도록 하고 청묘법(靑苗法)을 사용했다.'는 부분이 있다. '왕안석(王安石)'은 당송팔대가 중 한 명으로 송나라를 개혁하기 위하여 신법이라는 혁신 정책을 단행한 바 있다. '여혜경(呂惠卿)'은 왕안석의 추천을 받아 관직에 나아간 인물로, 왕안석이 신법을 반포하자, 그가 그 일을 집행했다고 한다. '청묘법(靑苗法)'은 왕안석이 시행한 신법의 하나로 농촌에 낮은 이자의 자금을 융통하여 가난한 농민을 보호하려고 했던 법이다. 이후 '오직 사마광(司馬光)이 재상이 되어 청묘법을 폐지하자고 요청하고 소식을 천거해 발탁하니, 공방의 무리들이 점점 쇠퇴하고 다시는 융성해지지 못했다.'는 내용으로 이어진다. 이때 '사마광(司馬光)'은 왕안석의 급진적인 개혁을 반대하는 당파인 구법당을 이끌었던 실존 인물이다.

<공방전>에는 『주역』의 문장을 그대로 인용해서 내용으로 재구성한 부분도 있다. "'지고 또 탄다. 그러면 도둑이 온다.'라고 한 『주역(周易)』의 명확한 가르침"이라는 대목이 그러한데, 이는 『주역』 계사(繫辭)편에 나오는 문장을 인용한 것이다. 이 문장은 신분이 낮은 사람이 높은 자리에 올라 제대로 기강을 세우지 않으면 도둑이 도둑질을 일삼게 된다는 것을 말한다. 본문에서는 공방, 즉 돈의 횡포가 심해지니, 이때에 화를 제거하지 않으면 더 큰 화가 미치게 된다는 것을 경계하기 위해 인용한 것이다.

▋ 감상 : 돈에 대한 금기

돈에 대한 금기는 돈이 탄생한 이후부터 지금까지 꾸준히 있어 왔다. 황금만능주의, 물질주의, 탐욕에 대한 경계는 당연히 가르쳐야 할 교육적 덕목으로 여겨진다. 물론 돈이라는 물질적, 경제적 가치가 그 외의 다른 가치보다 앞선다는 사고는 비윤리적이다. 돈 때문에 신의를 버리는 비도덕적 행위, 누군가를 다치게 하거나 죽이는 범법 행위를 심심찮게 신문이나 뉴스 기사에서 찾아볼 수 있다. 따라서 물욕을 경계하라거나, 인생의 목표를 돈에 두어서는 안 된다는 등의 일반적인 가르침은 틀리지 않았다. 그러나 돈에 대한 과욕으로 인해 사건사고가 끊이지 않는다거나 황금만능주의가 비윤리적이라는 이유가 돈을 금기시해야 할 타당성을 입증하는 근거가 되지는 못한다.

돈의 폐해는 말 그대로 돈에 지나치게 집착할 때 발생하는 것이지, 단순히 돈을 추구할 때 발생하는 것은 아니다. <공방전>은 돈을 의인화한 공방이라는 인물의 생애를 바탕으로, '돈의 폐단'을 다루고 있는 작품이다. 공방은 벼슬에 오른 후에 돈에 눈이 멀어 뇌물을 받고 매관매직을 하여 정사를 어지럽힌 인물이다. 공방의 잘못된 행동은 모두 제 욕심을 채우기 위해서 한 것이다. 공방이 돈을 모을 수 있는 자리에 섰기 때문에 돈의 폐해가 발생한 것이 아니라, 돈에 대한 탐욕을 억누르지 못했기 때문에 돈의 폐해가 발생한 것이다.

실제로 돈을 경계하고, 추구해서는 안 된다는 말은, 돈이 없는 사람들보다는 돈이 있는 사람들에게 해당되는 말이다. 당장의 의식주를 걱정해야 할, 돈이 없는 사람들에게 돈의 폐해를 이유로 돈에 대한 금기를 이야기하는 것은 어불성설이다. 그들에게 돈을 추구하는 것은 그들의 생계를 위한 필수조건이자 그들의 삶 자체이기 때문이다.

따라서 인간의 삶에서 돈 그 자체가 금기시해야하는 존재는 아니다. 경계해야 할 것은 돈이 아니라, 돈에 대한 집착과 탐욕이다.

▋ 연습

1. 이 글에서 말하고 있는 돈의 폐해에는 어떤 것들이 있는지 서술해 보자.

2. 다음 자료는 1960년대 발표된 현대 소설 <꺼삐딴 리>의 일부분이다. 다음 자료를 참고하여, <공방전>의 공방과 <꺼삐딴 리>의 이인국 박사의 성격과 가

치관을 비교하여 서술해 보자.

> 형무소에서 병보석으로 가출옥되었다는 중환자가 업혀서 왔다.
> 휑뎅그런 눈에 앙상하게 뼈만 남은 몸을 제대로 가누지도 못하는 환자, 그는 간호원의 부축으로 겨우 진찰을 받았다.
> 청진기의 상아 곡지를 환자의 가슴에서 등으로 옮겨 두 줄기의 고무줄에서 감득되는 숨소리를 감별하면서도, 이인국 박사의 머릿속은 최후 판정의 분기점을 방황하고 있었다.
> 입원시킬 것인가, 거절할 것인가……
> 환자의 몰골이나 업고 온 사람의 옷매무새로 보아 경제 정도는 뻔한 일이라 생각되었다.
> 그러나 그것보다도 더 마음에 켕기는 것이 있었다. 일본인 간부급들이 자기 집처럼 들락날락하는 이 병원에 이런 사상범을 입원시킨다는 것은 관선 시의원이라는 체면에서도 떳떳치 못할 뿐더러, 자타가 공인하는 모범적인 황국 신민의 공든 탑이 하루아침에 무너지는 결과를 가져오는 것이라는 생각이 들었다.
> 순간 그는 이런 경우의 가부 결정에 일도양단하는 자기 식으로 찰나적인 단안을 내렸다.
> 그는 응급 치료만 하여 주고 입원실이 없다는 가장 떳떳하고도 정당한 구실로 애걸하는 환자를 돌려보냈다.
> 환자의 집이 병원에서 멀지 않은 골목에 있다는 것은 후에 간호원에게서 들었다. 그러나 그쯤은 예사로운 일이었기에 그는 그대로 아무렇지도 않게 흘려버렸다.
> —전광용, 〈꺼삐딴 리〉

참고문헌

곽정식(1996), 「가전(假傳)의 올바른 이해를 위한 방법론 탐색—임춘의 「공방전(孔方傳)」을 중심으로—」, 『국어교육』 92권 0호, 한국어교육학회.

제3장

국선생전

이규보

* 출처 : 영인본, 이규보, 『국역 동국이상국집』 Ⅲ, 민족문화추진회, 1978.

　국성(麴聖, 맑은 술)의 자는 **중지(中之, 곤드레)**이니, **주천(酒泉) 고을 사람**이다. **어려서 서막(徐邈)에게 사랑을 받아, 막(邈)이 이름과 자를 지어 주었다.** 먼 조상은 온(醞) 땅 사람으로 항상 힘써 농사지어 자급(自給)하였는데, 정나라가 주나라를 칠 때에 잡혀와 그 자손이 정나라에 퍼져 있기도 하다. 증조(曾祖)는 역사 기록에 그 이름이 빠졌고, 조부 모(牟)가 주천(酒泉)으로 이사하여 거기서 눌러 살아 드디어 주천 고을 사람이 되었다. 아비 차(醝, 흰 술)에 이르러 비로소 벼슬하여 **평원독우(平原督郵)**가 되고, 사농경(司農卿) 곡씨(穀氏)의 딸과 결혼하여 성(聖)을 낳았다.

　성(聖)은 어려서부터 이미 깊숙한 국량이 있어, 손님이 아비를 보러 왔다가 눈여겨 보고 사랑스러워서 말하기를,

　"이 애 심기(心器)가 출렁출렁 넘실넘실 만경(萬頃)의 물결과 같아 맑혀도 맑지 않고, 뒤흔들어도 흐리지 않으니 그대와 더불어 이야기함이 성(聖)과 즐김만 못하네."

　하였다. **장성하자 중산(中山)의 유영(劉伶), 심양(潯陽)의 도잠(陶潛)과 더불어 벗이 되었다.** 두 사람이 일찍이 말하기를,

　"하루만 이 친구를 보지 못하면 비루함과 인색함이 싹튼다."

　하며, 서로 만날 때마다 며칠 동안 피곤을 잊고 마음이 취해서야 돌아왔다.

　나라에서 조구연(糟丘掾)으로 불렀으나 미처 나아가지 못하였더니 또 불러서 **청주종사(靑州從事)**로 삼았다. **공경(公卿)이 번갈아 천거하니**, 얼마 안 가서 공거(公車)를 보내 불러보고는 말하기를,

　"이가 주천(酒泉)의 국생(麴生)인가? 짐이 향명을 들은 지 오래였노라."

　하였다. 이에 앞서 태사(太史)가, 주기성(酒旗星)이 크게 빛을 낸다고 아뢰었는데, 얼마 안되어 성(聖)이 이르니 임금이 이로써 더욱 기특히 여겼다. 곧 주객 낭중(主客郎中)에 임명하고, 이윽고 국자좨주(國子祭酒)로 올려 예의사(禮儀使)를 겸하게 하였다.

무릇 조회(朝會)의 연향(宴饗)과 종묘(宗廟)의 모든 제사의 작헌(酌獻)하는 예(禮)를 맡아 임금의 뜻에 맞지 않음이 없으므로 임금이 그의 기국(器局)이 쓸 만하다 하여 올려서 후설(喉舌)의 직에 두고, 후한 예로 대접하여 매양 들어와 뵐 적에 교자(轎子)를 탄 채로 전(殿)에 오르라 명하며, 국선생(麴先生)이라 하고 이름을 부르지 않으며, 임금이 불쾌한 마음이 있다가도 성(聖)이 들어와 뵈면 비로소 크게 웃으니, 대범 사랑받음이 모두 이와 같았다.

성품이 온순하므로 날로 친근하며 임금과 더불어 조금도 거스름이 없으니, 이런 까닭으로 더욱 사랑을 받아 임금을 따라 함부로 잔치에 노닐었다.

아들 혹(酷)·폭(醱)·역(醳, 쓴 술)이 아비의 총애를 받고 자못 방자하니, 중서령(中書令) 모영(毛穎, 붓)이 상소하여 탄핵하기를,

"행신(倖臣)이 총애를 독차지함은 천하가 병통으로 여기는 바이온데, 이제 국성(麴聖)이 보잘 것 없는 존재로서 요행히 벼슬에 올라 위(位)가 3품(品)에 놓이고, 내심이 가혹하여 사람을 중상하기를 좋아하므로 만인이 외치고 소리 지르며 골머리를 앓고 마음 아파하오니, 이는 나라의 병을 고치는 충신(忠臣)이 아니요, 실은 백성에게 독을 끼치는 적부(賊夫)입니다. 성(聖)의 세 아들이 아비의 총애를 믿고 횡행 방자하여 사람들이 다 괴로워하니, 청컨대 폐하께서는 아울러 사사(賜死)하여 뭇사람의 입을 막으소서."

하니, 아들 혹(酷) 등이 그날로 독이 든 술을 마시고 자살하였고, 성(聖)은 죄로 폐직되어 서인(庶人)이 되고, 치이자(鴟夷子, 술항아리)도 역시 일찍이 성(聖)과 친했기 때문에 수레에서 떨어져 자살하였다.

일찍이 치이자가 익살[滑稽]로 임금의 사랑을 받아 서로 친한 벗이 되어 매양 임금이 출입할 때마다 속거(屬車)에 몸을 의탁하였는데, 치이자가 일찍이 곤하여 누워 있으므로 성(聖)이 희롱하여 말하기를,

"자네 배가 비록 크나 속은 텅 비었으니, 무엇이 있는고?"

하니 대답하기를,

"자네들 따위 수백은 담을 수 있네."

하였으니, 서로 희학(戲謔)함이 이와 같았다.

성(聖)이 파면되자, 제(齊/臍) 고을과 격(鬲/膈) 고을 사이에 뭇 도둑이 떼 지어 일어났다. 임금이 명하여 토벌하고자 하나 적당한 사람이 없어 다시 성(聖)을 발탁하여 원수(元帥)로 삼으니, 성(聖)이 군사를 통솔함이 엄하고 사졸(士卒)과 더불어 고락을 같이하여 수성(愁城)에 물을 대어 한 번 싸움에 함락시키고 장락판(長樂阪)을 쌓고 돌아오니, 임금이 공으로 상동후(湘東侯)에 봉하였다.

1년[1] 뒤에 상소하여 물러가기를 청하기를,

"신(臣)은 본시 옹유(甕牖)의 아들로 어려서 빈천하여 사람에게 이리저리 팔려다니다 우연히 성주(聖主)를 만났는데, 성주께서 허심탄회하게 저를 후하게 받아 주시어 침닉(沈溺)에서 건져내어 하해 같은 넓은 도량으로 포용해 주셨습니다. 그런데도 신은 홍조(洪造)에 누만 끼치고 국체(國體)에 도움을 주지 못하여, 앞서 삼가지 못한 탓으로 향리(鄕里)에 물러가 편안히 있을 때 비록 엷은 이슬이 거의 다하였으나 요행히 남은 물방울이 유지되어, 일월의 밝음을 기뻐하여 다시 벌레가 덮인 것을 열어젖혔습니다. 또한 양이 차면 넘어지는 것은 물(物)의 떳떳한 이치입니다. 이제 신이 소갈병(消渴病)을 만나 목숨이 뜬 거품보다 급박하니, 한 번 유음(兪音)을 내리시어 물러가 여생을 보전하게 하소서."

하였으나 임금은 윤허하지 않고 중사(中使)를 보내어 송계(松桂)·창포(菖蒲) 등 약물을 가지고 가서 병을 치료하게 하였다.

성(聖)이 여러 번 표(表)를 올려 굳이 사직하니, 임금이 부득이 윤허하였다. 마침내 그는 고향에 돌아가 살다가 천명으로 세상을 마쳤다.

아우 현(賢, 약주)은 녹봉이 이천석(二千石)에 이르고, 아들 익[색주(色酒)]·두(酘)·앙(醠, 막걸리]·남[과주(果酒)]은 도화즙(桃花汁)을 마셔 신선술(神仙術)을 배웠고, 족자(族子) 추·미·엄은 다 적(籍)이 평씨(萍氏)에 속하였다.

사신(史臣)은 이렇게 평한다.

"국씨(麴氏)는 대대로 농가(農家) 태생이며, 성(聖)은 순덕(醇德)과 청재(淸才)로 임금의 심복이 되어 국정(國政)을 돕고 임금의 마음을 흐뭇하게 하여 거의 태평을 이루었으니, 그 공이 성대하도다. 그 총애를 극도로 받음에 미쳐서는 거의 나라의 기강을 어지럽혔으니, 그 화가 비록 자손에 미쳤더라도 유감될 것이 없었다. 그러나 만년에 분수에 족함을 알고 스스로 물러가 능히 천명으로 세상을 마쳤다. 「역(易)」에 이르기를 '기미를 보아 떠난다.' 하였으니, 성(聖)이 거의 그에 가깝도다."

1 1년 : 『동문선』에는 2년으로 나온다.

▌맥락

(1) 서사 단락
① 모(牟, 국성의 조부)가 주천으로 이사하다.
② 모(牟)의 아들 차(醝)는 집안에서 처음으로 벼슬을 하다.
③ 차(醝)는 사농경(司農卿) 곡씨(穀氏)의 딸과 결혼하여 성(聖)을 낳다.

④ 어려서부터 도량이 넓었던 성(聖)은 자라서 중산(中山)의 유령(劉伶), 심양(瀋陽)의 도잠(陶潛)과 친구가 되다.

⑤ 국가에서 성(聖)에게 벼슬을 내리지만 부임하지 않다.

⑥ 공경들이 계속하여 그를 천거하자, 임금이 조서를 내리고 공거를 보내어 성(聖)을 부르다.

⑦ 임금이 성(聖)에게 주객낭중(主客郎中)의 벼슬을 주고, 얼마 안 되어 예의사(禮儀司)를 겸하게 하다.

⑧ 성(聖)이 맡은 일을 잘하여 임금이 승정원 재상으로 승진시키고 융숭한 대접을 하다.

⑨ 성(聖)의 세 아들이 그 아비가 임금의 사랑을 받는 것을 믿고 방자하게 굴다.

⑩ 중서령 모영이 임금에게 글을 올려 성(聖)을 탄핵하다.

⑪ 성(聖)의 세 아들이 독약을 먹고 자살하고, 성(聖)과 친하게 지냈던 치이자(鴟夷子)가 수레에서 떨어져 자살하다.

⑫ 성(聖)은 죄를 받아 서인으로 폐해지고, 이후 제 고을과 격 마을 사이에 도둑들이 떼지어 일어나다.

⑬ 임금이 도둑을 토벌하기 위해 성(聖)을 다시 기용하고, 성(聖)이 도둑 토벌에 성공하여 그 공로로 상동후(湘東候)에 봉해지다.

⑭ 2년 후에 성(聖)이 관직에서 물러나기를 거듭 청하여 임금의 허락을 받아 고향으로 돌아가다.

⑮ 성(聖)은 천수를 다하고 조용히 세상을 떠나다.

⑯ 사신(史臣)이 성(聖)의 공과 과를 평하다.

(2) 상호텍스트적 맥락

임춘(林椿)의 <국순전(麴醇傳)>과 이규보(李奎報)의 <국선생전(麴先生傳)>은 둘 다 술을 의인화한 가전 문학이다. 두 작품 모두 중국의 <모영전(毛潁傳)>이나 <청화선생전(淸和先生傳)>을 모방하여 쓴 것으로 보이는데, <국선생전>은 시기상 임춘이 저술한 <국순전>의 영향을 받은 듯하다. 둘 다 중국을 배경으로 하고 있으며, 중국의 설화를 차용하여 내용상 유사한 부분이 많다. 특히, 주인공인 '술[순, 성]'의 가족사로 시작하여, 관직을 얻고 승승장구하다가, 위기를 맞이하고, 마침내는 사퇴하여 죽음을 맞이하는 작품의 구성이 매우 유사하여, 임춘의 작품을 이규보가 영향을 받아 쓴 것으로 보인다.

두 작품은 '술'이라는 같은 소재를 다루고 있으나, 이를 통해 드러내고자 하는 주제의식에는 차이가 있다. <국순전>은 술의 부정적 측면을 부각하여 사대부와 임금을 풍자하고 있다. 당시에 술에 빠져 향락을 일삼던 이들과, 임금에게 아부하여 얻은 총애를 무기삼아 권력을 남용하던 벼슬아치들을 비판하는 것을 주제로 한다. 반면, <국선생전>은 술의 긍정적 측면을 부각하여 위국충절의 인간상을 제시하고 사회적 교훈을 준다. 국성(麴聖)은 대단치 않은 집안의 인물이나 그 재주를 인정받아 높은 관직에 올라 임금의 총애를 받는다. 그의 권세를 믿고 자식들이 세상을 어지럽게 하여 가문의 위기를 맞이하지만, 그는 잘못에 대해 반성함으로써 바람직한 신하의 모습을 보여준다.

이와 같이 두 작품이 비슷한 소재와 내용, 구성을 취하고 있음에도 '술'을 대하는 관점이나 드러내는 주제의식이 다른 이유는 작자의 삶과 관련이 있다. 임춘은 고려 중기의 문신으로 명망 높은 집안에서 태어나 뛰어난 재주를 가지고 있었으나 무신의 난으로 인하여 가문이 화를 입고 관직으로 나아갈 길이 막히게 된 비운의 인물이다. 그러나 이규보는 무신 집권기에 적극적으로 대처하며 살았던 신흥 사대부로서, 일생 동안 관직에서 몸담고 있으면서 자신의 재주를 마음껏 뽐냈던 인물이다. 임춘과 이규보는 둘 다 뛰어난 문인이었으나 가지고 있던 재주를 그들의 삶에서 마음껏 펼칠 수 있었는지 여부의 차이가 그들의 글에 반영된 것으로 이해할 수 있다.

■ 쟁점 : 서사 문학과 교술 문학

<국선생전>은 가전체(假傳體) 문학이다. 그런데 가전은 어떤 갈래에 속하는 것일까? 문학의 상위갈래를 서정, 서사, 극, 교술의 4가지로 분류하는 방식이 학술적으로 널리 통용되고 있는데, 가전의 경우 교술 문학으로 보는 견해와 서사 문학으로 보는 견해가 모두 있었다.

초기 연구에서는 가전을 설화나 패관문학의 변형 또는 고대소설을 이루는 가교적, 선도적 장르로 보는 견해가 있었다. 그리고 사물을 의인화하여 창작한다는 점에서 가전을 우화소설과 동일시하는 견해도 있었다. 이처럼 가전을 서사 문학의 한 갈래로 보는 관점은, 서사 문학의 중요한 요소인 허구성과 서사적 구조를 가전이 갖추고 있다는 데 근거를 둔다. <국선생전>의 경우 '술'이라는 사물을 의인화한 작품으로, 허구성을 전제하고 있다. '국성'이라는 주인공의 공과 과를 중심으로 그의 생애를 기술하고 있는 허구적 이야기인 것이다. 가전에 속하는 작품들은 기본적으로 사람이 아닌 사물을 의인화하여 주인공으로 설정하고 있는데, 이러한 점에서 가

전이 서사적 성격을 가진다고 할 수 있다. 이러한 논의는 현재까지도 남아 참고서 등에서 어렵지 않게 찾아볼 수 있다. 그런데 이후 이 논의를 부정하는 대립적인 논의가 제기되었다.

조동일(1992)은 가전을 교술 문학의 하나로 보았다. 실제로 존재하는 개별적인 사물을 기존 지식에 따라서 나타낸다는 것은 교술 문학에서만 찾아볼 수 있는 특징이다. 허구성을 지녔다고 해서 가전을 서사 문학으로 간주하는 것도 옳지 않다. 가전에서의 허구는 의인화를 성립시키기 위해 필요한 기법이고 대상에 인간적인 의미를 부여하기 위한 수단이어서 그 구실이 한정되어 있지만, 서사 문학에서의 허구는 작품세계의 독립적인 소우주를 창조하는 기본 원리라는 점에서 가전과 서사 문학의 허구는 엄격히 구분되어야 한다.

한편 류수열 외(2014)에 따르면, 교술 갈래의 중요한 특성은 서술 주체 혹은 경험 주체로서의 인간이 실제적으로 경험한 세계를 자아 바깥으로 표현하는 것이다. 여기서 '실제적 경험 사실'이나 '객관적 사물' 등은 표현의 내용이고 또한, 여타 가전처럼 '계세징인'의 목적으로 저술되어, 교훈적 주제의식을 갖추고 있다는 점 등을 고려할 때도 <국선생전>과 같은 가전을 교술 문학으로 볼 수 있다. '드러내어 표현'한다는 것은 다른 사람들에게 전달하고자 하는 목적과 관련된다. <국선생전>의 경우, '서막', '유영', '도잠'과 같은 실존 인물을 등장시켜 작품 외적 세계인 실제 현실을 작품 안으로 긴밀하게 끌어들임으로써 허구적인 이야기에 사실성을 더하고 있다. 작품 속에 등장하는 실존 인물들은 모두 '술'과 관련된 어떤 일화가 있어서, '술'을 의인화한 주인공의 이야기가 마치 실제 있었던 이야기처럼 느껴지게 구성한 것이다. 또한 실제로 '술'이 쓰였던 역사나 관련 사건들까지 고려하여 창작하였다.

그러나 서사와 교술의 갈래 구분이 완벽히 배타적이지 않다는 점에서 가전의 갈래에 대한 논의는 여전히 해결되지 못한 채로 남아 있다. 최근에는 가전을 서사적 성격을 가진 교술 문학으로 보아야 한다는 견해가 있었다. 이에 따르면 가전은 사물에 관해 알려주는 교술 문학이며 따라서 사물을 의인화해서 사람인 듯이 말하고 생애를 서술하는 방식을 서사문학에서 차용했다고 이해할 수 있다.

▌꼼꼼히 읽기 : 전고(典故)와 고사(故事)

<국선생전>은 가전체 문학이다. 가전체 문학은 인간이 아닌 사물을 의인화하여 허구적인 사람의 일대기를 그린 양식으로, 주인공이 의인화된 사람이기 때문에 가

계나 행적을 역사적 사실에 의지하기 위해 많은 전고(典故)나 고사(故事)를 활용하였다. 이에 대한 구체적인 작품의 내용을 살펴보면 다음과 같다.

<국선생전>의 주인공인 국성(麴聖)은 술을 의인화한 것이다. 국성은 '주천(酒泉) 고을 사람'인데, 이때 주천은 주나라에 있던 땅의 이름으로 이곳에서 나는 물로 술을 빚으면 술맛이 좋다는 말이 전한다.

<국선생전>에는 역사 속 실존 인물들이 여럿 등장한다. 국성은 '어려서 서막(徐邈)에게 사랑을 받아, 막(邈)이 이름과 자를 지어 주었다'라고 하는데 이때 서막은 위나라 때 애주가로 유명했던 인물이다. 서막에 관한 이야기는 『태평광기』에서 찾아볼 수 있다. 위나라 초에 금주령을 내렸는데 상서와 서막이 몰래 술을 마시고 취해 있다가 사무를 감사하는 조달(趙達)이 관무(官務)에 대해 묻자 "성인에게 중독되었소[中聖人]"라고 답하여서 상(上)의 노여움을 샀다는 이야기이다. <국선생전>에는 이와 같이 이미 전해지는 고사나 설화를 취하여 구성한 내용이 적지 않다. 국성의 이름에 '성(聖)'이 들어가는 것이나, 그의 자가 '중지(中之, 곤드레)'인 것도 서막의 이야기에서 주인공의 이름과 자(字)를 빌려온 것으로 볼 수 있다.

그리고 '장성하자 중산(中山)의 유영(劉伶)과 심양(潯陽)의 도잠(陶潛)과 더불어 벗이 되었다'라는 대목이 있는데, 이때 유영과 도잠 역시 실존 인물로, 작품의 사실감을 더하고 있다. 유영은 위진 시대 죽림칠현(竹林七賢)의 한 사람으로 술의 덕을 찬양한 '주덕송(酒德頌)'을 지은 바 있다. 도잠은 술을 즐겼던 동진(東晋)의 시인 도연명의 본명이다. 실제로는 유영과 도잠의 생존 시기가 서로 달라 교류할 수 없었다는 점을 고려할 때, 실존 인물의 이야기를 단순히 내용에 포함시키는 것이 아니라 재구성하여 작품의 묘미를 살린 것임을 알 수 있다.

그리고 '공경(公卿)이 번갈아 천거하니, 임금이 공거(公車)를 보내 불러보았다'라는 데서도 고사 하나를 찾아볼 수 있다. 공거(公車)는 관청의 수레를 의미하는 말로 한나라 때 과거 시험에 응시하는 자를 공거에 태워 서울로 보낸 고사에서 유래한 말이다.

한편 '평원독우(平原督郵)'나 '청주종사(靑州從事)'와 같은 관직명과 관련된 고사와, 국성이 재(再)등용되는 결정적 사건에서 나오는 '수성(愁城)'의 고사는 『세설신어』에서 그 내용을 취한 것이다.

이처럼 <국선생전>에는 작자가 이미 존재하여 전해지던 이야기를 빌려 와서 재구성한 내용이 많이 나타난다. 이는 전고나 고사를 모아서 새로운 이야기를 창작하는 것이 <국선생전>과 같은 가전체 문학의 대표적인 창작방법이었기 때문이다. 그 과정에서 방대한 독서와 뛰어난 글쓰기 능력 속에 자신의 생각을 표현해야 하므로 작자의 능력이 뛰어나다는 점을 자연스럽게 드러낸다. 이것이 작자가 자신의 문학 창작 재능을 과시하는 것으로 비추어져서, 희작적인 성향을 드러내는 것으로 보낸 견해도 있다.

▌ 감상 : 균형적인 사고의 필요성

<국선생전>은 '술'을 의인화한 인물인 '국성'의 공과 과를 중심으로 그의 생애를 기술한 작품이다. <국선생전> 후반부의 사신의 평에서 국성에 대한 긍정적인 평가와 부정적인 평가가 같이 제시되고 있음을 확인할 수 있다. 국성은 타고난 성품으로 어려서부터 많은 이들의 신임을 얻었으며, 자라서는 여러 사람의 추천으로 관직에 등용된다. 관직에 등용된 후에도 사람들과 쉽게 친해지고 누구와도 잘 어울리는 성격으로 임금의 총애를 받아 높은 지위에 오르게 된다. 그런데 국성이 임금의 총애를 받는 것을 믿고 국성의 세 아들이 방자하게 굴어 나라를 어지럽히자, 탄핵을 받아 국성은 평인이 되고 그의 아들들은 자살을 한다. 이후 국성은 관직에 재(再)등용되었다가 물러나 고향에서 조용히 살다가 세상을 떠난다. 이러한 내용에서 '국성'의 양면성을 확인할 수 있다.

<국선생전>에는 '술'의 긍정적인 면을 부각하여 위국충절의 인간상을 보여줌으로써 깨달음을 주고자 하는 주제의식이 반영되어 있다. 이런 주제의식을 고려할 때 국성의 양면성을 모두 서술하고 있는 점은 특징적이다. '국성'에 대한 평가를 기술할 때, 공과 과를 모두 서술한 것은 사관이 객관적인 서술태도를 가지고 있음을 보여주는 것이다.

어떤 사람이나 사물, 사건 등을 평가하는 많은 경우에 사람들은 그를 옹호하는 편에 서거나 그 반대편에 서서 하나의 관점을 견지한다. 그리고 하나의 관점에서 일관적인 평가를 처음부터 끝까지 반복한다. 왜냐하면 어떤 것을 긍정적으로 또는 부정적으로 바라보는 경우에, 처음에 결정한 하나의 방향으로만 접근하는 것이 자신의 주관적인 의견을 표현하기에 쉬운 방법이기 때문이다. 그런데 이는 쉬운 방법일 수는 있으나 효과적인 방법은 아니다.

'나는 A와 B중에서 A를 좋아한다. A가 B보다 이러한 점에서 뛰어나며, 이러한 점에서 장점을 가지고 있기 때문이다.'와 같이 서술하는 것보다는 '나는 A와 B중에서 A를 좋아한다. A가 B보다 이러한 점에서 뛰어나기 때문이다. 물론 B에 비하여 이러한 단점을 가지고 있으나, A는 이러한 장점도 가지고 있으므로 A를 더 좋아한다.'라고 서술하는 것이 더 설득력 있게 느껴진다. 왜냐하면 후자의 경우에는 두 가지 선택을 고르게 고려해 본 결과로서 A를 선택한 것처럼 보이기 때문이다. 이와 같이 다양한 관점을 고르게 생각하는 것을 '균형적인 사고'라고 한다.

<국선생전>의 사관은 '국성'이라는 인물의 공과 과를 모두 기술함으로써 균형 있는 사고를 바탕으로 한 객관적인 서술태도를 보여주고 있다. 그리고 이로써 국성의 공만을 기술하는 것에 비해, 보다 효과적으로 국성의 뛰어난 면모를 드러내고 강조한다. 이처럼 주관적인 의견이 설득력을 갖추기 위해서는, 한쪽으로 치우치지 않는 객관적이고 균형적인 사고력을 키우는 것이 필요하다.

▌연습

1. <국선생전>에서 서사적 성격이 잘 드러나는 요소와 교술적 성격이 잘 드러나는 요소를 찾아 서술해 보자.

2. 다음은 술을 제재로 한 다른 가전체 작품인 임춘의 <국순전>의 일부분이다. 이를 <국선생전>과 비교하여 읽고, 두 작품의 차이를 주제적 측면에서 밝혀 서술해 보자.

> 임금이 밤에 잔치를 베풀 때에도 오직 궁인과 순만이 곁에서 모실 수 있었고, 그 밖의 사람이면 아무리 가까운 신하라 하더라도 옆에 오지 못하였다. 이로부터 임금이 날마다 몹시 취해서 나랏일을 전폐하다시피 하고 돌아보려 하지 않았다. 순도 임금의 입에 마치 재갈을 물리듯이 해서 아무런 말도 하지 못하게 하였다. 이렇게 되고 보니 예법을 아는 선비들은 순을 원수처럼 미워하게 되었다. 그러나 임금은 아랑곳하지 않고 순을 보호해주었다. 게다가 순은 세금을 거둬들이는 것을 좋아하여 재산을 많이 모으니 여론이 그를 비루하게 여겼다. 어느 날 임금이 물었다.
> "경(卿)은 무슨 버릇이 있는가?"
> 순이 대답하였다.
> "옛날에 두예(杜預)는 좌전(左傳)을 읽는 버릇이 있었고, 왕제(王濟)는 말을 파는 버릇이 있었다 하옵니다. 하온데 신(臣)으로 말할 것 같으면 돈을 모으는 버릇이 있습니다."
> 이 말을 듣자 임금은 크게 한바탕 웃고는 그를 더욱 감싸 주었다.
> – 임춘, 〈국순전〉

▌ 참고문헌

류수열 외(2014), 『문학교육개론Ⅱ』, 역락.
조동일(1992), 『한국문학의 갈래 이론』, 집문당.

제 4 장

한중록

혜경궁 홍씨

* 출처 : 혜경궁 홍씨, 정병설 주석, 『원본 한중록』, 문학동네, 2010.

그리홀 제 쇼됴(小朝)의셔 날을 덕셩합(德成閤)으로 오라 지쵹ᄒ오시기 가 뵈오니, 그 장(壯)ᄒ오신 긔운(氣運)과 불호(不好)ᄒ오신 언ᄉ(言辭)도 아니 겨오시고 고개롤 수겨 침ᄉ상냥(沈思商量)ᄒ야 벽의 의지(依支)ᄒ야 안자 겨오신대, 안ᄉᆨ(顔色)이 놀나오셔 혈긔(血氣) 감(減)ᄒ오시고 날을 보오시니 응당(應當) 화증(火症)을 내오셔 오죽디 아니ᄒ오실 듯 니 명(命)이 그날 ᄆᆞ치일 줄 스스로 념녀(念慮)ᄒ여 셰손(世孫)을 경계(警戒) 부탁(付託)ᄒ고 왓더니 ᄉ긔(辭氣) 싱각과 ᄃᆞ르오셔 날ᄃ려 ᄒ오시디

"아마도 고이(怪異)ᄒ니 자니ᄂᆞᆫ 됴히 살게 ᄒ엿니. 그 뜻들이 무셔외"

ᄒ시기 니 눈믈을 드리워 말업시 허황(虛荒)ᄒ야 손을 비븨이고 안잣더니, 휘령뎐(徽寧殿)으로 오오시고 쇼됴롤 브르오신다 ᄒ니, 이샹(異常)홀손 어이 피(避)챠 말도 도라나쟈 말도 아니ᄒ오시고 좌우(左右)롤 티도 아니ᄒ오시고 조곰도 화졍(火症) 내신 긔ᄉᆨ(氣色) 업시 ᄲᅥ 뇽포(龍袍)롤 달나 ᄒ야 닙으시며 ᄒ오시디

"너가 학딜(瘧疾)을 알는다 ᄒ랴 ᄒ니, 셰손의 휘항(揮項)을 가져오라"

ᄒ시거늘, 너가 그 휘항은 쟉으니 당신 휘항을 쓰시고져 ᄒ야 너인(內人)ᄃ려 당신 휘항을 가져오라 ᄒ니 몽미(夢寐) 밧긔 ᄲᅥ ᄒ오시기롤

"자니가 아뫼커나 무셥고 흉(凶)ᄒᆫ ᄉᆞ룸이로싀. 자니도 셰손 ᄃ리고 오래 살냐 ᄒ기 너가 오늘 나가 죽게 ᄒ얏기 샤외로와 셰손의 휘항을 아니 쓰이랴 ᄒᄂᆞᆫ 심슐(心術)을 알게 ᄒ얏니"

ᄒ오시니,

니 ᄆᆞ음은 당신이 그날 그 지경(地境)의 니ᄅᆞ오실도 모르고,

'이 ᄆᆞᆺ치 엇디 될고 사룸이 다 죽을 일이오, 우리 모ᄌᆞ(母子)의 목숨이 엇더홀고'

아모라타 업섯지 쳔만의외(千萬意外)예 말ᄉᆞᆷ을 ᄒ오시니 내 더욱 셜워 다시 셰손 휘항을 갓다가 드리며

"그 말숨이 하 모움의 업순 말이시니 이롤 쓰쇼셔"
ᄒ니
"슬희, 소외ᄒᄂᆫ 거술 뻐 므엇ᄒᆞᆯ고"
ᄒ시니, 이런 말숨이 어이 병환 드니 곳트시며 어이 공슌(恭順)이 나가랴 ᄒ오시던고 다 하늘이니 원통원통ᄒ오나, 그리홀 제 날이 늣고 지촉ᄒ야 나가오시니, 대됴의셔 휘령뎐의 좌(坐)ᄒ시고 칼홀 안스오시고 두드리오시며 그 쳐분(處分)을 ᄒ시게 되니, 춤아춤아 망극ᄒ니 이 경상(景狀)을 내 춤아 긔록(記錄)ᄒ리오. 셟고 셟도다.

나가오시며 즉시 대됴(大朝)의셔 엄노ᄒ오신 셩음(聲音)이 들니오니, 휘령뎐(徽寧殿)이 덕셩합(德成閤)과 머디 아니ᄒ니 담 밋티 스룸을 보내여 보니, 볼셔 뇽포(龍袍)롤 벗고 업디여 겨오시더라 ᄒ니 디쳐분(大處分)이오신 줄 알고 텬지(天地) 망극(罔極)ᄒ야 흉장(胸腸)이 붕녈(崩裂)ᄒᄂᆫ디라.

게 이셔 브졀업셔 셰손(世孫) 겨신 디로 와 서ᄅ 붓들고 아모리 훌줄을 모르더니, 신시(申時) 젼후(前後) 즈음의 너관(內官)이 드러와 밧쇼쥬방(-燒廚房)의 뿔 담ᄂᆫ 궤(櫃)롤 너라 ᄒᆞᆫ다 ᄒ니 엇딘 말이고. 황황(遑遑)ᄒ야 너디 못ᄒ고 셰손궁(世孫宮)이 망극ᄒᆫ 거죠(擧措) 잇ᄂᆫ 줄 알고 문졍뎐(文政殿)의 드러가
"아비롤 살라주옵쇼셔"
ᄒ니, 대됴의셔
"나가라"
ᄒ오시니, 나와 왕ᄌ지실(王子齊室)[1]의 안자 겨시니, 너 그때 졍경(情景)이야 고금텬디간(古今天地間)의 업스니 셰손을 내여보내고, 텬디 합벽(闔闢)ᄒ고 일월(日月)이 회식(晦塞)ᄒ니 너 엇디 일시(一時)나 셰샹(世上)의 머믈 모움이 이시리오.
칼을 드러 명(命)을 결단ᄒ랴[2] ᄒ더니 방인(傍人)의 아ᄉᄆᆞᆯ 인(因)ᄒ야 뜻곳디 못ᄒ고 다시 죽고져 ᄒ더 촌텰(寸鐵)이 업스니 못 ᄒ고, 슝문당(崇文堂)으로 말매암아 휘령뎐 나가ᄂᆫ 건복문(建福門)이라 ᄒᄂᆫ 문 밋티롤 가니, 아므것도 뵈디 아니코, 다만 대됴의셔 칼 두드리오신 소리와 쇼됴의셔
"아바님, 아바님, 잘못ᄒ야ᄉ오니 이제ᄂᆫ ᄒ라 ᄒ옵시ᄂᆫ 대로 ᄒ고 글도 닑고 말숨도 드롤 거시니 이리 마오쇼셔"
ᄒ시ᄂᆫ 소리가 들니니, 간댱(肝腸)이 촌촌(寸寸)이 ᄯᅳ허디고 알피 막히니 가슴을 두드려 아모리 훈들 엇디ᄒ리오.
당신 용녁(勇力)과 장긔(壯氣)로 게[3]를 들라 ᄒ오신들 아모조록 아니 드오시디 어

1 왕자재실(王子齊室) : 혼전인 휘령전에 딸린 왕자의 재실, 재실(齊室)은 무덤이나 사당 옆에 제사를 준비하기 위하여 지은 집.

2 [교감]결단ᄒ랴 : 일사본 '곳츠랴'

3 게 : 거기. 곧 궤(櫃). 뒤주.

이 필경(畢竟)의 드러 겨오시던고. 처음은 쮜여나가랴 ᄒ오시다가 이긔디 못ᄒ야 그 지경(地境)의 밋ᄉ오시니 하ᄂᆞᆯ이 엇디 이대도록 ᄒ신고 만고(萬古)의 업슨 셜움분이며, 닉 문(門) 밋틔셔 호곡(號哭)ᄒ더 응(應)ᄒ오시미 아니 겨오신디라.

■ 맥락

(1) 서사 단락

① 1735년 영조와 선희궁 사이에서 경모궁(사도세자)이 태어나다.

② 경모궁이 부모와 떨어져 동궁의 흉한 나인들 속에서 자라다.

③ 영조가 경모궁을 꾸짖는 일이 많으니 경모궁이 영조를 어려워하다

④ 경모궁이 1736년 세자에 책봉되고 1744년 혜경궁 홍씨와 혼인을 올리다.

⑤ 결혼 이듬해부터 사도세자가 이상 증세를 보이다.

⑥ 1748년 경모궁의 역성을 들던 화평옹주가 죽고 부자간 사이가 더욱 서먹해지다.

⑦ 1749년 영조가 경모궁에게 대리청정을 명한 뒤 꾸지람이 더해지다.

⑧ 1750년 경모궁과 혜경궁 홍씨 사이에서 의소가 태어나다

⑨ 1752년 의소를 잃고 세손(정조)이 태어나다.

⑩ 경모궁이 영조의 꾸지람을 듣고 자살 시도를 하다.

⑪ 1757년 정성왕후(영조의 비)가 죽고 연이어 인원왕후(숙종의 계비)가 승하하다.

⑫ 경모궁이 사람을 죽이기 시작하고 옷을 잘 입지 못하는 병증을 보이다.

⑬ 1759년 영조가 왕비 간택을 하여 정순왕후를 맞이하다.

⑭ 1762년 세손이 혼례를 치르다.

⑮ 경모궁이 허락 없이 평양에 갔다 오고 부왕을 죽이고 싶다는 극언까지 하다.

⑯ 나경언이 영조에게 경모궁을 참소하는 글을 올리다.

⑰ 선희궁이 영조에게 경모궁의 대처분을 청하다.

⑱ **1762년 영조가 경모궁을 뒤주에 넣어 죽이다.**

⑲ 1764년 영조가 세손을 죽은 영조의 맏아들인 효장세자의 아들로 하게 하다.

(전체 내용 중 사도세자가 뒤주에 갇혀 죽게 된 일의 경과를 그린 부분만 정리함.)

(2) 창작 의도

정병설(2008)은 <한중록>을 저술연도를 기준으로 1795년, 1802년과 1806년, 1805년의 세 편으로 나누었다. 1795년의 글은 영조 말부터 정조 초까지 일어났던

혜경궁 친정의 화변이 서서히 진정되는 시기에 쓰인 것이다. 아들 정조가 외가의 억울함을 풀어주기 시작한 것이다. 거기에 더해 정조는 혜경궁에게 순조가 열다섯 살이 되는 1804년에 왕위를 아들에게 물려주고 외가의 억울함을 완전히 씻어주겠다고 약속하였다. 혜경궁의 첫 번째 글은 이런 낙관적인 분위기에서 지어졌다. 그런 까닭에 이 글의 목소리는 비교적 차분하고 담담하다. 직접적인 제작 동기는 조카 홍수영이 혜경궁의 필적이 집안에 전하는 것이 없으니 한 글자 적어달라고 한 것에 있다. 때문에 뚜렷한 정치적 목적이 있다고 보이지는 않는다. 어린 시절부터 궁중에 들어오기까지의 경과를 시간 순으로 술회해나가면서 한편으로는 가까운 친인척, 자기가 데리고 있었던 종에 대해서까지 절을 나누어 적고 있다. 전형적인 회고록 또는 자서전에 가깝다.

1802년에 완성한 글은 암울한 시기에 만들어졌다. 1800년 갑작스럽게 정조가 죽고 순조가 즉위하였으나 불과 열한 살의 나이였다. 정순왕후의 수렴청정이 시작되었고 권력을 잡은 정순왕후는 자기 편을 불러들이고 혜경궁 측을 숙청하였다. 급기야 동생까지 사사(賜死)되는 상황 속에서 혜경궁은 순조가 국정을 맡게 될 때만을 기다렸다. 그리고 곧 등극할 손자 순조에게 친정의 무죄를 입증하기 위해 이 글을 썼다. 이를 위해 가장 중요한 근거가 될 수 있는 아들 정조의 말을 정리하고, 적대 세력의 잘못을 사실에 기초해서 하나하나 비판하였다. 그렇기 때문에 글의 구성이 시간 순서가 아니라 관련 인물 또는 주요 사건에 따른 배열로 이루어졌다. 일종의 정치 논변서로 볼 수 있다. 부록인 <병인추록>은 1806년에 쓰였다. 1804년 수렴청정이 끝이 나고 정순왕후가 사망한 지 일 년이 지난 때이다. 전에 못한 말을 다 할 수 있는 시기가 되어 전편을 보충한 것이다. 따라서 1802년의 글이 방어적인데 비해 1806년의 글은 공세적이다.

1805년의 글은 그 초고가 1802년의 글과 같은 시기에 쓰였다. 혜경궁 홍씨는 할아버지 영조가 아버지 사도세자를 죽인 임오화변에 대해 순조가 알고자 하였고 그 일을 분명하게 말해 줄 사람은 자신밖에 없어 기록한다고 밝혔다. 순조의 생모 가순궁이 사건의 진상을 자손들도 알 수 있게 써달라고 하여 1805년 완성한 것이다. 글의 목적은 서문에서 말하고 있는 것처럼 사도세자의 죽음을 둘러싼 세간의 잘못된 이야기들을 반박하는 데 있다. 사도세자가 병이 없는데 신하들의 말 때문에 억울하게 죽었다는 것과 아버지 홍봉한이 뒤주를 들게 하여 끝내 그 일이 생겼다는 말들이 그것이다. 혜경궁은 자신의 이야기가 지어낸 것이 아님을 분명히 하고 그것을 입증하기 위해 사도세자가 앓았던 병의 원인과 경과를 아주 세세하게 서술했다. 따라서 이 글은 사도세자의 심리분석으로 중심으로 서술된, 특이한 전기라고 할 수 있다.

▌쟁점 : 광증에 대한 진실

　혜경궁의 입장에서 사도세자의 광증의 진실을 알리는 일은 매우 중요한 것이었다. 사도세자가 미치지 않았다면 세자가 뒤주에 갇혀 죽은 사건은 그와 관련된 신하들은 물론이거니와 임금인 영조에게까지도 죄를 물을 수 있는 사안이 되기 때문이다. 더욱이 그 당시 자신의 아버지 홍봉한은 영의정의 직책을 맡고 있었다. 책임을 피할 수 없는 자리이므로 이 문제는 친정과도 관련이 된다. 사도세자가 정말 정신병이 있었는지 아니면 죄 없는 사도세자를 적대세력이 죽음으로 몰았는지는 지금까지도 논쟁거리이다.

　사도세자에게 광증이 없었다는 주장은 혜경궁 당대는 물론 현재까지 이어지고 있다. 역사학자의 의견도 있으며 역사학의 빈틈을 메우는 심리학자의 견해도 있다. 심리학자 김태형(2009)는 사도세자의 광증에 의혹을 제기하며 세 가지 근거를 들어 그가 정신병자가 아님을 주장하였다. 첫 번째로 사도세자가 어린 시절에 특별한 문제를 보이지 않았다는 점이다.『영조실록』에는 대리청정 후에 병이 생겼다고 기록되어 있는데 정신병은 장기간동안 조금씩 진행되는 것이 일반적이며 극단적인 스트레스 상황이 아니라면 갑작스럽게 나타나지 않는다. 사도세자가 정신병을 앓았다면 어린 시절부터 그 증상들을 드러냈어야 한다. 하지만 세자는 영특하고 담대했다. 두 번째 이유는 세자가 사적인 영역에서만 발병했다는 점이다. 사도세자가 정신병자라면 공적인 활동 중에도 발작을 하는 등의 모습을 보였어야 한다. 하지만 사도세자는 대리청정을 하는 기간에도, 온양행 중에도 전혀 이상하게 행동하지 않았다. 도리어 온양에 요양을 하러 갔을 때는 덕을 베풀어 온양의 온 고을이 그를 칭송했다는 기록이 남아 있다. 사도세자가 괴이한 행동을 한다는 것은 가까운 주변 사람들만이 목격할 수 있었다. 마지막으로 주목한 것은 사도세자가 극도의 위기상황에서 감정을 폭발시키지 않았다는 점이다. 영조가 양위를 선언했을 때에도, 옷차림새와 같은 극히 사소한 일을 트집 잡아 격노했을 때에도 세자는 늘 아들로서의 도리를 다했다. 사도세자가 뒤주에 갇혀 죽은 그 날도 마찬가지였다. 그는 대처분을 내리는 영조 앞에서 발작하지 않았다. 엎드려 울며 용서를 빌 뿐이었다. 따라서 사도세자가 미치지 않았다는 주장은 이 세 가지 측면에서 명백하다.

　하지만 정병설(2010)은 사건 당사자들이 남긴 많은 자료들을 근거로 삼아 사도세자의 광증이 진실임을 주장한다. 1753년 또는 1754년 무렵에 사도세자가 장인 홍봉한에게 보낸 편지를 보면, 자신의 병증을 언급한 내용을 찾을 수 있다. "제가 본래 다른 사람들은 잘 알지 못하는 울화증이 있습니다. 그런데 지금 더위까지 먹으니

막 입시(入侍)를 끝내고 나오는데, 울화가 극하여 미친 듯이 괴롭습니다. 이 병증은 의관들과 상의할 수도 없습니다. 경(卿)께서 처방을 잘 알고 계시니, 몰래 약을 지어 보내주실 수 있는지요? 일이 번거롭게 되면 좋지 않으니 조용히 보내주시기 바랍니다." 사도세자 본인 스스로 자신이 병이 있음을 밝힌 것이다. 또 아버지 영조가 직접 쓴 사도세자의 묘지명에는 '자기 마음을 다스리지 못해서 마침내 미치고 말았다.'라고 기록되어 있다. 정조의 사돈인 김조순이 죽기 직전의 정조에게서 들은 말을 기록한 『영춘옥음기(迎春玉音記)』라는 책이 있다. 여기에도 정조가 직접 아버지 사도세자의 병을 모르는 사람이 없다고 말한 것이 기록되어 있다. 아버지 영조, 사도세자 본인, 아들 정조가 모두 사도세자의 병을 이야기하고 있는 것이다. 게다가 『조선왕조실록』이나 『승정원일기』와 같은 정사(正史)에도 사도세자의 이상 증세가 기록되어 있다. <한중록>에 담긴 사도세자의 광증은 친정을 옹호하기 위해 혜경궁이 꾸며낸 것이라고 치더라도 사도세자의 정신질환을 보여주는 당대의 많은 자료들 모두를 그렇게 볼 수는 없다.

■ 꼼꼼히 읽기 : 사도세자의 마지막 모습

세자는 늘 분노를 주체하지 못했다. '응당(應當) 화증(火症)을 내오셔'라는 구절에서 반복되었던 세자의 화풀이를 짐작할 수 있다. 사도세자의 난폭한 행동은 나인을 넘어 혜경궁에게까지 미쳤으며 혜경궁은 남편을 동정하면서도 남편을 두려워하였다. 세자는 그날따라 '좌우(左右)를 티도 아니ᄒ오시고' 여느 날과는 다른 태도를 보인다. 사도세자의 주위 사람들은 세자의 폭력에 만성적으로 노출되어 있었으며 사도세자가 사람을 죽인다는 소문은 이미 궁 밖에까지 퍼져 있었다.

세자는 혜경궁에게 '셰손의 휘항(揮項)을 가져오라'라고 한다. 그것을 쓰고 '너가 학딜(瘧疾)을 알는다 ᄒ랴' 하겠다는 것이다. 휘항은 겨울용 방한모자이다. 7월 초의 여름에 그것을 써서 자신이 병중에 있음을 분명하게 드러내겠다는 것이다. 그리고 자신의 휘항이 아니라 세손의 휘항을 써서 자신이 장차 왕위에 오를 세손의 아버지임을 보여 동정을 얻고자 한 것이다. 또한 자신과 아들의 휘항을 구분 못할 정도로 제정신이 아님을 드러내려고 했다고 볼 수도 있다. 그런데 혜경궁은 남편의 의도를 이해하지 못했다. 세자는 '너가 오늘 나가 죽게 ᄒ얏기 샤외로와 셰손의 휘항을 아니 쓰이랴 ᄒ는 심슐(心術)을 알게 ᄒ얏너'라고 하였다. 혜경궁이 '당신 휘항을 가져오라' 한 것을 자신에게 닥친 화가 아들인 어린 세손에게까지 미칠 것을 염려하여

한 행동이라고 생각한 것이다. 혜경궁은 놀라 세손의 휘항을 가져오라고 하지만 세자는 '슬히, 스외ㅎ는 거슬 뼈 므엇ㅎ료'라고 하며 그것을 쓰지 않는다.

사도세자는 혜경궁에게 '그 뜻들이 무셔외'라고 탄식하였다. 사도세자는 이미 자신의 죽음을 직감하고 있었다. '아마도 고이(怪異)ㅎ니, 자녀는 됴히 살게 ㅎ엿늬.'라고도 하였다. 자신과 가장 가까운 존재인 아내마저 이미 자신으로부터 떠나 있음을 간파한 것이다. 세자는 자신이 궁궐 내에서 소외되어 있다는 사실을 알고 있었으며 자신과 혜경궁의 운명은 다른 길을 갈 것이라고 생각하였다.

영조는 세자에게 '칼을 드러 명을 결단ㅎ라'라고 명하였다. 일반 죄인들처럼 처형을 할 수는 없으니 스스로 목숨을 끊으라는 것이다. 세자는 대처분을 내리는 아버지 영조 앞에서 '아바님, 아바님, 잘못ㅎ야스오니 이제눈 ㅎ라 ㅎ옵시눈 대로 ㅎ고 글도 닑고 말슴도 드롤 거시니 이리 마오쇼셔'라고 애원하였지만 소용없었다. 사도세자는 아버지 영조가 자결을 명한 날에 비로소 영조를 '아바님'이라고 불렀다. 그 전에는 아버지를 아버지라고 부르지 못하였다. 세자는 영조 앞에서 늘 아들일 수 없었다.

▌감상 : 자율성의 범위

<한중록>에는 사도세자가 정상적인 상태가 아니었음이 극명하게 드러난다. 옷 입기를 두려워하여 옷을 잘 입지 못하였고, 한번 입으면 더러워지도록 벗지 않았다. 아랫사람을 죽이고서야 심화가 가라앉는다고 말할 정도로 심각한 정신 상태였으며 급기야는 아버지인 영조를 죽이고 싶다고까지 하였다. 실제로 사도세자는 수구(水口)를 통해 영조가 머무는 경희궁에 가려고 하였다.

혜경궁은 아버지 영조의 신경증적인 양육 태도가 사도세자의 이상행동을 일으켰다고 생각하였다. 영조의 자식 편애는 도를 넘어서 있었고 아들을 대하는 태도는 냉혹하기 그지없었다. 화평옹주는 유독 예뻐하면서 사도세자는 신하들 앞에서도 꾸짖고 무안 주기를 자주하였다. 영조가 아들에게 내리는 처분이 얼마나 지나친 지는 <한중록>의 곳곳에서 찾아볼 수 있다. 능행(陵幸)을 하러 가는 날에 소나기가 몹시 내리니 '동궁 데려온 탓이라'하며 돌아가게 하였으며 세자가 대답하면 그 자리에서 귀를 씻으신 후에야 들어갔다.

혜경궁은 영조의 편집증적 성격의 원인을 줄곧 신변의 위험을 느껴야 했던 즉위 과정에서 찾았으며, 사도세자의 이상 행동은 광중으로 자신을 제어할 수 없는 상태에서 나타난 것이라고 하였다. 또한 결과적으로 사도세자가 잘못을 저지른 것은 맞는 일이므로 영조의 처분이 잘못되었다고 할 수도 없다고 보았다. 어쩔 수 없었으므로 누구도 뉘우칠 필요가 없는 것이다. 그저 영조의 처사와 사도세자의 병이 안타까울 뿐이다.

우리는 상습적으로 거짓말을 하거나 물건을 훔치는 등의 행동을 하는 사람을 화제로 삼을 때 흔히 그 부도덕한 행위의 원인을 추측하곤 한다. 품행이 나쁜 이유를 가정 불화, 불량한 친구들의 영향 등의 이유를 들어 설명하지만 행위자를 비난하는 것을 멈추지는 않는다. 혹독한 환경 속에서도 자신의 행동을 선택할 수 있는 인간으로서의 의지를 중요하게 여기기 때문이다. 이전의 품행 혹은 그가 처한 환경이 어떠하였든 간에 이번에 한 행동은 그 행동을 한 사람이 완전히 자립적으로 선택한 것이었다고 간주하는 것이다.

혜경궁의 논리는 이러한 우리의 일상적인 상식선에서 다시 한 번 생각해볼 필요가 있다. 영조의 신경증적인 자식교육과 사도세자가 한 온갖 악행들이 정말 모두 어쩔 수 없는 일이었는지 말이다. 인간은 자율적인 존재이기 때문에 존엄성을 획득한다. 나의 행동이 오로지 환경의 작용으로만 이루어진 것이라면 내가 어떻게 소중할 수 있는지 의문이다. 더욱이 영조와 사도세자가 한 행동은 한두 번으로 그친 것이 아니라 장기간에 걸쳐 타인의 존엄성을 침해한 일이었다. 그러한 일들의 원인을 행위자의 바깥에서 찾아 그 죄를 묻지 않는 것은 변명이나 합리화로 읽힐 수 있다. 혜경궁이 지닌 가치관에 대한 평가는 '인간이란 무엇인가'라는 질문에 대한 답을 어떻게 할 것인가에 따라 달라질 것이다.

▌ 연습

1. <한중록>은 제목의 한자를 '閑中錄' 혹은 '恨中錄'으로 표기한다. 각각의 표기 이유를 창작 배경을 바탕으로 추측해 보자.

2. <보기>는 병자호란 당시의 체험을 기록한 <산성일기>의 일부이다. <한중록>의 문체적 특징과 대조해 보자.

> ── 〈보 기〉 ──
> 십칠 일의 샹(上)이 남대문의 뎐좌(殿座)ᄒ시고 익통교(哀痛敎)를 ᄂ리오시니, 쓸희 ᄀ득ᄒ 졔신이 아니 울 니 업더라.
> 십팔 일의 북문 대장(北門大將) 원두표(元斗杓)ㅣ 젹군을 비로소 ᄌ모 바다 나가 빠

화 도젹 여섯슬 죽이니라. 성듕 창고의 뿔과 피 잡곡 합ᄒᆞ야 겨요 일만뉵쳔여 석이
이시니, 군병 만인의 일삭(一朔) 냥식은 되더닌. 소곰, 쟝, 조ᄒᆡ, 면화, 병장기 집물이
다 니셰(李曙) ㅣ 쟝만ᄒᆞ여 둔 거슬 쓰니, 니셔의 지조롤 일큿더라
    십구 일의 남문 대쟝(南門大將) 구굉(具宏)이 발군ᄒᆞ야 ᄡᅡ화 도젹 이십 명을 죽이
다. 대풍(大風)ᄒᆞ고, 비 오려 ᄒᆞ더니 김쳥음(金淸陰)을 명ᄒᆞ샤 셩황신(城隍神)의 졔(祭)
ᄒᆞ니, ᄇᆞ람이 즉시 굿치고 비 아니 오니라.

▌ 참고문헌

김태형(2009), 『심리학자, 정조의 마음을 분석하다』, 역사의 아침.

정병설(2008), 「『한중록』의 신고찰」, 『고전문학연구』 34, 한국고전문학회.

정병설(2012), 『권력과 인간』, 문학동네.

이금희(1997), 「한중록에 나타난 혜경궁 홍씨의 태도−영조 즉위 전을 중심으로」, 『국어
          교육』 95, 한국어교육학회.

제 5 장

계축일기

작자 미상

살인 도적의 일노 부원군 나슈(拿囚)[1] ᄒ오시다 듯ᄌ오시고 쓸히 박셕(薄石) 돌히 마리롤 브드잇ᄌ오시고,

"대군으로 이런 홰(禍) 부모 동ᄉ의게 미츠니 엇디 ᄎ마 드르리잇가 내 머리털ᄒ 버혀 표ᄒ니 대군을 ᄃ려다가 아ᄆ리나 쳐치하고 아바님과 동ᄉ을 노ᄒᄌ쇼셔."

ᄒ시며,

"ᄌ식으로 ᄒ여 어버의게 홰 밋ᄂ 일을 ᄎ마 사라셔 못볼소이다"

ᄒ오시니 그ᄃ답의,

"엇디 이런 말을 ᄒ옵시ᄂᆫ고."

"님ᄒᆡ군은 됴히 ᄃᆡ답ᄒ여 듯ᄂ 거슬 제 병ᄒᆞ야 주엇더니 살형이란 말과 션왕(先王) 약밥의 티독(置毒)ᄒ여 승하ᄒ오시고 션됴(先朝) 궁인을 알기나 아ᄂ 거슬 시부 살형 음증이란 말을 겟궁듕이셔 내여시니 이 원슈ᄂ 불공ᄃᆡ텬 이로소이다. 글월 마르쇼셔 어린 대군이야 알니잇가."

(생략)

"텬디간의 업슨 대변을 만나 아바님과 뭇 동ᄉ을 죽여겨시니 내 ᄌ식의 일노 어버이게 큰 브회(不孝) 되엿시니 텬디간의 용납디 못 홀 줄 알디 대군이 ᄌ란 거시면 ᄌ식을 내여주고 어버이 동ᄉ을 살와디라 ᄒ미 올홀 거시로디 당시 슬하롤 쩌나디 아냐 칠팔세 아ᄒᆡ 동셔도 불분(不分) ᄒ니 이러매 당초애 대군으란 ᄃ려다가 죵사마 제나홀못게 ᄒ시고 아바님과 동ᄉ을 살와디라 ᄒ고 내 머리털을 친히 버혀 친히 글월 뻐보내니 밧디 아니 ᄒ고 엇디 이런 말을 ᄒ시ᄂ느니잇가 어린 아ᄒᆡ 알배 아니니 어룬의 죄 아ᄒᆡ게 당ᄒ리잇가."

ᄒ시니 답ᄒᆡ디

"션왕(先王)이 어엿비 너기라 ᄒ오신 유교(遺敎)도 겨오시니 대군으란 의심도 마르쇼셔. 머리털은 두디 못 홀 거시라 도로 드리ᄂ이다."

* 출처 : 강한영 교주, 『계축일기』, 민협출판사, 1962.

[1] 나슈(拿囚) : 죄인을 잡아 가둠.

(생략)

날은 느저 가고 하 민망ᄒ여 힐(詰)우다가 못 ᄒ여 우흔 뎡 샹궁이 업습고, 공쥬 아기시는 쥬 샹궁이 업습고, 대군 아기시는 김 샹궁이 업스와시니, 대군이 ᄒ시더,

"웃뎐과 누으님과 몬져 셔시고, 나는 뒤히 셔디라."

ᄒ셔놀

"엇디, 그리 셔랴 ᄒ시는고"

ᄒ니,

"내 몬져 셔면 날만 내고 다 아니 나오실 거시니 나 보는 ᄃᆡ셔 가ᄋᆞᆸ사이다."

ᄒ시더라.

우흔 짓의디[2]에 짓보[3] 덥습고, 두 아기시는 남보 덥스와, 각각 업스와 ᄌ비문의 다ᄃᆞ라더니, ᄂᆡ관이 십여 인이나 업더여,

"어셔 내ᄋᆞᆸ쇼셔."

ᄇ야더니, 우히 ᄂᆡ관ᄃᆞ려 니ᄅᆞ오시더,

"너히도 션왕 녹(祿)을 오래 먹고 사라시니, 현마 어이 참측(慘惻)ᄒᆞᆫ ᄆᆞ음이 업스냐. ᄉᆞ십여 년을 졍위[4]에 ᄌᆞ식을 못 보아 겨오시다가, 병오년의 처음으로 대군을 보오시고 깃브고 ᄉᆞ랑ᄒᄋ시미 ᄀᆞ이 업스오시나, 당시 강보(襁褓)의 ᄡᆞ인 거술 므슴 뜻을 두어 겨ᄋᆞ시리, 혼갓 ᄌᆞ라는 일홈만 듯고져 ᄒᄋ시다가 귀텬(歸天)ᄒᄋ시니, 내 기시예 지궁(梓宮)을 조차 죽던들 오늘날 이 셜운 일을 보랴. 이거시 내 죽디 아니코 사랏던 죄라. 어린 아희 동셔도 아디 못 ᄒᄂᆞᆫ 거술 ᄆᆞ자 잡아 내니, 됴뎡이나 뎌간이나 션왕을 ᄉᆡᆼ각ᄒᄋ오면 이리 셟게 ᄒᄋ랴."

하오시고 하 이통ᄒᄋ오시니, ᄂᆡ관이 눈믈을 ᄲᅳᆺ며 입을 여러 말을 못 하고 혼갓,

"어셔 내ᄋᆞᆸ쇼셔. 우리가 모ᄅᆞ리잇가마는 이럴 일이 아니라."

ᄒ더라.

뎌 집 ᄂᆡ인 년갑이는 우히 업스온 ᄂᆡ인의 다리를 붓드럿고, 은덕이는 공쥬 업스온 쥬 샹궁 다리를 붓드러 옴겨 드디디 못ᄒ게 ᄒ고, 대군 업스온 사름을 압흐로셔 ᄭᅳ어 내고, 뒤흐로셔 밀텨 문 밧긔 내고, 우리만 다 미러 드리고 ᄌ비문ᄶᅡᆨ을 다ᄃᆞ니, 그 망극하미 엇더ᄒ리오. 대군 아기시만 문 밧긔 업혀 나셔셔, 업은 사롬의 등의 머리를 부듸쳐 우ᄅᆞ시며,

"마마 보새."

ᄒ다가 못ᄒ여,

"누오님이나 보새."

ᄒ시고 하 애롤 타 셜워ᄒᄋ오시니, 곡셩이 ᄂᆡ외에 텬디 진동ᄒ여 눈믈이 ᄶᅡ히 ᄀᆞ

---

2 짓의디 : '생무명의 거상옷'의 옛말.

3 짓보 : 생무명의 보(褓).

4 졍위(正位) : 임금의 정실(正室).

독호니, 사룸들이 눈이 어두워 길흘 모룰너라.

아기시룰 문 밧긔 내여 호위호여 환도(還刀) 화살 춘 군쟝(軍將)이 위립(圍立)호야 가니, 그제야 울기룰 긋치고 머리룰 숙여 자는 도시 업혀 가시더라.

▌맥락

(1) 서사 단락

① 임인(壬寅)년(선조 35년, 1602)에 중전인 인목왕후가 임신하자 이 소문을 들은 유자신[5]이 궁궐 밖에 화적떼가 나타났다는 소문을 퍼트려 낙태를 시도하다.

② 인목왕후가 계묘(癸卯)년(선조 36년, 1603)에 정명공주를 출산하고, 이어 병오(丙午)년(선조 39년, 1606)에 영창대군을 출산하다.

③ 갑진(甲辰)년(선조 37년, 1604)에 광해군을 왕세자로 책봉하려 명나라에 주청했으나, 둘째 아들을 왕세자로 책봉하는 일은 예법에 어긋난다 하여 허락하지 않다.

④ 정미(丁未)년(선조 40년, 1607), 정인홍, 이이첨 등은 유영경[6]이 광해군을 세자로 주청하지 않고 있으니 죽여야 한다는 상소를 올렸다가, 상소를 보고 크게 노한 선조가 정인홍과 이이첨의 귀양을 명하다.

⑤ 갑술(甲戌)년(선조 41년, 1608)에 급작스럽게 선조가 승하하다.

⑥ 인목대비가 광해군이 보위에 오르도록 도움을 주다.

⑦ 광해군이 즉위하자마자, 임해군을 역모의 혐의로 강화도 교동에 감금하고, 후에 임해군이 독살되다.

⑧ 인목대비가 광해군에게 능행을 원하지만, 3년 동안 허락하지 않다.

⑨ 임자(壬子)년(광해군 4년, 1612)에 김직재의 고변[7]이 일어나다.

⑩ 계축(癸丑)년(광해군 5년, 1613), 유자신의 아내 정씨가 정월 초사흗날부터 4월까지 온갖 저주행위를 하고, 유영경 부인과 임해군 부인이 저주를 행했다고 소문내다.

⑪ 계축(癸丑)년 4월 26일 계축옥사[8]를 일으키고, 이이첨 등이 박응서, 서양갑을 회유하여 김제남(영창대군의 외할아버지)을 무고하도록 사주하다.

⑫ **김제남[9]과 인목대비의 맏동생이 사사되고, 영창대군은 출궁당한 후 강화도로 옮겨지다.**

[5] 유자신 : 광해군의 장인.

[6] 유영경 : 선조가 죽기 전에 영창대군을 부탁한 유교칠신(遺敎七臣)의 한 사람.

[7] 김직재의 고변 : 아들 김백함(金白緘)과 함께 진릉군(晉陵君)을 왕으로 추대하려는 역모를 꾸몄다는 이유로 투옥되었으며, 결국 능지처참되었다. 이 옥사(獄事)를 '김직재의 옥(獄)'이라 부르는데, 소북파를 제거하기 위한 대북파의 조작극이었다고 알려져 있다.

[8] 계축옥사 : 정인홍(鄭仁弘)·이이첨(李爾瞻) 등 대북파는 선조의 적자(嫡子)이며 광해군의 이복동생인 영창대군(永昌大君)을 왕으로 옹립하는 반역을 도모하였다는 구실로 소북파(小北派)의 우두머리이며 당시 영의정이었던 유영경(柳永慶)을 사사(賜死)하는 등 소북파를 몰아낸 사건이다.

[9] 김제남 : 인목대비의 아버지.

⑬ 갑인(甲寅)년(광해군 6년, 1614) 3월, 광해전에서 대비전의 변상궁에게 내관을
보내어 영창대군의 죽음을 알리다.

⑭ 변상궁의 출궁으로 상궁 가히의 상궁들(천복이)만 남아 대비를 괴롭게 하다.

⑮ 을묘(乙卯)년(광해군 7년, 1615) 4월, 변상궁의 병세가 호전되자 다시 입궁시키다.

⑯ 광해비와 상궁 가히가 대비를 죽일 것을 교사하지만, 변상궁이 거절하다.

⑰ 서궁에 유폐된 지 10여 년이 지나면서 궁중생활이 매우 곤궁하게 되다.

⑱ 계해(癸亥)년(광해군 15년, 1623) 3월 13일, 인조반정으로 서궁의 문이 열리다.

(2) 창작 맥락

<계축일기>는 선조 말년의 왕위 계승을 둘러싼 당파적 대립, 광해군이 즉위한
다음 인목대비와 영창대군의 세력을 제거하기 위해 일으켰던 계축옥사, 이후 인목
대비의 서궁 유폐, 마지막으로 인조반정으로 인하여 광해군이 실각하고 인목대비가
복위되는 사건에 이르기까지 약 22년간의 생생하고 박진감 넘치는 사건을 한글 문
체로 그려내어 학계의 주목을 받았다(정병설, 1999).

<계축일기>는 상·하권으로 되어 있는 필사본이다. 舊王宮 樂善齋(구왕궁 낙선
재)에 전해 내려오던 것이 1947년 서울대학교 조선어문학연구회 주최의 도서전시회
에 출품됨으로써 비로소 학계에 알려졌다. 그런데 아쉽게도 한국전쟁 중에 원본을
잃어버렸고, 그나마 불행 중 다행으로 잃어버리기 전에 영인본이 출간되어, 현재
그 모습을 살펴볼 수 있다. <계축일기>에 대한 연구는 이본과 관련 작품이 발굴되
면서 다각도로 진행되었다. 임창순에 의해 유일한 이본인 『서궁일기』의 존재가 확
인되었고, 이후 김일근과 정병욱에 의해 『인목대비친필술회문』과 『계해반정록』 등
의 관련 작품이 소개되었다. 또 정명공주의 후손인 홍기원에 의해 집안에 전래되던
『서궁일기』가 영인·역주되어 간행되기도 하였다.

■ 쟁점 : 작가 논란

지금까지 <계축일기>의 작가문제는 크게 두 방향으로 논의되었다. 하나는 인목
대비전의 내인들이 지었다는 내인설이고, 다른 하나는 내인들이 아니라 인목대비가
지었다는 설이다. 작가문제에 대한 최초의 언급은 <계축일기>의 영인본에 실린 이
병기의 해제에서 볼 수 있다. 그는 작품의 마지막장에 있는 "너인들이 잠간 긔록
ᄒ노라."는 진술을 통해, 작가를 서궁에 유폐된 인목대비를 모시던 내인으로 보았

다. 한편 강한영 교주본에서 이숭녕은 작가를 "궁녀(또는 인목대비)"라고 하여, 인목대비가 지었을 가능성을 열어두었다. 이리하여 내인설과 인목대비설이 중요 쟁점이 되었다.

이후 궁중 풍속에 정통한 김용숙(1970)은 궁인들이 이 작품을 지을 수는 없었을 것이라며, 몇 가지 근거를 제시하면서 인목대비설을 구체화하였다. 즉 "닉인들이 잠간 긔록ᄒ노라"처럼 작가를 복수로 밝히는 것이 이상할 뿐만 아니라, 인목대비의 내인 가운데 작가가 될 만한 인물이 없었다는 점에 주목하면서, "① 대화 내용의 실감나는 표현과 구체성으로 보아, ② 광해군에 대한 지나칠 만큼의 적대 의식으로 보아, ③ 문장면의 교양성과 사상성으로 보아, ④ 내인들을 통틀어 종이라고 하대적(下待的)인 대명사를 쓴 점으로 보아", 작가는 내인이라기보다는 인목대비일 가능성이 크다고 보았다. 이후 인목대비설은 박연호 등에 의해 지지되었으며, 특히 정명공주의 후손인 홍기원은 전래의 구전을 중요한 근거로 삼아 <서궁일기>의 영인본 표지에다 아예 '인목대비정명공주원작'이라고 명기하기도 하였다.

내인설은 김신연, 정은임, 민영대 등 다수 연구자들에 의해 지지되었다. 연구가 심화됨에 따라 인목대비전의 상궁 이름(변상궁, 문상궁, 정상궁, 주상궁 등)이 구체적으로 거명되기도 하였다.

내인설의 근거 몇 가지를 들어보면 다음과 같다.

① 영창대군에게까지 존칭어를 사용하고 있어서, 대비가 썼다고 보기는 어렵다.

② 작품에서 중심이 되는 역사적 배경인 계축옥사의 진상에 대해서는 구체적으로 언급하지 않고, 오히려 내인들이 당했던 억울한 박해에 대해서 자세히 기술하고 있다(정병설, 1999).

③ 작가가 무의식중에 자신들의 인칭을 나타냄에 있어, '우리', '이녁' 등과 같이 표현하고 있다. 이것은 인목대비를 가리킬 수 없는 말이다.

④ 작품 내에 간혹 저속한 표현이 드러나는 데, "그년들이 와서 침실에 올라…" 등과 같은 것은 지존의 위치에 있었던 대비로서는 차마 말할 수 없는 표현이다.

⑤ 내인들이 중심이 된 작품의 이야기 전개가 실감나고 구체적으로 표현되어 있다. 또 등장인물의 대부분이 일반 내인으로 되어 있다는 점은 당시 이런 사건들을 주시했던 내인들이 직접 기술했기 때문에 눈으로 보듯이 생생하게 표현할 수 있었던 것이라 본다(문홍구, 1998).

이처럼 작가문제는 작품분석을 통해서도 원만히 해결되지 않았는데, 이에 제작여건이라는 외적인 문제와 연관하여 검토되기도 하였다. 다시 말해서 궁중이라는 삼엄한 분위기에서 한 부속품에 불과한 내인이 어떻게 감히 <계축일기>처럼 궁궐 내부의 사건을 다룬 글을 남길 수 있겠는가, 혹은 인목대비나 정명공주와 같은 지존의 위치에서 어떻게 비극적이고 명예롭지 못한 과거를 회상하는 글을 남길 수 있겠는가, 하는 것들이 논의되고 있다(정병설, 1999).

■ 꼼꼼히 읽기 : 허구의 꽃, 書簡

일반적으로 고전소설에 삽입되어 있는 서간은 서로의 안부와 용건을 전하는 문안서(問安書), 결혼을 전제로 주고받는 혼인서(婚姻書), 다른 사람을 모해하기 위하여 조작해 쓰는 흉변서(凶變書), 거짓으로 꾸며 쓴 위서(僞書), 죽음을 앞두고 남기는 유서(遺書) 등이 있다. 이 외에 어떤 유형에도 포함할 수 없는 작중 인물들의 심중과 정서를 나타내며 작품의 분위기를 고조시키는 기능을 가지는 기타 유형이 있다.

본 작품에는 상당량의 서간이 있다. 그 내용은 말로 형언할 수 없는 처절했던 인목대비의 내면세계를 보여주는 것과 조정과의 사이에서 어찌지 못하는 광해군의 입장을 전하는 것으로, 위에 열거했던 기타 유형에 속한다. 작자는 영창대군이 출궁하는 과정을 자신의 설명이나 역사적 실제의 사건으로서 기술하지 않고, 광해군과 인목대비 사이에 여러 차례 서간을 주고받도록 묘사하여 이들 인물들의 심중 변화과정과 작품의 분위기를 제시해 주고 있다. 그렇게 함으로써 독자들에게 안타까움을 유발시키고 있는 것이다.

① 광해군 5년 4월, 계축옥사로 인해 친정아버지가 잡혔다는 소식을 접한 후의 서간으로 자식 때문에 멸문지화 당함을 볼 수 없다는 내용이다. (대비가 친정 집안의 무사함을 위해 자진해서 대군을 보내겠다는 의사를 표명한 사연이다.)

"대군으로 이런 해 부모 동싱의게 미츠니 엇디 츠마 드릭리잇가 내 머리털홀 베혀 표ᄒ니 대군을 드려다가 아ᄆ리나 쳐치ᄒ고 아바님과 동싱을 노ᄒ쇼셔."
ᄒ시며,
"ᄌ식으로 ᄒ여 어버의게 해 밋ᄂ 일을 츠마 사라셔 못볼소이다"

② 역모혐의로 아버지가 사사된 후, 대군을 내 보낼 수 없다는 결연한 의지를 보여주는 서간이다. (대비의 심경이 처음 서간과는 완전히 바뀌었음을 알 수 있다.)

"텬디간의 업손 대변을 만나 아바님과 뭇 동성을 죽여겨시니 내 즈식의 일노 어버이게 큰 브회(不孝) 되엿시니 텬디간의 용납디 못 홀 줄 알디 대군이 즈란 거시면 즈식을 내여주고 어버이 동성을 살와디라 ㅎ미 을홀 거시로디 당시 슬 하롤 쩌나디 아냐 칠팔세 아히 동셔도 불분(不分) ㅎ니 이러매 당초애 대군이란 드려다가 종사마 제나홀못게 ㅎ시고 아바님과 동성을 살와디라 ㅎ고 내 머리털을 친히 버혀 친히 글월 쩌보내니 밧디 아니 ㅎ고 엇디 이런 말을 ㅎ시느니잇가 어린 아히 알배 아니고 어룬의 죄아히게 당ㅎ리잇가."

③ 대군을 내 보내 달라고 호소하면서 대비를 회유하는 서간이다.

"션왕이 어엿비 너기라 ㅎ오신 유교(遺教)도 겨오시니 대군으란 의심도 마라쇼서. 머리털은 두디 못 홀 거시라 도로 드리느이다."

역사적으로도 사실인 영창대군의 출궁을 실록에서는 그 결과만을 간략히 기술하고 있다. <계축일기>에서의 묘사처럼 장황한 서간의 왕래가 있었다는 기록은 어디에서도 찾아볼 수 없다. 작품에서처럼 당시 왕이었던 광해군과 대비 사이에 영창대군의 출궁을 놓고, 서간을 통한 교류가 있었다고 보기에는 의문이 있다.

계축옥사가 일어난 후 곧 인목대비의 친정아버지인 김제남과 친정 동생들이 역모혐의를 입고 사사되었으며, 이어서 여러 달 동안 온 조정에서는 영창대군과 인목대비를 화근이라고 하여 하루 빨리 없애야 한다는 논의가 되던 때에 작품에서처럼 상세한 서간이 여러 차례 오고 갔을 리 만무하다는 생각이다. 또 이와 같은 일이 있었다는 어떤 기록도 확인하기 어렵기 때문이다. 대비는 궁 안에서 일어났던 일련의 사건들을 상당 부분 숙지하고 있었기 때문에 무리하게 장황한 글을 써 보내 광해군을 괴롭히지는 않았을 것으로 본다.

그러나 작자는 서간을 통해 영창대군의 출궁과 친정의 멸문지화 사이에서 고민하고 갈등하는 인목대비의 처참한 심경을 독자들에게 전하여 독자들의 동정을 얻고자 했을 것이다. 작자는 그것이 허구일지라도 대변할 수 있어야만 했을 것이다. 어떤 기록에도 작품에서와 같은 기술을 찾을 수 없는 것으로 보아 작품의 기술은 작자의 창의에 의한 것이라 볼 수 있다. 이 점이 실제 역사와 작품의 결정적 차이이며, 서사적 장르로서의 특성을 잘 보여주는 부분이라 할 수 있다(민영대, 1998).

■ 감상 1 : 권력을 잃은 자의 모습

광해군의 이름은 혼(琿)이다. 선조 8년(1575), 후궁 김씨에게서 둘째 아들로 태어났다. 임진왜란으로 인해 세자 책봉이 다급해지자 17세였던 광해군이 우여곡절 끝에 세자로 책봉된다. 선조 41년, 마침내 광해군이 선조의 뒤를 이어 왕위를 계승한다. 그러나 재위 15년 만인 1623년, 계해반정(인조반정)으로 폐위된다.

작품 속 광해군은 패륜적인 모습이 강하게 부각된다. 형인 임해군과 동생인 영창대군을 죽이고, 대비를 서궁에 유폐하며, 후궁의 조카를 강제로 빼앗아 첩으로 삼기까지 한다. 작품 전반에서 패륜적인 광해군의 모습을 찾기는 쉬우나, 왕다운 모습을 찾기는 쉽지 않다.

작품 전체에 흐르는 부정적 서술의 이유를 소설적 장치로 판단할 수도 있다. 문제는 소설에서 그려진 광해군의 모습을 사실적으로 받아들이는 데 있다. 소설이 사실을 바탕으로 창작될 수도 있으며, 사실을 잘 반영하는 경우도 많으나, 그렇지 않은 경우도 있음을 인식해야 한다.

역사는 승자를 위한 기록으로 남는 경우가 많다. 백제의 의자왕, 후고구려의 궁예 모두 역사의 패배자이다. 이들과 관련된 기록들은 그들이 패배자일 수밖에 없는 이유들로 가득하다. 마치 승자가 이들을 굴복시킬 수밖에, 무너뜨릴 수밖에 없었던 이유들을 나열하는 듯하다.

사관들이 기록한 역사마저도 승자에게 호의적이고, 패배자에게 냉혹하여 객관적이지 못하다는 평가를 받는 경우가 많다. 사초를 기반으로 기록되지 않은, 사관에 의해 기록되지 않은 <계축일기>가 객관성을 지니고 있다고 보고, 이를 기반으로 역사적 인물에 대해 평하는 것은 매우 위험한 일이다. 더욱이 인목대비와 그 궁녀들이 저자로 지목되고 있다는 점을 고려한다면 광해군과 관련된 부분의 객관성은 더욱 떨어진다.

따라서 광해군의 패륜적 모습을 사실로 받아들이기보다는 글의 재미를 배가시키기 위한 소설적 장치로서 설정되었다고 보는 것이 타당하다. 권력을 잃은 자의 모습은 그 최후가 쓸쓸하다. 삶의 마지막을 쓸쓸하게 지내는 것뿐만 아니라 권력을 잃은 자가 역사적 인물일 경우 관련된 기록들마저도 실각한 이를 쓸쓸하게 만든다. 역사와 관련된 소설을 통해 역사와 한 걸음 가까워지는 것은 좋으나, 소설을 역사로 착각하거나, 실존인물의 모습을 소설 속 모습으로 단정지어 생각해서는 안 된다.

▌ 감상 2 : 왕의 조건

고전에서 무엇보다 중요하게 생각하는 것이 출생 신분이다. 타고난 혈통에 의해 인물의 정통성이 결정된다. 비록 왕실에서 자라나지 못했더라도 그의 피는 그가 왕의 자질을 갖추고 있음을 나타내는 중요한 근거가 된다. 반대로 왕의 피를 온전히 받지 못한 경우는 왕의 자리에 올라있다 하더라도 인정을 받지 못하며, 역할을 수행하는데도 어려움이 따른다.

<계축일기> 역시 고전소설의 기본 서사와 크게 다르지 않다. 광해군은 후궁의 아들이다. 왕의 피를 이어 받았으나 온전한 혈통을 받지는 못한 것이다. 인목대비와 영창대군의 온전한 혈통과 대비된다. 영창대군과 인목대비는 고난을 당하더라도 그들이 지니고 있는 정통성이라는 속성은 변하지가 않는다. 반면 광해군은 왕의 자리에서 서자라는 타고난 출생 신분에 맞는 위치로 쫓겨나 버린다.

인목대비의 관점에서 볼 때 광해군은 태생적으로 온전한 혈통을 이어받지 못했기 때문에 임금의 자리에 올라서는 안 되는 인물이 된다. 광해군이 인조반정으로 인해 타고난 본성에 걸맞은 자리로 돌아가는 것은 순리가 되는 셈이다.

태생적 자질 외에도 왕은 사회를 통합할 수 있는 지도력을 갖추어야 한다. 필요한 정책, 목적이 분명한 정책을 시행하더라도 당대 사회를 지배하는 질서를 고려한 결정이 필요하다. 인조반정의 주역들이 내세우는 반란의 이유도 여기에 있다. 광해군은 조선을 지배하고 있는 이념과 배치되는 중립외교를 추구하였다. 그의 외교는 조선의 국익을 위한 현실적인 정책이었으나, 유교적 질서에 의해 운영되어 온 조선의 현실과는 괴리된 것이었다.

조선 사회의 지배 이념을 거스르기에 앞서, 사회적 합의를 이끌어 낼 수 있는 지도력이 필요했다. 그것이 바른 방향으로 나아가는 정책이라 할지라도 사회의 동의를 반드시 이끌어 낼 수 있어야 했다. 결국 사회적 동의 없는 독자적 정책은 임금의 자격을 상실하게 했다.

현대에 와서 왕의 혈통은 무의미한 것일지도 모른다. 그러나 사회를 이끌어 나가는 데 있어 사회적 통합을 이끌어 낼 수 있는 지도력과 리더십은 더욱더 중요한 자질로 부각된다. 사회적 요구에 의해 추구되는 정책과 시대적 흐름에 의해 추구되어야 하는 정책이 있을 것이다. 지도자로서 국가를 위한 정책을 시행할 때 국민의 동의와 사회적 리더들의 동의를 구할 필요가 있다. 동의 없는 정책은 그것이 비록 옳은 것일지라도, 선한 의도에 의해 시행되는 것일지라도 반드시 좋은 결과로 이어지지는 않는다.

■ 연습

1. <계축일기>에는 다량의 서간이 있다. 작가가 서간을 삽입한 이유를 서사적 성격과 연관지어 서술해 보자.

2. <계축일기>는 교술적 성격과 서사적 성격을 모두 지니고 있다는 평가를 받는다. 그 이유를 작품의 마지막 단락인 <보기>와 연관지어 설명해 보자.

〈보기〉

계튝년(癸丑年)브터 셜운 일이며 샹시 니관 보내여 저히며 꾸짓던 일이며, 박디 브도부효지ᄉ(不道不孝之事)룰 니ᄅ 긔록디 못 ᄒ야 만분의 ᄒᆫ 말이나 긔록 ᄒ노라.
다 쓰려ᄒ면 남산(南山)의 대룰 다 버히다 엇디 다 니ᄅ쓰며, 다 니ᄅ랴 ᄒ면 션텬디 진ᄒ고 후텬디 니론들 다 네아기 삼아 보랴 니인들이 잠간 긔록 ᄒ노라.

■ 참고문헌

김나영(2002), 「朝鮮朝 宮中文學의 장르 再照明」, 『동양학』 32, 단국대학교 동양학연구소

김용숙(1970), 『조선조 여류문학 연구』, 숙명여대출판부.

김정경(2007), 「<계축일기>에 나타난 선악관 고찰」, 『한국고전연구』 16, 한국고전연구학회.

김정석(1999), 「癸丑日記」 人物性格 호−內人들의 성격을 중심으로」, 『우리어문연구』 12, 우리어문학회.

문홍구(1998), 「癸丑日記 研究−계축일기 교육의 현장론적 대안을 중심으로」, 『새국어교육』 56, 한국국어교육학회.

민영대(1998), 「西宮日記에 揷入되어 있는 書簡의 類型과 機能」, 『한국어문학』 23, 한남대학교 한남어문학회.

정병설(1999), 「癸丑日記의 작가문제와 역사소설적 성격」, 『고전문학연구』 15, 한국고전문학회.

| 저자소개 |

김풍기 | 강원대학교 사범대학 국어교육과 교수
『한국 고전시가 교육의 역사적 지평』 외 다수
pung10@kangwon.ac.kr

류수열 | 한양대학교 사범대학 국어교육과 교수
『문학@국어교육』 외 다수
rusual@hanyang.ac.kr

오윤선 | 한국교원대학교 국어교육과 교수
『한국 고소설 영역본으로의 초대』 외 다수
ohys@knue.ac.kr

정충권 | 충북대학교 사범대학 국어교육과 교수
『판소리 사설의 연원과 변모』 외 다수
ckjeong@chungbuk.ac.kr

한창훈 | 전북대학교 사범대학 국어교육과 교수
『고전문학과 교육의 다각적 해석』 외 다수
hanch@jbnu.ac.kr

역락 국어교육학 총서 ▌5

고전산문 교육론

초판 1쇄 발행 2015년 10월 30일
초판 2쇄 발행 2019년 2월 15일
초판 3쇄 발행 2020년 5월 23일

지은이 김풍기 · 류수열 · 오윤선 · 정충권 · 한창훈

펴낸이 이대현
편집 이태곤 · 권분옥 · 박윤정 · 홍혜정 · 문선희 · 임애정 · 백초혜
디자인 안혜진 · 홍성권 · 김보연 | **마케팅** 박태훈 · 안현진
펴낸곳 도서출판 역락 | **등록** 제303-2002-000014호(등록일 1999년 4월 19일)
주소 서울시 서초구 동광로 46길 6-6(반포동 문창빌딩 2F)
전화 02-3409-2058 | **팩시밀리** 02-3409-2059 |
전자우편 youkrack@hanmail.net
홈페이지 www.youkrackbooks.com
ISBN 979-11-5686-251-2 94370
      978-89-5556-757-1(세트)

정가 23,000원